KB163407

백남준:

말馬에서 크리스토까지

PAIK: DU CHEVAL À CHRISTO
ET AUTRES ÉCRITS

All right reserved
Originally published by Editions Lebeer Hossman
Copyright © 1993 Nam June Paik et Editions Lebeer Hossman

This edition is a translation authorized by the original publisher.
Korean Translation Copyright © 2010 NAM JUNE PAIK ART
CENTER
Korean edition is published by arrangement with Editions
Lebeer Hossman.

이 책의 한국어판 저작권은 Editions Lebeer Hossman과의
독점계약으로 백남준아트센터에 있습니다.
저작권법에 따라 보호받는 저작물이므로 무단 전재와 무단 복제를
금지하며 이 책 내용의 전부 또는 일부를 이용하려면 반드시
저작권자와 백남준아트센터의 서면동의를 받아야 합니다.

백남준:

말馬에서 크리스토까지

일러두기

1. 이 책은 이르멜린 리비어와 에디트 데커가 편집한 *Paik: Du Cheval à Christo et Autres Écrits*(Bruxelles: Editions Lebeer Hossman, 1993)를 번역한 것이다. 본문 중 원고가 추가되거나 교체된 부분에 대해서는 각주로 표시했다.

2. 각주 중 번역자가 첨삭한 것은 '역주'로, 백남준아트센터에서 첨삭한 것은 '편집자주'로 표기했다. 표기가 되어 있지 않은 것은 원서의 주이다.

3. 외국어표기는 국립국어원 표기법을 원칙으로 하되, 국내에서 널리 사용되는 인명과 지명은 관행을 따랐다.

4. 서지사항 등 주요 정보에 대한 부호는 아래와 같다.

　① 『　』: 단행본(연감, 백서 포함)

　② 「　」: 논문, 시, 단편소설 및 중편소설, 법령, 연설문이나 담화문 등

　③ ⟨　⟩: TV 프로그램, 음악작품(곡명, 오페라, 교향곡 등), 미술작품, 영화, 퍼포먼스 등

　④ 《　》: 신문(인터넷신문 포함, 신문기사명은 " "로 표기), 잡지, 음반, 전시회 등

백남준의 천진스러운 유산

백남준아트센터는 개관 10주년을 맞이하여 『백남준: 말에서 크리스토까지』 개정판을 출간하게 되었다. 2010년 초판을 찍은 지 8년 만으로 그동안 백남준 연구자들과 일반 대중들에게 많은 관심과 사랑을 받았던 이 책의 개정판 과정에 참여한 모든 분들께 깊은 감사의 마음을 전하고 싶다.

　『백남준: 말에서 크리스토까지』는 백남준의 에세이, 악보, 편지, 팸플릿, 기사, 인터뷰, 시나리오 등을 한데 모은 것으로 '말에서 크리스토까지'라는 제목에서 나타내는 것처럼 예술과 사회 커뮤니케이션의 역사성을 내포하고 있다. 백남준은 "비디오에 관한 철저한 연구는 말馬에 관한 연구로부터 시작해야 한다. 왜냐하면, 1863년까지는 가장 빠른 통신수단이 가장 빠른 운송수단을 넘어서지 못했기 때문이다"라고 말했다. 즉 산업혁명 이전까지는 말이 달리는 속도가 인간이 커뮤니케이션 할 수 있는 속도 중 가장 빠른 속도였다는 것이다. 이후 테크놀로지의 비약적인 발달로 전신, 전화, 텔레비전, 비디오, 스마트폰을 지나 동시대에는 인공지능, 컴퓨터 등으로 뇌 신경망에의 접속까지 가능해지고 있다. 광속으로 실시간 전달되는 시대를 지나 인간의 물리적 소통에서 정신적 소통에까지 확장되고 있다.

　백남준은 "미래의 가장 강력한 커뮤니케이션 수단을 심령력"이라고 했다. 그래서 심령력이 강한 집시의 나라, 불가리아 출신의 친구 크리스토가 미래에 가장 존경받는 예술가가 될 것이라고 예언하기도 했다. 여기서 말하는 심령력을 다른 관점에서 설명하면 아날로그 소통을 지나 디지털 소통이 가능한, 더 나아가 세상 만물이 상보적으로 얽히는 양자quantum 소통이 가능한 미래의 세상을 암시한다. 백남준은 미래의 사회에서는 기술과 인간이 완전히 융합되며 사회 소통 시스템이 자연적 환경에서 영성적 환경으로 진화할 수 있음을 예술로써 예견했다. 이러한 의미에서 이 책의 제목인 '말에서 크리스토까지'는 백남준 예술 세계의 중요한 축인 인간·자연·기술 간의 상호 소통과 융합에 대한 종적인 역사성과 횡적인 문화 다양성의 A부터 Z까지를 담고 싶은 의지의 표현이기도 하다.

백남준을 사랑하고 존경했던 많은 이들의 노력이 모인 이 책은 애초에 이영철 전 백남준아트센터 관장과 김남수 학예사, 임왕준, 정미애, 김문영 번역가, 편집책임으로 참여한 현실문화연구의 김수기 대표의 노고로 출간될 수 있었다. 이번 개정판 작업에는 현 백남준아트센터의 구성원들이 함께 읽으며 많은 의견을 보탰다. 그리고 이번에도 현실문화연구의 도움으로 더욱 탄탄하게 책의 꼴을 갖추어 내놓을 수 있었다. 개정판 진행을 담당한 구정화 학예사와 현실문화연구의 김주원 편집팀장을 비롯한 실무진에게도 다시 한번 감사의 말을 전한다. 이 책은 세상 만물의 수평적 소통과 연계를 통해 상생의 미래를 소망했던 백남준의 예술 세계를 들여다볼 수 있는 교과서적 도서라 자부한다.

2018년 『백남준: 말에서 크리스토까지』의 개정 사항은 다음과 같다.

이번 개정판에는 초판에 원문으로 실렸던 〈굿모닝 미스터 오웰〉의 시나리오(팩스자료)를 비롯한 5개의 글을 추가로 번역해 게재하고 본문에서 누락된 부분이 있던 글의 원문(일문)을 찾아 전문을 번역해 게재하였다. 이 과정에서 일문 번역은 마정연 씨가, 〈굿모닝 미스터 오웰〉과 〈바이바이 키플링〉 등에 관한 추가 번역은 이유진 씨가 도움을 주었다.

초판에서 이영철 전 관장은 원문의 번역 과정에 있어서 중역할 수밖에 없었던 어려운 상황을 언급했었다. 개정판에서는 초판의 아쉬운 점을 보강하고자 외국어로 된 원문을 찾은 경우에는 그와 대조하여 중역의 오류를 최대한 바로잡고자 했다. 또한 백남준에 관한 연구가 미진해 발생한 번역의 오류도 수정하였다. 백남준아트센터는 개관 이후 10년 동안 "인터뷰 프로젝트" "백남준의 선물: 국제 학술 심포지엄"을 꾸준히 열고 연간 학술지 《NJP리더》를 발간하는 등 많은 연구자들과 함께 자료를 수집하며 백남준에 관한 연구를 게을리 하지 않았다. 이 과정에서 축적된 연구와 자료들은 다소 미진하더라도 초판의 오류를 잡을 수 있는 역량의 기반이 되었다.

　이번 개정판의 발행으로 최근 다시 높아지기 시작한 백남준에 대한 학계와 대중의 관심과 요구에 부응할 수 있기를 기대한다. 백남준의 작업은 지극히 미래지향적이었으며, 그는 20세기에 이미 21세기의 언어와 문화를 이야기해왔다. 이런 이유로 백남준에 대한 평가와 관심은 마치 와류와도 같아서 시간이 지나 다시 돌아오며 점차 상승하곤 한다. 개인적으로 경험한 백남준의 천재성은 기독교에서 말하는 끊임없는 은혜의 샘물처럼, 천 개의 눈과 손을 가진 불가의 천수관음처럼 무한의 깨달음을 준다. 신기하게도 그의 작업은 접할 때마다 매번 새로운 모습으로 다가온다. 이렇듯 끊임없이 새로운 관점을 제기하기에 상대적으로 그의 작업에 대한 이해와 인식에 대한 갈증 또한 갈수록 높아질 수밖에 없다. 연구자에게 불만족과 미숙함을 각성시키는 그의 천진스러운 유산들은 앞으로도 우리에게 그의 예술을 연구하는 데 있어 무한한 동기를 부여할 것이다. 백남준의 정신세계가 온전히 담겨진 이 책이 백남준의 예술을 연구하는 이들에게 귀중한 길잡이가 될 것이라 확신한다.

2018. 09.
백남준아트센터 관장
서진석

백남준의 귀환

백남준은 거대한 코끼리와 같아서 그를 접하는 자 모두를 눈멀게 만드는 경향이 있다. 그 점에서 이 책의 국내 출간은 눈이 번쩍 뜨이는 기념비적 사건일 것이다. 우선 벨기에의 예술 편집자 이르멜린 리비어와 독일의 예술사가 에디트 데커에게 뜨거운 박수를 보낸다. 이 두 사람은 백남준의 예술세계에 대한 연구가 국내외적으로 거의 이뤄지지 않은 상태에서 어렵게 이 책을 묶어냈다. 많은 연구자들에게 필요한 것은 백남준에 대한 해석본 이전에 그의 사유와 육성이 녹아 있는 생생한 1차 사료들이다. 이 책은 국내 출간된 백남준의 첫 저서로서 그동안 피상적으로 알려졌던 백남준의 예술세계가 어떤 대지에 기반하고 있는지, 그리고 어떠한 사유의 과정을 통해서 창안되었는지 인식의 문을 열어줄 것이다.

1959년 백남준은 예술가로서 첫 데뷔하는 콘서트 무대에서 (말馬 대신에) '스쿠터'를 등장시켰다. 이는 몽골 초원에서의 빠른 이동성과 중앙아시아에 세워진 최초의 유목국가 스키타이를 가리키는 것이 아니었을까. 스키타이 문화는 우리나라의 고대사와 깊은 관련이 있다. 최근 연구에 의하면, 스키타이라는 명칭은 '스쿠테스'의 그리스어 복수형 '스쿠타이'라는 말에서 나왔다고 한다. 여기서 스쿠테스는 인도유럽 언어의 'shoot'(쏘다)이라는 단어와 동일한 어원을 갖는다고 한다. 또한 스쿠테스의 어원은 스쿠다Skuda로 소급한다. 백남준이 사용한 스쿠터는 빠르게 이동하는 수단으로서의 오토바이를 가리키지만, 동시에 궁사, 즉 활을 쏘는 자 또한 가리키는 것이 아닌가(김호동의『몽골 제국과 세계사의 탄생』에서 참조).

백남준의 그 호방한 콘서트에 대한 당시의 기록에 따르면, 백남준은 어린 시절의 기억을 떠올리는 익숙한 곡을 연주하다가 갑자기 피아노를 관객 쪽으로 넘어뜨리고, 그 위에 올라가 관객석에 앉아 있는 '한 무리의 신사들'을 향해 한국말로 고함을 질렀는데 어느 누구도 그 말을 알아듣지 못했다고 한다. 독일의 비평가들은 백남준의 그런 격렬한 행위예술에 대해서 '몽골리언 표현주의'라는 다소 인종차별적 뉘앙스의 신조어를 붙이기도 했다. 백남준은 전자미디어 세계에 대한 예술적 비전 속에서 아시아 유목민 벨트(스키타이-흉노(훈)-몽골-만주-한국-에스키모-인디언)의 역사와 시간을 되감기하는 네거티브 SF 이야기를 구성해내고 있다.

국내외를 막론하고 백남준 연구는 이제 막 걸음마 단계이다. 2009년 3월 수잔 노이부르거가 오스트리아 빈의 루트비히 빈 현대미술관에서 백남준의 첫 개인전인 «음악 전시회—전자 텔레비전»(1963)의 재현 전시를 진행하면서 같은 제목의 책을 출간했다. 또한 수잔 레너트가 편집한 『파편들Sediments』(2005)은 1950년대 말부터 라인 지역의 예술계를 들끓게 한 백남준의 초기 활동기를 충실하게 복원하고 있다. 이 두 권의 충실한 연구서는 백남준 연구의 또 다른 초석이 될 만하다.

그러나 주류 미술사학계와 미디어 이론 영역에서 백남준의 입지는 날로 좁아지고 있다. 단적인 예로『1900년 이후의 미술사』에서 할 포스터를 비롯한 소위 '옥토버' 학파는 백남준을 대단히 부정적으로 평가하고 있다. 이러한 비평보다 더 심각한 문제는 백남준 자체를 아예 다루지 않는 것이다. 미디어학자 빌렘 플루서, 미디어아트 이론가 로이 애스콧 등은 백남준을 빼놓고 이야기할 수 없는 부분에서조차 백남준을 다루지 않고 있다. 그뿐만 아니라 현대의 미디어 관련 고전으로 손꼽히는 『뉴미디어의 언어』(레프 마노비치), 『재매개』(제이 데이비드 볼터 외) 등의 저작에서도 백남준을 제외시킨 공백이 유달리 커 보인다. 이러한 비판은 서구 백인 중심의 헤게모니에서 나오는 의도적 폄하이자 학문적 횡포라고밖에 말할 수 없다.

> "예술은 텃세다. 보편성이 아니다."
> ―백남준(김용옥, 『석도화론』, 통나무, 1992, 261쪽)

이 책을 읽는 방법은 다양하다. 우선 잡지를 능숙하게 넘기는 손길을 따라 뒤에서부터 천천히 읽을 수 있다. 그렇다면 청년 백남준이 자신의 길을 열어가는 연대기적 흐름을 만날 수 있다. 처음부터 읽는다면, 되감기 버튼을 누른 것처럼 시대를 거슬러 올라가면서 기원의 즐거운 계보를 발견하게 될 것이다. 또한 임의접속으로 페이지를 펼치면서 우연한 마주침을 즐길 수도 있다. 독자가 이미 주어진 지식과 역사에 포섭되는 것이 아니라 그로부터 벗어나 새로운 길을 모색하는 것이 이 책의 가장 큰 바람이다.

이 책은 영어 원본이 아니라 두 편집자가 펴낸 프랑스어판(1993)을 번역한 중역본이다. 이는 부득이한 것이었다. 리비어와 접촉한 결과, 그녀가 이 책을 구성할 때 기초 자료로 삼았던 많은 원본 자료를 잃어버린 상황이었기 때문이다. 그렇지 않아도 난해한 텍스트에 접근하면서 다른 언어의 우회로를 택해야 했기 때문에 프랑스어판 내용을 최대한 충실히 반영하고자 했다. 이 곡절 많고 흥미로운 번역본이 나오기까지 임왕준, 정미애, 김문영 등 세 분의 공이 지대하다. 최종 번역 교열은 역주와 함께 임왕준의 손을 거쳐 완성되었다. 혹여 오역이나 어색한 부분들이 발견되는 경우에는 판을 거듭할 때마다 바꿔갈 것이다. 백남준의 자료가 좀 더 많이 발굴되고, 관련 연구가 진행됨에 따라 이 책의 내용도 더욱 보강되리라 기대한다.

2010. 12.
백남준아트센터 관장
이영철

머리말을 대신하는 맺음말

나는 TV로 작업하면 할수록 신석기시대가 떠오른다.

— 백남준

당신은 궁금하지 않은가?

… 원숭이는 왜 부엉이가 아닌지?

… 왜 케이지가 참선하는 수도승처럼 세상을 떠났는지?

… 성 아우구스티누스가 시간에 대해 어떤 생각을 지니고 있었는지?

… 바빌로니아를 주제로 학위를 받은 박사가 스무 명도 넘는 미국 예
일대학에 왜 전화를 논문의 주제로 삼은 박사가 한 명도 없는지?

… 1962년 어느 여름 밤, 슈톡하우젠이 음악과 섹스에 대해 무슨 말
을 했는지?

… <백–아베 비디오합성기>는 어떻게 작동하는지?

… 왜 공자가 레스타니를 흔들어놓았는지?

… 시차를 두고 미국 전역에 고주파로 통신하는 피드백이 무엇인지?

… 플럭서스 그룹의 일인자로 안경 쓴 음악이론가는 누구인지?

… 왜 윌섬 시의 개들이 러셀 코너가 주최한 《시각과 텔레비전》 전
시장에 들어가려고 로즈아트 뮤지엄 앞에 줄을 섰는지?

… 보이스가 자신의 고향 클레페에서 발견한 켈트족의 신비한 근원 일곱 가지는 무엇인지?

… 왜 백남준은 많은 예술가 중에서 스포에리에게 가장 친밀함을 느꼈는지?

… 위성예술이 무엇인지?

… 1963년 제2회 《자유로운 표현 페스티벌》에서 벤이 가져온 투명한 플라스틱 옷을 백남준이 샬럿 무어먼에게 입어보라고 했을 때 과연 그녀의 온몸을 관통한 사유는 어떤 것인지?

… 음악의 지그문트 프로이트는 누구인지?

… 왜 허먼 칸은 미래학자의 자격을 잃었는지?

… 왜 대륙 간 생방송은 녹화방송보다 더 예술적인지?

… 왜 한국인들은 플랑드르 사람들이 즐겨먹는 시골풍 수프에 친근감을 느끼는지?

… <오페라 섹스트로니크>가 무엇인지?

… 누가 나침반을 발명했는지?

… 256K 칩의 메모리 용량은 얼마인지?

… 마르코 폴로와 크리스토퍼 콜럼버스의 공통점은 무엇인지?

… 백남준의 <교향곡 제3번>은 어디로 갔는지?

… 메시지를 전달하는 정보는 아무런 메시지도 전달하지 않는 정보와 같은 역할을 한다고 말한 사람은 누구인지?

… 왜 신문들이 뱉어내는 허튼소리는 발행부수와 비례하는지?

… 1966년 뉴욕에서 아르망과 뒤샹 중 누가 더 인기가 있었는지?

… 꿀벌의 시각과 컬러텔레비전은 어떤 연관성이 있는지?

… 노버트 위너는 주로 무엇을 하며 여가를 보냈는지?

… 부산 근처에 살았던 신라왕의 금관이 왜 사슴뿔 모양인지?

… 누가 시청률 측정기를 발명했는지?

… 왜 중국어에는 '자유'를 일컫는 어휘가 없는지?

…현인을 알아보는 건 그리도 어려운데 왜 어리석은 자는 쉽사리 알아볼 수 있는 것인지?

…보이스가 모자를 쓰지 않고 찍은 유일한 사진은 어떤 것인지?

…일꾼에게 갤러리를 다시 하얗게 칠하라고 말하고 점심을 먹으러 나간 파비오 사르젠티니에게 무슨 일이 일어났는지?

…엥겔스와 이바흐 피아노의 공통점은 무엇인지?

…마지노선, 그보다 더 어리석은 게 있는지?

당신은 이제 이러한 질문에 대한 답을 알고 있다.

나는 저자의 바람에 따라(모티프: '새로운 것은 언제나 흥미롭다') 맺음말로 시작되는 이 책의 마지막 장을 아쉬운 마음으로 넘긴다. 당신도 이 책을 읽으며 "아득한 과거의 이야기를 들려주는 '네거티브 공상과학'이라는 새로운 문학 장르를 발견했을 것이다. 먼 미래의 이야기를 다루는 공상과학을 떠올려도 좋다. 이 둘은 이미 알려진 지식과 직관에서 나오는 지혜, 그리고 순수한 환상을 자유롭게 결합한다는 점에서, 또 책임지지 않아도 되는 여러 가지 발견을 혼합한다는 점에서도 동일한 글쓰기 형식이다".

자, 여기 그 조리법이 있다! 탐독하고 싶은 책을 만들기는 그리 어려운 일이 아니다. 여러 가지 재료를 충분히 섞으면 된다… "우리 한국인들은 뭔가를 섞는 데 일가견이 있죠. 한국을 대표하는 음식 중에 '비빔밥'이라는 게 있어요. 원하는 재료는 뭐든지 밥에 넣고 섞을 수 있죠."

예술가의 글쓰기는 자기 작업실을 많이 닮는다. 새로운 아이디어들이 톡톡 튀어 오르는 샴페인 거품처럼 샘솟는 실험실인 것이다. 작가의 특성이 돋보이는 예술가의 글쓰기 또한 자기 작업실을 많이 닮았는데 이는 딱딱한 주석과는 대조적으로 신선한 문체와 내면으로 깊이 파고든다.

그들은 자신이 사용하는 질료인 언어로 곧바로 조형예술작품의 구조를 그대로 표현해낸다.

백남준은 재핑zapping을 한다. 이 생각에서 저 생각으로 껑충껑충 건너뛴다. 불꽃같은 아이디어들이 서로 충돌하며 솟구친다. 그럴 때 늘 예상치 못한 상황이 벌어진다.

백남준의 놀이에 빠져들면 우리는 중력의 법칙을 무시하게 된다.

그의 예술세계 한가운데 텔레비전이 있다. '텔레-비전=멀리 보다.'

텔레비전은 본질적으로 직선성이 있는 모든 것을 거부한다.

백남준의 사유에는 중국 문자처럼 수많은 방향이 있다.

매체로서 텔레비전은 근본적으로 극적이다. 극적인 정보, 극적인 스피커, 극적인 삭제, 극적인 편집.

텔레비전에서 가장 근본적인 바탕이 되는 삭제 행위는 그 자체로 감춰진 정보를 지니고 있다.

백남준이 직선성을 받아들일 수밖에 없는 단 하나의 영역이 있다면 그건 바로 우리 삶이다.(가슴에 원한을 품고 그는 외친다. "삶의 베타맥스[1]에는 되감기 버튼이 없다!"라고. 아무리 기계를 여러 각도에서 면밀히 관찰하고 험하게 다루어도 최첨단 기기의 전문가이자 동양의 지혜가 깃든 그는 이 진리 앞에서 안타까워한다.) 1964년 그는 꼼꼼하기로 소문난 포스텔[2]을 위해 자신의 이야기를 담은 「정확한 자서전」을 집필한다. 그 작업 과정에서 직선성을 실험하지만 결국 그의 관점은 그가 환상 속에서 살게 될 11932년에 이르면서 조금씩 흔들리기 시작한다.("11932년에 내가 만일 살아 있다면 100,000살이 될 것이다….") 유랑자로 태어난 백남준을 잡아둘 방법은 없다. 초라한 인간 삶의 한계에 가둬놓을 수는 더더욱 없다.

---

1 Betamax: 1975년 소니가 개발한 약 12.7밀리미터의 비디오테이프에 녹음하는 기술 또는 그 규격을 일컫는다. 1센티미터 정도의 테이프에 VHS 방식보다 훨씬 많은 분량의 화상을 녹화할 수 있는 장점이 있다. 역주.

2 Wolf Vostell(1932~ 1998): 독일의 데콜라주(décollage), 해프닝 작가. 1960년경부터 쾰른에서 주로 사진을 붙였다가 뜯거나 찢는 데콜라주 그룹 운동을 추진하였다. 플럭서스 그룹의 공동 발기자로도 활동하였으며, 체험적 저서 『해프닝, 플럭서스, 팝아트, 신사실주의』를 집필했다. 역주.

드넓은 공간과 자유를 향한 그의 끊임없는 갈망은 글 속에, 나아가 그가 사용하는 문장 구조에까지 배어 있다. 이제 더는 그를 하나의 언어 속에 가둘 수 없다. 6개 국어에 능통한 그는 어휘 단위에서도 한 언어에서 다른 언어로 옮겨가곤 한다. 그리고 자신이 발견한 어휘에 끝없이 놀라고, 황홀해한다. 그의 언어는 우리를 먼 이국으로 실어 나른다. 독일어에서 영어로, 영어에서 일본어로… 그의 이동은 계속된다. 심지어 모국어인 한국어를 사용하던 어린 시절부터 가족조차 이해하지 못하는 상상의 언어를 만들어냈다는 백남준이다.

그래서 이러한 현상을 번역하거나 이해한다는 것은 거의 불가능하다. 백남준을 번역한다는 것은 그를 하나의 언어에 가두는 것과 같다. 아니, 그의 개성을 말살하는 최악의 행동이다.(그러나 다행스럽게도 독창적인 사고는 살아남는다.) 우리는 이미 20년 전부터 부딪혀온 이러한 어려움의 마지막에 선 사람들이다. 그런데 정작 백남준은 이 문제를 심각하게 받아들이지 않는다. "제대로 된 불어로 표현해봐. 다시 써봐. 건너뛰어." 우리는 최선을 다했지만 여전히 한계를 인식하지 않을 수 없다. 대부분 영어로 된 텍스트 원본을 수정하거나 삭제하지 않으려고 노력했다. 반면 고유명사 표기의 오류는 수정했다.

백남준은 「임의접속정보」에서 "예술가의 역할은 미래를 사유하는 것"이라고 밝혔다. 그의 유랑자 기질 때문일까? 이 분야에서 백남준은 아주 멀리 앞선 것 같다. 그에게 빠르게 변하는 지구는 별문제가 되지 않는다. 반대로 그는 '세계를 축소하라' 혹은 '건너뛰어라'라는 표현을 즐겨 쓴다. 그는 팩스, 위성TV, 초음속 비행기, 달나라로 향하는 우주선들로 좁아지는 세상을 흐뭇한 눈으로 바라본다. 복잡한 기술방식을 연구하고, 과학자들에게 조언을 구해가며 그것으로 주체적인 유희를 즐긴다. 이러한 과학적 공간은 바로 그의 상상이 현실을 앞서는 공간이다.

그는 "전자음악시대 10년이 지나면 반드시 전자TV 10년이 도래할 겁니다"라고 말한다. "예술계에서는 대부분 전자TV에 부정적인 반응을 보였어요. 1965년은 물론이고, 1975년에도 믿지 않았으니까요. 그런데 오늘날에는 5백만 명의 비디오 예술가들이 전 세계에서 활동하고 있습니다."[3] 이것이 바로 에른스트 블로흐[4]가 '구체적인 유토피아'라고 부른 것이다. 즉, 이미 존재하는 미래를 보게 해주는 것으로, 영원히 살지 못할 일반인은 그 본래의 모습을 여전히 파악하지 못하고 있다.[5]

본 저서는 '인간적 비디오 영역'이라는 분야에서 백남준의 예측이 오늘날 우리의 일상적인 현실이 되었다는 사실을 확인해줄 것이다. 우리가 이러한 일상에 익숙해지려고 애쓰는 동안 백남준은 이미 '위성예술'이라는 처녀지를 향해 떠나버렸다. 우리는 이 책에서 위성예술에 관한 여러 자료를 소개함으로써, '다시간적이고, 다공간적인 교향곡을 창조하려던' 그가 이 분야에서 이룬 성과와 '실시간',[6] 시차 극복, 즉흥적인 게임, 메아리, 피드백, 각 나라의 고유한 사고체계에서 영감을 받은 그의 사고에 대한 이해를 도모했다.

백남준이 처음 일본에서 철학자, 음악학자, 작곡가로 출발해서 1950년대와 60년대를 독일에서 보내고, 현재 비디오의 아버지나 교황, 혹은 비디오계의 조지 워싱턴이라고 불리기까지 지난 35년간 써온 기사, 편지, 악보, 소책자, 인터뷰, 시나리오 등의 글을 처음으로 연대순으로 정리해보았다. 얼핏 보면 다양하고 화려한 문체와 사고가 넘쳐나는 것처럼 보이지만, 그 바탕을 이루는 핵심 주제에는 놀라울 정도의 일관성—항상성—이 있음을 알 수 있다.

3   미발표된 인터뷰 발췌 인용, 1992년 10월 11일, 암스테르담.
4   Ernst Bloch(1885~1977): 독일의 철학자. 하이델베르크대학에서 막스 베버에게서 수학하고 야스퍼스·루카치와 교류했다. 1918년 망명 중인 스위스에서 『유토피아의 정신』을 간행하였다. 1938년 미국으로 이주하였으며, 모스크바로 망명한 루카치와 '표현주의 논쟁'을 전개하였다. 주요 저서로는 『이 시대의 유산』『유물론의 문제』 등이 있다. 역주.
5   캘빈 톰킨스는 1975년 5월 《뉴요커(New Yoker)》에 실린 기사에서 백남준을 '비디오 예언자'라고 불렀다.
6   1962년부터 움베르토 에코는 자신의 「열린 작품」에서 '새로운 예술학파'라는 이론을 설파하기 시작했다. 이는 그야말로 백남준을 포함한 예민한 예술가들 시대의 청사진인 셈이다.

1961년에 작곡한 ‹20개의 방을 위한 교향곡›(공연된 적이 없음)은 ‹바이바이 키플링›(1987년 서울-도쿄-뉴욕 동시 위성방송)의 시나리오를 예고하고 있었으며, ‹존 케이지에게 보내는 경의›(1958년에 다름슈타트에서 제안했지만, 다른 곳에서 공연되었음) 또한 ‹굿모닝 미스터 오웰›(1984년 L.A.-뉴욕-파리-쾰른 동시 생방송)을 예고하는 작품이었다. 이들 작품은 괘종시계와 정형의 곡선을 그리는 전파, 부기우기, 그리고 아이들의 웃음소리를 혼합하거나, 공간에 금속판과 빛을 내는 사물들, 신비로운 향, 오토바이를 탄 사서를[7] 배치하거나, 혹은 방송되었던 아크로폴리스의 그리스 합창과, 타지마할에서의 라비 샹카르Ravi Shankar의 라이브 공연, 장황한 글의 형식에 대해 노먼 메일러를 인터뷰하는 인기 있는 뉴욕의 사회자, 생방송으로 중계되는 아기의 탄생, 한국의 굿, 올림픽대회에 출전한 섹시한 여자 다이빙선수들(현란한 디지털 효과에 특히 잘 어울림)의 장면을 모아놓거나, 혹은 파리 퐁피두센터 지붕에서 이루어진 팝 그룹 오잉고 보잉고Oingo Boingo의 두 공연 사이사이에 뉴욕에서 행한 케이지·커닝햄의 공연을 방영하는 퍼포먼스 등이다. 키워드는 소통, 유연성, 공감각, 비물질성, 다방향성, '임의접속', 불확정성 등이다. 물질주의 무게를 걷어낸 총체적이고, 열린[8] 그의 예술작품은 모든 장르와 시대, 그리고 모든 국가와 예술가와 관객을 함께 아우른다.

위너[9]와 매클루언이 의미하는 이데올로기로서의 소통은 20세기의 위대한 유토피아의 실패, 특히 마르크시즘의 실패 이후 가장 멋진 미래를 약속하지 않는가? 그것은 바로 제2차 세계대전 이후 전 세계적 차원의 상호이해를 바탕으로 서로 연대하는 투명한 사회, 다시 말해 전쟁 없는 사

---

7 '원래의 기능에서 자유로워진 소리들', 「볼프강 슈타이네케에게 보내는 편지」 참조, 427쪽.
8 총체적은 '바그너의 의미'로, 열린은 '움베르토 에코의 의미'로.
9 Norbert Wiener(1894~1964): 미국의 수학자·사이버네틱스(cybernetics)의 창시자. 수학에서는 실함수론(實函數論)·조화해석(調和解析)·급수론·확률론을 연구하였으며, 이 밖에도 물리학·전기통신공학·신경생리학·정신병리학 분야에도 중요한 공헌을 하였다. 역주.

회이다. 즉, 지구촌을 향한 꿈이다. 케이지[10]나 보이스처럼 백남준에게도 그 꿈이 있었다. 바로 이러한 신념이 그들에게 활력을 불어넣어주었고, 그 꿈을 실현할 기술적인 수단을 보유한 세계를 왜 그토록 열광적으로 고집했는지를 설명해준다. 지구촌의 꿈을 이루려면 그들처럼 낙관적인 성향을 유지하며, 같은 이상을 향해 나아가는 이들이 필요하다.

백남준의 시도에는 그 밖에도 주목할 만한 여러 쟁점이 있다. 현실에서 불가능하고, 분열되어 있으며, 모순적이고, 아무런 연관이 없는 것들을 비디오 화면에 담는 시도는 다분히 그의 삶을 닮지 않았는가? 동양미를 보여주는 찰나에 대한 갈망이랄까? 그것은 생성되자마자 끊임없이 흐르는 시간 속으로 사라져가는 광경 앞에서 느끼는 허무이며, 사라졌다가 다시 태어나는 불분명한 것들 속에서 아주 잠시 명확해지는 것들과 같은 불안정성이다. 그는 「실험TV 전시회의 후주곡」에서 "자연이 아름다운 것은 그 자체의 아름다움보다 가변성 때문이다"라고 기술했다. 시간은 상대하기 어려운 적이다. 그렇기에 '신에게 도전장을 던지는 기계'인 비디오를 통해 시간을 끌어당기고, 압축하고, 잘게 절단함으로써 시간에 리듬감을 주고, 뒤엎어가며 시간의 법칙을 깨야 한다.(그는 "비평가들은 무슨 말을 해야 할지 모를 때 시간을 들먹인다"라고 어딘가에 쓴 적이 있다.)

마지막으로 주목할 점은 바로 활력 넘치는 그의 유희 기질이다. 그는 예술이라는 게임의 조커와도 같은 존재다. 그는 "모든 것은 장난감"이라고 말한다. 그가 실러[11]를 인용하는 까닭도 실러가 문화의 가장 중요한 기능을 유희에서 찾았기 때문이다. 백남준은 퍼포먼스 예술가의 길을 포기

---

10 John Cage(1912~1992): 미국의 작곡가로 음악에 우연적 요소를 도입한 ⟨4분 33초⟩라는 작품으로 유럽 음악계에 큰 영향을 끼쳤고 도안악보(圖案樂譜)의 창안 등 독창성 넘치는 활동을 하였다. 역주.

11 Friedrich von Schiller(1759~1805): 독일 고전주의 극작가이자 시인, 문학이론가. 낭만주의가 꽃을 피우는 데 크게 공헌하였으며 고전주의를 독일에 소개하였다. 주요 작품으로는 『간계와 사랑』 『오를레앙의 처녀』 『빌헬름 텔』 등이 있다. 역주.

하면서, "TV의 세계와 음향 기기들이 내포한 자유와 다양성, 시각적 즐거움, 인식론적인 관심과 같은 새로운 장르로 나아가기" 위하여 "강렬함의 시기(무대에서 벌어지는 한순간의 황홀감)를 떠났다"고 말했다. 다시 말해 두 사람의 백남준, 아니 "나는 내가 아닌 것으로 존재하고 나는 내가 존재하는 것으로 존재하지 않는다"라고 말한 위대한 사상가를 떠올릴 정도로 그는 자신의 수없이 많은 모습을 보여준다.

"1950년대 자유주의자와 1960년대 혁명가 사이의 다른 점을 말하자면 전자는 진지하고 회의적이고, 후자는 낙관적이며 즐길 줄 알았다는 것이다. 누가 사회를 더 변화시켰을까?"

…이에 대한 대답은 269쪽에 있다.

이 자리를 빌려 본 저서의 출간에 많은 도움을 주신 분들과 단체에 감사의 마음을 전하는 바이다. 특히 뉴욕 시러큐스 에버슨 미술관, 쾰른 뒤몽 출판사, 슈투트가르트 좀 문서보관소, 다름슈타트 현대음악연구소, 베를린 독일학술교류처DAAD, 퐁피두센터와 파리 시립미술관, 뉴욕 휘트니 미술관, 쾰른미술협회와 역사박물관, 취리히 시립미술관, 바젤 쿤스트할레, 함부르크 로볼트 출판사, 도쿄 파르코 갤러리, 서울의 원화랑과 갤러리 현대, 뉴욕의 실버맨 컬렉션, 에릭 파브르, 볼프 헤르초겐라트, 피에르 레스타니, 볼프 포스텔, 라 몬테 영, 그리고 무엇보다 초음속시대에 선불교 수도승의 인내심을 발휘해 이 책이 출간되기까지 36주의 긴 시간, 공항 가는 시간을 제외하고도, 벤스베르크와 금성 사이의 왕복여행을 세 번 반이나 할 수 있는 36주라는 긴 시간을 기다려준 아주 바쁜 이, 백남준에게 감사의 마음을 전한다.

이르멜린 리비어Irmeline Lebeer

차례

미디어의 기억[12]

미디어에 대한 모든 연구는 언어에서부터 시작되어야 한다. 그런데 언어에 대한 내 기억은 마치 모자이크와 같다. 나는 일제강점기였던 1939년부터 1945년까지 초등학교에 다녔다. 집에서는 친구들과 한국어를 했지만, 집 문턱을 넘어가면 일본어로 얘기해야 했다.(그러지 않으면 경찰서에 끌려갈 수도 있었다.) 학교에서는 당연히 일본어를 사용했지만, 집으로 돌아오면 같은 친구들과 자연스럽게 한국어로 이야기를 했다. 우리는 그렇게 의식하지 못할 정도로 아주 자연스럽게 두 언어를 번갈아가며 사용했다. 솔직히 그래서 좋은 점도 있었다. 학교에 다닌 적이 없는 어머니는 일본어를 한 마디도 모르셨기에 내가 숙제를 끝냈는지 검사할 수 없었고, 그래서 나는 어머니에게 숙제와 관련해서 거짓말을 해도 들통 날 일이 없었다.

그러나 때로 슬픈 일도 있었다. 그런 일은 주로 방과 후에 벌어졌는데, 우리는 집으로 돌아가기 전에 '회개'의 시간을 가져야만 했다. 선생님(한국인일 때도 있었다)이 우리에게 "오늘은 누가 한국어를 했지?"라고 물으면, 친구들은 서로 손가락질했다. 우리는 밀고자가 되어야 했다… "쟤가 한국말을 했어요." 그러면, 고자질당한 아이는, 그렇게 일러바친 아이도 점심시간에 한국말을 했다고 우겼다. 우리가 했던 한국말은 대부

---

12 La Mémoire médiatique: 미발표 텍스트, 1992년 9월. 영문 원고의 감수는 알랜 마를리스가 맡았다.

분 입에서 무의식적으로 튀어나오는 이름이거나 간단한 동사가 전부였다. 한국말을 한 학생은 벌로 방과 후에 교실 청소를 해야 했다. 때로는 상급 학교 진학에 필요한 추천서를 받지 못하거나 '우리는 매일 일본어로만 말한다'라고 적힌 **명예 배지**를 뺏기기도 했다. 그 배지는 반에서 30퍼센트에 드는 상위권 학생만이 달 수 있었다.

영국 사람들이 아일랜드 사람들을 상대로 켈트어를 사용하지 못하도록 뿌리를 뽑는 데 1000년이 걸렸다. 그런데 일본 사람들이 한국어 사용을 금지하는 데는 겨우 30년밖에 걸리지 않았다. 일본식 완벽주의가 지닌 고유의 '미美'를 부정하는 것은 아니다. 루카치나 카프카도 작품을 헝가리어나 체코어가 아니라 독일어로 썼다. 그것도 강요가 아닌 자유의지로 그렇게 했다. 나 역시 지금 이 글을 영어로 쓰고 있다(물론 내 의지로). 조이스나 존 레논, 버나드 쇼, 와일드 혹은 베케트가 켈트어로 작품을 썼다면 세계 문화계는 꽤 고생하지 않았을까. 위의 천재들은 자신이 전 세계를 대상으로 글을 쓰고 있음을 알고 있었기에 국지적인 모국어보다는 독일어나 영어로 글을 쓰려고 더 많은 노력을 기울여야 했을 것이다. 이처럼 그들은 모두 약점을 지닌 사람들이었다.

1948년 한국은 막 끓어오르기 시작한 아방가르드의 열기를 그대로 보여주는 산증인과도 같은 지역이었다. 그 시대 한국의 여러 작곡가가 버르토크, 힌데미트, 스트라빈스키, 쇤베르크와 같은 음악가의 독창적인 양식을 이해했다. 새로운 것에 대한 갈증이 있었다. 마르크스에 대한 갈증도 그중 하나였다. 나는 당시 서울에서 쇤베르크에 관해 한 챕터나 할애한 현대음악 관련 서적 한 권을 발견했다. 전쟁 전 일본에서 발간된 책이었다. 이처럼 문화는 쌍방향으로 난 길과도 같다.

1940년에 한국어로 발행되는 모든 일간지가 폐간되었다. 일본 식민지정부 기관지만이 예외였다. 월간지도 하나씩 사라지기 시작했다. 한국어를 읽을 수 있는 사람의 수도 줄어들었고, 월간지 광고를 내는 한국 기업은 더 찾아보기 힘들었다. 1941년에서 42년 사이에는 제2차 세계대전의 영향으로 종이가 부족해지면서 일본 잡지조차도 점점 얇아졌다. 1941 년 나는 초등학교 3학년이었다. 그 무렵 글을 읽고 싶은 욕구가 날이 갈 수록 커져만 갔다. 나는 읽을거리 부족 증세를 심하게 드러내고 있었다.

어느 날 대청소를 하려고 어머니를 따라 다락에 올라갔다가 나는 먼 지 더미 속에서 엄청난 보물을 발견했다. 1937년과 그 이전에 발간된 영 화잡지가 산더미처럼 쌓여 있었던 것이다. 희덕 누이가 결혼하기 전에 읽던 책들이었다. 미국과 유럽 영화배우들의 사진이 실린 잡지도 있었 다. 폰 스턴버그[13] 감독의 <모로코Morocco>와 쥘리앙 뒤비비에의 <무도회 의 수첩Un Carnet de Bal>에 관한 다큐멘터리 사진들, 디아나 더빈과 지휘 자 스토코프스키의 <오케스트라 소녀Orchestra Girl>, 독일영화 <미완성 교 향곡Die Unvollendete Symphonie>, 레니 리펜슈탈[14]의 <의지의 승리Triumph des Willens>는 지금도 생생하게 기억난다. 꽤 큼직하고 두툼한 책들이었다. 그 책들은 서구세계로 열린 나의 유일한 창이었다. 지금도 그때 맡았던 부드 러운 먼지 냄새가 나는 것 같다. 나는 그 책들을 읽고 또 읽었다. 그것은 전쟁이 계속되는 동안 문화의 사막에서 발견한 오아시스였다. 오늘날의 젊은이들은 이해하기 어려울 것이다. 소위 '정보로 넘친다'라는 말을 생 각하면 지금도 웃음이 나온다. 오늘날 전 세계 어느 대도시에서도 그 시 절과 같은 정보의 포화 상태는 찾아볼 수 없을 것이다. 영양과 운동 부족 은 곧바로 알아볼 수 있지만, 문화 부족 현상은 잘 드러나지 않는 법이다. 문화에 대한 욕구는 주로 잠재적이며 감춰져 있기 때문이다.

1942년인가 43년에 도쿄에서 발행된 대중 월간지에서 미국이 제2차 세계대전에서 패하리라고 예견한 기사를 읽은 적이 있다. 잡지는 미국인 들이 물질적 풍요에 길들었기에 어려운 상태를 견디지 못하리라고 했다.

---

13 Josef von Sternberg(1894~1969): 미국의 영화감독. <구원을 바라는 사람들>을 제작해 C. 채 플린의 추천을 받고 이름이 알려지게 되었다. <암흑가> <탄식의 천사> <모로코> <아메리카의 비극> 등을 발표하였다. 1953년 미일 합작영화 <아나타한>을 감독했다. 역주.

14 Leni Riefenstahl(1902~2003): 독일의 영화감독 겸 배우. 무용가로서 명성을 얻었으며 1926년 <성산>에서 배우로 데뷔하였다. 일련의 산악영화에 출연했으며 <의지의 승리> <올림피아> 등 을 감독해 뛰어난 촬영기술 등으로 이목을 끌었다. 제2차 세계대전이 끝난 후 1급 사진가로 활 동했다. 역주.

그리고 도쿄의 집들은 대부분 2층이어서 정전 시에도 쉽게 적응할 수 있지만, 미국에서는 엠파이어스테이트 빌딩의 엘리베이터가 멈추면 어떤 일이 벌어지겠는가, 과연 130층까지 걸어 올라갈 사람이 있겠는가, 하고 묻고 있었다.

게다가 더위는 어떻고? 미국 집들은 난방 온도를 지나치게 높여서 맨해튼의 모델들은 거의 속옷 차림이며, 신의 경지에 달하는 각선미를 드러내려고 팬티도 입지 않는다고 했다. 그녀들은 모피코트 속에 비단 치마만 입고, 리무진에 미끄러지듯 올라타고 가다가 그들을 맞이하는 현관 바로 앞에서 차 문을 열고 내린다고 적혀 있었다. 세상에! 속옷을 입지 않은 그 많은 미녀라! 미국을 비난하는 이 선전 문구들이 오히려 뉴욕에 가고 싶다는 욕구에 불을 지핀 셈이 되었다.

몇몇 프랑스인(?) 친구들[15]

예술계에서 여러 면으로 도움을 준 좋은 친구들이 많이 있지만, 1969년 이후 여러 해 동안 꾸준히 수집가들을 소개해주고, 도움을 준 사람은 크리스토[16]와 그의 아내, 잔클로드였다.

플럭서스[17]에 베토벤 같은 존재가 있었는지는 모르겠지만 적어도 슈베르트 같은 인물은 있었다고 확신한다. 그가 바로 벤 보티에[18]이다. 1965년 파리에서 퍼포먼스를 끝냈을 때 나는 흠뻑 젖어 있었다. 더러운 물로 입을 헹굴 때 물잔 대신 구두를 사용할 수밖에 없었기에 신발까지 젖어 있었다. 퍼포먼스가 끝나자 벤이 초록색 방으로 왔다. 내가 그의 신

---

15 Quelques amis français (…français?): 미발표 원고, 1992년 9월. 영문 감수는 알랜 마를리스가 맡았다

16 Christo Vladimirov Javacheff(1935~): 불가리아 태생으로 소피아 아카데미에서 수학하고 체코의 프라하로 갔다가 공산주의 체제를 피하여 오스트리아의 빈을 거쳐 프랑스 파리에 정착했다. 아내 잔클로드와 함께 다수의 설치 작품을 남겼다. 오스트레일리아의 시드니 리틀 베이, 미국 콜로라도의 록키산맥, 독일 베를린의 옛 제국의회 의사당, 프랑스 파리의 풍뇌프 다리 등을 천으로 감싸는 대지미술을 선보였다. 특히 캘리포니아에서 39.4킬로미터에 달하는 담을 세우고 천으로 감싼 ‹달리는 울타리(Running Fence)›가 유명하다. 역주.

17 Fluxus: ‘변화’ ‘움직임’ ‘흐름’을 뜻하는 라틴어에서 유래한다. 1960년대 초부터 1970년대에 걸쳐 일어난 국제적인 전위예술 운동으로, 플럭서스라는 용어는 리투아니아 출신의 미국인 머추너스가 1962년 독일 헤센의 비스바덴 시립미술관에서 열린 «플럭서스−국제 신음악 페스티벌»의 초청장 문구에서 처음 사용하면서 널리 알려졌다. 역주.

18 Ben Vautier(1935~): 프랑스 예술가. 마르셀 뒤샹과 존 케이지의 음악에 관심을 보이며 1960년대에 플럭서스에 합류하여 활동하였다. 역주.

발을 달라고 하자 그는 깜짝 놀란 표정으로 내게 물었다. "그럼, 나는 어떻게 집에 가라고?" 그의 표정이 너무나 순수하고 솔직해 보여서 그가 정말 맨발로 집에 갈 수도 있겠다는 생각이 들었다.

그다음 해 조지 머추너스[19]는 슈톡하우젠[20]과 케이지의 연주를 방해하기로 작정했다. 미국 대학과 대기업의 돈을 받았다는 것이 여러 이유 가운데 하나였다. 게다가 슈톡하우젠이 억압받는 사람들의 음악인 재즈를 비난하는 잘못을 저질렀다는 것이다. 결국, 머추너스의 지시를 받은 벤 보티에가 케이지와 커닝햄[21]을 야유하러 혼자서 니스 공연장으로 갔다. 내 친구 파울리(당시 함부르크 NDR 방송국 TV프로듀서)가 의도적으로 케이지와 보티에의 충돌 사건을 필름에 담았다. 이 사건은 그야말로 아방가르드 영화에서 가장 코믹한 장면 중 하나다. 지금도 보티에의 진실하고 순진한 기질은 여전하다. 머추너스도 마찬가지다. 벤 보티에가 그 사건을 발췌해 찍은 영화도 아주 훌륭하다.

나는 아르눌프 라이너[22]와 헤르만 니치[23]를 존경한다. 그리고 피비린내 나는 그들의 그림을 사들여 그 그림들과 함께 사는 유럽의 수집가들을 더 존경한다. 그들은 마치 큰 성공을 거두었지만 어두운 면을 간직했던 다니엘 스포에리[24]와도 같았다. 나는 스포에리에게 강한 친밀감을 느

---

19 George Maciunas(1931~1978): 리투아니아 출신의 미국 행위예술가이자 전위예술인 플럭서스 운동의 창시자. 1962년 독일 비스바덴에서 처음으로 《플럭서스-국제 신음악 페스티벌》을 열고 공식적으로 플럭서스 그룹을 출범시켰으며 1977년 시애틀에서 마지막 플럭서스 페스티벌을 열었다. 역주.

20 Karlheinz Stockhausen(1928~2007): 독일의 작곡가이자 이론가. 쾰른의 서부독일방송국에서 전자음악의 실험적 제작에 성공하였고 부정기 음악잡지 《라이에》의 공동편집인으로서 현대음악에 대한 계몽활동도 추진하였다. <10악기를 위한 대위법> <전자음향, 피아노와 타악기를 위한 접촉> 등 독자적이고 급진적인 작품을 남겼다. 역주.

21 Merce Cunningham(1919~2009): 미국의 무용가이며 안무가로 마사 그레이엄 무용단의 제1무용수로 활동하다가 자신의 무용단을 결성하였다. 분리와 초연의 무용 철학과 입체파에 가까운 미학을 갖고 있었다. 역주.

22 Arnulf Rainer(1929~): 추상적 무정형 예술로 세계적으로 유명한 오스트리아 화가. 역주.

23 Hermann Nitsch(1938~): 오스트리아 현대예술가. '비엔나 액셔니즘'의 작가로서 오스트리아, 특히 빈의 무대예술에 많은 영향을 주었다. 역주.

24 Daniel Spoerri(본명: Daniel Isaak Feinstein, 1930~): 루마니아 출신 스위스 무용가, 조형예

낀다. 우리는 둘 다 진정한 의미의 골동품 수집가라고 할 수 있다. 우리에게 골동품이란 단순하게 발견된 것들이 아니라 선택되고, 가끔은 우리가 만들어냈다고도 할 정도의 것들이다. 우리가 이 오브제들을 만들어내지 않는 이유는 돈과 노력을 아끼기 위해서뿐만 아니라, 훌륭하거나 시원치 않은 역사이거나 상관없이 그 시간의 흐름을 재현해낼 수 없기 때문이다. 스포에리도 나만큼이나 오래된 신문 애호가이다. 스포에리는 아방가르드 예술의 시각과 역사에서 살아남은 냉소적 시각에서 바라본 일종의 고가의 벼룩시장을 쾰른 쿤스트페어라인에 만들어냈다. 시간의 향기와 결합된 세상의 부조리함이 쾰른의 많은 박물관이 선택한 일상 오브제들 속에 잘 드러났다. 우리는 카를 마르크스가 편집을 했던 쾰른 신문의 마지막 호들도 볼 수 있었는데, 마지막 호는 (약 10장으로 구성된) 전체가 선명한 붉은색으로 인쇄되었다. 마치 플럭서스의 선언문을 읽는 느낌이었다. 나는 그렇게 많은 평범한 할머니들이 기분 좋게 웃으며 현대미술 전시회를 관람하는 모습을 지금까지 본 적이 없다.

나는 여태껏 대중매체라는 프리즘을 통해 저술한 자서전을 본 적이 없다. 그런 점에서 가족 가운데 한 사람(이름이 라이언이라고 한다)이 썼다는 다비드 사르노프(방송사 RCA와 NBC의 사장)의 전기는 매우 훌륭하다. 팰리(CBS의 사장)에 관한 책은 한 권도 찾아볼 수 없다. 하지만 CBS의 역사에서 재미있는 일화 가운데 하나는 바로 프랭크 스탠턴(방송사 제2인자)이 방송 프로그램이나 영업부 출신이 아니라 대학에서 사회학을 전공한 사람이라는 사실이다. 스탠턴은 최초로 시청자의 행동을 연구해서 시청률에 관한 기본적인 틀을 마련했다. 예술 혹은 상업 방송에서 하향식 업무는 쉽지만 상향식 작업은 어렵다. 허공에 대고 소리를 질러봤

술가. 1959년 파리에 정착한 이래 일상적 사물을 콜라주한 작품을 선보였다. 1963년 조지 머추너스를 포함한 플럭서스 구성원들과 교류하기 시작했다. 1968년 뒤셀도르프에서 이트아트 갤러리(Eat-Art Gallery)를 열고 여러 인물을 음식물로 조각하거나, 식사를 끝낸 식기들을 테이블에 고착시켜 작품으로 전시했다. 의도적으로 창의성을 제거한 작품을 지속적으로 제작했으며 1990년에는 파리의 퐁피두센터에서 원맨쇼를 공연했다. 역주.

자 반향이 있을 리 없다. 스탠턴/라저펠트 연구는 인류 역사상 처음으로 어떤 사람들이, 그리고 얼마나 많은 사람들이 당신의 말을 듣고 있는지를 알아냈다. 아도르노는 왜 이런 것을 생각해내지 못했을까?

뒤셀도르프 예술아카데미에서 나는 예술활동의 상업적인 면을 늘 강조해왔다. 사실 비디오 예술가들이 수많은 새로운 도구를 가지고 멋진 작품을 만들어내는 것은 어려운 일이 아니다. 문제는 고객을 찾는 일이다 ("하향식" 대 "상향식"의 문제).

그러한 관점에서 볼 때 잉고 귄터[25]는 국제 스파이 사업에 뛰어들어 성공한 사례다. 아도르노는 미국으로 이주하고 나서 처음 몇 년간 라디오 연구에 몰두하다가 사회학 분야의 전통적인 유럽식 접근방법으로 돌아선다. 스탠퍼드대학의 윌버 슈럼[26]은 많은 연구를 했지만 핵심적인 연구는 찾아볼 수 없다. 마셜 매클루언은 어느 날 그에게 이렇게 말했다. "당신은 홍역 때문에 피부에 생기는 반점의 개수는 세지만, 그 원인이나 치료책은 전혀 찾지 않는군요."

색다르게 미디어를 다루는 레이 존슨[27]과 다니엘 스포에리도 더 넓은 의미에서 미디어 예술가로 간주되어야 한다. 빌 윌슨[28]에 따르면 "레이 존슨은 미국 우편 시스템을 마치 하프 다루듯 연주한다". 다니엘 스포에리는 믹스드 미디어의 오래된 냄새를 맡으며 골동품 사냥을 한다. 이러한 골동품 사냥은 곧바로 미래의 추적으로 이어진다.

25 Ingo Günther(1957~): 프랑크푸르트대학에서 민족학과 문화인류학을 전공하고 뒤셀도르프 예술아카데미에서 백남준을 사사하였다. 뉴욕에서 정치적·군사적 위험 지역으로부터 모은 위성 자료를 분석 평가하는 데 중요한 역할을 하였다. 역주.

26 Wilbur Schramm(1907~1987): 1943년에 아이오와대학의 저널리즘 스쿨 학장이 되어 사상 최초의 매스 커뮤니케이션 박사과정을 신설한 언론학의 창시자. 이후 일리노이대학, 스탠퍼드대학에서 커뮤니케이션 연구소를 이끌며 미국의 커뮤니케이션 역사에 큰 영향을 주었다. 그의 활동을 기점으로 서구사회에서 언론학의 주류는 커뮤니케이션을 연구하는 사회과학의 한 분야로 발전했다. 역주.

27 Ray Johnson(1927~1995): 우편을 통해 작품을 전달하고 정보를 교류하는 메일아트를 최초로 시도한 미국의 미술가. 초기 퍼포먼스 아티스트 가운데 한 사람이며 플럭서스 그룹의 일원이었다. 1970년 뉴욕 휘트니 미술관에서 최초의 메일아트 전시회인 《뉴욕통신학교쇼》를 열었다.

28 Bill Wilson(1948~): 세계에서 가장 큰 주일 학교인 메트로미니스트리의 창립자 겸 교장. 유명한 연설가, 작가이고 목사이며 가난한 자들의 대변인이다. 역주.

1961년경 나는 뒤셀도르프에 있는 슈멜라 갤러리에 도착했다. 그곳에서 처음으로 아르망[29](그 당시 독일에는 아직 알려지지 않았다)의 개인전이 열렸다. 알프레드 슈멜라[30]의 작은 공간은 아르망의 ‹집적集積› 시리즈로 꽉 찼다. 시각예술에서 역동적인 반복을 보여준 첫 무대였다. 슈멜라는 작품 가격을 30~600마르크로 매겼지만, 한 점도 팔지 않았다. 담뱃재와 담배꽁초가 가득 찬 플라스틱 상자 두 개가 제일 작은 크기의 작품이었는데, 가격이 30~50마르크였다. 나는 그에게 나중에 찾으러 오겠다고 하고 50마르크 정도의 작품 하나를 보관해달라고 부탁했다. 몇 주 후 갤러리에 가보니 슈멜라가 이미 모든 걸 아르망에게 보내버렸다.

1966년 나는 이 이야기를 아르망에게 했다. 그리고 서로 작품을 교환하기로 했다.

로마에서 파비오 사르젠티니가 내게 이런 얘기를 들려주었다. 1966년쯤 아르망의 주가가 뉴욕에서 무척 올랐다고 했다. 아르망의 작품이 그 당시 살아 있던 뒤샹의 작품보다 더 비싸게 팔렸다. 아르망은 뒤샹[31]에게서 직접 작품을 구입했다. 약 6000달러 상당의 ‹열리고 닫히는 문›이라는 작품이다. 뒤샹이 죽고 나서 아르망은 그 작품을 1만 5000달러에 슈멜라에게 팔았고, 슈멜라는 6만 달러에 파비오 사르젠티니에게 되팔았다. 파비오는 이 작품 **하나만** 1년 365일 하루 24시간 내내 열아홉 개의 전시실이 있는 그의 갤러리에 전시했다. 그해 파비오는 단 하루도 갤러리 문을 닫은 적이 없다. 이 갤러리는 로마의 오래된 거리에 있었다.

29 Arman(본명: Armand Pierre Fernandez, 1928~2005): 프랑스 출신의 미국 화가이자 조각가. 초기 작품에는 야수파나 포스트 큐비즘에 동조하였으나 차차 신사실주의의 선두에 섰으며, 이브 클라인, 피에르 레스타니 등과 함께 신사실주의 그룹 창립에 가담하였다. 주요 작품으로는 ‹압인› 시리즈, ‹보조›시리즈, ‹집적›시리즈 등이 있다. 역주.

30 Alfred Schmela(1918~1980): 독일 예술가이며 뒤셀도르프에서 슈멜라 갤러리를 운영하였다. 역주.

31 Marcel Duchamp(1887~1968): 프랑스의 미술가. 현대 미술계에 가장 큰 영향을 끼친 인물 중 한 사람으로 다다에서 초현실주의로의 이행에 큰 영향을 주었으며 팝아트에서 개념미술에 이르는 다양한 현대 미술사조에 영감을 제공하였다. 1917년 뉴욕 «독립미술가전»에 남성용 소변기를 ‹샘(Fountain)›이란 작품명으로 출품하여 부도덕하고 천박하다는 이유로 거절되었지만, 뒤샹의 변기 스캔들은 기존의 예술 개념을 완전히 전복시키고 개념미술이라는 새로운 장르를 낳았다. 역주.

전시를 끝내고 파비오 사르젠티니는 갤러리의 벽을 모두 하얗게 칠하기로 마음먹었다. 그는 일꾼에게 벽을 모두 하얗게 칠하라고 하고는 잠시 식사하러 나갔다. 한 시간쯤 지나서 돌아왔을 때 일꾼이 뒤샹의 문까지 하얗게 칠해놓은 것을 확인할 수 있었다.

내가 티니 뒤샹[32]에게 이 이야기를 들려주자 그녀는 배를 잡고 웃었다.

---

32 Teeny Duchamp(1906~1995): 뒤샹의 아내. 역주.

노스탤지어는 피드백의 제곱근이다.
(1930년-1960년-1990년)[33]

1950년 이전
　예술가들은 추상적인 공간을 발견했다.
1960년 이후
　비디오 예술가들은 추상적인 시간을 발견했다.
　　　아무 내용이 없는 시간을.

앨런 긴즈버그[34]는 "시간은 위대한 거짓"이라고 말했다. 비디오아트는 우리 삶과 예술에서 창조하고 경험할 수 있는 다양하고 다채로운 거짓들을 보여줄 수 있다. 물론 거짓이나 거짓을 말하는 행위는 진실보다 훨씬 흥미롭다. 예술 분야에서는 새로운 진실이 밝혀져도 일간지 일면에 실리는 경우는 극히 드물다. 반면, 거짓이 발견되면 언제나 시끄럽게 마련이다.

　비디오는 시간의 직선성을 빠르게 하거나 늦출 수 있고, 뒤바꾸거나 뒤집을 수 있으며, 변형하고, 변조할 수 있다. 프랑스인들은 시간이 흐른다는 것을 '시간이 저절로 지나간다'라고 표현한다. 그 '저절로'가 무슨 의

33　La nostalige est un feedback au carré('30-'60-'90): 미발표 원고, 1992년 9월. 영문 텍스트 감수는 알랜 마를리스가 맡았다.

34　Allen Ginsberg(1926~1997): 비트 제너레이션의 지도적인 미국 시인. 그의 시는 산만한 구성 가운데 예언적인 암시를 주면서 비트족(族)의 문화적·사회적인 비순응주의를 주장한 것이었고, 때때로 외설적인 표현을 즐겨 다루었다. 대표작 「울부짖음」은 현대 미국사회에 대한 격렬한 탄핵이며, 동시에 통절한 애가(哀歌)라고 할 만한 장편시다. 역주.

미인지 궁금하다.

30년이라는 기간을 예로 들어보자.

지난 30년을 뒤돌아보면 60년대는 우리에게 비교적 가깝게 느껴진다. 그 당시 스타가 지금도 대부분 살아 있고, 여전히 활동하는 사람도 많다. 예전의 자리를 지키는 이들도 있다. 미디어에서 떠들어대는 것만큼 사람들의 예술적 취향이 달라지지는 않은 것이다.

반면, 60년대에 서서 30년을 되돌아보면 심연처럼 멀어 보인다. 그 30년은 히틀러의 등장으로 시작되어 케네디 대통령의 선거운동으로 마무리되었다. 그 사이를 스탈린, 집단농장, 홀로코스트, 히로시마, 한국, 베를린, 아이젠하워의 자주노선이 차지하고 있다.

이 두 기간을 가르는 또 다른 심연이 있다. 바로 인쇄매체와 전자매체의 간격이다. 인쇄매체는 실제 일어난 일과 거의 정확한 이미지를 전달하지만, 전자매체는 그레타 가르보나 진저 로저스와 같은 당시 할리우드식 버전에 국한되어 있다. 요즘 젊은이들은 30년대를 독재와 경제공황의 시대가 아니라 버스비 버클리[35]의 시대로 상상하며 자랐다. 그렇다면, 우리 역시 1960년대를 다시 짚어봐야 하지 않을까.

제일 먼저 떠오르는 것은 바로 야심 많은 빌리 클뤼버[36]가 주관한 E.A.T.Experiments in Art and Technology: 예술과 기술의 실험들 의 «아홉번의 밤»이다. 로버트 라우션버그[37]의 난해한 퍼포먼스에도 새로운 해석이 필요하다.

69번가 아모리의 어두운 갤러리에는 단 한 사람의 배우도, 무용수도 보이지 않는다. 단지, 백여 명이 넘는 젊은 '연기자'들이 어슬렁거리

---

35 Busby Berkeley(1895~1976): 미국의 영화감독 겸 안무가. 브로드웨이에서 안무가 겸 연출가로 20여 편의 뮤지컬을 제작하였고, 할리우드에 진출하여 ‹42번가›를 비롯한 많은 뮤지컬 영화를 제작하다가 평범한 대중영화를 연출하기도 하였다. 역주.

36 Billy Klüver(1927~2004): 벨 전화 연구소의 전기 엔지니어였던 그는 비영리기구인 '예술과 기술의 실험들(Experiments in Art and Technology)'을 만들어 미술가와 기술자의 공동 작업을 추진하였다. 역주.

37 Robert Rauschenberg(1925~2008): 미국의 현대 미술사에서 가장 다양한 방법으로 작업한 화가이다. 컴바인 페인팅의 창시자로, 제스퍼 존스와 함께 네오 다다의 쌍벽을 이루며, 추상표현주의와 팝아트 사이의 교량 역할을 한 그는 새로운 형태의 미술을 시도하고, 미술과 일상의 거리를 좁히며 대중에게 다가가고자 노력하였다. 역주.

며 갤러리 안을 오갈 뿐이다. 각자 차례대로 자기 이름을 말한다… 오로지 이름만 말한다. 그와 동시에 대형 화면에 그들의 오톨도톨한 잿빛 얼굴이 나타난다. 예술적 목적으로 티비콘Tibicon 카메라를 처음 사용한 것이다. 최근에 개발된 그 카메라만 있으면 어둠 속에서도 사진을 찍을 수 있다.(베트남전쟁 때 어둠 속에서 잠입하는 베트콩을 식별하는 데 사용하지 않았을까?) 장면이 어딘가 엉뚱하고 '기괴'하다. 라우션버그는 실시간으로 방영되는 이 공상과학 '오락물'을 보려고 뉴저지에서 두 시간을 달려온 중산층 관람객들에게 드넓은 네거티브 공간을 선보인 것이다. 물론, 1966년에 이러한 미니멀리즘[38]은 스무 명가량의 마니아 앞에서 퍼포먼스를 공연하는 다락방에서 꽤 유행했다. 그러다가 70년대로 접어들면서 '빅 스타일'의 미니멀리즘이 링컨센터와 《아비뇽 페스티벌》을 점령하기 시작했다. 하지만, 라우션버그는 『캐치-22』[39]에서와 같은 진퇴양난의 상황에 놓여 고생하고 있었다. 그는 비용을 감당하기 위해 광고를 해야 했다… 그로 인해 라우션버그는 일간지 대중오락매체 비평가들의 혹독한 비판을 모두 감수해야만 했다.

1978년 우리도 똑같은 경험을 했다. 6년 동안 우리는 TV 실험실에서 작업했다. 작업 결과는 뉴욕 대도시 전역에 WNET 채널13을 통해 방송되었다.(주로 시청률이 1위나 2위였는데, 10만 명을 약간 웃도는 수치였다.) 하지만 얼마 지나지 않아 공영 TV로 중계되면서 나라 전체, 다시 말해 40억 시청자를 상대해야 했다. 나는 록펠러재단(하워드 클라인)과 러셀 코너Russell Connor와 함께 빌 비올라[40], 존 샌본John Sanborn, 키트 피츠

---

38 minimalism: 최소한의 예술이라는 뜻으로, 1960년대 후반부터 미국 미술에 드러난 한 경향. 1965년 영국의 철학자 R. 월하임이 처음으로 20세기 특수한 예술적 동향을 논한 논문의 제목으로 이 용어를 사용했다. 명칭이 시사하듯이 예술적인 자기표현을 최소으로 억제하여 작품의 색채·형태·구성을 극히 단순화한다. 역주.

39 Catch-22: 1961년 미국에서 출간된 조지프 헬러의 소설. 제2차 세계대전에 참전한 저자의 경험이 고스란히 들어 있는 작품으로 '딜레마'나 '진퇴양난'을 의미하는 캐치-22가 사전에 등재될 정도로 센세이션을 일으켰다. 1970년 마이크 니콜스 감독이 영화로 만들기도 하였다. 역주.

40 Bill Viola(1951~): 미국의 비디오 아티스트. '현대미술의 영상시인'이라 불리는 그의 예술은 삶과 죽음, 시간과 공간, 인간과 자연에 대한 영적 이미지를 느림의 미학을 통해 사유토록 한다. 주요 작품으로는 〈낭트 삼면화〉〈교차〉〈보이지 않는 5중주〉〈의식〉 등이 있다. 역주.

제럴드Kit Fitzerald, 존 앨퍼트[41], 쓰노 게이코[42] 등을 소개하는 전국 대상 비디오아트쇼를 기획했다. 나는 적은 예산으로도 이 일을 훌륭히 해낼 수 있었다. 그런데 그 과정에서 실수를 저질렀다. 예산이 우리 것보다 20배가 넘는 할리우드나 BBC의 프로그램을 주로 다루던 매디슨가의 전문 광고업자를 고용했던 것이다. 결과는 실패한 결혼으로 끝났다. 그렇게 해서 우리의 프로그램은 첫 방송 시리즈 이후 잊힐 수밖에 없었다.

로버트 라우션버그의 위대하면서도 어두운 퍼포먼스를 떠올리면 씁쓸해진다.

1968년 나는 헨리 겔트잘러[43]와 함께 식사할 기회가 있었다. 어쩌다 대화가 예술과 기술 쪽으로 흘러갔다. 겔트잘러는 이 분야에 별 흥미가 없는 사람으로 잘 알려졌었다. 그는 결국 이렇게 얘기했다. "예술가는 여러 가지 기술을 사용할 수 있습니다. 그러나 기술 자체에는 어떤 미적 감각도 없어요. 기술이 만병통치약은 아닙니다."

하지만 그는 70년대에 미국 국립예술기금NEA의 책임자로 있을 당시 클로에 아론Chloe Aaron과 함께 새로 부상하는 비디오아트 분야에 장학금을 지급하는 미래지향적인 단체를 설립했다. 바로 이 단체가 록펠러재단과 뉴욕예술협회와 연합해서 오늘날 비디오아트의 기초를 다졌다.

---

41 John Alpert(1948~): 미국 기자이며 다큐멘터리 영화제작자이다. 시네마베리테 기법을 이용한 것으로 유명하다. 다수의 상을 수상하였으며, 1972년에는 부인 쓰노 게이코와 함께 다운타운 커뮤니티 텔레비전 센터를 설립하였다. 역주.
42 津野敬子(1944~): 비디오저널리스트. 1972년 미국의 비디오저널리스트 존 앨퍼트와 결혼, 함께 비디오 제작과 시민활동을 위한 비영리조직 DCTV를 설립하였다. 비디오에 의한 보도와 다큐멘터리 작품을 제작하고, 에미상을 받는 등 비디오저널리즘의 선구자로서, 양심적인 독립 저널리스트로서 미국에서 주목받고 있다. 역주.
43 Henry Geldzahler(1935~1994): 20세기 말 현대미술 큐레이터이며, 현대미술사가이자 비평가. 역주.

기원전/기원후[44]

1960년: (케이지는 48살이었다) 케이지는 항상 '무(無)'에 대해 이야기했다. 내가 그에게 물었다.

"당신이… 죽을 때 당신의 테이프와 악보를 모두 불태우고, 음악사에 '존 케이지라고 불리는 사람이 있었다'라는 단 한 줄로 남는다면 기분이 어떨 것 같아요?"

케이지가 대답했다.

"그건 너무 극적인데."

1982년: 그는 클라우스 쇠닝[45]과 함께 쾰른의 서양미술관을 찾았다. 뉴욕에 있는 야마모토 양이 처방한 식이요법과 지압 덕분에 관절염이 많이 좋아졌다.

케이지가 말했다.(그는 일흔 살이었다.)

"내가 죽는 날, 나는 건강할 거야."

그는 먼저 작고한 여러 예술가를 등장시켜 그들의 이야기를 듣는 연극을 선보였다(제임스 조이스, 매클루언…). 연극은 음산했지만, 무척 대담했다. 나는 속으로 그가 아이디어의 샘물이 여전히 넘치는 사람이라고

---

44 Av. J. C. / Ap. J. C.: 1992년 8월, 80세 생일을 하루 앞두고 세상을 등진 존 케이지를 위한 추모글. 영문 텍스트 감수는 알랜 마클리스가 맡았다.

45 Klaus Schoening: 서독 라디오에서 쇠닝의 라디오 시리즈를 진행하였다. 케이지의 음악은 그의 주요 엔트리 중 하나였다. 역주.

중얼거렸다. 그 샘물이 끊임없이 솟아나는 한 언제나 봄이었다.

1990년: 나는 로버트 쿠쉬너[46]와 홀리 솔로몬Holly Solomon 갤러리에서 소규모 전시회를 열었다. 오프닝에 케이지가 불쑥 나타났다. 그는 몸을 굽힐 수 없어 택시를 탈 수 없었다. 버스를 타야 했다. 힘들게 전시장을 찾은 그를 보고 나는 놀라면서도 무척 당황했다. 시게코[47]는 그가 내게 마지막 인사를 하러 온 것 같다고 말했다.

1992년: 나는 몇 푼 안 되는 저작권료를 주려고 그를 찾아갔다. 그는 내가 'Royalty(저작권료)' 대신 'Loyalty(충성)'라고 쓴 걸 보고 살짝 웃었다. 그와 이야기하는 동안 전화벨이 계속 울렸다. 대개 그의 안부를 묻는 친절한 전화였다. 하지만 좋은 일도 지나치면 해가 될 수 있다. 나는 그에게 왜 비서를 두거나, 걸려오는 전화번호를 식별할 수 있는 기계를 사지 않느냐고 물었다.

그가 대답했다. "그럴 순 없지…."

보이스처럼 그는 직접 전화 받는 일을 신성시했다.

한국에 가기 전에 (60회 생일을 위해) 나는 마거릿 뢰더[48]에게 말했다. "그가 너무 많은 기념 음악회에 참석하지 못하게 해… 그러다가 죽겠어."

그러자 뢰더가 대답했다. "당연히 그러려고 해. 내가 가지 말라고 하면 그는 화를 내."

존이 죽은 뒤에 뢰더가 말했다. "존은 대보름날 세상을 떠났어. 선불교 수도승들은 대보름날 세상을 등진대."

내가 말했다. "하지만 선불교 수도승은 스스로 언제 죽을지를 알지."

---

46 Robert Kushner(1949~): 1971년 캘리포니아대학에서 비주얼아트를 전공한 후 미국을 중심으로 왕성하게 활동하고 있는 현대화가. 수십 차례의 개인전 및 단체전을 열었다. 역주.

47 久保田成子(1937~2015): 일본 비디오 아티스트. 플럭서스 일원으로 활약했으며, 1977년 백남준과 결혼했다. 역주.

48 Margarete Roeder: 뉴욕 소재 마거릿 뢰더 갤러리의 주인. 미국과 유럽의 현대 예술가들의 작품을 전시했다. 역주.

그가 유서를 남겼던가?

나도 지금 유서를 작성해야겠다. 나중에 취소하지 않으려면.

1. 어떻게 죽을 것인지는 내가 선택할 것이다. 네덜란드는 안락사를 법으로 허용한다. 멕시코도 그렇다고 들었다. 나는 무엇보다 깨끗하며, 나의 첫 작품 〈TV부처〉를 사준 네덜란드에서 마지막 날을 보내고 싶다.

2. 내가 만일 유언을 남기지 못하면 나를 비행기에 태워 암스테르담으로 보내달라.

3. 내 생애 마지막 날 듣고 싶은 음악은 아직 정하지 못했다. 팔레스트리나[49], 조스캥 데프레[50] 혹은 데이비드 튜더[51]가 연주한 존 케이지의 〈겨울음악winter music〉, 혹은 베토벤의 〈봄 소나타Spring Sonate〉 2악장, 샬럿 무어먼[52]이 연주한 생상스의 〈백조의 호수le Cygne〉가 되지 않을까… 나는 한 번밖에 죽을 수 없는데, 듣고 싶은 음악은 너무도 많다!

4. 마지막으로 내게 유산으로 물려줄 재산이 남아 있다면, 10퍼센트는 엠네스티 인터내셔널에, 50퍼센트는 구보타 시게코에게 전해주고, 나머지 40퍼센트는 전산화된 아담한 규모의 비디오아트 미술관 설립에 사용하기 바란다. 이 미술관은 2010년에(내가 살아있든 죽었든) 문을 열어 2032년에 닫도록 한다.(그때 나는 100살이다.) 뒤샹조차 자신의 생각을

---

49 Palestrina(1525~1594): 이탈리아의 작곡가. 교회음악가로 활약하면서 100곡 이상의 미사곡과 300곡 이상의 모테트, 그리고 많은 세속(世俗) 마드리갈 등을 남겼다. 역주.

50 Josquin des Près(1450?~1521): 유럽 르네상스시대 플랑드르 악파의 작곡가. 루이 12세의 궁정음악가로서 미사곡·모테토·기악곡 따위와 많은 성악곡을 지었으며, 통모방(通模倣)이라고 불리는 모방 대위법 양식을 확립하였다. 역주.

51 David Tudor(1926~1996): 미국의 작곡가, 피아노 연주자. 피아노 연주에서는 톤 클러스터(tone clusters)나 그만의 특이한 기교를 구사하여 새로운 가능성을 시도하기도 하였다. 작곡가로서는 재즈의 기법을 도입한 작품을 많이 썼다. 역주.

52 Charlotte Moorman(1933~1991): 미국 출생 첼리스트, 퍼포먼스 예술가. 줄리어드 음악원을 졸업하고 전통적인 콘서트 홀 연주자로 활동했으나 1960년대 혼합 미디어 퍼포먼스를 선보이기 시작했다. 1963년 〈뉴욕 아방가르드 페스티벌〉을 창설하여 1980년까지 거의 매년 다양한 지역에서 행사를 주관했다. 1967년 백남준의 〈오페라 섹스트로니크〉에 출연했다가 노출 혐의로 체포되어 집행유예를 선고받았다. 이후 샬럿 무어먼은 〈생상의 테마변주곡〉(1965), 〈살아 있는 조각을 위한 TV브라〉(1969), 〈과달카날 진혼곡〉(1977) 등 백남준과 협업 작업을 이어갔으며, 플럭서스 운동에 가담하여 볼프 포스텔, 존 케이지, 요셉 보이스, 오노 요코, 짐 맥윌리엄스 등 많은 예술가와 교류했다. 역주.

전달하는 데 100년이 걸렸다. 나는 더 걸릴지도 모르겠다. 이 미술관은 그러니까 22년 동안(2010년에서 2032년까지) 문을 열게 될 것이다. 22는 내 작품을 처음 전시한 갤러리의 주소이다. 갤러리22, 독일 뒤셀도르프의 카이저가 22번지. 2032년에 사람들은 나의 엉성하고 엉망인 미학을 좋아하게 될 것이다. 그보다 훨씬 전에 사람들은 존 케이지 음악의 **진정한** 아름다움을 이해하게 될 것이다.

존에게 설명하고 싶은 문장이 있었는데 불행히도 그럴 기회가 없었다. 어느 날 내가 말했다.(TV에서 그랬던 것 같다.) 존 케이지의 음악을 들으면 "마치 모래를 씹는 것 같다"라고. 나로서는 그에 대해 최대한의 존경심을 표현한 것인데, 사람들은 내 말을 무례한 것으로 받아들였다. 그 말을 다르게 표현해보겠다.

훌륭한 존 케이지는 형편없는 존 케이지다.

형편없는 존 케이지는 진정한 존 케이지다.

진정한 존 케이지는 훌륭한 존 케이지다.

훌륭한 존 케이지는 훌륭한 존 케이지가 아니다. 다카포(처음부터 다시 시작).

사람들은 케이지가 재능 있는 수많은 음악가에게 영향을 준 훌륭한 음악 철학자이지만, 그 자신은 훌륭한 작곡가가 아니었다고들 말한다. 그 것은 완전히 잘못된 생각이다. 내가 끌렸던 것은 그의 음악이지, 그의 이론이 아니다. 1958년, 독일의 다름슈타트에서 그의 세미나에 참석한 적이 있는데 별 흥미를 느끼지 못했다. 내가 보기에 그는 요즘도 그렇지만 그 당시에도 흔히 볼 수 있었던 미국 출신의 현대 선禪 사상가였다. 내가 케이지의 열성분자로 돌변한 것은 바로 그가 데이비드 튜더와 함께 개최했던 음악회 때문이다… 특히 변주곡 1번과 3번, 그리고 펠드먼[53]의 '지루

---

53 Morton Feldman(1926~1987): 미국의 작곡가. 음표의 개수를 숫자로 표현하는 등의 새로운 기보방법을 사용했고, 서로 무관한 음향들을 반복하여 독창적 음색을 표현했다. <경계의 교차> <아틀란티스> 등의 작품이 있다. 역주.

한' 음악이 무척 인상적이었다. 그들은 이 곡을 세 가지 음만 가지고 5분 이상 연주했다. 그리고 다음 날 그는 정말 지루하기 짝이 없는 '변화의 음악'을 연주했다. 같은 해 나는 《음악예술音樂藝術》(도쿄)에 게재한 평론에서 '무변의 음악'이라는 용어를 사용했다. 그 당시 케이지는 두세 장르의 곡을 연주했다. 하나는 '훌륭한' 음악으로, 듣기 좋고 대중이 좋아할 만했다(예를 들어 소나타와 간주곡 혹은 튜더가 연주한 변주곡 1, 3). 두 번째는 <겨울정원>(음악사에서 손꼽히는 위대한 천재 가운데 한 사람인 튜더가 연주했다)처럼 날림이고, 문란하기까지 했다. 이때 케이지는 완전히 악마로 돌변해 마치 정원에 모래를 던지듯 청중의 머리에 음들을 던졌다. 장식적인 효과나 오락(시간을 되도록 빨리 흘러가게 하는), 완성미 같은 것은 전혀 찾아볼 수 없었다. 도저히 **'이해할 수 없는'** 이런 케이지의 기질이 바로 내가 가장 감탄하는 부분이다. 그의 수많은 제자와 젊은 친구들은 케이지의 세례를 받고 나서 더 **까다롭고** 미학적으로 변했다. 나도 마찬가지다. 유독 케이지만이 너절한 것들을 뱉어낼 용기와 신념이 있었던 것이다.

1968년경, 전자 서커스에서 열린 체스 음악회가 생각난다. 그는 체스를 두었는데, 체스판이 튜더가 조정하는 기계에 연결되어 있었다. 3년에 걸쳐 작곡하고 반복적으로 연습하지 않았다면 **아무도** 3시간 동안이나 그렇게 '훌륭한' 곡을 연주할 수 없다는 것은 자명한 사실이다. **하지만** 이번에는 모든 것이 즉흥적으로 진행되었다. 훌륭하고, 형편없고, 혹은 아름답고, 추하고, 비교적 훌륭하고, 비교적 형편없는 차원을 넘어서는 어떤 것을 볼 수 있었다. 4시간 동안 음악의 양탄자가 깔렸다. 취하거나 버리거나 둘 중 하나만 선택해야 했다. 우주와 비교할 만했다. 풀러[54]는 "나는 우주를 받아들인다"라고 말했다. 나는 사람들이 자연이나 우주를 받아들이듯 "나는 케이지를 받아들인다"라고 말했다. 엄청난 양이 우리가 '질質'이라고 부르는 측정의 단위를 완전히 지워버리고 있었다. 잘 알려진 사실이지만 우리는 '질'이라는 말을 두 가지 의미로 사용한다.

---

54 Buckminster Fuller(1895~1983): 미국의 건축가, 작가, 디자이너, 발명가, 시인. 멘사의 제2대 회장이었다. 측지돔 개념을 만들어냈다. 역주.

1. 훌륭하거나 혹은 형편없거나: 비교급 형용사.

2. 다르다는 의미… 예를 들어 뮌스터의 치즈는 카망베르보다 더 좋거나 나쁠 수 있지만, A는 분명히 B와 다른 것이다.

케이지의 음악에서 양의 중요성이 이러한 구분을 마비시킨다. 모래를 씹는 기분이라고 할까… 케이지 이전이나 이후 그 어떤 예술가도 그렇게 완벽하게 장식지상주의, 출세지상주의, 최상주의를 넘어선 사람은 없었다. 케이지는 '질'을 생각하지 않아도 되었기에 얼마든지 친구들과 이야기를 나누면서 작곡할 수 있었다.

1962년 내가 앨리슨 놀즈[55]에게 말했다. "내 삶은 1958년 8월 저녁 다름슈타트에서 시작되었다… 1957년이 기원전(B.C.) 1년이다(Before Cage 1). 1947년은 기원전 10년이다. 플라톤은 기원전 500년이 아니라 기원전 2500년에 산 것이다. 기원후(A.D.)[56]는 무엇을 뜻할까?" 그녀가 대답했다. "기원후는 죽음 이후를 뜻하는 약자"라고.

세계 역사는 세 남자의 죽음으로 시작된다. 소크라테스, 중국의 푸이[57], 그리고 예수. 어쨌든 내게는 1993년이 기원후 1년이다.

––––––––––

존 케이지가 조지 브레히트[58]에게 물었다. "자네, 지금 쾰른에 살고

55　Alison Knowles(1933~): 미국의 예술가. 플랫 미술학교에서 순수예술을 전공했으나 플럭서스에서 활발히 활동했다. 플럭서스의 구성원인 딕 히긴스와 결혼했다. 역주.

56　A.D.=Anno Domini, 프랑스어로 '기원후는 예수(J. C) 탄생 후'를 의미한다. 여기서 백남준은 존 케이지의 이니셜인 J. C.를 사용하여 '존 케이지 후'라고 표현한다.

57　溥儀(1906~1967): 중국 청(淸)의 마지막 황제인 선통제(宣統帝). 1908년 3살의 나이로 청(淸)의 12대 황제가 되었지만 1912년 신해혁명으로 퇴위하였다. 1934년 일본에 의해 만주국의 황제가 되었으나 일본의 패전으로 소련에 체포되었다가 중국으로 송환되었다. 1967년 10월 16일 신장암으로 사망했다. 역주.

58　George Brecht(본명: George Ellis MacDiarmid, 1926~2008): 미국 개념예술가, 아방가르드 작곡가. 직업적으로 화학자였기에 파이저, 존슨 앤 존슨, 모바일 오일 등의 기업에 자문역으로 일했다. 플럭서스의 중심적인 인물로 1962년 비스바덴 공연부터 머추너스가 사망할 때까지 꾸준히 활동했다. 참여예술의 창안자 가운데 한 사람으로 예술작품은 관객의 참여를 통해서만 체험될 수 있다고 주장했다. 역주.

있나?" 브레히트가 대답했다. "아니, 나는 쥘츠에 살고 있지." 그 말은 바로 "나는 뉴욕에 살고 있지 않고, 103번가에 살고 있다"라고 말하는 것과 같다. 조지 브레히트가 어느 날 내게 말했다. "이건 비밀인데, 존 케이지는 야망이 있는 사람이라네." 그는 마치 엄청난 사실을 발견한 것처럼 말했다….

내가 카를하인츠 슈톡하우젠을 어떻게 생각하는지 묻자 케이지가 대답했다. "세상은 두 명의 작곡가로도 충분하지."

그리고 다시 물었다. "언제부터 자신이 천재였다고 생각해… 몇 년부터?" 그가 내게 웃으면서 대답했다… "자네와 대화하는 건 정말 즐겁군."

이탈리아 TV가 존 케이지에게 "이탈리아 도시 중 어느 도시를 가장 좋아하십니까?" 하고 물었다. 그가 대답했다. "베니스죠. 왜냐하면 자동차를 사라지게 했으니까…." 그때는 환경운동이 시작되기 훨씬 전인 1958년이었다(하인츠클라우스 메츠거[59]가 제공한 정보).

---

59 Heinz-Klaus Metzger(1932~2009): 독일의 음악비평가이자 이론가. 1960년대 유럽에서 존 케이지에 대해 평론한 첫 번째 평론가이기도 하다. 역주.

샬럿 무어먼: 우연과 필연[60]

20세기는 우스꽝스러운 오류를 수없이 범한 세기로 기록될 것이다. 그중 하나가 바로 벨기에 국경까지 닿지도 않는 마지노선이다.

프랑스인들이 나치를 그렇게 신뢰했다면 왜 엄청난 비용을 들여 방어선을 구축했을까? 지식인들이 인민전선 창당을 기념하고, 사회민주주의와 민주주의적 사회주의의 미묘한 차이에 대해 토론을 벌이던 당시, 드골 장군만 유일하게 깨어 있었던 것이다.

두 번째 오류는 영국이 싱가포르에서 범했다. 영국은 싱가포르를 방어하는 데 수십억 파운드를 쏟아부었다. 하지만, 대포의 총구는 하나같이 바다를 향하고 있었다. 반면에 일본군은 저항세력과 거의 충돌하지 않고 쉽게 뒤쪽으로 쳐들어왔다. 처칠은 이 어리석은 짓을 밝히지 않았다.

세 번째 오류는 마르크스 사상이다. 대부분 세계 지식인은 아주 오랫동안 카를 마르크스 사상을 옹호했다.(헝가리혁명 이후 심지어 프라하의 봄 이후까지, 그리고 1975년 이후에는 수많은 대학생이 그랬고, 이는 1989년까지 이어졌다.) 어떻게 최고의 지식인들이, 가장 지적인 사람들뿐만 아니라 가장 의식 있는 사람들조차도, 그토록 오랜 세월 그런 바보짓을 저지를 수 있었던 것일까? 왜 그들은 오래전부터 마르크스를 비난

---

60 Charlotte Moorman: Le Hasard et la Nécessité: 1992년 봄. 『백남준-Niederschriften eines Kulturnomaden』에 수록, 뒤몽, 쾰른, 1992, pp.194~198. 에디트 데커의 독일어 번역본에서 게재. 영문 텍스트 감수는 알랜 마를리스가 맡았다.

한 적당히 교육받은 반동 지지자들과 선동적인 신문 구독자들에게 "당신들이 옳소"라고 말하지 못했을까? 왜 그 당시 자유주의 성향의 일간지는 최소한의 자기비판이나 자기분석도 내놓지 못했을까? 대학의 지식인들을 신뢰할 수 없다면 누구를 믿어야 한단 말인가?

인권유린에 관해 세계는 두 가지 서로 다른 정책을 적용했다. 물론 나는 잔인한 피노체트 장군의 정권을 옹호할 생각은 결코 없다. 하지만, '70년대 중국의 테러리스트와 마오쩌둥의 정권에 대해서는 왜 똑같은 비난을 하지 않았을까?

어느 날 나는 존 케이지에게 세상 사람의 95퍼센트는 바보 같다고, 그래서 별 볼일 없는 한국인인 내가 뉴욕에서 별 어려움을 겪지 않고 살아갈 수 있는 게 아니겠느냐고 말했다. 그는 웃으면서 맞는 말이라고 했다.

샬럿 무어먼 그리고 클래식음악과 누드의 조합 역시 같은 맥락이라고 할 수 있다. 나는 이렇게 지극히 논리적이고, 확실한 아이디어를 왜 이전 사람들이 생각하지 못했을까 하는 의문이 들었다. 어쨌든 1965년 수천 명의 예술가와 '퍼포먼스 예술가'들은 당혹스러워하면서 새로운 길을 찾고 있었다. 1992년에도 수백만의 젊은이가 미술사에서 이제 더는 개척할 분야가 남아 있지 않다고 불평했지만, 여전히 무수한 가능성과 길이 남아 있다. 세계의 역사는 우리에게 게임에서 이길 수 없다면, 규칙을 바꿀 수도 있다는 교훈을 주고 있다.

우리는 마치 평소에는 바닥을 걷다가 커다란 구멍을 발견해야만 날개를 펴고 날아간다는 그리스신화 속의 커다란 새와도 같다.

1965년 장자크 르벨[61]이 파리 몽파르나스의 미국문화원에서 열었던 《자유로운 표현 페스티벌Festival de la Libre Expression》에서 샬럿 무어먼도 그렇게 구멍 위를 날아다녔다.

---

61 Jean-Jacques Lebel(1936~): 프랑스의 조형예술가, 작가, 큐레이터이다. 예술비평가이며 마르셀 뒤샹의 친구인 로베르 르벨의 아들. 1960년 베니스에서 해프닝(<사물의 매장(L'enterrement de la chose)>)에 참여하였고, 뱅센대학에서 질 들뢰즈에게 철학 수업을 받았으며, 전 세계의 해프닝에 대한 비평에세이를 출간했다. 그 후 여러 나라를 넘나들며 70편이 넘는 해프닝과 퍼포먼스를 벌였다. 역주.

첫날 저녁은 J. J. 르벨이 해프닝을 지휘했다[62]. 스파게티를 자동차 위에 쌓아놓고 그 위에 서서 페를링게티[63]의 시를 읊었다. 둘째 날 공연은 샬럿과 내가 맡았다. 셋째 날에는 벤 보티에의 개인전이 열렸다. 이 페스티벌에서 우리는 대단한 3인조, 얼 브라운[64], 에멋 윌리엄스[65], 로베르 피유[66]의 공연을 관람할 수 있었다. 미국문화원은 센 강 좌안에 있었고, 우리 호텔은 우안인 피갈에 있었다. 최종 리허설이 저녁 6시 30분에 끝났다. 그런데 공연 시작 30분을 남기고 샬럿이 갑자기 "아, 호텔에 가야 해요. 검은 드레스를 놓고 왔어요"라고 소리쳤다. 나는 당황하지 않을 수 없었다. 교통체증 때문에 센 강을 건너 호텔까지 다녀오려면 적어도 두 시간은 족히 걸릴 것이다. 게다가 그 시간에는 택시를 잡을 수도 없었다. 하지만 샬럿은 계속 다녀와야 한다고 고집을 부렸다. 파리에서의 첫 공연이 실패로 돌아가리라는 예감이 들었다. 공연은 9시에 시작될 예정이었다. 참을성 없고 버릇없는 파리 지식인들은 투덜거리며 집으로 돌아갈 것이 뻔했다. 그때 한쪽 구석에서 예술가 기질을 발휘하게 해줄 물건이 눈에 띄었다. 커다란 투명 플라스틱 보호막이 둘둘 말려 있었던 것이다. 벤 보티에가 다음 날 공연을 위해 준비해둔 소품이었다.

　나는 그걸 손가락으로 가리켰다. "저거 어때?" "뭐?" 샬럿은 내 생각을 알아채지 못했다. 내가 말했다. "저걸 이브닝드레스로 입는 거야."

62　〈Déchirex〉: 5월 25일 파리에서 열린 제2회 《자유로운 표현 페스티벌》에 장자크 르벨이 선보인 해프닝.

63　Lawrence Ferlinghetti(1919~): 미국의 시인, 화가, 자유주의 행동주의자이다. 주요 작품으로는 〈마음속의 코니아일랜드〉가 있다. 역주.

64　Earl Brown(1925~2002): 미국의 음악가. 케이지의 영향으로 우연과 불확정성의 음악을 추구하였으며, 청각과 마찬가지로 시각을 중요하게 생각하였다. 현대음악에 지대한 영향을 끼쳤으며 대표작으로는 〈1952년 12월〉이 있다. 역주.

65　Emmett Williams(1925~2007): 미국의 시인이며 예술가. 1957~1959년 다름슈타트 모임에서 다니엘 스포에리와 함께 활동하였으며, 1960년대에는 플럭서스에 동참하였다. 역주.

66　Robert Filliou(1926~1987): 프랑스 출생 플럭서스 예술가, 조각가, 해프닝 작가. 독학으로 예술가가 되기 전 다양한 분야에서 경험의 지평을 넓혔다. 제2차 세계대전 당시에 레지스탕스 운동에 참여하였고, 이후 미국의 캘리포니아대학에서 경제학을 공부하였다. 1950년대 초반에는 남한의 재건을 위한 유엔 프로그램에 참여했고, 이집트, 스페인, 네덜란드 등지에서 체류하다가 1950년대 말 파리에 정착하여 독자적인 예술 개념을 발전시켰다. 시, 극본, 퍼포먼스, 콜라주, 비디오아트 등 다양한 프로젝트를 기획하고 실현하였다. 역주.

"아, 말도 안 돼!" 그녀가 놀라서 소리쳤다. 동시에 나는 그녀의 표정이 빠르게 변하는 것을 감지했다. 아주 짧은 시간에 신비로운 여인의 머릿속에 영감이 피어나는 것을 느낄 수 있었다. 수줍음, 부끄러움, 성공, 스캔들을 이용한 성공, 또다시 미국 남부에서 받은 교육. 아칸소에 있는 그녀의 엄마, 또다시 처음으로 되돌아가서 개방성, 폐쇄성… 이와 같은 내면의 흔들거림이 그 짧은 시간에 그녀의 온몸을 훑고 지나간 것이다. 그로부터 몇 년 후 나는 그레타 가르보의 얼굴을 관찰하다가 한 가지 사실을 발견했다. 바로 그녀는 처녀이면서 창녀, 성녀일 수 있으며, 그리고 눈 깜짝할 사이에 또다시 처녀가 될 수 있다는 사실이었다. 나는 이런 긴장이 그 운명의 순간에 샬럿의 머릿속을 스쳐가는 것을 느꼈다. 게다가 그때는 1965년이었다. 나체는 말할 나위도 없고, 파리의 바에서 스트립쇼를 할 때도 가슴을 드러내는 것이 금지되던 시대였다. 결코 간단한 문제가 아니었다. 하지만 그녀는 루비콘 강을 건넜다. 그녀는 수줍음을 감추려고 스카치를 한 잔 들이켰다. 그녀가 무대에 올라가자 장내가 떠나갈 듯한 박수소리가 터져 나왔다. 그녀는 스카치를 조금 더 마시고 연주를 시작했다. 박수갈채가 이어졌다. 그녀는 또다시 한 모금을 더 마시고 연주를 계속했다. 그러다 결국 즉흥적으로 마련된 무대 위에서 쓰러졌다. 그녀에게 그날은 계시를 받은 날과도 같았다. 그때까지 그녀는 왠지 부자연스럽게 수줍어하고 두려워하며 연주했다. 하지만 나체에 스카치 한 잔으로 몽롱함을 느끼며 그녀의 새로운 신경계는 잠에서 깨어나 그녀를 예민하고 힘 있는 연주가로 만들었다.

중국인들은 새가 죽기 전에 부르는 마지막 노래가 가장 아름답다고들 한다. 장관이 임기를 끝내면서 내놓는 마지막 조언이 가장 유용하고 사심이 없는 것처럼. 샬럿의 마지막 퍼포먼스가 그러했다. 1990년 그녀의 오랜 후원자며 지지자인 오토 피네[67]의 주관으로 MIT 공과대학의 심

---

67 Otto Piene(1928~): 독일의 미술가. 유리를 이용해 빛을 표현하는 옵아트계 작품과 불과 공기 등에 의한 작품, 기구 등에 관심을 보였다. 주요 작품으로 비닐 튜브에 헬륨가스를 넣어 공중에 띄운 다음 조명을 비춘 대형작품 〈빛의 선〉 등이 있다. 역주.

충시각연구센터에서 그녀의 마지막 퍼포먼스가 열렸다. 우리 모두에게 25년이란 세월은 너무도 짧게 느껴졌다. 샬럿에게 그 기간은 조금씩 그녀를 죄여오는 진정한 의미의 함정이었으며, 고통과 기쁨의 이중 날개를 단 세월이기도 했다. 무대에서 그녀는 황홀한 소용돌이 속에 있었지만, 무대 밖에서는 암과 투병하느라 끔찍한 고통을 견뎌야 했다. 1962년인가 63년에 그녀는 겨우 29살의 나이에 첫 수술을 받았다. 하지만 수술로도 암은 완치되지 않았다. 내가 그녀를 두 번째 만난 1964년 여름, 그녀는 이미 자신이 불치병에 걸렸다고 말했다. 조지 머추너스의 천식이나 보이스가 전쟁터에서 입은 상처에서 볼 수 있듯이 질병은 초인적인 힘의 원동력이 되곤 한다. 1969년쯤 이미 위까지 퍼진 암은 계속 퍼지고 있었다. 그녀의 몸은 임신 5개월의 임산부처럼 보였다. 그러나 그녀에게는 수술비도 없었고, 보험도 없었다. 프랭크 필레지Frank Pileggi가 어느 날 내게 그녀를 구할 지갑과 블루실드 보험증을 보여주었다. 프랭크 필레지는 샬럿이 오랫동안 머문 파리의 한 호텔 야간 지배인이었는데 그녀가 호텔비를 내지 못해 쫓겨날 때마다 그녀에게 방문을 열어주었다. 그러면서 둘의 아름다운 사랑이 시작되었던 것이다. 프랭크는 조심스럽게 복도를 미끄러지듯 다가와 자기 열쇠로 그녀의 방문을 열어주고 사라지곤 했다. 나는 프랭크와 오랫동안 이야기를 나누었다. 평생을 두고 그녀를 사랑하겠다면서 결혼 허락을 받아달라는 그의 간절한 부탁을 그녀에게 전했다. 프랭크의 보험과 하워드 와이즈Howard Wise의 도움으로 그녀는 생명을 20년이나 연장할 수 있었다. 비록 10년은 병마와 싸우며 힘들게 보내야 했지만. 그러나 프랭크의 초인적인 헌신 덕분에 그녀는 생명을 이어갈 수 있었고, 여러 페스티벌과 퍼포먼스에 참여하고, 솔로몬 섬에도 가고, 이스라엘에서 체류할 수도 있었다. 하지만, 마지막 몇 년간 그녀는 몹시 고통스러워했다. 수시로 모르핀 주사를 맞아야 했다. 프랭크는 매시간 정확하게 잠에서 깨어 그녀에게 주사를 놓아주고, 다시 한 시간 동안 잠을 잤다. 그는 여덟 시간을 한 번도 깨지 않고 잠자는 것이 소원이라고 했다. 게다가 엄청난 치료비가 필요했다. 내 도움만으로는 충분하지 않았다. 하워드 와이즈와 오토 피네는 오랜 세월 그녀 곁에서 따뜻한 조언을 아끼지 않았고, 금전적으로 나 일에서도 많은 도움을 주었다. 샬럿은 매사추세츠공대에서도 이름이 알려졌다. 그녀는 이 대학의 학장이며 케네디와 존슨의 직속 과학 분야 자문인 제롬 위즈너와 함께 찍은 사진을 제일 좋아했다.

1991년 봄. 그녀의 마지막 퍼포먼스는 그야말로 눈부셨다. 그녀가 쥔 활은 펜싱 챔피언이 휘두르는 검보다도 빠르게 움직였다. 첼로에서 푸른 불꽃이 튕겨 나오는 것만 같았다. 그때 내 머리에 두 가지 생각이 떠올랐다. 죽어가는 새의 마지막 노래가 가장 아름답다는 중국 속담과 죽음의 침상에서 아무것도 두렵지 않은 기사가 들려주는 마지막 충고가 지닌 순수함이었다. 공연 전에 한 가지 생각이 더 스쳐갔다.(9시쯤이었던 것 같다.) 그녀는 퍼포먼스 도중에 고통 때문에 괴로워하지 않으려고 모르핀 주사를 맞았다. 이 주사 때문에 그녀의 정신은 마치 여신이나 무당처럼 날아다녔다. 어쨌든 망가진 몸으로 공연한 카리스마적인 그녀의 퍼포먼스는 마치 1965년 파리에서 나체와 셀로판으로 만든 이브닝드레스와 관중의 환호성이 뒤섞인 퍼포먼스의 피드백 같았다. 그녀의 몸은 루벤스 그림의 여인들처럼 아름답고 매혹적이었다. 2년 후 이름을 날리게 될 트위기[68]와는 대조적인 이미지였다.

1977년 콜로라도의 어느 산에서 나는 앨런 긴즈버그에게 몇 살까지 살고 싶으냐고 물었다.(그 당시 그의 나이는 50세쯤 되었다.) 그가 대답했다. "다음 세기를 보고 싶군." 어떤 의미에서 100 혹은 10이란 경계선은 대나무의 마디처럼 사람들의 생각을 결정짓고 변화시키는 것 같다.

약 7개월 전에 나는 프랭크 필레지에게 제법 값나가는 종이 100장을 주면서 말했다. "샬럿에게 몸 상태가 괜찮을 때 종이 맨 아래에 사인을 부탁하게나. 나야 필요하지 않지만, 자네는 샬럿의 그림이나 사진을 인쇄할 수 있을 걸세. 그걸로 돈을 벌 수 있지 않겠나." 나는 헨리 밀러의 가족이

---

68 Twiggy(본명: Lesley Hornby 1949~): 몸무게 41kg의 수퍼모델. 그녀의 어린애 같은 몸매는 1960년대 새로운 분위기에서 큰 인기를 끌었다. 역주.

그가 사인한 백지를 팔았다는 사실을 알고 있었다. 수집가들이 그 종이에 헨리 밀러의 그림을 인쇄해서 한 장당 천 달러에 팔았다는 것이다. 어제 바버라 무어Barbara Moore가 내게 전화해서 프랭크가 이 백지(서명하지 않은)를 내게 돌려주고 싶어한다고 전했다. 그렇다. 프랭크의 헌신은 그의 마르지 않는 사랑의 결실이었던 것이다. 이 다정한 남자는 샬럿에게 서명하게 할 용기가 없었다. 에바 보이스Eva Beuys가 자신의 남편에게 그럴 수 없었듯이.

나는 죽음을 앞둔 그녀와 함께 보낸 일곱 시간을 결코 잊지 못할 것이다. 죽음이 임박했음을 느낀 샬럿은 끊임없이 프랭크에게 "고마워요, 고마워요!"라고 말했다.

1961년 나는 퍼포먼스 예술가의 길을 포기할 생각이었다. 강렬했던 시기(무대 위에서 찾아오는 갑작스러운 영감, 몸과 세계 안의 다양한 이원론의 파기[69])를 지나 자유, 다양성, 시각적 즐거움, 그리고 인식론적 관심 같은 새로운 장르로 관심을 돌리고 있었다. 그러려면 여러 가지 음향 기기, 전자 아인자츠[70], 전자TV의 세계가 필요했다.

변화에 대한 내 결심은 확고했다. 독일의 카머슈필레 극장에서 «음악에서의 네오–다다» 이벤트를 무대에 올리고, 비스바덴에서 플럭서스의 작업에 참여했지만, 그것은 내가 원해서 한 것은 아니었다. 미국에 도착하고 나서 나는 샬럿 무어먼을 만났다. 바로 그녀가 내게 퍼포먼스에 대한 흥미를 새롭게 일깨워준 장본인이다.(사실, 그 당시 나는 청중 앞에서 반라 차림으로 클래식을 연주할 젊은 여성 연주자를 찾고 있었다. 시오미 미에코[71]에게 부탁했지만 거절당했다. 앨리슨 놀즈는 암스테르담 로킨 갤러리에서 열린 포스텔의 전시회 오프닝에서 퍼포먼스를 한 적이 있

---

69 Aufhebung: 상반되는 것들이 더 높은 단계에서 파기하는 것. (N.d.T.)
70 Einsatz: 개입, 적용. (N.d.T.)
71 Shiomi Mieko(塩見允枝子, 1938~): 일본의 작곡가이자 플럭서스 예술가이다. 1950년대 전위 예술그룹 온가쿠의 멤버로 활동하였고 1960년대 뉴욕에서 플럭서스 예술가들과 교류하며 <공간적 시(Spatial Poem)> 외에 <끝이 없는 상자(Endless Box)> <워터뮤직(Water Music)> 등의 작품을 남겼다. 1965년 뉴욕에서 귀국한 후에는 줄곧 일본에서 활동하였다. 역주.

었다. 하지만 그녀는 클래식을 연주하지 않았다. 샬럿은 바로 이 두 조건을 갖춘 첫 번째 여자였다. 그녀는 음악적 재능뿐만 아니라 용기, 미모, 예술가의 섬세한 기질까지 갖추고 있었다.)

앞서 밝힌 대로 그녀에게는 결코 쉽지 않은 결정이었다. 그녀에게는 무척 힘든 일이었지만, 나에게는 그야말로 행운이었다. 지금 생각해봐도 그녀는 이 세상에서 내 제안을 받아들일 유일한 사람이었다.

그녀의 뒤를 따를 자가 과연 있을까?

누가 그녀를 위해 작곡한 곡을 연주하려고 할까?

어쨌든 J. S. 바흐가 첼로를 위한 열두 곡을 작곡한 이후, 어떤 작곡가도 첼로를 위한 곡을 그만큼 작곡하지 않았다. 이것이 바로 내가 음악사에 공헌한 부분일 것이다. 내가 뮌헨대학에서 음악을 전공할 때 그토록 존중하던 리만 사전을 출간한 출판사에서 내 전기를 보내달라고 부탁했고, 샬럿을 위해 작곡한 다수의 내 작품이 이 사전에 등재되었다. 이로써 나는 17세기 소나타의 기원[72]과 형성에 관해 썼던 내 논문의 존재를 모르는 두 명의 대학 조교에게 복수한 셈이었다.

이 모두가 샬럿 덕분이다.

휘트니 미술관에서 열린 그녀를 위한 회고전에서(1992년 2월) 데이비드 로스는 그녀의 열성적인 옹호자가 되어주었다. 존 핸하르트[73]가 그녀의 업적을 역사적인 차원에서 평가해달라고 요청했다. 오노 요코[74], 시

---

72 Entstehung: 기원. (N.d.T.)
73 John Hanhardt: 전(前) 뉴욕 구겐하임 미술관 큐레이터. 현재 워싱턴 D.C. 스미스소니언 미술관 책임 큐레이터. 역주.
74 Ono Yoko(小野洋子, 1933~): 일본 출신의 전위예술가. 1960년대 국제적 전위예술운동인 플럭서스에 참여하여 라우션버그, 뒤샹, 백남준, 케이지, 커닝햄 등과 교류했다. 1964년 전쟁 반대를 호소하며 전라가 될 때까지 관객이 자신의 옷자락을 조금씩 잘라가게 한 행위예술 ‹컷피스(Cut Piece)›를 공연했다. 이후에도 평화와 여성의 권리를 위한 다양한 활동을 전개하였다. 역주.

모네 포르티[75], 리처드 타이텔바움[76], 얼 하워드[77]가 그녀를 위해 아름다운 퍼포먼스를 공연했다. 하지만 노먼 시맨Norman Seaman과 그가 들려준 여러 시청들의 문을 여는 열쇠를 손에 쥔 독특한 매력을 지닌 그녀에 대한 위트 넘치는 일화들은 아무도 잊을 수 없을 것이다. 시장과 도지사의 홍보담당관인 시드 파강은 그녀가 어떻게 난공불락이었던 남성들의 아성을 부수어버렸는지 들려주었다. 예를 들어 그녀는 야구경기장, 그랜드센트럴 역, 세계무역센터, 잉그리드 버그만과 험프리 보가트가 ‹카사블랑카›의 마지막 장면을 찍었던 버려진 공항에서도 공연했다. 내일, 세상은 아름다울 것이다. 샬럿은 심지어 70년대에 캘리포니아에 설치한 ‹달리는 울타리›[78]에서도 공연했다. 하지만 그녀는 아무도 알아보지 못할 정도로 너무나 겸손했다.

---

75 Simone Forti(1935~): 이탈리아의 현대 무용가 겸 안무가. 동물과 유아의 행위, 신체, 주변의 움직임 변화에 영감을 얻어 새로운 자연주의와 다양한 생태계의 비밀을 파헤치는 안무형태를 만들었다. 일상적인 동작들로만 구성하거나 관객들의 참여를 호소하는 등의 실험적인 작품을 많이 남겼다. 주요 작품으로는 ‹기울어진 판› ‹허들› ‹애니메이션스› 등이 있다. 역주.

76 Richard Teitelbaum(1939~): 미국의 작곡가, 키보드 연주자이며 즉흥 연주자이다. 전자음악 라이브 공연과 신디사이저 퍼포먼스로 유명하다. 역주.

77 Earl Howard(1951~): 미국의 아방가르드 작곡가, 색소폰 연주자, 신디사이저 연주자. 새로운 음악의 개척자이다. 역주.

78 Running Fence: 크리스토의 작품. 1976년 9~10월 사이에 캘리포니아 들판에 설치된 높이 5.5미터, 길이 40킬로미터의 하얀 나일론 커튼.

나에게는 세상에서
가장 위대한 의사, 아베[79]

한국의 겨울은 몹시 춥다. 나는 페니실린이 개발되기 훨씬 이전에 서울에서 태어났는데, 어릴 적에 의사가 포기할 정도로 심하게 폐렴을 앓은 적이 있다. 그런데 염라대왕의 사망자 목록에 착오가 있었는지 나는 기적적으로 살아남았다. 그 후 주치의 선생님이 매해 겨울이 시작될 무렵이면 집으로 찾아왔다. 감기를 앓다가 폐렴이나 기관지염으로 옮아갔기 때문에 늘 조심해야 했다. 주치의 선생님이 바로 적십자병원의 내과 과장이며, 참선 사상가인 이공영 박사님이다. 그는 자신이 너무 많은 실수를 저질러 오히려 사람들을 죽게 했다고, 그들의 목숨을 구하지 못했다고 고백하곤 했다. 하얀 가운 차림으로 그가 내 침대 옆에 서 있으면 나는 왠지 마음이 편안해졌다. 그가 곁에 있기만 해도 열이 내리곤 했다. 왕진할 때는 평상복 차림이었을 텐데. 꿈과 기억은 비디오 몽타주처럼 사실을 뒤바꾸어놓곤 한다.

　도쿄, 보스턴, 뉴욕, 혹은 로스앤젤레스 어딘가에서 아베[80]가 여행 가방을 들고 입가에 미소를 지으며 나타나면 그의 가방이 이 박사님의 왕진

79　M. Abe-Pour moi, le plus grand médecin: 1991년 11월 23일, 뒤셀도르프, 에리미 후지와라가 일본어를 영어로 번역하였다. 이 원고는 1992년 요코하마의 온더윙(On the Wing) 갤러리에서 이시 히로에가 주최한 '백–아베 심포지움'에서 소개되었다.

80　阿部修也(1932~　): 엔지니어. 도쿄방송 TV기술부에 입사하고 나서 백남준과 인연을 맺었으며, ‹로봇 K–456› ‹백–아베 비디오합성기› 등의 제작 등 기술적 측면에서 백남준의 작품활동에 큰 도움을 주었다. 1984년 도쿄 메트로폴리탄 아트뮤지엄에서 개최된 백남준 개인전에서는 '아베 슈야에게 바침'이라는 글이 입구에 걸리기도 했다. 역주.

가방처럼 여겨지면서 마음이 차분해지곤 했다. 아무리 심각한 상황이라도 나를 도와줄 사람이라는 믿음이 있었다. 실제로 그는 나를 염라대왕에게 끌려갈 위기에서 1964년, 1970년, 1984년, 그리고 올해, 이렇게 네 번이나 구해주었다.

나는 애꾸눈의 위대한 발명가 우치다 히데오[81] 씨의 소개로 아베를 만났다. 그는 트랜지스터 발명 이전에 증폭 효과를 낼 수 있는 광석(방연광)이 있다는 사실에 주목했다. 그러면서 전자적으로 텔레파시의 실재를 증명하려고 했다. 이후 인간의 후광을 측정할 수 있는 기계인 '오라-미터 aura-meter'에 관한 국제특허를 받기도 했다. 아키하바라라는 작은 카페에서 처음 아베를 만났을 때 나는 그의 방대한 지식에 놀라지 않을 수 없었다. 내가 도쿄에 머물던 1964년, 그는 메르세데스 벤츠의 섀시 구조에서부터 뒤샹의 레디메이드에 이르기까지 모든 것을 알고 있었다.

그해 나는 무엇보다 컬러카메라 없이 중고 텔레비전으로 컬러 이미지를 만들어내는 작업을 해야 했다. 그 당시 중고 텔레비전 가격은 수십만 엔(보통 사람의 4개월 치 급여)이었는데, 컬러카메라는 수백만 엔(10년 치 급여)을 넘었다. 비디오테이프녹화기는 84만 엔이 넘었다(20만 달러). 컬러 장비를 구입하려면 천문학적인 돈이 필요했는데, 당시 나는 이미 형의 지갑을 거의 비우다시피 한 상태였다. 상상을 초월하는 비용이 필요했다.(당시 도쿄의 간다神田 부근의 땅값이 3.3제곱미터에 20만 엔이었다.) 그러니 가장 적은 비용이 드는 방법을 찾아야 했다. 이렇게 해서 시바덴 흑백카메라 세 대로 각각 빨강, 파랑, 초록의 세 가지 이미지를 채널TV의 동시 신호를 이용해 화면에 합성했다.(그중의 하나는 내가 직접 만들었다.) 비록 이미지의 색채가 서로 많이 차이 나지는 않았지만, 나름대로 우아한 이미지를 만들어낼 수 있었다. 다행히 같은 해에 RCA 텔레비전에 '덤'[82]으로 받은 강력한 전자 자석을 설치해서 비교적 상태가 좋은

---

81 内田秀雄(1921~1995): 일본의 전자기술자, 공학박사. NHK 기술연구소에서 근무하면서 신형 진공관의 개발에 종사했다. 또한 일본에서 초현실적 현상을 전자공학적으로 고찰한 선구자이자 인간의 후광을 측정하는 '오라 미터'의 발명자이기도 하다. 역주.

82 Beigabe: 독일어로 첨가, 부가, 부기를 뜻한다. (N,d.T.)

컬러 영상 하나를 만들어낼 수 있었다. 1966년 스웨덴에서 이 전자 자석의 지름을 10센티미터로 줄여 편리하게 사용할 수 있게 되었다. 그 무렵 전기통신대학교의 학생이던 규타 사이토와 함께 로봇을 만들었는데, 첫 실험에서 로봇은 산산조각이 나고 말았다. 아베의 충고에 따라 사이토 군은 메커니즘을 완전히 바꿔 다시 만들었다. 마침내 로봇은 뒤뚱거리긴 했지만, 앞으로 걸어갈 수 있었다. 뉴욕에 도착하고 나서 얼마 지나지 않아 <로봇 K-456>이 카날가에서 불에 타버려 내가 직접 모든 회로를 교환할 수밖에 없었다. 그러고는 제3회 《뉴욕 아방가르드 페스티벌》에서 오프닝으로 공연한 샬럿 무어먼의 퍼포먼스에 이 로봇을 잠깐 선보였다. 이렇게 형에게서 받은 백만 엔은 도쿄에서 몽땅 사라져버렸다. 이 돈으로 도쿄 간다 부근의 작은 땅을 샀으면 어떻게 되었을까. 당시 아베와 함께 오노 요코를 찾아간 적이 있다. 그녀는 시부야에 있는 10층짜리 아파트에서 살고 있었다. 한 살짜리 딸, 교토를 데리고 카키색의 구제 군복을 입고 있던 요코는 늘 다른 곳을 응시하는 것처럼 보였다.

<매체는 매체다>는 1967~1968년에 포드재단의 후원으로 보스턴 WGBH 방송국과 처음 합작한 작품이다. 이 프로그램에 합류한 여섯 명의 예술가 가운데(앨런 캐프로[83], 제임스 시라이트[84], 탐 테드록Tom Tadlock, 오토 피네, 알도 탬벨리니[85], 그리고 나) 내 작품이 가장 좋은 평을 받았다. 나는 프레드 바직의 추천으로 록펠러 장학금을 받아 1년간 작업할 수 있게 되었다. 그런데 뉴욕에서 가져온 10여 대의 흑백과 컬러TV 스크린으로(물론 수정해야 했지만) <9/23 실험>을 한 달 만에 녹화했다. 다른 예술가들은 1년이 지나고 나서야 연구결과를 발표했기 때문에 WGBH 방

---

83 Allan Kaprow(1927~2006): 미국의 현대예술가. '해프닝(happening)'의 창시자로서 작가의 행위를 외부 환경으로 확장하는 작업을 시도했다. 역주.

84 James Seawright(1936~): 미국 출생 현대 조각가. 바우하우스 운동에 영감을 받았고, 조각에 현대 전자 기술을 적용하여 전자부품과 거울을 이용한 움직이는 조각을 제작하는 등 쌍방향 조각의 개척자가 되었다. 역주.

85 Aldo Tambellini(1930~): 미국 출생 비디오·영화 제작자, 비디오 아티스트, 시인. 회화를 전공했으나, 1960년대 비디오아트의 선구자가 되었다. 1965년부터 필름에 직접 그림을 그리는 작업을 시작하였고 회화, 영화, 비디오, 시, 조명, 춤, 음향이 결합된 전자미디어 퍼포먼스 시리즈를 제작하였다. 역주.

송국 사람들이 모두 놀랄 정도였다. 스모로 치자면 첫날부터 15개 경기에서 승리한 셈이었다. 아직 3만 달러가 남아 있었기에 나머지 시간에 무엇을 할지 고민하다가, 나는 프레드 바직과 로드 장학생 자격으로 옥스퍼드 대학에서 석사학위를 받은 WGBH 방송국 프로그램 국장인 마이클 라이스에게 내 작업에 1만 달러만 투자하면 세상을 바꿀 수 있다고 큰소리쳤다. 그때는 시카고 폭동과 우드스톡 페스티벌이 막 끝난 시기여서 그 여파로 미국 전역에 낙관주의적인 붐이 일고 있었다. 나는 3일 만에 1만 달러를 현금으로 받아 곧바로 도쿄에 있는 형에게 갔다. 그리고 형 집에 머물면서 비디오합성기를 개발했다. 그전, 1969년에 에릭 시겔이 그의 비디오 합성기를 하워드와이즈 갤러리에서 전시했다. 그는 흑백 시그널을 RGB[86] 컬러로 바꾸고 YUV[87] 시그널로 조절한 다음, 암펙스 1인치 나선형 테이프Helical Tape로 녹화했다. 기술적인 차원에서 그의 작업은 내가 1964년 도쿄에서 했던 RGB 신호 실험을 훨씬 능가했다. 한 사람의 힘으로 컬러 비디오합성기를 개발하고 RGB 신호를 YUV 신호로 바꾼 것은 엄청난 성과였다. 미학적인 차원에서 아인슈타인의 영상이 피드백을 통해 사이키 신호로 바뀌고 전자 분열로 타버리는 것 역시 어쨌든 내게는 대단하게 여겨졌다. 향후 5년간 미국의 여러 대학으로 확산할 TV 실험의 새로운 단계를 보여주는 작업이었다. 그러나 시겔이 방송규범을 준수할지는 알 수 없는 일이었다. 그에게는 생계 문제가 걸려 있었는데, 하워드와이즈가 준 민간 장학금은 그걸 해결하기에 충분한 액수가 아니었을까.

내가 고안했던 개념들을 간략하게 밝히면 다음과 같다. 원형 혹은 지그재그 형태의 효과적이고 다양한 주사走査 방식, 복합 피드백, 오디오 신호 혼합, 소니 흑백 카메라를 이용한 재주사 방식, 시각적 요소 적용 등이 그것이다. 특히, 나는 이것들을 멀티 인풋과 멀티 아웃풋 방식으로 열린

---

86 컬러TV 화상의 3원색, 적색(red), 녹색(green), 청색(blue). 역주.
87 컬러 이미지 파이프라인의 부분으로 사용되는 전형적인 색채 공간. 컬러 이미지나 비디오 색상을 인간이 지각할 수 있는 수준으로 인코딩하여 RGB 색상을 사용하는 것보다 전송이나 압축·조작상에서 발생하는 오류를 효과적으로 감출 수 있다. YUV에서 Y는 빛의 구성요소를, U와 V는 색채 구성요소를 의미한다. 역주.

시스템을 만들어내려고 했다. 다시 말해 관객의 참여를 이끌어낼 수 있는, 닫혀 있지 않은 전자 환경을 만들려고 했던 것이다. 일종의 쌍방향 비디오게임의 원형이라고 할 수 있는 열린 시스템이었다. 1973년에 러트-에트라Rutt-Etra 비디오합성기를 개발했고, 닌텐도 전문 자문가이기도 한 빌 에트라는 최근에 닌텐도와 한 미국 회사 간의 갈등을 합의를 통해 해결했다. 그는 <백-아베 비디오합성기>를 포함한 나의 실험에 대해 언급했던 것이다. 이 작업은 아베의 도움이 없었다면 불가능했을 것이다. 절대적으로 그랬을 것이다. 나는 그에게 너무 많은 빚을 진 셈이다. 그에게 가슴 깊이 고마워하고 있다. 그 사연은 이렇다.

<백-아베 비디오합성기>는 WGBH에서 상업용으로 개발한 기계이다. 그러니 미국연방통신위원회의 엄격하고 다양한 여러 규범을 따라야 했다. 컬러 싱크로 기간이나 RGB 신호의 확대 제한을 그 예로 들 수 있겠다. 1950년에 세워진 FCC 규범은 아주 초보적이긴 했지만, 어쨌든 1972년까지 적용되었다. 8월에 <비틀즈: 처음부터 끝까지>라는 첫 프로그램이 생방송되었다. 이 프로그램은 UHF로 재방영되었는데, 많은 시청자가 고대하고 있었다. 사실 너무나 큰 관심을 끌었기에 보스턴 록 라디오는 시청자들에게 전파를 잡으려면 WGBH에 접속하라고 충고했다. 오늘날 MTV의 시초인 셈이다. 이 프로그램은 메인 주에서 온 대가 데이비드 애트우드[88]가 제작했다. 방송 도중 아베가 비디오합성기 조절장치를 맡았다. 그는 혼자서 네 시간 동안 끊임없이 버튼을 돌렸다. 그러면서 젊은이들을 즉흥적으로 불러 모았고, 엔지니어 사무실의 한 예쁜 비서를 사무실에서 나오게 하였다. 그다음 주에 뉴스위크가 그 계획에 대한 특종기사를 실었는데, 외국에서는 겨우 800달러로 네 시간짜리 프로그램을 만들어낸 혁명적인 기계라는 소문이 떠돌았다. WGBH에 새로 부임한 사장이(폴라로이드의 부사장이기도 했다) 우리에게 특허를 신청하라고 말

---

88 David Attwood: 프로듀서, 연출가, 비디오 아티스트, 편집인. 메인대학에서 역사를 공부한 후 클락대학 컴퓨터 캐리어 인스티튜트에서 컴퓨터를 전공했다. 이후 WGBH(보스톤에 있는 비영리 TV/라디오 방송국)에서 많은 프로그램을 제작했고 여러 비디오아트 프로젝트에 관여했다. 역주.

해주었다.

아베의 독창적이며 천재적인 사고가 없었다면, 당연히 이 기계는 발명될 수 없었을 것이다.

1. 비디오합성기는 TV의 엄격한 규범에 부합해야 하기에 아주 정확해야 한다. 내 능력으로는 도저히 해낼 수 없었을 것이다.

2. 5000달러라는 적은 예산으로 이 일을 해내야 했다.(이 자금은 모두 소니 기계 구입에 사용되었다.) 기간도 6개월을 넘길 수 없었다. 게다가 아무것도 없는 상태에서 시작해야 했으며 모방하거나 실험해볼 그 어떤 모델도 없었다.

보스턴의 MIT에는 세계에서 가장 유능한 인재들이 모여 있다. 그들은 이때 무엇을 하고 있었을까? 아마도 링컨 실험실에서 무기 실험에 몰두했을 것이다. 그들은 우리가 사용한 5000달러에 동그라미가 수백 개는 더 붙는 예산을 사용했을 것이다. 주말은 아마도 케이프코드 반도에서 윈드서핑을 하며 보냈을 것이다.

그렇다면, 일본의 훌륭한 엔지니어들은 그 당시 무엇을 하고 있었을까? 그들은 모두 헌신적인 고용인으로 위험부담을 최소화하려고 애쓰고 있었다. 그런데 가장 뛰어난 두뇌의 소유자며, TBS[89] 연구소 부소장이며, 도호쿠대학에서 물리학과 전자학을 전공한 그가 제대로 된 직업도 없고 미국의 문화혁명 한가운데 있는 캘리포니아 미술연구소의 히피그룹에 속하는 한 예술가가 떠벌리는 약속을 믿어준 것이다. 그의 행동은 아마도 그의 젊은 아내와 아이들(여덟 살과 다섯 살)과 그의 회사를 깊은 불안감에 휩싸이게 했을 것이다. 그 당시 그처럼 용감한 일본인이 몇이나 되었을까? 아마도 그 혼자뿐이었을 것이다. 내가 이런 별종을 만날 수 있었던 것은 엄청난 행운이었다. 아베가 미국으로 오려고 TBS를 떠났을 때 내게 아베를 소개해준 우치다 히데오는 그의 부인을 직접 찾아가 나를 소개한 것에 대해 사과까지 했다. 그러니 나는 아베뿐만 아니라 그의 가족 모두

---

89   Tokyo Broadcasting System, Inc.: 주식회사 도쿄방송(株式会社東京放送). 역주.

에게 고마워해야 할 것이다.

창조성은 기업가, 예술가, 연구자 혹은 엔지니어 등 직업에 따라 다양하게 발휘될 수 있다. 워크맨의 예처럼 휴대용 카세트녹음기의 성공은 마케팅에서 성공한 덕이라고 생각하는 사람이 많을 것이다. 하지만 비교적 저렴한 가격에 무게를 줄이는 데 성공할 수 있었던 사람들은 소니의 모리타[90]나 구로키 야스오[91]처럼 지속적으로 창조적인 작업을 해야 했다. <백–아베 비디오합성기>를 만들기 위해 아베가 그렇게 했다. 이 분야에서 나는 크게 공헌한 바 없다. 나는 자금을 모았고, 아베를 그리스 스테이크 전문점에 데리고 갔다. 우리는 서둘러 피가 흐르는 스테이크를 먹고, 곧바로 WGBH로 갔다. 경비원을 제외하고는 모두 집으로 돌아간 뒤였다. 나는 아베가 추워하지 않도록 냉방기를 스웨터로 감쌌다. 그렇다. 엔지니어의 창조성은 자주 드러나지 않는다. 그러나 그것은 분명히 존재하며 필수불가결한 것이다. 반면에 예술가나 사업가의 창조적인 기질은 눈에 드러날 뿐만 아니라 수치로 확인할 수 있기 때문에 바로 알아볼 수 있다. 엔지니어 중에는 프로그램 개발자도 있고, 수리나 회로설계를 하는 이도 있다. 아베는 회로설계자였다. 회로설계자는 많지 않아서 예술가와 관련을 맺는 일이 드물다. 그러나 행운은 내게 미소를 보냈다.

---

90 盛田昭夫(1921~1999): 소니 주식회사[당시 도쿄통신공업주식회사(東京通信工業株式会社)]의 창업자. 역주.

91 黒木靖夫(1932~2007): 일본인 공업디자이너. 소니의 구인광고를 보고 평사원으로 입사했으나 당시 사장이었던 고(故) 모리타 아키오에게 발탁되면서 깊은 신뢰관계를 쌓았다. 소니의 로고를 디자인했으며, 소니 워크맨 개발 프로젝트가 성공하면서 '미스터 워크맨'으로 불렸다. 역주.

레스타니[92]··· 힘의 균형[93]

중국인들은 스스로 현인이 되기도 어렵지만, 현인을 알아보는 일은 더 어렵다고 말한다.

　이는 의사와 비평가가 하는 일의 핵심을 말한 것이기도 하다. 가끔 당신은 어떤 일을 직접 나서서 하면 남보다 더 빨리, 더 잘해낼 수 있다고 생각할지도 모른다··· 그러나 안타깝게도 당신은 단지 비평가일 뿐이다!!! 항상 무언가를 비평할 때는 거리를 두고 관찰하고, 객관적으로 접근해야 한다··· 충고할 수도 없다··· 늘 숨이 막히지만 당당한 모습을 유지해야 한다. 왜냐하면 당신 스스로 창조해낼 권리를 부여받지 못했기 때문이며··· 직접 행동할 수 없기 때문이다.

　···이처럼 기운 빠지게 하는 작업에서··· 레스타니는 인내심의 세계기록을 보유하고 있는 듯하다.

92　Pierre Restany(1930~2003): 프랑스의 예술비평가. 앤디 워홀은 그를 '신화!'라고 불렀다. 어린 시절을 모로코의 카사블랑카에서 보냈다. 프랑스로 돌아와 대학에서 미학과 미술사를 전공한 그는 1955년 이브 클라인과 교류, 신사실주의 이론을 정립하였고 산업적 사물에 휴머니즘을 부여했다. 아르망, 다니엘 스포에리, 장 팅겔리, 세자르 등과 교류했다. 1990년대 이후에는 컴퓨터아트, 뉴미디어아트, 디지털아트와 웹에 관심을 보였다. 역주.

93　Restany··· Equilibre des forces: 1991년 4월 16일, 뉴욕, 『피에르 레스타니-감성과 이성 (Pierre Restany-Le coeur et la raison)』 도록에 수록, 자코뱅 박물관, 프랑스 모를레, 1991년 7~11월. pp.112~113. 장 다니엘과 미셸 토세가 프랑스어로 번역했다.

내가 그를 처음 만난 것은 눈이 엄청나게 내리던 어느 날 독일의 부퍼탈[94](파르나스 갤러리)에서였다… 1963년 봄이었는데… 그가 전날 뒤셀도르프에서 장피에르 빌헬름[95]을 만났다고 했다… 무엇보다도 나는 그가 너무 젊어 보여서 놀랐다. 그때 그는 프랑스 비평가라기보다는 장거리 달리기 선수처럼 보였다. 그를 만나기 전에 회색 수염이 희끗희끗한 사십 대 남자를 예상하고 있었기 때문일까… 언뜻 보면 거의 내 또래 같았다.(사실 그는 나보다 두 살 더 많다.) 그다음으로 놀란 것은 그가 기차의 일등칸을 타는 것을 보았을 때였다. 나는 탄성을 질렀다. 와우! 프랑스 비평가들은… 플럭서스 예술가들과는 많이 달랐다.

1950년… 한국, 서울

영화 〈카사블랑카〉가 제작된 지 7년이 지나서야 마침내 은자의 나라, 한국에 들어왔다… 그 영화를 봐야겠다고 마음먹고 있었는데 전쟁이 터졌다. 나는 지금도 그 영화 포스터를 기억한다. 1939년 크라쿠프에서의 마지막 회화 전시회처럼… 그 후로 내겐 카사블랑카에 대한 집착이 남아 있다… 언젠가 레스타니가 거기서 **태어났다**고 했다. 그러면서 그곳은 세상의 **겨드랑이**와 같다고 말했다… **겨드랑이**… 나는 《월간 아방가르드 힌두이즘》(플럭서스 우편예술, 1962년)에 시카고 창녀의 겨드랑이 털을 팔겠다는 기사를 냈다. 단 한 명의 독자가 구독신청을 하고 20달러를 보냈다. 이름이 데이비드 헤이스였던 것 같은데… 우리는 그에게 연락하려고 애썼지만 이미 이사한 뒤였다. 나중에 들은 얘기지만, 그는 아무 일도 하지 않고 지내는 젊은 부자로 무척 똑똑하고 의식이 강한 사람이었다. 언젠가 뉴욕에 갈 수 있으면 좋겠다는 생각이 들었다… 그가 내 주위에서 맴도

---

94 Wuppertal: 독일 서부 노르트라인베스트팔렌 주(州)에 있는 도시로 백남준의 첫 번째 개인전이 열린 도시이기도 하다. 역주.

95 Jean-Pierre Wilhelm(1912~1968): 뒤셀도르프에서 백남준의 첫 공연이 열린 갤러리22를 운영했으며 플럭서스를 만드는 데 산파 역할을 했다. 역주.

는 것만 같았다… 지금까지 그를 찾으려고 했지만 허사였다… **겨드랑이**는 매우 복잡한 단어로… 성욕을 자극하면서 동시에 지저분하다는 느낌이 들게 한다. 그때는 아직 스프레이가 나오기 전이었다. 나는 최근에 카사블랑카를 직접 내 눈으로 보고 싶어서 그곳에 간 적이 있는데, 레스타니가 설명해주었던 것과 **너무도** 똑같아서 깜짝 놀랐다. 한마디의 말… 하나의 세계….

내가 파리에 머물 때 피에르도 함께 있었다… **요요**Jojo가 우리를 위해 요리를 해주었다… 사람들을 묘하게 화학적으로 섞을 줄 아는 그의 '균형 잡힌' 예술 감각이 감탄스러울 뿐이었다. 이름난 바람둥이가 오면 그와 어울리는 사람을 함께 불렀다. 그리고 한국 사람들을 부르면 반드시 일본 사람들도 함께 자리할 수 있게 했다… 이렇게 해서 늘 대화가 이어졌다. 1977년 나는 그렇게 두 사람을 만났는데, 그들은 지금도 12년 넘게 가깝게 지내는 사이가 되었다. 이처럼 레스타니는 사람들의 기하학적인 위치가 어떻게 변해갈 것인지를 잘 예견했다.

힘의 균형을 다루는 것이 그의 일이었다… 한번은 그가 소호를 방문할 때 따라간 적이 있었다. 어떤 갤러리는 그냥 둘러보고, 어떤 갤러리에서는 갤러리 주인과 얘기를 나누고, 어떤 갤러리는 그냥 지나치고…(때로는 훌륭한 전시회였는데도…) 예술의 정치도 그렇듯이, 사람들의 정치와 조화를 이루며 모든 것이 조율되었다. 마치 두 눈을 붕대로 감은 채 한 손에 천칭을 들고… 정의를 상징하는 여인상이 그려진 **타로** 카드처럼….

두 눈을 가리면 정의를 실현할 수 있을까??? 혹은 공정한 심판관이 되려면 항상 두 눈을 가려야 할까(머리에 나일론 스타킹을 뒤집어쓰고)? 예술활동을 특징짓는 아름다움과 환멸은 바로 **규칙**이 없다는 데서 비롯되는 것이 아닐까? 규칙이 없는데 어떻게 경기를 진행할 수 있을까??? 갑자기 경기규칙이 바뀌면 어떤 일이 벌어질까? 만일 축구가 하키가 되고, 단 한 사람만이 스틱을 가지고 있다면? 그리고 계속 경기를 하라고 한다면? 유연함과 적응력이 필요하겠지… 원칙은 어디에 있는 걸까? 충성심은 어디에 있는 걸까?

조지 머추너스의 죽음은 헛된 것일까?

예수 그리스도의 죽음은 헛된 것일까?

그럴 수도 있고, 그렇지 않을 수도 있다. 두 경우 모두 마찬가지일 수 있고, 그렇지 않을 수도 있다.

레스타니는 피사대학에 다녔는데, 파리에서보다 졸업이 수월했기 때문이었다. 나 역시 뮌헨에서 대학에 다녔는데(음악 아카데미가 아니라), 그렇게 해야 형을 더 쉽게 속일 수 있었기 때문이다… 하지만 레스타니는 미술사 졸업장으로 영향력 있는 프랑스 정치가(거의 지스카르 수준)의 대변인이 되었다.

프랑스에서는 다른 곳에서보다 예술가들이 정치에 쉽게 참여할 수 있는 것 같다. 내가 겪은 재미있는 모험 하나가 생각난다. 미테랑 내외가 1984년 뉴욕 메리디안 호텔에 묵었을 때 내가 제작한 비디오테이프를 보여줄 기회가 있었다. 나는 밤새 작업해서 사포Sapho에 관한 7분짜리 클립과 삼색 비디오(퐁피두센터에 있는 400대의 수상기를 CBS 뉴스클립에 넣었다)를 준비했다. 그리고 (뾰족한 모자에 코르시카 띠를 두르고 있는) 경호원들을 통과해서… 미테랑 부처의 방에 들어가 비디오를 점검했다… 호텔의 TV는 전원을 켜면 자동으로 포르노 채널이 나오게 되어 있었다. 내 테이프까지 가려면 버튼 4개를 계속 눌러야 했다. (워싱턴까지 와서 레이건 대통령과 정상회담을 하고 뉴욕에서 하루를 보내느라) 피곤한 노인네가 재미있는 포르노 채널들을 다 지나서 비디오 버튼을 누를 힘이 남아 있을까? 어쨌든 레스타니가 브라질에 있을 때 안면이 있었던 베르제 부인의 소개로 미테랑 부인을 알게 된 것은… 내게 고무적인 일이었다.

마지막으로 재미있는 일화를 소개하면… 1971년 미국 국방성 시위 직전에 워싱턴 D.C.에서 앨런 긴즈버그는 피와 폭력으로 물든 시위가 곧 시작될지 모른다는 예감이 들었다… 그는 마음이 편치 않아서, 백악관에 전화해서 헨리 키신저와 얘기하고 싶다고 말했다… 잠시 후 헨리 키신저가 전화를 받았다.

이것이 바로 균형이다.

1977년 소호에서의 아침

레스타니는 해장술로 페르네 브랑카Fernet Branca를 마셔야 했다. 우리는
어렵사리 문을 연 바를 찾아냈다. 그가 왜 그렇게 고집을 피웠는지 우습
기까지 하다. 내가 "어떻게 바보는 찾기 쉬운데 똑똑한 사람은 찾아보기
어렵지?"라고 물었다. 레스타니가 대답했다. "왜냐하면 신은 재치 넘치는
인간을 질투하니까. 아무도 경쟁을 좋아하지 않거든."

59세의 사유 [96]

나는 함부르크 NDR [97] 방송국의 만프레드 아이헬에게 방송의 다섯 가지 원칙을 다음과 같이 말했다.

1. 섹스
2. 폭력
3. 탐욕
4. 허영
5. 속임수

그가 대답했다. "당신 말이 옳다고 말할 수밖에 없네요. 인쇄라도 해두세요!"

만프레드 아이헬은 350여 개의 TV 문화 프로그램을 제작했다. 그는 비교적 중요한 TV 프로그램을 방영할 때 터무니없는 문젯거리를 피해가는 일이 얼마나 어려운지 잘 알고 있다. 그는 학문이라는 화면 뒤에 숨어서 미디어를 논하는 탁상공론형 전략가들과는 전혀 다른 인물이다.

---

96 Pensées Mit59: 『백남준, 비디오 시간-비디오 공간(Nam June Paik, Video-Time - Video Space』도록에 수록. Kunsthalle Basel, Kunsthäus Zurich, Städtische Kunsthalle Düsseldorf, Museum Moderner Kunst Stiftung Ludwig Museum des 20. Jahrhunderts, Wien, 1991년 8월~1992년 4월, pp.17~19. 마리안 위를리만이 독일어 번역을 맡고 알랜 마를리스가 영어 원문을 감수했다.

97 만프레드 아이헬의 <문화뉴스, 문화리포터>는 함부르크 NDR 방송국의 프로그램이다.

18살 이전

프로이트에 대해 잘 알지 못한다 해도 인간의 정신적인 면은 대부분 18세 이전에 결정된다는 사실은 누구나 알고 있다.

나는 한국에서 17살 반이 될 때까지 살았다. 나는 그곳에서 중요한 두 가지를 배웠다.

바로 카를 마르크스와 아르놀트 쇤베르크다.

카를 마르크스는… 설명할 필요도 없이… 전 세계적인 유행이었다. 자본주의의 탐욕스러움 때문에 세계대전을 두 차례나 겪은 후였다. 마르크스는 우리에게 유토피아 건설 계획과 과학적인 논리를 제공했다.

쇤베르크에 관해서는 내가 열네 살 반이었던 1947년, 그에 대한 정보가 거의 없던 시절에 그의 존재를 발견한 것이 스스로 생각해도 무척 자랑스럽다.

그때 나는 이건우李建雨 선생님에게 작곡을 배우고, 신재덕申載德 선생님에게서 피아노를 배우고 있었다. 두 분 모두 위대한 김순남金順男 선생님의 지인들 모임의 일원이었다. 훌륭한 무조음악의 작곡가였던 두 분 모두 1951년 1·4후퇴 때 북한으로 넘어갔다. 순진한 두 젊은 작곡가는 북한에 지옥 같은 스탈린 정권이 기다리고 있다는 것을 상상조차 하지 못했을 것이다.

나중에 내가 뉴욕에 있을 때 알게 된 사실이 있다. 오늘날 쇤베르크의 최고의 전문가로 나보다 서너 살 위인 프린스턴대학의 밀턴 배빗Milton Babbit이 뉴욕 상류사회의 문화적 환경에서 태어났지만, 1948년 이전에는 쇤베르크를 알지 못했다는 사실이다. 나는 뉴욕의 밀턴보다 1년 전에 쇤베르크를 발견했으며, 그 이후 나의 정신적 스승으로 삼았다.

그 당시 서울은 바쿠닌, 부하린, 프루동, 마르크스, 프랑스 노동조합운동, 페이비언 사회주의 등 거의 환상에 가까운 선택의 목록이 넘쳐나던 시기였다. 돌아보니 이는 성숙하지 못한 한국 지식인의 모습을 반영한 것에 불과했다. 우리는 그저 스탈린과 포스터 덜레스[98]의 체스판에 놓인 말에 불과했던 것이다.

그때 나는 버르토크와 스트라빈스키, 힌데미트, 시벨리우스에 대해서도 조금 알고 있었다. 모두 20세기 전반기를 빛낸 유명한 작곡가들이었다. 나는 쇤베르크에게 전적으로 기울었는데, 그가 가장 극단적이었기 때문인 것 같다. 그의 음악을 듣기도 전에 그를 극단적이라고 평하는 말에 이미 매료되었던 것이 분명하다. 이것은 대변혁을 예고하는 화약고와도 같았던 서울의 사회분위기를 반영한다.

1947년 내가 가지고 있던 쇤베르크의 작품은 <피아노를 위한 소나타 제31번> 악보가 전부였다. 리처드 리키[99]가 루시[100]의 뼈 비슷한 것을 인류 기원의 출발점으로 설명한 것처럼 나는 단 하나의 곡을 바탕으로 내 '스승'의 전 세계를 상상했다. 서울의 '백조'라는 음반가게 주인을 2년 넘게 설득해서 당시 한국에 소개된 쇤베르크의 유일한 음반 «정화된 밤, Op.6 Verklärte Nacht, Op.6»을 들을 수 있었다. 하지만 나는 그 곡이 단지 바그너식 헛소리에 불과하다는 것을 금세 알아차렸다.

1951년 지루한 어느 오후 나는 일본 가마쿠라에서 NHK라디오를 듣고 있었다. 육감적인 목소리의 소프라노 가수가 엄청난 불협화음을 내며 울부짖고 있었다. 나는 그것이 쇤베르크의 곡일 수밖에 없다고 중얼거렸다. <달에 홀린 피에로 Pierro Lunaire>였다. 지금도 갈색 플라스틱의 작은 라디오 상자가 눈앞에 '보이는' 듯하다.

---

98 John Foster Dulles(1888~1959): 미국 역사상 가장 영향력 있던 국무장관이며(외무부) '냉전' 의 설계자로 알려져 있다.

99 Richard Leakey(1944~): 인류학자. 1984년 호모 에렉투스 화석을 발견하여 인류 진화사를 새롭게 썼다. 케냐 야생청 감독관으로 일하며 자연보호활동과 연구를 계속하고 있다. 주요 저서로는 『제6의 멸종』『오리진』등이 있다. 역주.

100 Lucy: 인류역사상 최초의 인간의 뼈를 일컬음.

교사

제국주의자는 밖으로 쫓겨나야만 자리를 떠난다고, 레닌은 말했다. 오늘날 후기 레닌주의자들은 1970년 포스트 루뭄바[101]주의자들이 콩고에 있는 벨기에 국민에게 했던 것처럼, 제국주의자들에게 다시 돌아와서 후기 공산주의 사회를 또다시 자본주의화하라고 종용한다.

제국주의자들은 인도, 아프리카, 아시아에서 훌륭한 교사들이었다. 어느 날 슈라이다 바파트Shridar Bapat가 말했다. "인도는 영국 제국주의의 발명품이었다." 이 말을 듣고 내가 한마디 농담을 던졌다. "인도는 바퀴를 발명했다. 하지만 플럭서스는 인도를 발명했다." 조지 머추너스가 내 말을 들으며 한참을 웃었다.

한국인에게는 수많은 '교사'가 있다. 그중 하나가 미국 제국주의자들로서 그들은 한국인에게 민주주의를 받아들이라고 강요했다. 하지만 더 중요한 교사들은 기마민족인 몽골·만주인들이었다. 그들은 유목 시기의 중요한 소통방식 두 가지를 한국인에게 전해주었다.

1. 문법

2. 말馬

문법의 중요성은 제국의 영토에서 현격하게 드러난다. 이자벨 여왕은 1492년에 아랍인들과 유대인들을 이베리아 반도에서 추방한 직후에 에스파냐 문법을 '창조했다'. 한국의 '제국주의자들'은 일본에 건너가 우랄 알타이어 문법을 전해주고, 현대 한국어로 '국가'라는 의미의 나라奈良를 건설했다.

일본 제국주의만 비판하고(오늘날 한국에서 그러고 있듯이) 몽골·만주인이나 중국인의 제국주의를 비판하지 않는 것은 도덕적으로 부당한 태도이다. 기술은 늘 한국에서 일본으로 전파되었기 때문에 16세기까지

---

101 Patrice Hemery Lumumba(1925~1961): 콩고(과거의 자이르)의 초대 총리. 콩고민족운동(MNC)을 결성하고 전 아프리카 인민회의에 출석하는 등 콩고의 독립을 추진하였다. 초대 총리가 되었으나 내분의 격화로 해임되고, 대령 모부투의 군대에 체포되어 처형되었다. 역주.

일본인들은 우리가 주었던 '도움을 갚을 만한'(?) 위치에 있지 못했다. 그러나 포르투갈 사람들이 한국보다 먼저 일본에 대포를 전해주면서 상황이 달라졌다. 사실 만주 침략도(다른 침략 중에서도) 16세기 쇼군 히데요시의 침략만큼이나 처참했다.

그런데 왜 한국인들은 유독 일본인만을 증오할까? 물론 20세기에 한국이 일본과의 전쟁에서 또다시 패했다는 이유도 있겠지만, 이러한 편견은 형제간의 경쟁심에서 비롯된 것일 수도 있다. 한국인들은 2천 년이 넘도록 중국을 맏형처럼 받들어 모셨다. 반면에 일본을 막내로 취급하면서 일본이 중국으로 이어진 육로를 사용하지 못하게 했다. 어쩔 수 없이 위험한 해로를 이용해야 했던 일본으로서는 한국이 무역과 문물의 개발에 큰 걸림돌이었던 것이다. 결국, 한국은 16세기에 처음으로 그리고 20세기에 다시 한차례 일본의 공격을 받아 자존심에 큰 상처를 입으면서 증오심이 생긴 것이다. 일본인들이 모방한 것은 영국, 프랑스, 네덜란드 사람들이 유럽에서 천 년 전부터 이룩했던 것들이지만, 사실 그것은 아시아인들이 이보다 앞서 수천 년 전부터 상호교류를 통해서 축적해왔던 것들이다. 그런데 왜 한국인들은 지난 세기 그리고 그 이전에 서너 차례 잔혹한 전쟁을 치르면서도 신하의 예를 갖추라고 강요한 중국인들을 미워하지 않을까? 나는 알 수가 없다.

중국인들이 '특성' '도교' '호의' '의무' 등 우리 민족에게 많은 것을 물려준 것은 사실이다. 게다가 5만 개의 명사도 물려주었다. 하지만, 그중에 '자유'를 뜻하는 말은 없다. '탐욕'과 '중재'라는 말은 있지만, 어디에도 '자유'라는 말은 없다.

시어도어 화이트[102]는 1943년 옌안에서 공산주의 간부들에게 '자유'라는 말을 설명하는 데 많은 어려움을 겪어야 했다. 그들은 자유와 개인적 이기주의라는 의미의 개인주의를 비난했다. 개인주의를 사회와 대중에 저항하는 악으로 받아들인 것이다.

---

102 Theodore White(1915~1986): 1940년대 처음으로 마오쩌둥과 저우언라이를 평가하는 기사를 쓴 미국 기자.

이제 곧 크리스토퍼 콜럼버스의 '신대륙 발견'을 기념하는 해가 다가온다. 딕 그레고리[103]는 "어떻게 이미 백만 명의 사람이 사는 대륙을 발견할 수 있다는 것인가?"라는 말을 자주 했다. 하지만 몽골 출신의 한국인 관점에서 보자면 나는 마르코 폴로와 칭기스칸의 역할을 강조하지 않을 수 없다. 마르코 폴로는 중국의 존재를 밝혀주었다. 사실 중국과 인도(자원이 풍부한 지역)는 이미 그곳에 존재하고 있었고, 오히려 그가 그곳에서 나침반과 화약을 가져왔다. 나침반과 화약이 없었다면 콜럼버스는 신대륙에 도착하기도 전에 물고기 밥이 되거나 수적으로 우세했던 인디언들에게 제거되었을 것이다.

마르코 폴로가 중국을 돌아보고 여행 기록을 남길 수 있었던 것은 칭기스칸의 몽골제국이 세계를 통치하면서 장구한 세월에 걸쳐 확립한 법과 질서가 고스란히 유지되었기 때문이다. 그 결과는? 칭기스칸의 보이지 않는 영향력처럼 아메리카에 도착한 콜럼버스 또한 칭기스칸의 동족인 인디언들을 말살했던 것이다.

인디언 전문가인 한 캐나다 사람이 내게 주저 없이 말했다. "당신은 에스키모입니다." 만프레드 아이헬(NDR)이 내게 말했다. "아이러니가 아닐 수 없네요! 그 문제에 대해 뭔가 쓰세요."

마지막 질문

나는 친구들에게 우리 지식인들은 왜 카를 마르크스를 그토록 오랫동안 지지했느냐고 물었다. 아무도 만족할 만한 대답을 하지 못했다. 왜 카를 마르크스의 이념을 수용하는 것은 멋있어 보이는데, 케인즈[104]의 이념을 받아들이는 것은 그렇지 않을까? 나는 잘 모르겠다.

---

103 Dick Gregory(1932~2017): 1970년대 반전운동에 앞장섰던 미국의 흑인 희극배우. 역주.
104 John Maynard Keynes(1883~1946): 최소한의 실업률을 보장하기 위해 정부의 적극적인 시장 개입을 주장한 영국의 경제학자.

내가 이런 질문을 던지는 이유는 만일 내가 나의 이데올로기에 충실했다면 1951년 한국에서 죽거나, 월북해 교사가 되어야 했기 때문이다. 그저 방 안에 앉아 혁명가라고 떠들어대는 위선자가 되어서는 안 되지 않겠는가.

2 x 작은 거인[105]

동부 유럽국가의 혁명이 체코슬로바키아에서 작가 대통령을 배출한 셈이다. 그가 바로 바츨라프 하벨Václav Havel이다. 하지만 똑같은 혁명으로 리투아니아에서는 플럭서스 출신의 비타우타스 란츠베르기스Vytautas Landsbergis가 대통령으로 선출되었다는 사실을 아는 사람은 그리 많지 않다. 1990년 봄, 안경을 쓰고 어깨를 축 늘어뜨린 이 '음악과 교수'가 매일 TV 뉴스에 모습을 드러냈다. 그는 소비에트 정부의 봉쇄정책에 반기를 들고 초강대국의 정상회담을 방해하는 위험한 일을 저지르지 말 것을 '친절히' 충고하는 서구 언론에 반항했다. 고르바초프가 노벨평화상을 받았을 때 란츠베르기스는 '경외하는 대통령 각하…'로 시작하는 축하전문을 보냈다.

골리앗에 당당하게 맞선 어린 다윗과 같은 그의 이런 태도는 내게 '작은' 플럭서스 운동과 '큰' 소호 계획의 창시자인 그의 친구 조지 머추너스의 모습을 떠올리게 한다. 란츠베르기스와 머추너스는 모두 부유한 건축가의 아들로 전쟁 전 몇 년간 지속했던 리투아니아의 평화 시절에 함께 쿠나스 초등학교에 다닌 절친한 친구 사이다. 독일과 소비에트의 점령, 전쟁, 독일 군대의 후퇴, 배고픔, 아버지의 의문사(자살?), 뉴욕의 허영, 자본주의의 '모순' 등 끔찍한 일들이 조지 머추너스를 심각한 천식환

---

105 2x Mini-Géants: 이 글은 1990년 12월, 리투아니아에서 군사 탄압이 시작되기 전에 마무리되었다. 이 글이 1991년 3월 «아트포럼(Artforum)»에 실렸을 때도 군사탄압은 계속되고 있었다.

자, 인류의 행복을 위한 숭배자, 자기중심주의자, 그리고 간헐적인 편집증 환자로 만들었다. 1965년 순진한 마르크스주의자였던 머추너스는 리투아니아의 옛 친구에게 연락했다. 그러자 불행하게도 그 당시 격렬한 반마르크스주의자였던 란츠베르기스는 1966년 12월 5일 답신으로 그에게 반체제적인 퍼포먼스 아이디어를 적어 보냈다.

하수구 찬가

"예술가가 무대에 올라가 가방에서 이가 우글거리는 열 마리가량의 들쥐를 꺼낸다. 그리고 쥐들을 관객을 향해 던진다. '자, 이제 쥐새끼들과 관객들이 할 일이 생겼군!' 이것은 농담이 아니라 '플럭서스 정신'에서는 수천 가지라도 튀어나올 수 있는 우연적인 아이디어들이다…."

란츠베르기스는 소비에트 리투아니아를 떠나야 했지만, 세 번에 걸쳐 시오미 미에코가 일본 오사카를 떠나면서 제작한 플럭서스 우편예술 행사에 참여했다. 다음은 1966년의 두 가지 예다.

공간적 시 3

"추락을 주제로 한 이벤트. 여러 물건을 떨어트린다. 란츠베르기스가 에제타 호수에서 곤들매기 한 마리를 낚는다. 그걸 깨끗이 씻어 지구중심으로 난 구덩이로 내장을 던진다. 그리고 물고기를 잘게 토막 내서 프라이팬에 떨어뜨린다."

리투아니아, 1966년 7월 31일

공간적 시 5

"개방을 주제로 한 이벤트. 사람들이 란츠베르기스를 받아들인다… 나는 어느 날 시골에서 빌뉴스[106]의 아파트로 돌아와 피아노를 열고 천상의 파음을 친다. 소리가 잦아지는 것을 기다렸다가 책상으로 가서 잠시 멈췄던 작업을 계속한다."

빌뉴스, 1972년 7월 23일 13시

1964년 머추너스는 내가 플럭서스의 다른 구성원들과 함께 57번가에서 공연한 슈톡하우젠의 <오리기날레Die Originale>을 완전히 뒤흔들어놓았다. 그는 우리를 '기회주의자'라고 비난하고, 흑인음악인 재즈를 조금밖에 연주하지 않았다며 슈톡하우젠을 '문화제국주의자'라고 맹렬히 비난했다.(1965년 니스에서 머추너스는 비슷한 이유로 플럭서스 프랑스 구성원인 벤 보티에를 자극했고, 케이지와 커닝햄의 콘서트를 방해하기도 했다.)

반면, 우리는(앨런 캐프로, 딕 히긴스[107], 잭슨 맥로[108], 샬럿 무어먼, 아이오[109]와 나) 57번가 저드슨홀에서 <오리기날레> 공연을 계속했다.

그때 플럭서스 대표인 머추너스는 동료에게 배신감을 느꼈다. 그는 결국 플럭서스의 종말을 선언하고, 오래 기억할 만한 소호지역 건설 프로젝트에 뛰어들었다. 그는 기업체 빌딩을 예술가들을 위한 스튜디오로 만들어도 좋다는 허가를 받아냈다. 그리고 우스터가 80번지에 있는 소호 예술가들을 위한 첫 번째 빌딩에 '플럭서스'라는 이름을 붙였다. 이는 공동

106 Vilnius: 리투아니아의 수도. 역주.
107 Dick Higgins(1838~1998): 영국 출생 작곡가, 시인. 초기 플럭서스 예술가. 존 케이지와 함께 작곡을 공부했다. 1963년 섬싱엘스 프레스(Something Else Press)라는 출판사를 설립하여 많은 아티스트의 작품을 출간했으며 컴퓨터를 이용한 예술활동을 했다. 1998년 캐나다 퀘벡에서 열린 이벤트에 참여 중 심장마비로 사망. 역주.
108 Jackson MacLow(1922~2004): 미국의 시인, 퍼포먼스 예술가, 작곡가, 극작가이다. 역주.
109 Ay-O(靉嘔, 1931~): 일본의 예술가. 1960년대 플럭서스 운동에 가담했다. 오노 요코의 소개로 1961년 머추너스를 만났고, 에밋 윌리엄스, 딕 히긴스, 백남준 등과 교류했다. 192단계의 색감을 사용하여 일본에서는 '레인보우 맨'이라는 별명을 얻었다. 역주.

소유의 빌딩으로, 그 후 그는 다른 27개의 빌딩도 똑같은 방식으로 개발하며 전혀 이익을 챙기지 않았다. 그의 계획으로 소호지역에 부동산 붐이 일어났다. 1978년 마흔일곱의 나이에 머추너스는 가난했다. 그는 입주자와 공동 소유자들, 그리고 부동산 업자들로부터 배반당한 채 세상을 등졌다.

같은 해 요셉 보이스[110]와 나는 뒤셀도르프 예술아카데미에서 머추너스를 기리는 고별 소나타를 연주했다. 플럭서스의 옛 구성원인 고집스러운 란츠베르기스의 주도로 철의 장막 건너편 리투아니아에서 조심스러운 개혁의 바람이 불기 시작했을 때, 플럭서스는 조용한 재탄생의 증인이 되었다.

작은 나라에서 태어난 두 거장의 서신 교환이 최근 «젊은 음악»이라는 리투아니아의 음악잡지에 실렸다. 1978년 죽음을 앞둔 머추너스는 요나스 메카스[111]에게 자신이 쓴 편지를 맡겼다. 란츠베르기스 대통령은 지난 세기의 마지막 사반세기 동안 가슴속에 그 편지를 간직한 채 투쟁의 긴 겨울을 보냈다고 한다.

---

110 Joseph Beuys(1921~1986): 현대미술에 지대한 영향을 끼친 독일예술가. 뒤셀도르프 예술아카데미를 졸업하고 모교의 조각과 교수로 재직했다. 직접민주주의를 주장하거나 환경주의파에 가담하는 등 강한 정치적 성향을 띠면서 활발한 활동을 벌였고, '사회적 조각'이라는 개념을 정치 영역으로 확대하였다. 특히 플럭서스 구성원으로 백남준과 절친한 우정을 나누며 함께 작업했다. 예술과 삶의 분리를 부정하고 자신의 삶 자체를 예술작품으로 인식했다. 그는 진지한 사유와 적극적인 표현 방식으로 20세기 가장 영향력 있는 작가 중 한 사람이 되었다. 역주.

111 Jonas Mekas(1992~): 미국의 언더그라운드 영화의 이론가이며 영화감독. 그는 또한 뉴욕의 언더그라운드 실험 영상 문화의 상징인 앤솔로지 필름 보관소(Anthology Film Archives)의 설립자이다.

조지 머추너스[112]

우리는 일반적으로 '발트 3국'이라고 부르지만, 이 세 나라는 서로 많이 다르다. 앤디 매닉[113]의 예를 들어보자. 에스토니아 출신인 그는 나보다 두 배나 키가 크고 두 배나 힘이 세다. 그런데 그의 어수룩한 면 때문인지 (나는 정돈이라는 것을 모르는 사람이다) 우리 둘은 아주 잘 통했다. 그러다 어느 날 에스토니아의 문법이 핀란드의 문법과 거의 같다는 기분 좋은 사실을 알게 되었다. 핀란드와 한국은 모두 우랄 알타이어족에 속한다. 물론 언어학적으로 비슷하다고 해서 반드시 민족적 유대감이 있다고 말할 수는 없다. 문법은 신석기시대 후반에야 형성되었다고 한다. 다시 말해 구석기 혹은 그 이전에 살았던 인종과의 사이에는 수만 년의 세월이 있는 것이다. 10만 년 단위로 지구의 진화과정을 살펴볼 때 동사 변화나 경어, 음성조화와 같은 우랄 알타이어의 특징이 퉁구스와 에스토니아 민족 사이에 전이되는 데에는 그리 오랜 시간이 걸리지 않았을 것이다.

에스토니아인(매닉)과 리투아니아인(조지 머추너스)은 매우 다르다.

---

112 George Maciunas: 『백남준-보이스 복스 1961~1986』에 수록, 원화랑·갤러리 현대, 서울, 1990, pp.45~61. [이 글이 처음 게재된 『백남준-보이스 복스(Nam June Paik-Beuys Vox) 1961~1986』 도록에는 한글로 쓰인 원고 외에 백남준이 감수한 영문이 함께 게재되어 있다. 영문과 한글 원고의 내용이 조금 다른데, 에디트 데커와 이르멜린 리비어의 편집본은 영문을 불어로 번역한 것이다. 편집자주.]

113 Andy Mannik: 무대장치가. ‹상상해보라 하늘에는 지구상의 중국인보다 더 많은 별들이 있다는 것을(Imagine There Are More Stars in the Sky than Chinese on the Earth)›(1981)을 백남준과 공동 작업했다. 역주.

리투아니아인은 인도유럽어를 사용한다. '다른 요소들이 섞인' 인도유럽어 문법을 사용하는 영국이나 독일인들과는 달리, 리투아니아인들은 고전적인 산스크리트어에 매우 가까운 정통 인도유럽어를 사용한다. 이것은 매우 놀라운 사실이 아닐 수 없다. 왜냐하면 고전 중국어나 그리스어 모두 구어로는 사용되지 않기 때문이다. 이스라엘이 히브리어를 쓰긴 하지만 고어를 고의적으로 살려낸 것에 불과하다. 그런데 리투아니아는 4만 년 전에 인도 사제들이 사용하던 언어를 지금까지 고집하고 있는 것이다. 공산 제국의 40년 지배는 중세에 러시아 대륙까지 세력을 뻗친 대국이었던 리투아니아의 긴 역사적 틀에서 볼 때 아무 문제도 되지 않았다. 리투아니아 출신 유명인사 가운데 내가 아는 사람은 조지 머추너스와 요나스 메카스 외에 나의 비디오작품 <머스와 마르셀>(1977) 제작에 많은 도움을 준 위대한 프랑스 TV 프로듀서, 장 마리 드로도 있다. 리투아니아와 유럽 그리고 미국에 흩어져 사는 리투아니아 국민을 모두 합해도 5백만 명에 불과하다. 그런데 그들에게는 리투아니아어로 편찬된 30권짜리 백과사전이 있다. 이런 일은 경제적 수익성이 그다지 중요하지 않은 사회주의 경제체제에서나 가능한 일일 것이다. 이 백과사전에는 머추너스의 아버지에 관한 전기적 사실들이 길게 실려 있다. 곧 그의 아들에게도 같은 명예가 주어지리라. 머추너스의 초등학교 동창생인 란츠베르기스는 리투아니아의 초대 대통령이었다. 그가 머추너스에게 보낸 편지 두 통이 1990년 6월 베니스에서 열린 플럭서스 전시회[114]에 진열되었다. 머추너스의 아버지는 제1차 세계대전 이후 발트 3국이 독립국이었던 짧은 황금기에 베를린에 유학했다. 그는 전력발전소 전문 건축가가 되었다. 부인은 러시아계의 금발 미인으로 리투아니아 국립오페라단의 발레리나로 활약했고, 노년에는 미국에서 러시아어 전문가로 활동했다. 미국에서 체류하던 짧은 기간에 그녀는 톨스토이의 손녀와 스탈린의 딸 스베틀라나

---

114 Ubi Fluxus ibi motus, 베니스 비엔날레 기간에 지노 디 마지오 주최로 주데카 섬에서 열린 전시회, 1990년 6~9월.

Svetlana와 친하게 지냈다. 더욱 중요한 사실은 그녀가 케렌스키[115]의 비서로 일하면서 그가 회상록의 집필을 마칠 수 있도록 도움을 주었다는 점이다. 그녀의 아들 조지가 47세로 사망하자, 그녀는 그의 전기적 사실을 러시아어로 구술했다.

머추너스의 아버지는 리투아니아가 독립국 시절에 그랬던 것처럼 독일 지배하에서도 발전소 일을 계속했다. 그는 후퇴하는 독일군과 더불어 베를린까지 갔다가 결국 1947년에 미국으로 건너갔다. 그리고 바로 뉴욕 시립대학[116]의 정교수가 되었다. 그렇게 짧은 기간에 정교수직을 맡게 된 것을 보면 유능한 사람이었음이 틀림없다. 1952년 그는 겨우 50을 넘긴 나이로 세상을 떠났다. 사람들은 그가 자연사한 것이 아니라고(혹은 자살했다고) 말한다. 참으로 안타까운 일이다.

러시아 침략과 나치, 그리고 제2차 세계대전의 대혼란을 모두 겪어낸 그가 번창하는 미국에 정착해서 유망한 대학교수가 되고, 재능 많은 아들(건축가)과 딸(장식미술) 그리고 둥글고 예쁜 얼굴의 아내를 두고 자살하다니!

그의 아들 조지는 갑자기 심한 천식을 앓기 시작했다. 아버지가 나치에 협력한 사실 때문에 많이 괴로워했다고 한다. 천식은 모성 콤플렉스와 관련이 있다고 한다. 그는 쿠퍼 유니온[117]에서 클라스 올든버그[118], 스탠 반더비크[119]와 친하게 지냈다. 그는 1960년대 초에 라 몬테 영[120]과 잭슨 맥로가 1963년에 출간한 『선집Anthology』 집필에 참여하였다.(첫 번째 글

---

115 Alexandre Fiodorovitch Kerensky(1881~1970): 제정 러시아의 정치가로 러시아 혁명 때 멘셰비키의 영수이자 총리를 지냈다. 볼셰비키에 의한 10월 혁명 후 핀란드와 영국을 거쳐 프랑스로 망명했고, 1939년 제2차 세계대전이 터지자 나치 독일을 피해 대서양을 건너 미국에 정착했다. 89세로 뉴욕에서 사망했다. 『러시아혁명 회상록』과 『사료집』을 집필하였다. 역주.

116 오늘날의 뉴욕 시립대학교(City University of N.Y.).

117 뉴욕시의 이스트 빌리지 내에 있는 예술학교.

118 Claes Oldenburg(1929~): 미국의 팝아트 작가. 일상적인 오브제를 사용하여 설치미술이나 조각을 하며, 청계광장의 조형물 <스프링>이 그의 작품이다. 역주.

119 Stan Vanderbeek(1927~1984): 미국의 실험영화 제작자. 역주.

120 La Monte Young(1935~): 미국의 현대음악 작곡가, 예술가. <현을 위한 트리오(Trio for Strings)>로 미니멀리즘 음악을 탄생시켰으며, 1960년대에는 케이지와 함께 실험음악에 참여하며 플럭서스 구성원으로 활동하였다. 역주.

의 제목은 'Beat-itude'였다.) 지금은 고인이 된 부유한 무정부주의 건축가며 뉴욕 스토니 포인트의 예술가 단체에서 선동가 역할을 했던 폴 윌리엄스Paul Williams도 『선집』 출판에 적극적으로 참여하였다.

머추너스는 1961년에 플럭서스 그룹을 만들었다. 그는 분명히 언더그라운드 영화의 대표적인 작가이며 고안자인 요나스 메카스와 오노 요코의 영향을 동시에 받았다. 챔버가에 있는 오노 요코의 다락방에서 라몬테 영의 주관으로 일련의 퍼포먼스가 열렸다. 머추너스는 리투아니아처럼 작은 나라에서 마르크스주의에 입문했기에 플럭서스를 마치 아시아에서부터 동부 유럽까지 퍼져 나가는 진정한 의미의 세계적 운동으로 보았던 것 같다. 그는 겨우 400달러의 월급으로 생활해야 했다. 1962년에 그는 내게 뉴욕에서 하루에 5달러만 있으면 먹는 문제는 해결할 수 있다고 말했다. 그는 매번 슈퍼에서 상표가 없는 통조림만 사먹었다. 그 당시 상표는 통조림 포장지에 붙어 있었다. 상표가 뜯긴 상품은 곧바로 할인가격에 팔렸는데, 가난한 사람들은 제대로 확인도 하지 않고 이러한 제품을 사곤 했다.

머추너스는 1961년 중반 무렵 유럽에 있는 세 사람에게 편지를 보냈다. 그 세 사람은 시인 한스 G. 헬름스[121]와 작곡가 실바노 부소티[122] 그리고 나였다. 헬름스와 부소티는 이 정체불명의 미국인을 무시해버렸고, 나만 그에게 답장을 보냈다. 그의 편지는 아주 비싼 한지에 IBM 컴퓨터로 작성된 것이었다. 그 후에 일어난 일들은 이미 일반에 알려졌다. 어쨌든 보이스는 머추너스를 좋아하고 존경했다. 1965년에 24시간 동안 계속된 그 유명한 해프닝 공연 후에 요셉 보이스는 조지 머추너스에게 바치는 아주 감동적인 연설을 했다. "그가 여기에 있었더라면…." 반면에 괴짜 천재이며 고집불통인 머추너스는 그해에 플럭서스를 포기했다. 그는 바로 소호의 도시개발 계획에 열중해서 소호 성공의 토대를 닦았다. 머추너스

---

121 Hans G. Helms(1932~2012): 독일의 실험작가, 작곡가, 사회경제 분석가이며 비평가. 역주.
122 Sylvano Bussotti(1931~): 이탈리아의 작곡가, 연주가, 화가, 작가, 감독, 의상 디자이너, 배우. 역주.

의 업적은 플럭서스만이 아니다. 그는 세상에서 가장 성공적이고 가장 독창적인 도시계획의 사례 가운데 하나로 소호를 고안해냈다. 이렇게 해서 그는 많은 사람을 부자로 만들어주었고, 세계 곳곳에서 그의 모델을 모방했다. 머추너스는 27개의 건물을 사들여 리모델링한 다음 아주 적은 이익을 내면서 예술가들에게 팔았다. 이 일로 그는 주지사 빔에게 소송을 당하여 6개월 이상 구속될지도 모르는 위험을 감수해야 했다. 한번은 마피아 전기기사가 그를 구타한 적도 있었다.

머추너스의 기이한 이야기는 그의 사후에도 계속 이어지고 있다. 1977년 2월 그는 불치병인 간암 판정을 받았다. 치료비가 필요했다. 나는 곧바로 9000달러를 모금했는데, 그중 2000달러는 보이스가 보냈다. 하지만 머추너스는 공짜로 받기는 싫다면서 2000달러에 해당하는 작품을 만들어 보이스에게 보냈다. 나는 그 작품들을 일일이 신문지로 포장하고, 각각 설명을 붙여 그에게 직접 전해주었다. 내가 보이스에게 "1963년 콘서트에서 자네가 피아노 연주하는 걸 들었는데, 꽤 잘하던데. 그런데 말러 작품이었나?"라고 물었다. 그는 내게 웃으면서 "아니야, 에릭 사티일세"라고 대답했다. 그 당시 보이스는 시각예술 분야에서 최고의 명예를 누리고 있었기에 그런 칭찬은 별로 의미가 없었다. 하지만 그는 내가 그의 피아노 실력을 칭찬하자 무척 기분 좋아했다. (나 역시) 누군가 내 모자란 불어를 칭찬하면 기분이 좋다. 세잔은 누군가 자신의 작품을 칭찬하면 매우 화를 냈지만, 그의 정원을 칭찬하면 좋아했다고 한다.

그러니까, 우리는 1963년 콘서트를 다시 상기하면서 머추너스를 위해 모금을 시작했다. 보이스는 1972년 형사사건으로 뒤셀도르프 예술아카데미에서 공식적으로 제명된 상태였다. 아카데미 출입이 금지되었기에 그가 나타나면 안내요원이 그를 붙잡고 못 들어가게 할 정도였다. 하지만 노버트 크리케 원장의 공식적인 초청으로 그는 음악회에 참여할 수 있었다. 이렇게 해서 르네 블록René Block이 음악회를 열 수 있었다. 공연장은 순식간에 관객들로 가득 찼다. 공연은 74분간 계속되었다. 74는 머추너스의 나이인 47을 거꾸로 한 숫자이다. 전 세계 최악의 피아니스트인 우리 둘은 아무 준비도 연습도 없이 건반을 두드렸다. 하지만 청중은 마치 토스카니니와 호로비츠의 이중주라도 듣는 것처럼 고요했다. 관중석에는 6년 전만 해도 보이스를 쫓아내려고 안달이 났던 정부 인사들도 앉아 있었다. 음악회가 끝나자 우레 같은 박수가 장내에 울려 퍼졌다. 관중석을 돌아보니 거의 모든 사람이 보이스를 바라보고 있었다. 박수가 끝나자 절반이 넘는 청중이 보이스에게 달려와 사인을 부탁했다. 그중 몇 사람은 내게 다가와서 사인해달라고 했다.(동정심에서 그랬을까?) 나는 보이스의 명성에 놀라지 않을 수 없었다. 단순한 질투나 부러움을 넘어선 다른 느낌이었다.

…그 후 2년이 지났다. 뒤셀도르프의 국제자유대학 비서관인 요하네스 슈투트겡은 보이스의 예순 번째 생일을 기념하는 책을 출간하고 싶어 했다. 그때는 이미 보이스와 뒤셀도르프 예술아카데미 사이에 법적인 합의를 마무리한 상태였다. 보이스는 교수 직함을 유지하고, 죽을 때까지 아카데미의 작업실을 사용할 권리를 얻었지만, 학생을 교육하는 것은 금지되었다. 보이스는 서둘러 자유대학 내에 작업실을 마련했다. 숙소 없이 떠도는 수많은 유랑자 학생이 그곳에 둥지를 틀었다.(그중에 나도 포함되어 있었다.)

나는 보이스와 존 케이지가 서로 작품을 교환할 때 중개역할을 했다. 이렇게 해서 케이지의 작품이 보이스의 기념 작품집에 포함되었다. 그리고 보이스의 작품이 뉴욕 앤솔로지 영화보관소(요나스 메카스 담당)에 팔렸다.

보이스 복스[123]

1961년 여름 뒤셀도르프의 슈멜라 갤러리의 그룹 제로 전시회 오프닝에서 눈초리가 사나운 이상한 중년 남자가 내게 "백 선생님입니까?"라며 말을 걸었다. 모르는 사람이 내 이름을 부른 것은 평생 처음 있는 일이었다. 기이한 겉모습의 이 남자는 1년 반 전에 내가 데뷔 콘서트에서 입었던 옷, 보라색 목도리는 물론이고 콘서트의 여러 장면을 정확하게 기억하고 있었다. 나의 연주를 너무 칭찬해서 민망스럽기까지 했다. 그는 독일과 네덜란드 국경 부근에 있는 자신의 큰 작업실에 와서 연주해달라고 부탁했다. 그 당시만 해도 아방가르드 세계에서 날 알아보는 사람이 매우 드물었기에 그의 이름을 묻고 싶었다. 그러면서 혹시 내가 그의 이름을 알아보지 못하면 실례가 될지 모른다는 생각이 들었다. 그러나 그는 내가 이름을 알 정도로 성공한 사람처럼 보이지는 않았다. 결국, 흐지부지 헤어지고 말았다. 하지만 많은 고난을 겪고서도 타협을 모르고 고군분투하는 듯한 그의 진지함과 깊고 매서운 눈초리는 지금도 내 마음에서 지워지지 않는다.

    1961년 가을, 쾰른에서 여러 차례 콘서트가 있었다. 그때마다 그에게 연락하고 싶었지만 그를 찾을 수 없었다. 놀랍게도 앤트워프에서 최근에

---

123 Beuys Vox: 『백남준-보이스 복스 1961~1986』에 수록, 원화랑·갤러리 현대, 서울, 1990, pp.11~45. [이 글이 처음 게재된 『백남준-보이스 복스 1961~1986』 도록에는 한글로 쓰인 원고 외에 백남준이 감수한 영문이 함께 게재되어 있다. 영문과 한글 원고의 내용이 조금 다른데, 에디트 데커와 이르멜린 리비어의 편집본은 영문을 불어로 번역한 것이다. 편집자주.]

나온 그룹 제로의 전시회 도록에 내가 그 사람과 찍은 사진이 실렸다.(만 프레드 티슐러Manfred Tischler가 찍은 사진이었다.) 이 사진의 원판을 찾을 수 없어 그룹 제로 도록의 작은 사진을 확대했다(『제로 인터내셔널Zero Internationale』, 왕립미술관, 앤트워프, 1979).

1962년 5월 유명한 갤러리의 소유주인 장피에르 빌헬름이 내게 뒤셀도르프의 카머슈필레 극장에서 연주회를 하라고 권했다. 그는 1959년에 나의 첫 음악회를 기획한 사람이다. 그 당시 나는 TV 연구에 열중해 있었기에 그 제안을 거절할 생각이었다. 하지만 빌헬름은 카머슈필레 극장의 평판이 좋으니 내게 도움이 될 거라며 설득했다. 나는 결국 몇 달 전에 미국에서 온 조지 머추너스를 불러 제2의 플럭서스 전야제를 열었다. 나는 롤프 예를링[124]이 부퍼탈 파르나스 갤러리에서 그의 봄 페스티벌을 위해 무엇인가를 보여달라고 했을 때 이와 비슷한 방식을 이용한 적이 있었다. 부퍼탈이라는 작은 도시에서 열린 이 작은 규모의 행사는 오늘날 플럭서스의 첫 행사로 기억되고 있다.

1962년 5월의 뒤셀도르프 카머슈필레 극장 얘기로 다시 돌아가보자. 대기실에서 내 순서를 기다리고 있는데 한 이상한 남자가 안으로 들어왔다. 그룹 제로의 공연 이래 내가 계속 찾았던 바로 그 사람이었다. 그는 내게 "저는 뒤셀도르프 아카데미의 교수가 되었습니다"라고 말했다. 그러고는 내 수첩에 자기 이름을 크게 썼다. 그날 밤 나는 세계 최초로 나의 <바이올린 독주One for Violin>를 선보였다. 나는 객석이 조용해질 때까지 아주 잠깐 바이올린을 칼처럼 수직으로 들고 있다가 청중 앞에 놓여 있는 탁자를 내리칠 생각이었다. 내가 천천히 그리고 부드럽게 바이올린을 치켜들자 청중이 잠시 웅성거리다가 이내 조용해졌다. 사실 나는 공연장 내에서 어떤 일이 벌어지는지는 전혀 의식하지 않고 내 역할만 해냈다. 바

---

124 Rolf Jährling(1913~1991): 독일 드레스덴 태생의 건축가. 1949년 부퍼탈 파르나스 갤러리를 세웠으며 1965년 문을 닫을 때까지 관장으로 있었다. 1960년대, 유럽 및 아시아 예술가들의 공연을 자신의 갤러리에서 160여 차례 이상 개최했다. 1960년대 초반, 예를링은 플럭서스와 관련된 예술가들의 공연을 유치했는데 그중에는 백남준의 《음악의 전시-전자 텔레비전》이 포함되어 있다. 그 외에도 많은 해프닝을 주선하였다. 역주.

이올린은 큰 소리를 내며 탁자 위에서 산산조각이 났다. 나중에 알고 보니 그 소리는 공연 중에 벌어진 또 하나의 공연인 셈이었다. 뒤셀도르프의 시립오케스트라 제1바이올린 연주자가 그 공연의 주인공이었다. 그는 내가 그의 밥벌이 도구인 바이올린을 부수려 한다는 걸 미리 알고는 큰 소리로 외쳤다. "바이올린을 구해주세요!" 그러자 요셉 보이스와 뒤셀도르프 예술아카데미 교수이자 유명 화가로 활약 중인 콘라드 클라펙Konrad Klaphek이 "공연을 방해하지 마라"라고 소리치며 나섰다. 그리고 그를 문 밖으로 내쫓았다. 클라펙 교수는 최근에 색이 노랗게 바랜 1962년 6월 19일자 신문을 내게 주었다. 기사 제목은 "구경꾼을 내쫓는 사람이 있는 콘서트"였다. 나는 지금도 왜 그 바이올린 연주자가 내 콘서트에 왔는지 이해할 수 없다. 《음악에서의 네오-다다》라는 제목이 그의 호기심을 자극했을까? 어쩌면 그가 이 주제에 대해 좀 더 알려고 했던 것은 아닐까? 아니면 여전히 자기만족이 팽배한 목가적 분위기를 풍기는 1960년 초의 뒤셀도르프에서 시간을 보내러 왔는지도 모른다. 어쨌든 그는 내 수첩에 자기 이름 요셉의 철자를 'Joseph' 대신 'Josef'라고 적었다. 그때 그가 사인한 수첩은 빈 현대미술관의 한Hahn 컬렉션에 있는 〈시와 진실Dichtung und Wahrheit〉이라는 내 작품에 포함되어 소장되어 있다. 최근에 뒤셀도르프의 《초점Brennpunkt》 전시회 때 쿤스트뮤지엄 뒤셀도르프에 소개되기도 했다.

　콘서트가 끝나고 슈멜라 갤러리 주인집에 모두 모였을 때 보이스가 뒤셀도르프 예술아카데미에서 첫날은 내 개인전을, 그리고 둘째 날은 플럭서스 그룹전을 열자고 했다. 나는 1963년 3월에 파르나스 갤러리에서 대규모 개인전을 준비하고 있었기에 시간도 없었고, 플럭서스는 모든 구성원이 똑같은 권리를 갖고, 개인의 자아를 없애자고 주장하는 평등한 단체이니만큼 이틀 밤을 모두 플럭서스에 할애하자고 했다. 그가 내 제안을 받아들였다. 그날 저녁 나는 친구들에게 저 이상한 이방인이 누구냐고 물었다. 대답이 재미있었다. "저 사람은 숨은 군자지. 훌륭한 작품을 만들고 있는데 혼자 감춰놓고 아무에게도 안 보여준다네. 슈멜라 갤러리 주인의 친구인데 사람들이 모두 개인전을 열자고 해도 항상 거절한다니까."

그로부터 며칠 뒤 장피에르 빌헬름이 "저런 기인이 대학교수가 될 수 있다니 독일은 아직도 좋은 나라야"라며 혼잣말로 중얼거렸다.

1963년 2월 드디어 플럭서스 콘서트가 열렸다. 보이스가 직접 고안한 포스터는 아주 재미있었다. 플럭서스의 우두머리인 조지 머추너스의 이름이 왼쪽 맨 위에 나오고, 그다음으로 내 이름과 다른 이름들이 인쇄되어 있었다. 보이스의 이름은 32번째에 나오는데, 그것도 잘 보이지 않는 독일 고서체로 인쇄되어 있었다. 그런데 우연하게도 그의 이름이 인쇄된 지점은 포스터의 한가운데였다. 그것은 보이스에게 내성적인 면과 외향적인 면이 공존한다는 것, 그리고 녹색당 일원으로 활약하는 정치가이자 국제자유대학의 설립자의 모습과 엄격한 미니멀리스트 예술가의 모습이 양립한다는 것을 보여주는 것이었다.

이 플럭서스 모임에서 고독한 현인인 보이스는 호랑이 꼬리만 보여주었다. 한국에는 "호랑이를 보는 것보다 호랑이 꼬리만 보는 것이 더 무섭다"라는 속담이 있다. 꼬리만 보고서는 호랑이가 얼마나 큰지 짐작할 수 없기 때문이다. 이번 호랑이 꼬리는 집게에 금속을 매달아놓은 흰색의 오브제였다(구겐하임 도록, 캐롤라인 티스달, 88쪽). 보이스의 퍼포먼스는 <시베리아 교향곡>이라는 제목으로 피아노와 죽은 토끼를 하나의 작품으로 만드는 것이었다. 그는 먼저 죽은 토끼를 흑판 위에 걸어놓고 칼로 토끼 심장을 도려서 죽은 토끼 옆에 나란히 걸어놓았다. 그러고는 붉게 상기된 얼굴로 토끼 앞으로 다가가 감상적인 피아노곡을 연주하기 시작했다. 나는 그것이 에릭 사티의 곡이라는 것을 나중에 알게 되었다(구겐하임 도록, 87쪽).

보이스의 호랑이가 온몸을 드러낸 것은 1964년 12월 베를린의 르네 블록 갤러리와 1965년 가을 슈멜라 갤러리에서 열렸던 개인 퍼포먼스 때였다. 첫 번째 퍼포먼스 때 보이스는 펠트로 몸을 둘둘 말고 죽은 토끼 두 마리 사이에 누워 있었다. 그리고 두 번째 퍼포먼스 때에는 죽은 토끼를 두 팔로 안고서 갤러리에 전시된 그림들을 하나씩 설명해주었고, 관객은 그 모습을 갤러리의 유리창 밖에서 구경했다.

나는 뒤셀도르프 예술아카데미에서 열린 플럭서스 콘서트를 잊을 수 없다. 특히 이 콘서트는 퍼포먼스 작가로서 보이스의 명성에 중요한 시발점이 되었다. 바로 그날 밤 나는 <입구음악Entrance Music>을 초연했다. 갤러리에 의자를 산더미처럼 쌓아놓고 관객이 한 사람씩 가져가서 앉게 했다. 관객도 퍼포먼스에 참가한 셈이었다.

1963년 3월. 나는 비디오 연구에 몰두하고 있었기에 행위음악에 차츰 흥미를 잃어가고 있었다. 슈톡하우젠의 열두 번째 <오리기날레> 공연이 끝나자 나는 새로운 삶을 시작했다. 새로운 삶이란 TV기술 관련 서적을 제외한 모든 책을 창고에 넣고, 오직 전자에 관한 책만 읽는 것이었다. 대학입시를 준비하던 시절의 스파르타식 생활로 돌아간 셈이었다. 전자와 물리 외에는 아무 생각도 하지 않았다.

1962년 3월 큰형 남일이 쾰른에 왔다. 한국에서 하는 방직사업이 제대로 돌아가지 않고 있었다. 형은 내가 만들어놓은 잡다한 것들로 어수선한 쾰른 근교의 내 스튜디오를 유심히 살폈다. 그러더니 내게 "한 달에 얼마를 쓰느냐?"고 물었다. 나는 형에게 "형이 한 달에 250달러를 보내주지만, 그것 가지고는 많이 힘들어. 50달러만 더 보내주면 고마울 텐데"라고 대답했다. 그러자 형이 말했다. "왜 도쿄에 오지 않니? 도쿄에 있는 내 집에 와서 지내면 250달러를 절약할 수 있고, 전자 분야의 일본 기술자를 고용하면 이런 고생은 안 해도 되잖아?"라고 말했다.

훌륭한 경영자인 형의 이 같은 제안은 내게 코페르니쿠스적인 혁명인 셈이었다. 사실 나는 독일에서 어렵게 생활하면서 미숙한 기술 견습생을 고용하고 있었다. 그 당시 나는 조금은 이르긴 하지만 1980년대의 여피족의 철학을 경험한 셈이었다. '증오하는 자본가'들에 대해 마르크스적 사고를 하고 있던 내가 경영자도 예술가나 학자만큼 창조적일 수 있다는 사실을 깨달은 것이다.

1963년 3월 나는 《음악의 전시-전자 텔레비전》이라는 제목으로 나의 첫 번째 비디오아트 전시회를 부퍼탈의 파르나스 갤러리에서 열었다. 미국과 아시아 기자 가운데 라인 강 근처에 있는 작은 산업도시 부퍼탈을 아는 이는 거의 없었다. 하지만 바로 이곳은 카를 마르크스를 재정적으로 후원하고, 대규모 가족기업의 유능한 경영자였던 엥겔스가 태어난 곳이기도 하다. 오늘날 이 도시는 피나 바우쉬[125] 덕분에 전 세계에 알려졌다. 나의 "쌍두double headed" 쇼(TV와 음악) 특별전시회에서 13대의 TV 수상기에(12대는 켜져 있었고, 1대는 꺼져 있었다.) 관심을 보인 사람은 매우 드물었다. 모든 관심은 내가 조작해놓은 피아노에 집중되었다.(그중 일부는 빈 현대예술 박물관의 한Hahn 컬렉션과 함께 전시되어 있고, 르네 블록이 빌려준 나머지는 카셀의 박물관에 진열되어 있다.) 내가 TV 전시실에서 열세 대의 TV 수상기를 조절하는 동안 옆방에서는 엄청난 소음이 들렸다. 한 남자가 이바흐 피아노를 도끼로 조각내고 있었던 것이다. 그가 바로 냉정할 정도로 진지하고, 또한 익살스러운 보이스였다.

이 즉흥극이 끝나자 우레와 같은 박수갈채가 터져 나왔다. 나도 열렬히 박수를 보냈던 기억이 남아 있다. 만프레드 레베[126]가 카메라로 퍼포먼스 장면을 아주 멋지게 찍어주었다. 그중 몇 장의 사진은 모자를 쓰지 않은 보이스의 매우 드문 모습을 담았다. 장피에르 빌헬름의 갤러리를 자주 서성거리던 그 키 작은 젊은이가 지금은 독일연방정부의 노동부 국장이 되었다. 하지만 언더그라운드 시절의 그는 독일 아방가르드의 매우 예술적이고 독창적인, 그런 멋진 사진을 찍었다. 오늘날 그의 사진을 싣지 않고는 독일예술에 관한 책을 출판할 수 없을 것이다. 정부활동에서 조금이

---

125 Pina Bausch(1940~2009): 독일의 무용가. 부퍼탈 시립극장 무용단의 안무가였다. 탁월한 에너지와 혁신적인 움직임을 가진 예술가로, 춤, 연극, 노래, 미술의 경계를 허문 탄츠테아터의 창시자이다. 역주.

126 Manfred Leve(1936~2012): 독일 태생의 사진작가. 1950년대 중반부터 플럭서스 주변에서 해프닝, 퍼포먼스 등을 관객의 입장에서 사진으로 담아왔으며, 백남준뿐 아니라 게르하르트 리히터, 클라우스 링케 등 유명 작가의 활동을 사진으로 기록했다. 역주.

라도 개인 시간이 나면 그는 지금도 열심히 사진을 찍는다. 그런데 그 도끼는 어디서 났을까? 파르나스 갤러리의 지하실에 있었나? 아니면, 뒤셀도르프에서 직접 가지고 온 걸까? 아니면, 누가 그에게 부숴도 좋은 피아노가 있다는 걸 알려준 걸까? 이바흐 피아노들은 나와 인연이 깊다.

나는 쾰른 아방가르드 그룹 내에서 피아노를 네 대나 갖고 있고, 그 피아노 사이에서 자는 한국 청년으로 알려지기 시작했다. 피아노는 그때도 비싼 악기였는데 가난한 나라에서 온 가난한 청년이 네 대나 가지고 있는 데다가, 그중 한 대는 그 유명한 이바흐 피아노라는 것이 이유였다. 내 이바흐 피아노는 1870년 보불전쟁 때 생산된 골동품이었다. 나는 그 피아노를 변형하고, 조작하고, 콜라주를 덧입혀 완전히 쓰레기처럼 만들어놓았다. 그리고 갤러리 주인인 롤프 예를링에게 파르나스 갤러리 전시를 위해 피아노 한 대가 더 필요하다고 말했다. 그랬더니 그가 이바흐는 부퍼탈에서 생산되는데(이바흐 가족은 엥겔스 가족처럼 부퍼탈의 명문사업가 중 하나다), "그 가족을 잘 알고 있으니 오래된 이바흐 피아노 한 대를 더 갖다놓겠다"라고 대답했다. 이렇게 해서 나는 이바흐 피아노를 한 대 더 마련할 수 있었다. 원래 내 생각은 피아노의 문짝과 해머를 떼어내고 피아노를 바닥에 놓아, 관객이 그 위에 올라가서 뛰고 현을 잡아당기면서 소리를 즐기도록 디자인하겠다는 것이었다. 말하자면 일종의 참여음악 형식이었다. 그런데 그 피아노는 모자를 벗은 보이스가 한껏 조롱하며 파괴하는 영광을 누렸다. 만일 그 피아노가 오늘날까지 남아 있다면 보이스의 첫 피아노 작품이기에 엄청난 가격에 팔릴 것이다. 하지만 앞을 내다보는 능력이 없었던 우리는 두 동강이 난 피아노를 이바흐 가족에게 돌려주었고, 그들은 그걸 쓰레기통에 버리고 말았다.

그 후 25년의 세월이 흘렀다. 한국은 세계 제일의 피아노 생산국이 되었다. 피아노 제조업자인 이바흐 가족은 신기술 분야의 전문기업체가 되었다. 엥겔스의 생가는 서독 사민당에 의해 박물관으로 변했다. 최근에 이 박물관을 방문했는데, 그곳을 찾는 사람이 무척 많았다. 한 중국의 공

산당원이 그곳을 찾아와 중국어로 방명록에 이렇게 적어놓은 것을 보았다. '백문이 불여일견百聞不如一見.'

이 전시회에 선보인 열세 대의 TV 가운데 한 대는 공업도시인 부퍼탈의 유명한 자본가인 로젠크란츠 부부의 컬렉션에 포함되었다. 한국에 공작기기를 많이 판매한 이 사업가는 자기 정원에 이우환의 조각작품을 들여놓았다. 또한 그는 크리스토 작품의 컬렉터로 세계에서 가장 유명하다.(그가 바로 상업화되지 않은 크리스토의 첫 미술작품을 500마르크에 구입한 사람이다.)

빈의 현대미술관 컬렉션에 있는 다른 이바흐 피아노는 내 친한 친구 크리스토와 관계가 깊다. 나는 크리스토를 1960~61년에 마리 바우어마이스터[127]의 작업실에서 처음 만났다. 그때 나는 스물아홉 살이었는데, 그를 스물네 살쯤으로 보았다. 그는 마르고 수줍음 많은 청년이었다. 그는 내게 반쯤 불탄 흰 종이로 만든 멋진 콜라주 몇 점을 보여주었다. 그 다음 해에 그는 쾰른의 라우후스 갤러리에서 첫 전시회를 열었다. 커다란 붓으로 하얗게 색칠하고 천으로 둘러싼 내 피아노 두 대도 함께 전시장에 전시했다. 나는 그 갤러리에서 콘서트를 여는 내 친구 벤저민 패터슨Benjamin Patterson에게 피아노 두 대를 빌려주었는데, 돌려받지 못했다. 크리스토가 파리에서 그의 개인전을 준비하느라 막 도착한 참이었다. 그는 갤러리에서 눈에 보이는 모든 것을 포장했다. 그중에는 내 피아노 두 대도 있었다. 사실 그것은 내 작품이었다. 전시회는 그야말로 아름다움의 극치였지만, 작품은 하나도 팔리지 않았고, 전시회가 끝나자 갤러리 주인은 모든 작품을 고물상에 넘겨버렸다.

전시회 마지막 날, 나는 고물상이 가져가기 전에 내 피아노를 찾아왔다. 나는 거리에서 색칠한 천을 벗겨내며 중얼거렸다. "어떻게 그 불가리아 젊은 친구는 내게 묻지도 않고 내 소중한 피아노를 포장해버렸담!" 내

---

127 Mary Bauermeister(1934~): 독일 예술가. 1960년대 독일 아방가르드 예술계의 프리마돈나로서 슈톡하우젠과 함께 쾰른에서 운영했던 아틀리에를 통해 많은 아방가르드 퍼포먼스와 콘서트를 조직하였다. 1967년 슈톡하우젠과 결혼했다. 역주.

가 피아노를 쌌던 천을 벗기고 있는데 유독 조율이 잘된 피아노 한 대에서 아주 이상한 멜로디가 흘러나왔다. 그 음을 들으며 하로 라우후스[128]가 소리쳤다. "아, 백남준의 거리공연이군!" 그나 나나 그런 생각을 한 번도 해본 적이 없었다. 우리는 그저 크리스토의 첫 작품 중 몇 개를 부수는 중이었는데 그 작품의 가격은 오늘날 수백만 달러에 달한다. 어쨌든 내 피아노에는 여전히 얼룩이 있고, 크리스토의 흰 페인트 자국이 남아 있다.

아시아의 작은 나라에서 온 무명청년인 내가, 유명해지기 전의 보이스, 크리스토와 같은 두 거장과 가까이 지내며 그들의 첫 전시에 참여했다는 것은 무척 영광스러운 일이다.

우리의 추억이나 꿈은 누구에게 팔거나 살 수 없는, 그야말로 우리만이 소유한 사적인 부분이다.(나는 재벌기업의 사장이 자기 업체의 장부를 펼칠 때처럼, 혹은 부동산 소유주가 토지문서를 하나하나 점검할 때처럼 내 추억의 소프트웨어를 혼자 즐긴다.) 부퍼탈에서의 콘서트가 끝나자마자 일본으로 건너간 나는 집에 틀어박혀 컬러TV와 로봇 연구에 몰두했다. 그때 오노 요코를 만났다. 요코는 매우 피곤해 보였고 출산 때문에 몸이 많이 부어 있었다. 그녀는 딸을 낳았다. 그녀는 아무리 지독한 절망감에 빠졌을 때에도 자신의 운명을 믿었다. 그 당시 요코가 온 세상을 뒤흔들어놓을 줄 누가 알았겠는가? 나는 일본 전위음악잡지 《음악예술》에 유럽에서 일어나는 플럭서스의 동향에 대한 기사를 실으며 '위대한 화가, 요셉 보이스'를 언급했다. 아마도 그의 이름이 일본 인쇄물에 실린 것은 그때가 처음이었을 것이다.

1965년

나는 1964년 6월 난생처음 미국에 갔다. 1961년부터 케이지, 튜더, 라 몬

---

128 Haro Lauhus(1931~): 독일 쾰른 소재 하로 라우후스 갤러리 소유주. 1961년 이곳에서 크리스토와 잔클로드의 첫 전시회가 열렸다. 역주.

테 영, 머추너스가 내게 미국에 오라고 은근히 권유했지만, 독일에서 어느 정도 기반을 잡기 시작하던 때였기에 떠나기가 두렵기도 했고, 뉴욕의 생활비가 쾰른보다 네 배나 비쌌기에 엄두가 나지 않았다. 비자 문제도 골치 아팠다. 그 당시 미국 영사는 비자를 신청하는 한국 사람들에게 몹시 불친절했기에 귀찮은 일을 피하고 싶었다. 게다가 나는 하드웨어 비디오와 전자조정장치(로봇) 연구에 완전히 몰두한 상태였다. 미래에는 이런 신기술이 예술계와 예술작품에 구조적인 변화를 가져올 것이 분명했다. 나는 목전의 사회적 출세에는 별 관심이 없었다. 그리고 아직 내게 남아 있는 적은 유산을 유용하게 사용하려면 모든 면에서 미국보다 물가가 훨씬 싼 쾰른에 머물러야 했다.

1964년 내가 뉴욕에 도착한 당시, 1958년 독일에 있을 때 동료로 지내던 아방가르드 작가들은 이미 대가가 되어 있었다. 그리고 앤디 워홀[129]이라는 새 인물이 등장하였다. 케이지, 마리 바우어마이스터, 샬럿 무어먼, 슈톡하우젠이 내가 뉴욕 사회에 적응할 수 있게 도와주었다. 보이스가 나중에 "뉴욕에서 지내기가 어떤가?"라고 내게 물었다. 나는 대답했다. "독일에서는 누가 친구고, 누가 적인지 알 수 있었는데, 뉴욕에서는 누가 친구고, 누가 그 반대인지 모르겠어. 여기서는 비단장갑을 끼고 사람을 죽이는 것 같아."

1965년 나는 샬럿 무어먼과 함께 나의 첫 유럽 순회공연을 계획했다. 예술적인 관점에서 보자면 샬럿은 섹스와 음악을 융합해 공간을 채우는 역할을 했다. 내 관광비자도 갱신해야 했을 뿐만 아니라, 1963년 독일에서 내가 수입했던 일제 휴대용 라디오의 판매이익금도 챙겨야 했다.

우리는 부퍼탈에 있는 파르나스 갤러리에 도착했다. 이곳은 내가 전자 TV를 세계 최초로 선보이고 보이스가 즉석에서 피아노 퍼포먼스를

---

129 Andy Warhol(1928~1987): 미국 팝아트의 선구자. 대중미술과 순수미술의 경계를 무너뜨리고 미술뿐만 아니라 영화, 광고, 디자인 등 시각예술 전반에서 혁명적인 변화를 주도하였다. 만화 캐릭터를 그리거나 정치가, 유명인 등을 실크스크린으로 제작하였다. 수프 깡통이나 코카콜라 병, 달러지폐 등을 소재로 삼았으며 280편의 영화를 찍기도 했다. 그는 살아있는 전설이자, 팝아트를 대표하는 인물이었다. 역주.

추가해 맛을 더했던 곳이다. 이 부분에 대해서는 보이스가 구겐하임 도록에 길게 애기한 것이 있다. 하지만 날짜에 혼선이 있다. 보이스의 두 개의 퍼포먼스는 1963년 2월 뒤셀도르프 예술아카데미에서 일어났고 보이스가 그의 첫 번째 퍼포먼스로 훗날 기술하고 있기는 하지만, 1963년 3월의 파르나스 갤러리의 내 전시 오프닝에서 벌어진 피아노 퍼포먼스이다. 어찌되었든 간단히 말해서 우리는 보이스, 바존 브록[130], 에크하르트 람 Eckhardt Rahm, 토마스 슈미트[131], 볼프 포스텔, 샬럿 무어먼, 우테 클로파우스[132], 백남준 이렇게 여덟 명으로 이루어진 그룹의 «24시간» 연주회를 기획했다. 콘서트는 파르나스 갤러리에서 열렸다. 여섯 명의 예술가가 각기 자기 방에서 24시간 동안 자기 작품을 연주해야 했다. 사진작가인 클로파우스는 다른 예술가들과 동등한 입장으로 연주회에 참여하기로 되어 있었다. 관객이 한 방에서 다른 방으로 옮겨 다니며 음악을 감상하는 일종의 뷔페식 콘서트였다. 독특한 개성의 순수주의자 토마스 슈미트가 이 아이디어에 반대했고, 그의 반대가 그의 퍼포먼스의 주제가 되었다. 다시 말해 그는 관객이 방에 들어오자마자 퍼포먼스(양동이의 물을 서서히 다른 양동이로 옮기는 미니멀 행위)를 중단하고 관객이 밖으로 나가면 다시 시작했다. 그야말로 반대를 위한 반대라는 순수한 반대음악이었다. 그는 자기를 선전하려고 의도적으로 해프닝을 이용하는 예술가들의 허영심을 증오한다는 것을 보여주고 싶었던 것이다. 바존 브록도 자기만의 비밀이 있었다. 그는 한 시간에 한 절씩 시를 창작하면서 24시간에 24절의 시를 창작하고 완성된 시를 상자에 넣고 자물쇠를 채웠다. 상자와 열쇠는 그의

---

130 Bazon Brock(1936~): 1960년대부터 보이스, 캐프로, 백남준과 함께 해프닝, 퍼포먼스 등에 참여한 예술가, 미술이론가로 현재 부퍼탈대학의 미학, 커뮤니케이션 디자인 교수이다. 역주.

131 Tomas Schmit(1943~2006): 독일의 작가, 예술가. 플럭서스 운동의 선구자. 1960년대 말부터 국제 갤러리에서 꾸준히 전시회를 개최하였다. 1960년대 플럭서스 이벤트에 참여하였고, 1964년 보이스, 쾨프케, 포스텔, 백남준 등이 참여한 <아헨공대의 20번째 7월(20th July TU Aachen)>이라는 전설적인 이벤트를 주관했다. 역주.

132 Ute Klophaus(1940~2010): 독일 사진작가. 1961~1962년 독일 쾰른에서 사진 학교를 나오고 나서 프리랜서 사진가로 활동하다 플럭서스 예술가들의 작업 현장을 사진 기록으로 남겼다. 특히 1965년 부퍼탈 파르나스 갤러리에서 요셉 보이스, 바존 브록, 샬럿 무어먼, 백남준의 «24시간»을 촬영하였다. 역주.

컬렉터인 스텔라 바움에게 선사했다. 시인과 컬렉터 외에는 아무도 그 시를 읽은 사람이 없었다. 포스텔은 피가 흐르는 쇠고기를 바늘로 계속 찌르는 해프닝을 벌였다. 그 사이 보이스는 아주 진지하게 공연했다. 사과 궤짝만 한 버터(아니면 마가린이었나?)를 비스듬히 삼각형으로 잘랐다. 그러고는 가끔 그것을 베개 삼아 바닥에 눕기도 하고, 농사의 신처럼 버터 옆에 서서 자루가 셋 달린 삽을 버터 위로 치켜세우기도 했다. 나는 내 작업에 몰두해 있었기에 더 보지는 못했지만, 그의 작업은 매우 인상적으로 보였다. 람은 콘트라베이스를 연주했다. 샬럿과 나는 존 케이지의 작품을 연주하기로 되어 있었다. 그런데 연주가 시작되자마자 샬럿이 무대에서 잠이 들어 일어나기를 거부했다. 아무리 소리를 지르고 깨우려 해도 막무가내였다. 할 수 없이 나도 라 몬테 영의 피아노곡을 치면서 자는 체해버렸다. 관객들은 기다리다가 우리 둘이 잠든 것을 보고, 처음부터 그렇게 계획되어 있었던 것으로 생각했는지 슬그머니 다른 방의 예술가에게 가버렸다. 나중에 알고 보니, 어떤 사람이 불안해하는 샬럿에게 약을 주었는데, 그것은 독한 수면제였고 수면제를 포도주에 타 먹은 샬럿은 마치 한밤중처럼 잠에 곯아떨어졌던 것이다. 나는 귀찮아서 일찍 아랫방에 가서 잠들어버렸고, 샬럿은 새벽 2시에 깨어나 혼자서 연주를 훌륭히 해냈다고 한다. 다음 날 오후에 나는 복잡한 로봇을 손질해서 움직이게 해보였다. 그때 퍼포먼스를 끝내고 푹 쉰 듯한 보이스 부부가 로봇을 작동하는 나를 바라보는 모습이 담긴 사진이 지금도 남아 있다.

1966년

1966년에 샬럿과 나는 두 번째 유럽 순회공연을 했다. 그때 학생회장인 임멘도르프(보이스의 수업을 듣는 학생)가 음악회 비용을 대기로 하고, 뒤셀도르프 예술아카데미의 강당에서 연주회를 기획해주었다. 그런데 그때도 극 중의 극이 벌어졌다.

음악회 전날 우리는 프랑크푸르트대학에서 오디션이 있었다. 우리는 역에서 10분 거리에 있는 호텔에서 밤을 새웠고, 음악회를 위한 소품 가방을 일곱 개나 운반해야 했다. 그래서 나는 샬럿에게 내가 먼저 역에 가서 짐을 기차에 실을 테니, 기다렸다가 내가 돌려보내는 택시를 타고 오라고 했다. 짐을 모두 내려놓고 보니 9시 41분에 떠나는 기차가 두 대나 있었다. 하나는 함부르크행이고 또 하나는 벨기에의 오스텐드로 떠나는 기차였다. 독일 지리를 잘 알고 있다고 자처하던 나는 함부르크행 기차에 올라탔다. 하지만 조금 늦게 도착한 샬럿은 지리를 잘 몰랐기 때문에 뒤셀도르프행 열차를 물어 오스텐드행 기차를 탔다. 그녀는 열차 칸을 샅샅이 뒤졌지만, 당연히 나는 어디에도 없었다. 그녀는 겁이 났지만 이내 용기를 내어 비상제동장치를 작동시켰다. 기차가 갑자기 멈춰 섰다. 독일 승무원이 그녀를 나무랐다. 샬럿은 백을 찾을 수 없다고 불평했다. 그 승무원은 "백이 뭐냐"고 물었다(백이 누구냐고 묻지 않고). 그녀는 제2차 세계대전 전승국의 국민으로서 위세를 더하여 승무원에게 한 술 더 떴다. 《슈피겔Der Spiegel》에 난 자기 누드 사진까지 보여주면서 어떻게 했는지 모르지만 어쨌든 그 독일 승무원을 설득했다. 이렇게 해서 기차는 프랑크푸르트에 다시 돌아왔다. 그들은 기차와 역에 설치된 무전기를 이용하여 나를 찾기 시작했다. 그러나 나는 아무것도 모르는 채 함부르크행 기차에 타고 있었다. 승무원이 기차에 있는 한 아시아 남자를 찾아 샬럿에게 데려가서 물었다. "이 사람이 백이오?" 독일 경찰이라면 무조건 무서워하는 그 아시아 남자는 벌벌 떨면서 샬럿에게 다가갔다. 그녀는 그 사람이 내가 아닌 것을 확인하고는 당장 나를 찾아내라고 고집을 부렸다. 그때 똑똑해 보이는 한 남자가 같은 시각에 열차 한 대가 함부르크로 떠났는데 혹시 찾는 사람이 그 기차에 타고 있는 것은 아니냐고 말했다. 그야말로 애거사 크리스티의 『오리엔탈 특급살인사건』 같은 추리극이 아닐 수 없었다.

그 사이 나는 승무원의 지시에 따라 프랑크푸르트로 돌아가는 기차를 타려고 오펜바흐에서 내렸다. 프랑크푸르트행 기차가 들어오는 플랫폼까지는 거리가 멀었다. 나는 가방을 모두 기차에서 내리고 계단을 오르내리면서 짐을 하나씩 옮겨야 했다. 간신히 프랑크푸르트에 내리긴 했지만, 계속 짐들을 처리해야 했다. 결국, 나는 한 역에서 짐을 스물여덟 개나 나른 셈이었다. 내가 뒤셀도르프에 도착하기 전까지 이 시나리오는 일곱 번이나 반복되었다.

에멋 윌리엄스의 〈카운팅 송Counting Song〉을 포함한 그 음악회는 대성공이었다. 관객을 세어보니 508명이나 되었다.(보이스의 검은 칠판 오른쪽 위에 적힌 '508'이라는 숫자를 읽을 수 있었는데, 그것은 바로 〈카운팅 송〉에 대한 내 해석의 흔적이었다.) 막간에 보이스와 그의 제자들이 펠트 천으로 단단히 싼 피아노 한 대를 홀 안으로 조용히 밀고 들어왔다. 관객이 보는 앞에서 보이스는 펠트 천에 붉은 십자가를 핀으로 고정했다. 그 순간, 공연장에는 엄숙한 침묵이 내려앉았다. 나는 이제 보이스가 틸 오일렌슈피겔[133]이 아니라 대부의 역할을 하고 있음을 깨달았다.(구겐하임 도록, 170쪽. 〈침투-그랜드 피아노를 위한 호모겐〉이라는 제목이 붙은 이 피아노는 현재 파리 퐁피두센터에 소장되어 있다.) 샬럿이 보이스에게 새 곡을 작곡해달라고 부탁하자, 보이스는 피아노의 첼로 버전을 작곡해주었다. 이번에는 첼로를 펠트 천으로 쌌다. 그리고 샬럿이 그 위에 붉은 십자가를 달았다. 우리는 여러 곳에서 연주했는데, 가장 인상 깊었던 장소는 바로 제2차 세계대전의 격전지였던 솔로몬 제도의 과달카날 섬이었다.

우연인지 필연인지 모르지만 보이스의 〈침투〉 공연을 촬영한 곳은 바로 제2차 세계대전 당시 추락한 비행기 잔해 위였다. 우리는 샬럿의 연주 목록에서 일곱 혹은 여덟 개의 작품을 선택한 다음, 의미 있는 장소에서 하나씩 촬영했다. 일본군이 상륙한 해변, 태평양 전쟁에서 주요 전환

---

133 Till Uylenspiegel: 독일 민간설화의 주인공으로 압제에 저항하는 인물. 벨기에 소설가 드 코스터의 소설 『틸 오일렌슈피겔』로 널리 알려졌다. 역주.

점이 된 피비린내 나는 크레타 섬, 강제노동에 끌려온 한국인들이 구축한 핸더슨 비행장. 이 비행장에는 미군이 진군해 있었다. 촬영 마지막 날 저녁 해가 어둑어둑해질 무렵 마지막으로 도착한 곳에서 우리는 제2차 세계대전 당시에 파괴된 엄청난 양의 비행기 잔해 더미를 보게 되었다. 남은 작품은 보이스의 〈첼로를 위한 침투〉뿐이었다. 우리는 그래도 빛이 남아 있을 때 서둘러 촬영을 끝내고 싶었기에 그의 비행기 사고와 그를 천재로 만든 느닷없는 개종을 연관하여 생각하지 못했다.(그가 1970년대 중반에 뉴욕의 르네 블록 갤러리에서 했던 그 이야기는 농담이었을까?)

〈과달카날 진혼곡〉이라는 제목의 비디오테이프에서 이 부분은 전문적인 시나리오 작가가 오랫동안 연구하며 작업한 결과와 같은 인상을 주었다(구겐하임 도록, 171쪽). 파스퇴르는 과학에 대해 이렇게 말했다. "우연은 준비된 정신만을 위해 존재할 뿐이다."

1966년, 우리는 보이스의 지하 아파트에서 며칠 동안 함께 지냈다. 하루는 아주 늦게 집에 돌아와 보니 그의 어머니가 와 계셨다. 뭐든 먹을 것이 없느냐고 하니 큰 고깃덩이가 잔뜩 든 소고기 수프를 데워주셨다. 시골맛이 나는 식사였다. 보이스의 시골풍 예술의 근원이 느껴졌다.

여기에 한국사의 이단적인 견해를 피력해보겠다. 7세기에 신라는 자국의 노래를 '향가(鄕歌, 여기서 한자 '鄕'은 고을, 시골을 의미하고 '歌'는 노래를 뜻한다)'라고 불렀다. 이것이 사대사상의 단초인 셈이다. 중국이 나라의 중심이 되고 신라는 지방일 뿐이었다. 한국인들은 겸손하게 자신의 노래를 '시골의 노래'라고 불렀다. 이 이론이 여전히 통하고 있는지는 잘 모르겠다. 어쨌든 우리의 조상이 그들의 노래를 '시골의 노래'라고 부른 것은 바로 그들이 시골의 아름다움을 알고 자랑스럽게 생각하고 있기 때문이라고 믿는다. 사실, 일부 네덜란드인, 독일인, 영국인의 인생관과 예술관은 세련되지 못한 농부의 유머에 많은 애정을 보인다. 이것은 이탈리아의 르네상스, 에스파냐의 바로크, 그리고 프랑스의 로코코시대에 전혀 찾아볼 수 없는 요소이다. 보이스는 이처럼 자연친화적인 전통을 물려

받은 것이 분명하다. 나 역시, 한국–티베트–몽골의 전통을 물려받은 것을 무척 자랑스럽게 여긴다.(한국인들은 이 점에 대해 자주 의견이 엇갈린다.)

1966년에 두 가지 사건이 있었다. 나는 보이스의 어두운 미니멀 작품과 그의 네 권의 공책에 몹시 감동했다. 나는 "마치 4시간 동안 바흐의 <마태수난곡>을 처음부터 끝까지 단번에 듣는 것과 같다"라고 말했다. 그리고 나는 이 점에 대해 한 편집자에게 작은 메모를 남겼다. 며칠 후 임멘도르프–라이네케의 집에 초대받아 갔을 때 나는 "이번에 백만장자가 될 후보는" 바로 보이스라고 말하였다. 프란츠발터 에르하르트Franz-Walter Erhard는 지금도 그때 나의 예언을 기억하고 있다. 이 말을 들은 보이스는 수줍게 웃으면서 "내 아들 벤벨이 뭔가 먹고살 것이 있다면 그건 좋은 일이겠지"라고 대답했다.(그의 아들은 그 당시 일곱 살이었다.)

또 다른 사건은 장피에르 빌헬름이 보이스의 집에 와서 예술계에 작별을 고한 것이다. 그때 찍은 사진이 레베 박사의 앨범에 들어 있다. 장피에르 빌헬름과 알프레드 슈멜라는 1950년대 말 독일 예술계의 스타메이커였다. 갤러리22는 예술가들에게 가장 큰 동경의 대상이었다. 내가 그런 곳에서 데뷔 콘서트(<존 케이지에게 보내는 경의>)를 열었기에 독일 예술계의 신진은 물론 중진도 대부분 왔던 것이다. 보이스도 그들 가운데 하나였다. 내가 보이스를 두 번째로 만난 것은 카머슈필레 극장에서 장피에르 빌헬름이 기획한 «음악에서의 네오–다다»공연에서였다. 그는 조지 머추너스에게 플럭서스 그룹 콘서트를 비스바덴의 시립미술관에서 열자고 제안했다. 빌헬름 없이 플럭서스는 존재할 수 없었다. 세 번이나 내생애의 전환점을 마련해준 그는 심각한 심장병을 앓고 있었다. 그는 유대인으로 집안의 내력인 심장병을 앓고 있었지만, 제2차 세계대전 당시 프랑스에서 레지스탕스에 가담하였다. 경찰의 고문까지 당하지는 않았지만, 아마도 4년간의 지하생활이 그의 심장병을 악화시켰을 것이다. 1966년 이미 50대 나이로 자신의 임박한 죽음을 자각한 그는 나와 샬럿이 함께 기거하던 보이스의 집으로 사진작가 만프레드 레베를 동반하고 찾아왔다. 그는 대화를 나누던 중 주머니에서 종이 한 장을 꺼내 미술계에서 은퇴할 것이라는 선언문을 낭독했다. 그 장면은 레베 박사가 찍은 사진으로 남아 있다. 빌헬름이 돌아가고 나서 보이스, 샬럿과 나는 웃으면서 "저 늙은이가 왜 이렇게 유치한 연극을 해야 했을까?"라며 놀렸는데 그는 이듬해 세상을 떠나고 말았다.

겸손한 성격의 빌헬름은 파리 레지스탕스에서 활동하던 이야기를 좀처럼 꺼내지 않았다. 하지만 1980년 초 장 물랭이 파리 최고의 국립묘지인 팡테옹에 안장되면서 프랑스 언론의 조명을 받았는데, 그때 빌헬름의 공훈도 부분적으로 알려지게 되었다. 장 물랭은 프랑스 레지스탕스의 총지휘관으로 게슈타포에 체포되어 혹독한 고문을 받고 죽어가면서도 끝까지 비밀을 발설하지 않았다. 앙드레 말로는 "역사의 한순간에 프랑스 전체의 운명이 이 한 사람의 입에 달려 있었다"라고 눈물을 흘리며 찬양한 적이 있다.

파리 해방 후 35년이 지나고 나서 장 물랭을 기리는 기념식에서 다니엘 코르디에Daniel Cordier가 큰 관심의 대상이 되었다. 그는 어둡고 고통스러웠던 레지스탕스 시절에 장 물랭의 오른팔 역할을 했다. 그러다가 장 물랭이 죽고 나자 그의 자리를 대신했던 것이다. 다니엘 코르디에는 1950~60년대에 예술가 사이에서 잘 알려진 아방가르드 미술작품 컬렉터였다. 앵포르멜[134]시대에 그는 눈에 띄는 진보주의자였다. 1960년대에 포트리에[135]도 코르디에가 담당하고 있었고, 뉴욕에서는 뒤샹을 대표하기도 했다. 빌헬름은 코르디에의 절친한 친구였는데, 그의 전시회에는 종종 '다니엘 코르디에 공동주최, 파리'라는 부제가 붙곤 했다.

---

134 informel: 제2차 세계대전 후 프랑스를 중심으로 일어난 새로운 회화운동. 구상·비구상을 초월하여 모든 정형을 부정하고 공간이나 재질에만 전념함으로써 새로운 세계를 만들어내고, 기성의 미적 가치를 파괴하고 새로운 조형의 의미를 창조하려 했다. 대표적인 화가로 포트리에, 뒤뷔페, M. 마튜, G. 마티유 등이 있다. 역주.

135 Jean Fautrier(1898~1964): 장 뒤뷔페와 함께 앵포르멜 예술을 대표하는 프랑스의 화가. 그림물감을 흘리거나 뿌리는 추상화법 타시즘의 개척자이다. 역주.

나치 점령기 지하운동의 우두머리(1930년대 일제 치하의 여운형이나 송진우 같은 거물 혁명가)였던 그는 해방 후 프랑스의 총리가 될 만한 인물이었다. 하지만 그는 모든 세속적 야망을 버리고 일개 갤러리 주인으로서 깨끗한 삶을 살았다. 참으로 아름다운 이야기이다.

1967년

1974년 한 사람이 보이스의 집에 와서 100만 마르크를 주고 그의 작품 전부를 샀다(내가 본 그림 전부). 이 작품들과 <침투> 공연 때 피아노를 천으로 쌌던 일은 1968년 «도큐멘타»[136]에서 대화의 주요 화제가 되었다.

전 세계 갤러리와 문화계 속물들이 새로운 스타의 등장에 벌떼처럼 모여들었다. 누군가에게 "사실 나도 보이스를 좀 아는데…"라고 말하면 그는 으레 내게 "보이스 제자 가운데 한 사람이었느냐?"라고 물었다. 예술계에서 보이스와 나 사이 힘의 균형은 1968년에서 1982년까지 100대 1이라고 해도 과언이 아니었다. 크리스토와도 마찬가지였다. 이와 같은 상황에서 우리는 상대의 진정한 가치를 발견할 수 있다. 최고의 찬사를 받으면서도 보이스와 크리스토는 나에 대한 태도를 조금도 바꾸지 않았다. 이렇게 행동하기가 그리 쉬운 일은 아니다.

예술계에도 군대처럼 매우 엄격한 계급체계가 있다. 소속 갤러리와 작품 판매 수, 전시장의 크기, 초대받는 모임 등에 따라서 자신의 '계급'이 결정되고, 그에 따라 예술가들의 태도도 달라진다. 하지만 보이스와 크리스토는 나를 예전과 똑같이 대했다. 그런데 사실 보이스의 삶이 단축된 데에는 이처럼 옛 친구와 오래된 가치에 대한 신의가 원인이 된 측면도 있다.

---

136 Documenta: 1955년 화가이자 미술 교수였던 아놀트 보데가 주창하여 많은 예술가들이 개입하여 설립하였다. 지금까지 '도큐멘타'라는 이름으로 5년마다 독일 카셀에서 현대 미술 전시회가 열리고 있다. 역주.

1980년대에 보이스는 암으로 고생하면서도 비서를 두지 않고 걸려오는 전화를 일일이 직접 받았다. 전화벨은 거의 5분마다 울렸다. 돈을 부탁하는 사람, 강연을 해달라는 사람, 전시회 오프닝에 초대하는 사람, 사인을 부탁하는 사람… 다들 그의 시간을 끝없이 요구했다. 그러나 보이스는 어렵던 젊은 시절을 함께 보낸 친구들의 요청에 모두 응해주었다.

이것이 그의 국제 자유미술대학의 존재 이유이기도 했다. 독일은 경제 기적의 시대가 계속되면서 소외된 자들을 보살필 대부가 필요했다. 보이스는 제도권에 편입하지 못하는 이들을 위해 대부, 심리학자, 정신분석학자의 역할을 동시에 했다. 어떤 의미에서 보이스는 사람들이 그에게 보여준 온갖 사랑 때문에 죽은 셈이었다.

1972년 보이스는 학생들의 행정실 점령 사건으로 해직되었다. 그는 주정부 총리대신인 라우(사회당 인사)에게 소송을 걸었다. 그 사이 뒤셀도르프 예술아카데미 원장인 노버트 크리케는 부교수로 나를 초청하고 내가 그곳에서 교수직을 맡을 의사가 있는지 물었다. 나는 오랜 친구가 막 해직된 학교의 교수 자리를 맡는 일이 과연 옳은지 자문하지 않을 수 없었다. 나는 불안정한 생활에 허덕였지만, 보이스는 붓만 들면 돈이 들어오는 '경제의 대가'였다. 나는 양심의 가책을 느끼며 농담처럼 내가 먼저 봄 학기를 강의하고 그다음 학기는 당신이 맡는 게 어떠냐고 물었다. 내 말에 호탕하게 웃으리라고 믿었던 기대와는 달리, 그는 비교적 조용히 대답했다. "친절은 고맙지만 나는 빈의 아카데미와 다시 협상 중이야. 어쨌든 나는 너무 바빠서 그 제안은 받아들일 수 없을 것 같아." 어쨌든 그의 대답이 내 양심의 가책을 조금은 덜어주었다.

DNA는 인종차별주의가 아니다[137]

'등-잔-밑-이- 어-둠-다'(한국 속담)
'灯台(とうだい)もと暗(くら)し'(일본 속담)

위의 두 속담에는 똑같은 의미가 담겨 있다. '밝은 빛이 있으면 늘 어두운
그늘이 있게 마련이다…' 물론 이 속담은 요스 드콕[138]의 몸처럼 가늘고
그늘이 없으며 일정한 빛인 레이저가 발명되기 이전에 생긴 속담이다.

어쨌든 예술가로서 그녀의 삶은 피에르 레스타니라는 너무 강한 빛
때문에 조명받지 못했다. 많은 아마추어 예술가와 파옌가로 몰려드는 속
물들은 요스 드콕이 발하는 이상한 빛이 무엇인지 잘 모르고 있었다. 이
빛의 본질이 속물들의 일반적인 취향에 맞지 않았기 때문인지도 모르겠
지만.

가난한 나라, 한국의 평범한 아들인 나는 항상 고풍스러운 아름다움
에 매혹되곤 했다.(오늘날 소호의 메트로픽처스 갤러리 최고의 제트족[139]
예술가이며 칼아츠[140]에서 나의 지도교수였던 리처드 골드스타인이 내게

---

137 DNA is not racism: 뉴욕, 1988년 1월. 화가인 요스 드콕에 관한 이 에세이는 『요스 드콕-회
     화와 수채화(Jos Decock-dessins et aquarelles)』도록에 수록되었다. 샤토 드 느무르(Château
     de Nemours), 1988년 4~6월. 피에르 레스타니가 프랑스어로 번역했다.

138 Jos Decock(1934~) 벨기에 출신 화가. 조각가. 피에르 레스타니의 부인. 역주.

139 Jet-set: 제트 여객기로 세계를 돌아다니는 상류계급. 역주.

140 California Institute of the Arts: 1960년대 월트 디즈니에 의해 창립된 캘리포니아 예술학교.
     보통 CalArts로 부른다. 역주.

"보이스 예술의 비결이 무엇인가?"라고 물었다. 나는 그에게 "글쎄요, 한 번은 그의 어머니가 내게 아주 맛있는 시골풍 수프를 만들어주셨죠…"라고 대답했다.) 내가 요셉 보이스에게 내 말이 옳으냐고 물었더니 그렇다고 대답했다.

세이부Seibu 전시 도록(1985)에 나는 보이스를 독일계가 아니라 핀란드 출신의 예술가로 소개했다. 선사시대부터 내려오는 자연적인 경계선이 나폴레옹의 전쟁이나 혹은 윌슨 대통령의 조정 회담이 그어놓은 정치적 경계선보다 훨씬 더 중요하다. 보이스는 이번에도 다시 한 번 자신이 핀란드 출신 예술가라고 말했다.

DNA와 아미노산에 대한 연구는 진전을 거듭하고 있다. 우리는 다시 한 번 제2차 세계대전 이후 금기시되었던 혈통에 관한 질문을 던진다.

30년간 서구사회에서 살면서 나는 여러 대륙을 횡단할 기회가 있었다. 다소 건방지게 들릴지도 모르겠지만, 그 과정에서 나는 한국에서 배운 역사와 지리 수업에서 잘못된 점이 무엇인지도 알게 되었고, 또 많은 것을 더 깊이 이해할 수 있게 되었다.

한국 학교의 역사시험에서 제일 골치 아픈 부분이 바로 알자스-로렌 문제였다. 알자스를 차지한 나라가 자주 바뀌었기 때문만은 아니었다… 우리에게는 오히려 국경선이 어디를 통과하느냐가 더 중요했다… 역사시험 전에 자세한 내용을 세밀하게 암기할 수는 없었다… 단지 미리 '포기'할 것은 포기하고, 선생님이 어떤 문제를 제출할지 '예측'해야 했다… 따라서 그냥 넘어갈 것과 그러지 않을 것을 잘 골라야 했는데, 1848년… 1870년… 1917년… 1940년… 알자스-로렌 문제는 늘 골치가 아팠다. 사실 한국의 중학교 역사수업에서 그것은 별로 중요한 문제가 아니었다. 그렇다고 해서 전혀 중요하지 않은 것도 아니었다. 나는 시험을 치르기 전에 늘 당황했다. '지옥 같은 알자스-로렌, 이번에는 어느 쪽이지? 외워야 하나, 아니면 그냥 지나쳐야 하나, 잊어버려도 될까? 그러다가 이 문제가 시험에 나오면 어쩌지?' 잠 못 이루는 밤에 이보다 더 사람을 지독한 불면증 환자로 만드는 고민도 없었다….

나는 이 일화를 피에르 레스타니에게 얘기했다. 그는 웃음을 터트렸다… "뭐라고??? 그게 간단한 역사 문제라고????? 아니지, 그게 우리에게는 얼마나 오랫동안 중대한 문제였는데." 그렇다… 한국에서 구텐베르크보다 200년 전에 금속활자를 사용하고 있었다는 사실을 아는 프랑스인은 드물다. 19세기 말 프랑스 해군은 서울에서 멀지 않은 곳에 있는 강화도에서 프랑스군과 한국군 사이에서 벌어진 작은 전투에서 승리하고 한국의 금속활자로 인쇄한 마지막 책을 파리로 가져왔고, 그 책은 지금 프랑스의 국립도서관에 소장되어 있다.

나는 크리스틴 반 아슈[141]에게 말했다… 내가 아르투어 쾨프케[142], 요셉 보이스와 같은 사람들을 겪어보니, 플랑드르 사람들과 덴마크 사람들은 넓은 의미에서 독일 사람들과 전혀 다르다고… 스웨덴 사람들이나 고지 독일 사람들, 심지어 쾰른 사람들과도 전혀 다르다고. 그들의 희비극적 정서, 그들의 열정, 그들의 신기에 가까운 과장은 다른 어느 민족과도 견줄 수 없다고….

95퍼센트의 플랑드르인이나 덴마크인은 나머지 5퍼센트에 속하는 게으름뱅이, 술주정뱅이, 미친 사람들을 먹여 살리려고 밭에서 개미처럼 일한다고… 이들 미친 사람 중에는 반 고흐… 피터르 브뤼헐… 히로니뮈스 보스[143]… 요셉 보이스… 얀 스테인[144]… 아르투어 쾨프케… 그리고 요스 드콕 같은 이들이 포함되어 있다고.

예술사에 정통한 크리스틴 반 아슈가 대답했다. "그래요… 스페인의

---

141 Christine Van Assche: 퐁피두센터 뉴미디어 담당 학예사. 역주.

142 Arthur Koepcke(1928~1977): 독일 함부르크 태생. 덴마크 출신 부인 튀트(Tut)와 함께 코펜하겐에서 운영한 쾨프케 갤러리는 플럭서스 아티스트를 비롯한 전 세계 수많은 실험 예술가의 만남의 장소로 사용되었다. 역주.

143 Hieronymus Bosch(1450?~1516): 네덜란드의 화가. 플랑드르미술의 대표 화가로 작품은 종교적 제재부터 중기 이후 종교적·비유적 제재로 나아갔으며, 자유분방한 상상력과 결부된 경이적 환상세계를 전개하였다. 주요 작품으로 〈쾌락의 동산〉〈건초수레〉〈동방박사의 경배〉 등이 있다. 역주.

144 Jan Steen(1626?~1679): 네덜란드의 화가. 서민의 생활상이나 풍속 등을 즐겨 그린 풍속화가로, 집단묘사에 뛰어났으며, 인간의 심리를 집단 속에 매우 섬세한 필치로 나타냈다. 역주.

침략 때문이었죠…!!" 내가 그녀에게 말했다. "사실 그건 너무 최근의 일이고, 어쩌면 바이킹 때문이 아니었을까요? 그들이 세계를 휘젓고 다니면서 끌어 모은 엄청난 양의 씨앗과 바이러스를 세상의 거의 모든 사람에게 뿌려서 보기 드물게 열광적인 민족을 만들어낸 게 아닐까요…." 아니면 언젠가 캐롤라인 티스달이 내게 들려주었듯이, 보이스가 자기 고향 마을 클레페에서 발견했다는 켈트의 신비스러운 일곱 샘물 때문이 아닐까….

어쨌든 절대로 과학적이지 않은 인종차별주의에 다시 빠지지 않으려면 우리는 새로운 문학 장르와 먼 미래를 다루는 공상과학처럼 오래된 과거를 다루는 네거티브 공상과학에 도움을 청해야 한다. 인정받은 지식과 지혜, 상상을 자유롭게 조합하고, 책임지지 않아도 되는 발명과 발견을 풍요롭게 혼합하는 기술을 활용해서 말이다.

예를 들어, 스키타이인들이 한국의 남단에 도착했다… 부산 근처에… 그리고 신라의 왕(부산 부근에 살고 있던)이 사슴뿔 모양의 순금 왕관을 썼다. 이 두 가지가 바로 스키타이 예술의 특징이다. 비록 두 문화의 사슴뿔 크기는 달랐지만. 지금까지 이러한 왕관이 중국이나 일본 어디에서도 발견된 적이 없다.(누군가 만주 어딘가에 고비사막이나 시베리아 땅에 묻어두었을지도 모르지만.) 보이스가 내게 고비사막은 사막이 아니라고 했다. 그 당시 고비는 온통 수풀이었다고 했다. 그는 '유라시아 대륙'에 집착했다. 그는 단지 겉모습만 타타르족(한국인과 민족적인 유사성이 있다)을 닮은 것이 아니라 샤머니즘… 그리고 살아 있는 영혼에 대한 집착과 같은 그들의 광기에도 친근감을 느꼈던 것이 분명하다.

나는 TV로 작업하면 할수록 신석기시대가 떠오른다. 왜냐하면 둘 사이에는 놀랄 만한 공통점이 있기 때문이다. 시간에 바탕을 둔 정보 녹화 시스템에 연결된 기억의 시청각 구조가 바로 그것이다. 하나는 노래를 동반한 무용이며, 다른 하나는 비디오다… 나는 사유재산 발견 이전의 오래된 과거를 생각하는 걸 좋아한다. 그렇다. 비디오아트는 신석기시대 사람들과 공통점이 또 하나 있다. 비디오는 누가 독점할 수 없고, 모두가 쉽게 공유할 수 있는 공동체의 공동재산이다. 비디오는 유일한 작품의 독점에 바탕을 둔 체제로 작동하는 예술세계에서 힘들게 버텨내고 있다. 현금을 내고 사가는 작품, 순전히 과시하고 경쟁하는 작품들로 이루어진 예술세계에서 말이다.

하나의 작품이 시장에서 성공을 거두려면 두 가지 특징이 있어야 한다.

1. 완벽하거나 완벽에 가까워야 한다. 새롭거나 거의 새로워야 한다. 그리고 '장식적인' 효과가 있어야 한다!!

2. 고객의 허영을 충족해야 한다. 말하자면 당신이 가지고 있지 않고, 가질 수 없는 것을 나는 가지고 있다. 그러니 내가 당신보다 우월하다는 식의 허영 말이다.

우리 예술세계는 1마리의 수탉만이(다른 99마리의 수탉은 굶주리고 있는데) 1마리 또는 100마리의 암탉을 품는 행운을 얻을 수 있는 동물의 지배체계를 그대로 옮겨왔다. 예술과 헤비급 권투의 세계에서는 최고 실력자 다섯 명만이 집세를 낼 수 있고, 다른 9만 9999명의 예술가와 권투 선수는 배고픔을 참아야 한다. 그러나 변호사와 의사의 세계에서는 중간 수준만 되어도 살아갈 수 있다.(여기서 문제는 우리가 예술의 규칙을 권투경기 규칙처럼 정할 수 있지만, 두 게임 중 첫 번째가 두 번째보다 훨씬 쉽다는 것이다.)

유동적인 소프트웨어의 규칙 없는 규칙 속에서도 어쨌든 예술의 무한한 매력은 계속된다.

돈 자체로는 어떤 흥미도 유발하지 못한다. 예술도 마찬가지다. 그러나 이 두 가지가 혼합될 때 묘한 연금술이 일어나면서 많은 젊은이를 매혹하고, 로렐라이의 바위처럼 서른 살 그들의 삶을 파괴한다.

1977년 어느 날 저녁 피에르 레스타니와 그의 친구들과 오랫동안 저녁식사를 하고 나서 요스 드콕이 내게 조심스럽게 자기 그림들을 보여주었다. 나는 갑자기 향수를 느꼈다. 집착… 신비스러움… 초월의 힘… 월터 드 마리아[145]가 뚫어놓은 굴착기 구멍을 넘어서고, 선악의 구분을 넘어선 시골의 깊이… (뒤샹은 말했다. "나는 취향이 없어!" 나는 늘 말한다. "나는 나쁜 취향만 있어!") 재고할 것도 없이 나는 즉시 요스에게 말했다. "와우, 아주 좋군. 당신 도록에 내 글을 좀 싣게 해줘." 그녀는 신중하게도 10년 동안 그 말을 그대로 받아들이지 않았다. 나는 여러 차례 말했다. "보스를 연상케 하는 술 취한 신이 남긴 흔적 같은 당신 글씨를 좋아해." 그리고 적어도 세 번은 이렇게 말했다. "정말이라니까. 내게도 글을 쓸 수 있게 해달라고. 피에르 레스타니의 기분이나 맞추려고 이렇게 말하는 게 아니야."

마침내 그녀는 석 달 전에 결정을 내렸다….

요스는 내게 유일하게 프랑스어로 말하는 사람이다… 물론, 나는 프랑스어를 사용하지도 않고 이해하지도 못한다… 그녀도 그걸 알고 있다… 하지만 그녀는 내게 5분 정도 프랑스어로 얘기한다. 나는 그 5분 내내 미소를 짓는다. 그리고 3분 동안 그녀에게 영어로 대답한다. 생각나는 대로. 당연히 내 대답은 그녀의 질문과는 아무 상관이 없다. 나는 그녀가 내 영어를 이해하지 못한다는 것을 잘 알고 있다. 하지만 그녀는 다시 내가 이해하지 못하는 프랑스어로 5분 동안 쉬지 않고 이야기한다. 이번에는 내가 활짝 웃으며 약 4분 동안 열심히 영어로 대답한다. 두세 번 그렇게 반복하다가 그녀는 내게 잘 가라고 인사하면서 뺨에 입을 맞춘다.

좀 더 정확히 말해 우리 둘 사이에는 조금의 의사소통도 없었다… 예를 들어, 피에르는 지금 밀라노에 있어, 혹은… 다음 화요일에 돌아올 거야… 뭘 마시고 싶지? 페리에 아니면 화이트 와인? 이런 소통조차 없었다.

---

145 Walter de Maria(1935~2013): 미국의 아티스트. 미니멀리즘과 개념미술, 그리고 대지미술로 연결되는 그의 작업은 자연과 예술이 함께 어우러진 창조적 욕망의 상상세계를 재현하였다. 뉴멕시코의 광활한 사막에 설치된 ⟨번개 치는 들판(The Lightning Field)⟩은 그의 대표작이다. 역주.

하지만 정보이론 단계에서 본다면 매우 진지한 형태의 의사소통이 있었다.

모호하면 모호할수록 대화는 더 풍요로워진다….

노자를 읽으시오.

참, 나는 쾨프케가 덴마크 사람인 줄 알았는데, 독일인이었다.

그의 어머니는 유명한 공산주의자며 독일 저항운동의 영웅인 텔만의 누이였다. 그녀는 게슈타포에 끌려가 죽도록 고문당했다. 쾨프케의 아버지에 대해서는 잘 알려지지 않았다. 쾨프케는 아무리 '훌륭한' 나치라도 사생아거나 고아면 배를 곯아야 하는 독일 나치에서 자라났다. 모스크바 핵심 공산당원 조카인 그는 전쟁 후 동독에서 순교자의 아들에게 베푸는 편안한 삶을 마다하고 덴마크에 가서 살기로 결심했다. 쾨프케는 고통이 존재 이유라고 불릴 만한 삶을 살았다. 그는 정신적 육체적으로 온갖 고통을 겪었다. 결국, 그는 50세의 나이로 덴마크에서 생을 마감했다.

그의 삶과 행동은 덴마크 바이킹의 그것과 닮았다.

나는 인종차별주의자인가? 전통주의자? 혹은 DNA의 예술사가?

1988년 1월, 뉴욕

요요를 위해

★ 나는 미슈케노트에서 피에르 레스타니에게 말했다. 공자가 말하길 나이가 마흔이 되면 혼란스럽지 않다고四十而不惑.
피에르가 내게 말했다.
"공자Confucius는 나를 혼란스럽게confus 해."

★ 소호에 있는 나폴리 바에서 피에르가 페르네 브랑카를 마시고 싶어하자, 한 바보가 그에게 그걸 따라주었다.
나는 속으로 중얼거렸다. '어떻게 바보는 찾기 쉬운데 똑똑한 사람은 찾아보기 어렵지?'

★ 우리가 행복을 느끼기는 그렇게 어려운데 왜 불행은 그리도 쉽게 느끼는 걸까?

★ 자동차 사고는 너무나 명백하다.
사고를 피하는 것은 그렇게 명백하지 않고, 심리적으로도 만족스럽지 못하다.

★ 피에르가 말했다. 신이 인간을 질투하고, 인간의 완벽함을 질투하기 때문에 예술가들이 늘 불행하다고 느끼게 만든다고.

★ 내가 피에르에게 말했다.
"1941년에서 45년까지 레지스탕스에 가담했던 노동자 가운데 한 사람은 오늘 무엇을 하고 있을까?"
피에르가 내게 말했다.
"그는 심심해하고 있을 거야. 어쩌면 주유소에서 기름을 넣고 있을지도 모르지."

피에르와 요요에게
이스라엘을 기억하며

록 음악에 스포츠[146]

SYNC 21-
백남준
1987년 9월 23일

스포츠와 예술은 각양각색의 사람들 사이에 가장 강력한 두 가지 소통 형식이라고 할 수 있다. 따라서 국제적인 음악/무용 행사가 세계적인 스포츠 행사와 함께 이루어지는 것은 매우 자연스러운 일이다.

이런 노력은 상업적이기도 하다. 스포츠와 음악은 광범위하고 종종 별개의 청중을 대상으로 한다. 이런 두 광범위한 그룹의 조합은 새로운 텔레비전 프로그램 방송에 있어 결정적인 대중을 창출한다. 음악 방송을 넘어서, 스포츠/음악 방송이 나올 수 있다. 얼마나 많은 대학생들이 오디오를 틀어놓은 채, 무음으로 미식축구 방송을 볼까?

많은 나라들을 연결하는 비용 측면에서 가장 효과적인 방법은 기존의 위성 네트워크 두 개를 잇는 것이다. 하나는 동유럽과 서유럽 국가들

---

146 1987년 9월 23일. 1988년 서울올림픽게임에 맞춰 서울과 도쿄, 뉴욕을 실시간으로 연결하는 위성예술 방송인 〈바이바이 키플링〉의 시나리오 두 쪽. 『이카로스-피닉스-백남준(Icarus-Phoenix-Nam June Paik)』에 수록, 파르코, 도쿄, 1988, pp.116~117. [〈바이바이 키플링〉의 시나리오라는 설명은 〈세계와 손잡고〉의 오기로 보인다. 편집자주.]

을 연결하는 브뤼셀에 기반한 유로비전 네트워크이고, 다른 하나는 파리와 친프랑스 성향의 아랍/아프리카 국가들을 연결하는 프렌치 커넥션 네트워크다.

다음의 대본은 전문 시나리오 작가들이 자신들의 상상력을 펼칠 수 있는 토대가 될 것이다.

1) 아크로폴리스, 아테네, 그리스. 생방송 (오후 5시)
   a) 타키스(세계적인 키네틱 조각가)의 징
   b) 병렬 퍼포먼스:
      1) 멜리나 메르쿠리(예로 "일요일에는 제발?")의 솔로와 그리스 합창단
      2) 원반을 던지는 그리스 운동선수
   c) 아크로폴리스와 프락시텔레스 스타일의 원반 던지는 그리스인의 컴퓨터 그래픽 (최첨단 기술을 사용한 느낌으로) (뉴욕에서)
   d) 뉴욕 진행자가 작은 코너 부스에서 또는 오프-카메라로 이야기를 한다.

2) 라비 샹카르 생방송 타지마할에서 (뉴델리)
   달빛으로 타오르는 불을 연주, 인도에서 오후 8시.
   아테네에서 인도로, 그리고 인도에서 한국으로 천천히 이동하는 올림픽 성화의 컴퓨터 시뮬레이션 영상.

   오후 11시
3) 서울, 생방송과 녹화 영상. 한국의 옛 궁궐이나/또는 올림픽 경기장
   a) 한국의 재미난 전통 놀이와 섹시한 다이빙 아가씨들
   b) 다이빙(반짝이는 디지털 효과에 특히나 알맞은) 같은 올림픽 스포츠

c) 경쾌한 민속춤과 기묘한 무당 의식

e) 뉴욕 진행자와 한국 진행자(전통 의상을 입은)가 익살스러운 대화를 나눈다.[147]

4) 뉴욕, 생방송(방청객이 있는 스튜디오, 방청객이 아프리카, 유럽, 아시아 지역의 방청객들에게 손을 흔들고 상대도 다시 흔들어 인사하기) 오전 10시

a) 유명 패션 디자이너의 공상과학적인 의상을 입은 유명 록밴드

b) 인상적인 체육 이벤트 (올림픽 프리뷰 녹화 영상)

c) 저명한 작가(노먼 밀러 같은)와 스타 체육인 사이의 동떨어진 대화들

4) 비디오 스포츠 영상 (프리뷰/향후)[148]

예를 들어 일본, 이탈리아, 독일, 영국, 이스라엘, 유고슬라비아, 아일랜드, 가나, 브라질, 파푸아뉴기니, 쿠웨이트의 금메달 예상. 각국 선수들의 문화유산을 뉴스 형식으로 콜라주한 영상—선수들의 집이나 마을, 조부모를 찍은 영상(제3세계가 처한 환경을 강조해서).

5) 싱크로 입 맞추기(Kiss in Sync) 생방송

a) 생방송, 중국, 인도, 말리, 세네갈, 스위스/스웨덴 등 다른 문화권의 전통 혼례복을 입은 실제 결혼식 행사. 분할 화면을 통해 3~4개 나라를 연결하여 국제적인 건배, 지역 특산 선물을 서로 주고받는다.

(어떤 나라들의 경우 결혼식/춤 음악을 소개…)

b) 뉴욕 진행자가 곧 태어날 아기를 기다리고 있다고 소개. 첫 번

---

147 원문을 따랐다. 역주.
148 원문을 따랐다. 역주.

째 아이가 태어나는 순간이 되면 진행되던 방송을 멈추고 생방
송으로 연결. 두 번째와 세 번째 아이도 마찬가지로 함. 그러나
세 아이는 각기 다른 나라에서 태어난 아이들이어야 함. 카메라
가 각기 다른 나라의 분만실에서 대기하고 있다가 촬영.

6) 국제 코미디언 콘테스트 (생방송, 녹화, c_____)

모든 언어에는 수탉 소리를 내는 각기 다른 방식이 있음.
여러 나라에서 온 유명 코미디언들이 전통 의상을 입고, 수탉 소
리를 흉내 낸다. "콕 어 두들 두"(영어), "꼬꼬댁"(한국), "코켁 코
코"(일본어). 코미디언들은 몸짓 언어로 돈, 광기, 바보, 희롱, 부자
를 제스처로 표현.
이어서 공통적인 주제들로 계속 이어짐: (문화적 차이 몸짓 대회)
시어머니의 방문, 부부싸움, 견원지간 등.(원시적이면서도 단순한
주제들이 국제적인 맥락에서 웃기면서도 이해하기 쉬움.)

7) 비디오 스포츠 콜라주 #2 (노스텔지어)

과거 올림픽 주요 장면, 1932년 파리올림픽으로 천천히 되돌아간
다.

8) 파리 생방송 오후 4시

젊은 여성 샹송 가수의 퍼포먼스와 동시에 쿠베르탕을 기리는 영상.

9) 카사블랑카 생방송

보가트-바콜의 아들과 잉그리드 버그만의 딸이 카사블랑카로 여
행. 구 메디나와 현대화된 부촌 지역으로 여행을 떠나 저명 인사
였던 부모에 대한 추억을 나눔.

JCTV

SPORTS ON THE ROCKS

- SYNC 21 -
Nam June Paik
September 23, 1987

Sports and Arts are the two most powerful forms of communication between different people. Therefore it is quite natural that a global Music/Dance festival should accompany the global Sports festival.

This endeavor also makes commercial sense. Sport and music cater to the large and often separate audiences. The combination of these two vast population groups can find a new critical mass for the new programming. Beyond MTV, there can be SMTV. How many college kids watch football in silence, while their HI FI sound is on?

The most cost-effective way to combine many countries is to make use of two existing satellite networks - one is the Eurovision network based in Brussels that interconnects both eastern and western European countries. Another is a French connection that combines Paris and Francophile Arab/African countries.

The following script is just a base from which professional scenario writers will unfold their imagination:

1) Acropolis, Athens, Greece. LIVE *(5PM)*
   a) Takis (the internationally renowned kinetic sculptor)'s gong
   b) the parallel performance of:
      1) Greek chorus with solo by Melina Mercouri (for instance: "Never on Sunday?"
      2) Greek sportsman - throwing the discus
   c) computer graphics of the Acropolis and Greek discus thrower a la Praxiteles (a very high tech feeling) (from New York)
   d) New York host chatters in a small corner box, or off-camera

2) RAVI SHANKAR LIVE FROM THE TAJ MAHAL (New Delhi)
   Playing the raga of fire by moonlight at 8pm in India.
   Computer simulation of the Olympic torch, which slowly travels from Athens to India, and from India to Korea. *(11 PM)*

3) Seoul LIVE & tape. At an old palace and/or the Olympic Stadium
   a) Korea's funny native sports and sexy diving girls
   b) Olympic sports, such as diving (especially suited for dazzling digital effect)
   c) swinging folk dances and eerie shaman rituals
   e) slapstick dialogue between the New York host and the Korean host (in traditional costume)

4) New York LIVE (studio with audience - the audience waves to audiences in Africa, Europe and Asia who wave back and to each other). *(10 AM)*

117

a) famous rock band in science fiction garb designed by famous designer
b) impressive athletic event (tape of Olympic previews)
c) followed by irrelevant conversation between famous writer (such as Norman Mailer) and star athlete

4) Video sports tape (preview/future)
   eg. Goldmedal hopefuls from Japan, Italy, Germany, England, Israel, Yugoslavia, Ireland, Ghana, Brazil, Papua New Guinea, Kuwait. A newsy collage in the context of their cultural heritage — show several grandmothers of athletes' their homes and villages (Third World context emphasized)

5) Kiss in Sync LIVE
   a) Live, real wedding ceremony in traditional costume & style from many cultures, eg. China, India, Mali or Senegal, Switzerland/Sweden, etc. We can take 3-4 countries. International toast, giving and receiving indigenous presents via split screen.
      (Wedding/dance music from some countries..)
   b) New York host announces that we are waiting for the live birth of a baby. When the first baby comes, we must cut it into the live show at any time it occurs. The second and third babies as well...but the 3 must come from different continents. TV cameras must wait in delivery rooms of hospitals around the world.

6) International Comedian Contest (Live, n taped and underscored)
   Every tongue has a different way of mimicking the rooster. Well-known comedians from several countries, wearing their traditional robes, will mimic the call of the rooster...
   "cock-a-doodle-doo" (English), "Kokodekko" (Korean) and "Kokkek Koko" (Japanese). They will also use body language to express gestures meaning money, crazy, stupid, flirt, rich, etc.
   They will continue, taking up such common themes as: (gesture contest)
   mother-in-law visits, husband and wife fights, dog-cat i- cultural
   fights, etc.   differences)
   (such primitive and simple themes work better in an international context and will be quite funny)

7) Video sports collage #2 (Nostalgia)
   Higlights of past Olympics, going back slowly to the Paris Olympics of 1932.

8) Paris LIVE 4 PM
   Parallel performance of a young female chanson singer and a visual tribute to Coubertain.

9) LIVE from Casablanca
   The son of Bogart-Bacall and a daughter of Ingrid Bergman make a trip to the real Casablanca. They have small excursions to the old medina section and the modern rich districts, talking about memories of their famous parents. They may try a

아사테라이트—모레의 빛을 위해[149]

'A Satellite'가 '아사테라이트'가 되는 이 타이틀은 단순한 말장난이 아니다.[150] 전자음악이나 비디오아트가 대중화되기까지 20년이 걸린 것처럼 인공위성도 '모레 = 아삿테'가 되지 않으면 사용하는 법도 감상하는 법도 알 수가 없다.

현재 인공위성을 전문적으로 사용하는 아티스트가 세 명 있다. 서부 해안 출신인 키트 갤러웨이Kit Galloway와 셰리 라비노비츠Sherie Rabinowitz. '60년대에 시작된 사회진화운동에 대한 양심적인 참가를 진지하게 믿고 있는 두 사람은 꾸준히 인공위성 아트 분야에 기여해 왔다. <굿모닝 미스터 오웰>(1984)에서 성공적으로 활용한 머스 커닝햄의 피드백(뉴욕에서 보낸 신호를 파리가 그대로 되돌려보내 시간을 어긋나게 함으로써 생성된 다중 이미지)은 이 두 사람이 개발한 테크닉을 내가 차용한 것이다. 그들은 또한 로스앤젤레스와 뉴욕 사이를 3일간 연결하여 대중들이 참가하는 쌍방향 비디오를 만들었다. 이 라이브 비디오는 전화와 마찬가지로 단

---

149 アサテライト-明後日の光の爲に: 이 글은 1987년 8월 4일 뉴욕에서 작성된 원고로 『이카로스-피닉스-백남준』(도쿄, 1988) 도록에 일문과 영문이 수록되어 있다. 에디트 데커와 이르멜린 리비어의 편집본에는 줄리안 레글레르가 영문을 프랑스어로 번역해 실었는데, 원문에서 일부를 생략하였다. 본 책에서는 일문을 번역해 전문을 게재하였다. 역주.

150 영어 'a satellite'가 일본식으로는 '아 사테라이토(ア サテライト)'로 발음된다는 사실을 이용한 언어유희로, 백남준은 '모레의 빛'이라는 의미가 되는 '아삿테라이트(あさってライト)'라고 표기하고 있다. 일본어로 모레를 의미하는 아삿테(明後日: あさって)는 내일(明日)이후의 미래라는 의미의 한자를 쓰며, '모레의 방향(明後日の方向)'이란 표현처럼 관용적으로 '미처 예측하지 못한'이라는 의미로 쓰이기도 한다. 역주.

순히 점과 점을 연결했기에 텔레비전으로 방송되지는 않았지만, 둘째 날에 ABC 방송국의 뉴스 토픽으로 방영되어 많은 사람들에게 알려지게 되었다. 동부와 서부로 나뉘어 만나지 못하는 사람들이 이 기회에 서로의 얼굴을 보기 위해 실험장으로 모여들었다. 특히 뉴욕에서 태어난 첫 손자를 로스앤젤레스의 할머니가 처음 보는 장면이 인상적이었다. 하지만 나는 인공위성을 통한 커뮤니케이션은 전혀 알지 못하는 타인들 사이보다는 오랫동안 떨어져 만나지 못하는 사람들이 재회할 때 더 큰 위력을 발휘한다고 생각한다. <홀 인 스페이스>라는 제목으로 기록된 이 작품은 인공위성 연구의 교과서적인 존재이다(Electronic Arts Intermix에서 발매).

내가 인공위성 아트에 끌려들어가게 된 계기는 1977년 《도큐멘타》의 오프닝 위성 중계 방송이었다. 당시 나는 <TV 정원>의 유럽 초연에 몰두해 있었기 때문에 인공위성까지는 신경을 쓰지 못했는데, 더글러스 데이비스(현 《뉴스위크》의 건축 및 사진 평론가), 헤르초겐라트 박사의 강한 주장에 설득당해 샬럿 무어먼과 공연하게 되었다. 30분 동안 진행된 프로그램은, 백/무어먼 10분, 보이스 10분, 데이비스 10분의 세 파트로 나뉘었다. 비록 원웨이 커뮤니케이션에 그쳤지만, 예술가에 의한 인공위성 아트의 제 1탄으로 역사에 남을 것이다(독일 전역, 뉴욕, 보스턴, 베네수엘라에서 동시 방송). 흥미로운 사실은 모스크바 방송국이 이를 수신했다는 사실이다. 일반 방송은 하지 않았지만, 어찌되었든 모스크바에서 서독 방송국까지 연락해서 일정 금액의 수신료를 달러로 지불하는 노력을 했다. 그러므로 적어도 모스크바 방송국의 유력자 가운데 한 사람은 우리들의 작업에 흥미를 갖고 있다는 말이 된다. 누군지는 모르겠지만……. 보이스가 세상을 떠난 지금, 1977년 당시 아직 건강했던 그의 강연의 추억이 생생하게 떠오른다.

가장 좋은 공부가 되었던 경험은 UCLA의 미쓰 가타오카ミツ片岡 교수의 부탁으로 1979년부터 1980년 봄에 걸쳐 세 번, 동부 해안과 서부 해

안 사이를 비디오 전화로 연결하는 실험적인 강의를 했던 일이었다. 미쓰 가타오카는 재미 일본인 2세인 디자인 교수로서, 케이블 텔레비전부터 가와이 피아노의 신작 디자인에 이르기까지 폭넓은 분야에서 정력적으로 활동하고 있는 멋진 남성이다.

서부 해안에 살고 있는 셜리 클라크Shirley Clark 여사와 동부 해안에 살고 있는 딸 웬디 클라크Wendy Clark이 이 강의 안에서 흥미로운 시도를 했다. 마침 웬디가 추위를 피해 바하마로 떠난 바캉스에서 돌아왔던 참이었는데 바하마의 기념품이라며 커다란 조개껍질을 서부 해안에 있는 모친 셜리에게 분할 화면 속의 가상 형태로 건네고, 그에 대한 보답으로 모친 셜리가 로스앤젤레스의 꽃을 한겨울의 뉴욕에 보냈다. 무척 기발한 아이디어였기 때문에 〈바이바이 키플링〉에서 사카모토 류이치[151]와 딕 카벳[152]의 모자 던져 주고받기, 혹은 쌍둥이들이 꽃을 주고받는 장면 등에 응용했다. 빌 웨그만Bill Wegman이 유명한 그의 개를 데려와서 서부 해안의 개와 대면시키기도 했지만, 개가 텔레비전 속의 개에게 정말 반응했는지 어땠는지는 알 수 없다. 텔레비전은 후각이 없으니까 말이다. 개에게 코는 눈보다 중요하다.

강의 도중 가장 감동적이었던 것은 동부 해안의 우수한 비디오 아티스트인 알 로빈스Al Robbins 군이 오랫동안 만나지 못했던 로스앤젤레스의 노모와 비디오를 통해 얼굴을 마주하고 이야기를 하는 장면이었다. 마찬가지로 로스앤젤레스에 있는 여학생이 몇 년 동안이나 만나지 못했던 워싱턴의 옛 스승과 만나 반갑게 이야기를 하던 때……. 10명의 참가자들 사이에 정적이 흘렀고 우리는 그 순간 새로운 투웨이 아트의 도래를 예감했다. 시공간적으로 떨어져 있을 때 대상에 대한 애정이 더 깊어지는 것

---

151 坂本龍一(1952~): 일본의 음악가. 작곡가, 편곡자, 음악 프로듀서, 피아니스트, 키보디스트이다. 클래식 음악을 근간으로 하고 있지만 민속음악, 현대음악에도 조예가 깊다. 헤비메탈과 컨트리 음악 이외에는 모두 연주 범주에 있을 정도로 음악적 폭이 넓다. 역주.

152 Dick Cavett(본명: Richard Alva Cavett, 1936~): 미국의 배우 겸 시나리오 작가, 텔레비전 토크쇼 제작자. 〈딕 카벳 쇼〉를 진행하며 전 세계의 유명인들과 인터뷰했다. 역주.

은 일반적인 국제전화에서도 흔히 느끼는 일이다.(이 실험 테이프는 낸시 드류Nancy Drew가 롱비치 뮤지엄에서 상영했다.)

키트 갤러웨이와 셰리 라비노비츠는 일본을 방문해 미국과 일본 간의 인공위성 교신을 하기 위한 조성금을 NEA(미국연방예술기금)에 신청했으나 받아들여지지 않았다. 인공위성에 광신적으로 열중하고 있는 이 두 사람이 일본에 가게 되면 새로운 불꽃이 쏘아 올려질 것이다.

더글러스 데이비스는 1986년 가을에 뉴욕, 암스테르담, 베니스를 연결해 3국에서 동시에 송수신하는 텔레비전 스릴러 드라마를 생방송했다. 미국에서는 우디 앨런[153]의 상대역으로 유명한 다이앤 키튼[154], 베니스에서는 미술평론가인 피에르 레스타니가 출연해 PBS를 통해 방송되었다.

소니의 점보트론을 7개국의 광장에 설치해 전 세계의 아이들이 함께 갖고 놀게 하자고 IBM에게 제안한 이가 있었는데 그 결과는 알 수 없다. 1967년에 피터 박(한국인 사회학자, 메사추세츠 주립대학 교수)이 타임스 스퀘어와 붉은 광장에 거대한 TV 스크린을 상시 설치해서 시민들이 교류하게 하자고 내게 제안한 적이 있는데 그로부터 20년이나 지난 지금에서야 겨우 하드웨어로서 실험 가능한 단계에 도달한 것이다. 이 하드웨어를 충분히 활용할 수 있게 되기까지는 앞으로 또 20년이란 시간이 필요하리라.

<바이바이 키플링>은 77년의 《도큐멘타》 이후, 뉴욕에서 발신되는 세 번째 인공위성 이벤트인데 나는 이제야 겨우 100점 만점으로 목표에 골인하는 것이 가능해졌다는 생각이 든다. 한국의 리얼타임 마라

---

153 Woody Allen(1935~): 미국의 감독, 작가, 배우, 코미디언 및 음악가. 1950년대 코미디 작가를 시작으로 1960년대 슬랩스틱 코미디 작가였으며, 1970년대 이후 영화감독이자 제작자로 활동하였다. 역주.

154 Diane Keaton(1946~): 미국의 영화배우이자 감독 및 제작자. <대부>(1972)로 잘 알려진 그녀는 우디 앨런과 감독 겸 공동 창업자로 <슬리퍼>(1973), <사랑과 죽음>(1975) 등의 영화를 제작하였다. 역주.

톤과 일본의 사토 데루佐藤輝, 한국 KBS의 이동식, 캐럴 브랜던버그Carol Brandenburg, 앨런 와이즈Alan Weiss, 밥 라닝Bob Lanning 등의 정확한 디렉터십에 힘입은 바가 크다. 일본과 한국 측에서는 방송 수신에 대한 불만의 목소리도 많았지만, 최초의 시도로서는 이 정도로도 만족해야 하다고 생각한다. 이처럼 복잡하고 큰 규모로 하드웨어와 소프트웨어를 자유로이 구사해야 하는데다가, 세 나라 사이에 존재하는 각기 다른 역사의 무게를 짊어지고 있는 이상, 설령 모차르트가 다시 태어나더라도 한 번만에 홈런을 치지는 못할 것이다.

1986년 12월 15일 비스바덴

"왜 생방송을 하는가?"

"녹화한 뒤 편집해서 방송하는 편이 리스크도 적고 내용도 더 잘 전달된다. 무엇보다 조잡하고 어이없는 실수도 없어지고, 천의무봉의 완성품을 전달하는 게 가능하지 않은가."

일반인들뿐만 아니라 유럽 텔레비전 방송국의 편집부장 레벨의 사람들에게도 자주 듣는 질문이다. 그러한 질문에 대해 나는 "그럼 왜 사람들은 에베레스트에 오릅니까?"라고 반문하기로 했다. 힐러리와 텐진이 첫 등정에 성공한 1950년대에도 오토 자이로라고 불린 헬리콥터의 전신을 비롯해 하늘에서 '공격'할 수 있는 방법은 많이 있었다. 노르망디 상륙작전의 조직적 기동력을 생각하면, 실제의 적이 존재하지 않는 에베레스트의 정면 공격은 훨씬 쉽고 간단하다. 예를 들어 알프스의 아이거 북쪽 벽에서 죽기보다는 목적지인 융프라우에 터널 기차를 타고 올라가 정상에서 비디오로 촬영하고 오는 게 훨씬 더 편하다. 최근에는 일본 여학생을 길에서 헌팅하는 일도 그렇게 어렵지 않게 되었다. 두말할 필요 없지만, 에베레스트나 아이거 정상에 도전하는 이유는 인간에게 리스크 그 자체,

모험 그 자체를 원하는 본능적인 열정이 있기 때문이다. 그것은 프로메테우스 이후, 콜럼버스 이후의 역사의 원동력의 하나다.

〈바이바이 키플링〉에는 전례가 없는 동서 간의 투웨이 커뮤니케이션이라는 내용의 새로움과 처녀성과 동시에, 그 '처녀성'이 그 자체로 가장 모험적인 상태로서만 실존한다는 더블 리스크가 있었다(파스칼? 사르트르?).

그렇다면 왜 진보적인 영국과 독일의 프로듀서 2인은 내게 "왜 생방송을?"이라고 물었을까? 그 이유는 각국의 채널 수와 관계가 있다. 영국과 독일의 TV는 3~4채널 정도로 아직 판매자 시장이고 20채널을 갖춘 미국의 매매자 시장보다 훨씬 미디어의 진화가 뒤처져 있기에 악화가 아직 양화를 구축하지 않았기 때문이다.[155]

하지만 앞으로의 고용 확대가 후기산업사회의 서비스 산업에 의존하지 않을 수 없는 이상, 설령 각국의 노동조합이 반대할지라도, 어떤 식으로든 케이블TV나 다이렉트 위성방송 등에 발을 들여놓지 않을 수 없으며, 조만간 20채널에서 100채널을 향해 나아가고 있는 미국의 예를 배워야만 하는 상황이 올 것이다.

그렇다면 왜 20채널을 가진 TV에서는 생방송이 불가피한가? 왜냐하면 TV 방송의 성공은 사전 홍보에 달려 있으며, 모험성이 높을수록 화제가 되기 쉽기 때문이다……. 그렇다면 만일 다국 간의 생방송이 통상화되어 화제가 되지 않게 되면……? 그건 적어도 5, 6년 뒤의 일이며, 그때까지 우리는 TV라는 미디어의 안팎에서 또 다른 새로운 모험성을 찾아내야 할 것이다.

〈바이바이 키플링〉은 미국의 홈TV 엔터테인먼트(엔터테인먼트가 아닌 TV가 존재할 수 있는지는 잘 모르겠다. 엔터테인먼트란 패스타임 pass time이며 대중들에게 패스타임이란 시간을 빨리 써버리는 것이기도

---

155 판매자 시장은 공급이 적고 수요가 많아 파는 쪽이 유리한 시장을, 매매자 시장은 공급이 수요를 웃돌아 가격도 낮고 소비자의 선택의 폭이 넓은 시장을 말한다. 역주.

하니, 동양 중세 귀족이 세월을 보낸다는 의미로 사용한 '소일消日'이라는 관념과는 조금 다르다)로서는 대성공이었지만, 이 생방송의 시간성(브로드웨이의 격언인 '쇼는 계속되어야 한다'처럼)으로 인해 생긴 몇 가지 기술적인 실수가 결국 편집 단계에까지 영향을 미치고 말았다.

시나리오에 의하면 일본이 방송에 참가하는 22분째에 사카모토 류이치가 영어로 일본의 세 조형작가, 미야와키 아이코[156], 이마이 도시미쓰[157], 요코오 다다노리横尾忠則[158]를 미국에 소개하고 난 뒤, 하늘에 걸린 무중력의 권총 탄환 같은 피아노 줄의 조각(미야와키), 품위 있고 아름다운 재팬 아르데코의 흰 기모노 100벌(이마이), 에도 시대의 3원색을 가마쿠라 시대의 용감하고 씩씩한 느낌으로 변형하고 있는 혼색 유화(요코오)로 이루어진 미학적 공간을 카메라가 짧지만 정확하게 비추기로 되어 있었다. 그런데 기술진 가운데 한 사람이 이어폰을 사카모토 류이치에게 건네는 것을 잊어버리고 말았다. 류이치 씨는 신호를 기다리고 있었지만 아무리 기다려도 "고우go"의 시그널이 오지 않았다. 조정실의 우리들은 "사카모토! 사카모토!" 하고 애타게 불렀지만, 지하 2층의 목소리가 야외 광장의 '교수님'에게 닿을 리가 없었다. 43초가 지난 뒤 기다림에 지친 미국이 다음 출연자인 루 리드[159]를 내보냈다. 물론 이러한 실수는 사카모토의 책임이 아니다.

미국과 일본의 라이브 교신이 끝난 뒤, 서둘러 미야와키, 이마이, 요코오를 녹화해, 일본 측 방송 시간(미일 라이브 2시간 뒤)에 맞춰 준비했

---

156 宮脇愛子(1929~2014): 일본의 조각가. 밀라노, 파리, 뉴욕 등에서 국제적으로 활약했다. 1966년 이후 금속이나 유리를 이용한 입체 작품을 제작하기 시작했으며, 특히 와이어로 흐르는 듯한 곡선을 표현한 <우쓰로이(변화)> 시리즈를 탄생시켰다. 역주.

157 今井俊満(1928~2002): 일본의 서양화가. 1950년경 프랑스로 건너가 표현주의적 추상예술인 앵포르멜 운동에 참여하고 일본에 소개했다. 1980년대부터는 작풍을 바꿔 앵포르멜과 일본의 전통미를 융합하는 <花鳥風月> 시리즈를 제작하는 등 마지막까지 개혁적인 정신을 보여주었다. 역주.

158 橫尾忠則(1936~): 일본의 그래픽 디자이너, 화가. 화려한 색채의 개성적인 일러스트, 그리고 디자인과 미술 사이의 경계를 넘나드는 경력으로 잘 알려져 있다. 2012년 요코오 다다노리 미술관을 개관했다. 역주.

159 Lou Reed(1938~): 미국의 록 뮤지션. 벨벳언더그라운드의 기타리스트이며 보컬이다. 역주.

다. 더 미안했던 것은 데이비드 튜더, 리빙 시어터, 그리고 일본 측의 이치야나기 도시[160], 다카하시 유지[161]에 의한, 방송의 대미를 장식한 4팀 대가의 합동 연주가 위성 통신이 예정 시간보다 몇 분 일찍 끊겨버리는 바람에 상대방 측에 전혀 송수신되지 못했던 일이다.

방송 시간과 시차 때문에 일본 측의 모든 스타들이 아침 7시에 집을 나서 8시부터 리허설을 했는데도 불구하고 일어난 실수에 대해 지면을 통해서나마 사과드린다.

한국에서의 방송은 더욱더 큰 문제가 생겼다. 서울로부터의 인공위성 발신은 4회선밖에 없고 4회선 모두 메인 TV 이벤트인 스포츠 프로그램에 사용되고 있었다. 날짜나 시간의 변경도 생각해보았지만, 90분간의 생방송을 위해서는 마라톤의 스태미나가 꼭 필요했다. 필립 글래스[162]의 라이브 연주와 마라톤 선수의 고통스러운 투쟁을 동시에 골인시켜 더블 클라이맥스, 즉 전자적 오르가슴을 만드는 것이 구성의 의도였기 때문이었다. 나는 그렇게 함으로써 여태껏 최고의 스포츠 예술로서 정의되어 온 레니 리펜슈탈의 업적을 넘을 수 있을 거라고 생각했다. 레니 리펜슈탈이 만든 베를린올림픽의 기록영화가 아무리 잘 촬영되고 잘 편집되었다고 할지라도 그것은 '이미 지나간 일의 기록 = 재구성'에 지나지 않는다. 현재진행형의 스포츠와 현재진행형의 예술을 맞물리게 한 뒤 그들을 동시에 골인시켜 현재진행형인 채로 전 세계의 관중을 공감시킬 수만 있다면, 순수한 영화적 기법을 잘 구사하든지 못하든지, 제작 예산이 많든지 적든지 간에 본질적인 차원에서 레니를 초월할 수 있는 게 아닐까? 미학 이론

---

160 一柳慧(1933~): 일본의 작곡가, 피아니스트. 어렸을 때부터 재능을 발휘하여 고등학교 재학 중 마이니치 음악 공쿠르에 3년 연속 입상하는 등 천재 소년으로 칭송받았다. 이후 줄리아드 음악 학교에서 공부하면서 1956년 오노 요코와 결혼했으나 6년 만에 이혼했다. 존 케이지의 사상에 크게 영향을 받아 도형악보와 우연성 음악을 도입했다. 역주.

161 高橋悠治(1938~): 일본의 작곡가, 피아니스트. 피아노와 컴퓨터를 이용한 즉흥 연주, 일본 전통 악기와 목소리를 위한 작곡 등 독창적인 음악 활동을 하고 있다. 역주.

162 Philip Glass(1937~): 미국의 작곡가. 1960년대 후반 뉴욕에서 인기를 얻기 시작하여 오페라 〈해변의 아인슈타인〉으로 대대적인 성공을 거두었다. 그의 음악은 단조롭고 반복적인 구조의 미니멀리즘적인 요소가 특징이며, 혁신적인 기악곡과 오페라 등을 작곡하고 있다. 주요 작품으로는 〈사티아그라하〉〈항해〉등이 있다. 역주.

상으로는 그렇다. 따라서 언젠가는 <바이바이 키플링>이 본질적으로 선구적인 작업이라는 사실이 이해받을 날이 올 것이다. 나는 그렇게 믿고 있기 때문에 라이브 호스트가 진행하는 라이브 아트를 생방송하기에 한국 측의 인공위성의 회선이 부족하더라도 방송 시간을 변경하지 않았다.

하지만 한국 가정의 시청자들은 이러한 무대 뒷사정을 알지 못했기에, 일본과 미국 사이에만 투웨이 커뮤니케이션이 있었고(예를 들어 사카모토 vs 딕 카벳 등), 한국 측(17만 달러)이 일본 측(13만 달러)보다 제작비를 더 많이 냈는데도 불구하고 부차적인 참가에 그쳤다는 인상을 받았다. 차별에 대한 오래된 상처의 기억이 되돌아온 것이다. 설상가상으로, 한국 측에서는 생방송 4일 후에 방영되었기 때문에 마라톤에서 일본이 우승했다는 사실을 시청자들이 이미 다 알고 있었으며, 인텔리들은 한 달 동안이나 계속된 아시아 대회의 스포츠 방송(대회 전후를 포함해)에 질릴 대로 질려 있는 상태였다. 그렇기 때문에 일본의 마라톤 선수 나카야마[163]가 왜 계속 등장하는지 좀처럼 이해하지 못했다.(생방송의 스릴이 없었기 때문이다……)

이러한 일들을 어느 정도 예상하고 있었기 때문에 마라톤의 골인 전후에 아시아 대회의 하이라이트와 손기정 선수(1936년)의 뉴스 영상을 삽입할 예정이었지만, 결국 생방송의 흥분을 그대로 전달하기 위해 취소되었다. 특히 손 선수의 비디오 영상은 상징적인 의미를 갖고 있었다.

1936년 당시 한국은 일본의 지배하에 있었기 때문에, 손기정과 남승룡(각각 1위와 3위) 두 선수는 일장기를 달고 있었다. 사진 수정 작업을 통해 일장기를 삭제하고 무국기로 인쇄했다는 '사실 변경'으로 인해, 《동아일보》와 《조선일보》, 두 신문사가 8개월 이상의 발행 정지 처분을 받았다. 이는 일제 시대의 한국인의 저항에 관한 가장 유명한 민간전승 신화로 오늘날까지 전해져 오고 있다.

163　中山竹通(1959~): 일본의 마라톤 선수. 1986년 서울 아시안게임에서 우승을 차지했으나, 1988년 서울올림픽에서는 4위에 그쳤다. 역주.

인연因緣. 중국에서 만든 이 한자는 겐큐샤의 『일영사전』에 의하면 '카르마KARMA'라는 산스크리트어로 번역되는 반면, 카르마는 '윤회 METEMPSYCHOSIS, 輪廻'의 원어로서 통용되고 있다. 그 카르마는 『미리엄 웹스터 포켓 사전』(1964년판)에 의하면 "힌두교와 불교 교리 안의 개념으로서, 환생을 영원히 계속하고 다음 생의 운명을 결정하는 개인의 행위에 비롯해 발생하는 힘"이라고 되어 있다.

내 상식으로는 '인연'이란 필연적인 원인과 우연적이고 부차적인 사실과 현상들이 합치된 애매하고 모순된 개념으로, 적절한 말을 찾지 못해 곤란해져서 도망갈 궁리를 하는 '안절부절 명사'에 지나지 않는다. 하지만 인도유럽어에서는 'KA' 혹은 'CA'가 매우 중요하다고 한다. 카르마(인연, 윤회)를 비롯해 카마수트라KAMA SUTRA의 KAMA(사랑), CASA(집), CASE(사실과 현상), CAUSE(원인), CASUAL(우연한) 등으로 다양하게 쓰이고 있으며, 마지막 두 개의 KA, 비슷하지만 정반대인 CAUSE(원인)와 CASUAL(우연)을 조합하면, 동양어의 '인연'이라는 모순 개념으로 환원된다. 일상다반사로 CAUSE(필연)도 CASUAL(우연)도 아닌 다양한 CASE(사실과 현상)가 있기 마련인 듯하니 나이를 먹어감에 따라 세상 모든 일이 인연이라는 상투어의 의미를 점점 더 깊이 깨닫게 되는 것 같다.

스즈키 다이세쓰[164]에 의하면 젠의 깨달음이란 '인연'이라는 두 글자를 체득하는 것일 뿐이라는데, 일본에 있었을 때 오노 요코의 전 남편, 토니 콕스[165] 군이 건넨 LSD를 마시고 공간의 동시적 관계 속에서 얼어붙은 것처럼 고정된 시간의 전후 관계를 크리스털처럼 체험했던 일은 놀라웠다.

아마도 인공위성의 최대의 효용은, 인류 간에 여태껏 없었던 상호 관

---

164 鈴木大拙(1870~1966): 일본의 불교학자이자 사학자로 인류 문명이 위기에 처하게 된 원인을 서양의 합리주의에 두고 동양적인 직관, 곧 선사상의 중요성을 알리는 데 주력했다. 저서로는 『스즈키 다이세쓰 전집』(전30권)이 있다. 역주.

165 Anthony Cox(1936~): 미국의 영화제작가 겸 행위예술가. 오노 요코의 두 번째 남편이다. 역주.

계(인연)를 인공적, 가속적으로 만들어내서 새로운 의식과 의식 사이의 신경적인 네트워크를 창출해 경제와 문화 성장에 기여하는 것이리라------ ----.

그렇기 때문에 〈바이바이 키플링〉이 만들어지기까지의 인연의 이야기, 혹은 겉에 드러나지 않아도 뒤에서 조용히 노력한 사람들, 이름 없는 영웅들, 공신들을 다음에 소개해두는 것은 이상한 일이 아닐 것이다.

정치는 뜻밖의 연관성을 만든다.

'인연'의 부사는 '우연히'인데 '우연히'가 '우연히 또'가 되어[166] 10회 정도 계속되면 각각의 '우연히'의 확률이 10%라고 쳐도 10의 10승…… 1/1010, 천문학적인 숫자가 되어버린다. 1986년 봄(방송 6개월 전)까지 아삿테라이트는 깜깜했었다. (이하 경칭 생략)

우연히 미술평론가인 이토 준지伊東順二와 일본 최대의 광고대행업체 덴츠의 미요시 스스무三吉進가 소니 비디오의 이시이 히로에石井宏枝를 방문했다. 우연히 《아델리 펭귄Adelic Penguin》(키트 피츠제럴드, 폴 게린, 사카모토 류이치)을 제작하고 있었던 그녀가 〈바이바이 키플링〉의 기획안을 가지고 상사들(덴쓰의 후지오카 와카오藤岡和賀夫와 소니의 구로키 야스오)을 설득했다. 한편 우연히 후쿠이의 FBC TV의 가토 씨가 갤러리 와타리를 통해 나를 일본으로 초대했고 와타리 시즈코[167]가 전액을 현금으로 건네주었다. 오랜 벗 미야케 잇세이三宅一生가 마침 우연히 뉴욕의 무용가 앨빈 에일리[168]와 일본의 부토 무용단 산카이쥬쿠山海塾와 아는 사이였다. 우연히 아사히TV의 고바야시 씨가 뉴욕의 ABC 특파원 자리에서 돌아와서 5일 만에 이 기획을 실행하기로 결정했다. 우연히 30년 만에 동

---

166 일본어로 '우연히' '때마침' '어쩌다가'라는 의미의 'タマタマ'와 어떤 반복을 의미하는 'マタマタ'를 이용한 언어유희. 인연에 대한 문맥과의 접속을 위해 '우연히'라고 번역했다. 'タマタマ'는 '우연히'라는 의미를 가진 단어들 가운데에서도 비교적 가벼운 어감을 갖고 있어서, 백남준이 회고하는 기적 같은 인연들이 역설적으로 강조되고 있다. 역주.

167 和多利志津子(1932~2012): 일본의 미술후원가이자 경영인. 백남준을 비롯해 요셉 보이스, 키스 해링 등의 세계적인 작가들을 일본에 소개하는 데 중요한 역할을 했다. 갤러리 와타리는 현재의 '와타리움 미술관'이다. 역주.

168 Alvin Ailey(1931~1989): 뉴욕에 Alvin Ailey American Dance Theatre를 설립한 아프리카계 미국인 무용가. 역주.

경대학교 교양학부 8D의 동창회가 열렸고, 우연히 도쿄에 체재하고 있던 내가 그 자리에 참석해 60억 원의 대회사 저팬텔레콤의 사장이·된 호간 군(호간 마사아키宝官正韋)과 재회했다. 우연히 리크루트 사의 모리무라 미노루森村稔가 『바이바이 키플링』 책을 출판했다.

가장 인상에 남은 '우연히'는 무엇이었을까?

심야의 아카사카의 바에서 건축가 이소자키 아라타磯崎新와 미야와키 아이코 커플과 술을 마시고 있었을 때, 우연히 세이부미술관의 관장 기노쿠니 씨(기노쿠니 겐이치紀国憲一)가 들어왔다. 다짜고짜 "2천만 엔 달라"고 말하자 "2억 엔은 모르겠지만 백남준 씨 일이라면 2천만 엔 정도는 어떻게든 마련할 수 있을 것 같군요"라고 말하고는 다음 날 세이부에서 회의를 열어주었다. 이 일이 처음으로 저울이 플러스 방향을 가리키게 되는 결정타가 되었다. 이쯤 되면 지하의 요셉 보이스가 이 '우연히'를 도와준 게 아닌가 싶다.[169] 지상의 파리에 정정하게 살아 있는 피에르 레스타니는 이토 준지와 이마이 도시미쓰를 소개해주었고, 이마이의 아들 알렉산더 군(당시 25세)이 만일 덴츠가 기획에서 손을 떼면 자기가 6천만 엔을 만들어오겠다고 보증해주었다. 한국에서의 아찔아찔과 우연히에는 또 다른 스릴이 있었다.

인공위성은 하늘의 잔물결이다. 견우직녀의 만남은 오래되었지만 새롭다.

1987년 8월 4일, 뉴욕

추신

〈바이바이 키플링〉의 로고 제목의 글자는 시카고의 댄 산딘Dan Sandin과 마릴린 월프Marylin Wulff가 만들었다. 딕 카벳은 4D에서 음성 라인이

---

169 일본의 버블경제 시대를 주도한 기업 가운데 하나로 손꼽히는 세이부 그룹은 소설가이며 시인이기도 했던 대표 쓰쓰미 세이지(堤清二, 1927~2013)에 의한 파격적인 문화 지원 사업으로 유명하다. 당시 세이부백화점 본점 안에 있었던 세이부미술관은 국공립미술관보다 앞서 대중에게 잘 알려지지 않은 난해한 현대미술을 소개하는 데 큰 공헌을 했다고 평가받는다. 역주.

몇 번 끊겼을 때 20년의 경력을 살려 즉흥적으로 일본의 민요 구로다부시 등의 노래를 불러 방송사고를 막았다.

일본 측의 이름 없는 영웅은 사토 데루와 함께 인공의 푸른 물결을 만들어준 누군가이다……

바이바이 키플링[170]

잠정 대본   백남준-1986년 5월 11일

0'-1'30"	한국 소개	마라톤 생방송 (들판과 도심 풍경)
		아시안 게임-2주간의 요약 및 오프닝 행렬
		스폰서 크레디트-로고
1'30"-3'	미국 소개	필립 글래스 소개 (미국 진행자와 대화)
		‹바이바이 키플링›의 의미를 설명
		왜 키플링과 글래스인지
		(마라톤 영상을 작은 화면으로 삽입)
		인도 무용에 대한 대화
		이소자키 TV 공간
3'-6'	마라톤 생방송	전체 화면에서 다양한 2분할 화면
		(나머지 반은 비디오 아트 영상으로 채우기)

170 1986년 5월 11일. ‹바이바이 키플링›을 위한 시나리오 초고. 쌍방향 TV방송 위성 생방송으로 1986년 10월 4일에 중계되었다. 서울올림픽 경기가 열리는 동안 서울, 도쿄, 뉴욕을 동시에 연결했다. 『이카로스-피닉스-백남준』에 수록, 파르코, 도쿄, 1988, pp.44~45. [‹바이바이 키플링›의 시나리오 초고는 타이핑된 글씨 위에 손으로 쓴 글씨와 화면을 묘사한 것으로 추정되는 드로잉이 있는 자료다. 타이핑된 글만을 번역하였기에 독자들의 이해를 위해 원문을 함께 게재한다. 편집자주.]

서울 올림픽 (옛날 및 요즘) 백그라운드

한강 수상 스포츠 영상 포함.

6'-10'   필립 글래스   음악 퍼포먼스(오디오와 비디오) 박수 I

비디오 편집:

    1) 뉴욕 스튜디오에서 인도 무용

    2) 인도의 풍경(컴퓨터 처리)

(30")   생방송–이벤트:

    인도 신문 가판대에서 뉴욕 스튜디오로 신문을 판매

    방청객(인도 다이아몬드 세공사 영상 클립) 박수

    가끔씩: 마라톤(작은 화면)

10'-12'   마라톤 2분할 스크린

    나머지 반쪽 스크린에는 다양한 모양

    컴퓨터 처리된 비디오 아트 및

    아시아 장난감 애니메이션

    가끔씩 서울 도심 및 물이 있는 풍경

12'-15'   한국 타악기, 미국 타악기 상호연주 박수 III

    (사물놀이)   (반 테이겸 (?))

NJP–2

15'-16'   캘빈 톰킨스 + 로저 에인젤   2배속 대화

 (15")   마라톤 간주곡

16'-19'   중국 (혹은 인도) 생방송

 (15")   마라톤 간주곡

    마라톤(작게) 박수

19'-24'   스킵 블룸버그 리포트 태평양 연안 다이제스트

+ 아시안 게임 클립 영상

(15") 마라톤 간주곡

24'-26' 로버트 가드너(하버드) 뉴기니의 랜드 다이빙

+ 발리섬의 화장 의식

26'-30' * KBS교향악단 (정경화) 차이콥스키 바이올린 콘체르토

(마지막)

마라톤 + 바이올린 (교차 편집, 마라톤의 클라이맥스) 박수

첫 번째 클라이맥스   여기서 큰 박수갈채

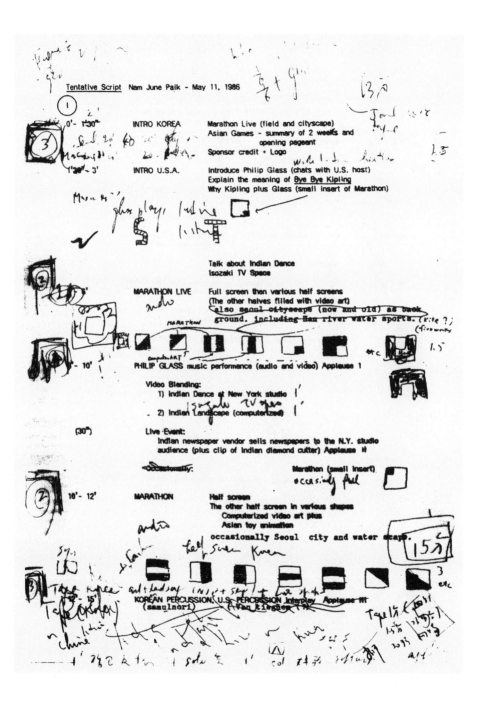

Tentative Script Nam June Paik - May 11, 1986

0'- 1'30"   INTRO KOREA   Marathon Live (field and cityscape)
                              Asian Games - summary of 2 weeks and
                                       opening pageant
                              Sponsor credit + Logo

1'30" - 3'   INTRO U.S.A.   Introduce Philip Glass (chats with U.S. host)
                              Explain the meaning of Bye Bye Kipling
                              Why Kipling plus Glass (small insert of Marathon)

                              Talk about Indian Dance
                              Isozaki TV Space

              MARATHON LIVE   Full screen then various half screens
                              (The other halves filled with video art)
                              (also seoul cityscape (now and old) as back
                               ground. including Han river water sports. (kite ?)

- 10'   PHILIP GLASS music performance (audio and video) Applause 1

              Video Blending:
              1) Indian Dance at New York studio
              2) Indian Landscape (computerized)

(30")   Live Event:
              Indian newspaper vendor sells newspapers to the N.Y. studio
              audience (plus clip of Indian diamond cutter) Applause II

              Occasionally: Marathon (small insert)

10'- 12'   MARATHON   Half screen
                              The other half screen in various shapes
                                   Computerized video art plus
                                   Asian toy animation
                                   occasionally Seoul city and water scape.

- 15'   KOREAN PERCUSSION, U.S. PERCUSSION interplay Applause III
              (samulnori)   (Van Tieghem ?)

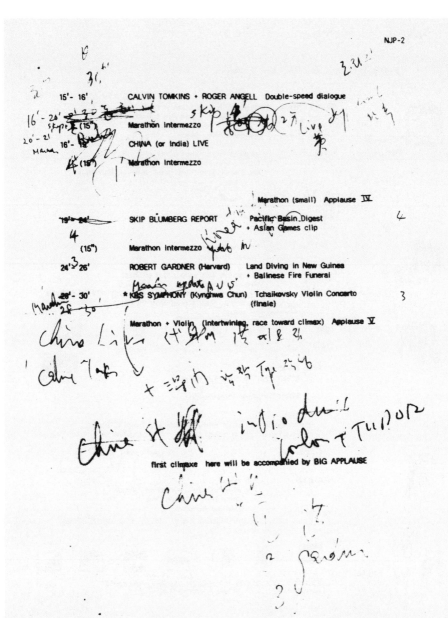

15' - 16'   CALVIN TOMKINS + ROGER ANGELL Double-speed dialogue

16' - 20'
skpr   (15")   Marathon intermezzo

20' - 21'   16' - 18'   CHINA (or India) LIVE

(15")   Marathon intermezzo

Marathon (small) Applause IV

19' - 24'   SKIP BLUMBERG REPORT   Pacific Basin Digest
+ Asian Games clip

(15")   Marathon intermezzo

24' - 26'   ROBERT GARDNER (Harvard)   Land Diving in New Guinea
+ Balinese Fire Funeral

28' - 30'   * KBS SYMPHONY (Kynghwa Chun)   Tchaikovsky Violin Concerto
(finale)

Marathon + Violin (intertwining, race toward climax) Applause V

first climaxe here will be accompanied by BIG APPLAUSE

136

보이스:
야생초—야생의 사유들[171]

우리는 자주 "훌륭한 경주마는 기수의 눈길을 믿지 않는다"라고 말한다. 그러나 아무리 멋진 말이라도 탁월한 주인에게 발탁되지 못한다면 밭이나 갈면서 늙어갈 것이다. 이것은 위대한 예술가와 이류 예술가 사이의 경쟁에 적용되는 이야기가 아니다. 비슷한 재능을 지닌 위대한 예술가들 사이의 행운 혹은 운명의 작업과 관계된 이야기이다. 사회적으로 잘 적응하지 못하고, 폐쇄적이며 사색적인 보이스는 유명한 갤러리 주인이 발굴한 것이 아니다. 그렇다고 어느 박물관장이 발굴한 것도 아니다. 네덜란드의 외진 곳, 보이스와 가까이 살던 교육도 제대로 받지 못한 젊은 두 농부 형제가 발굴했다.

전쟁 후 군에서 제대한 보이스는 전쟁터에서 입은 상처를 치료해야 했다. 그 무렵 그는 이웃에 사는 한 형제를 알게 되었는데 그들은 보이스보다 나이가 어렸다. 그들은 보이스를 보고 직감적으로 '세상에서 가장 위대한 천재가 바로 옆에 살고 있다'는 것을 알았다. 그리고 그들은 수입이 신통치 않았지만, 이 괴상한 젊은 예술가의 작품을 모두 사들였다. 그때 보이스는 머리 부상으로 그들의 헛간에서 지내고 있었다. 형제 중 한 명이 6개월 동안 미술사를 공부한 적이 있었다.

---

171 Beuys weeds-Beuys creeds: 「요셉 보이스」, 「올브리히트 컬렉션 전시회」 도록에 실린 기사. 세이부 미술관, 도쿄, 일본, 1984. 프랑스어 번역은 더글러스 E. 윈더가 일본어에서 영어로 번역한 것을 기초로 했다. 1986년, 서울의 원화랑·갤러리 현대가 공동 출간한 『백남준-보이스 복스 1961~1986』에도 수록되었다.

어느 날 형제 중 하나가 말했다. "우리는 아직 파리에 가보지 못했어. 사람들이 여기서 반나절이면 갈 수 있다고들 하는데." 그들은 트럭을 몰고 파리에 갔다. 그들은 가난했기에 호텔에 가지 않고 트럭에서 잠을 잤다. 이를 닦을 곳을 찾지 못했던 그들은 파리를 대표하는 역사적인 분수에 기어올라 얼굴도 씻고 이도 닦았다.

이 이야기는 르네 블록이 내게 들려주었는데, 어디까지가 사실인지는 나도 잘 모른다. 하지만 보이스의 진정성을 볼 때 이러한 전설적인 이야기는 사실일 수도 있을 것 같다. 그들 형제는 분명히 실존 인물이고, 그들이 헛간에 보이스의 옛날 작품을 많이 보유하고 있다는 것도 사실이다. 물론 그들 형제는 전시회 오프닝 같은 사교적인 자리에 모습을 드러낸 적이 없었다. 다른 일화에 의하면 두 형제 가운데 한 명이 보이스의 작품 수집가 자격으로 대학에서 강의를 맡았다고 한다.

이 이야기를 듣고 있으면 갈비뼈에 칼이 꽂힌 채 도망치는 돼지를 그린 브뤼헐의 그림에 등장하는 네덜란드 농부의 이상한 웃음소리가 들리는 것 같다. 보이스의 기이함이 연상되기도 한다. 은총을 입어 반쯤 미쳐버린 반 고흐가 생각나기도 한다. 그리고 엔소르[172]의 낭만주의도 떠오른다. 그러다가 갑자기 현재 플랑드르의 위대한 화가의 예기치 않은 실루엣이 그려진다. 보이스의 웃음은 위 네 사람의 정열적인 메아리와도 같다.

이전에 쓴 기사에서(보이스를 특집으로 다룬 《미술수첩美術手帖》 특별호에 게재되었다) 나는 《타임Time》 비평가인 로버트 휴즈Robert Hughes의 말을 다음과 같이 인용한 적이 있었다. "요셉 보이스는 독일 낭만주의의 가장 국수주의적인 편린 사이를 자유롭게 오가고(그중 몇 가지는 나침반의 바늘을 튀게 할 만큼 뜨거운 것도 있다), 그것들을 철저히 개인적인

172　James Ensor(1860~1949): 벨기에의 화가, 판화가. 20세기 초 아방가르드 운동에 가담하였고, 독창적인 표현주의 작품을 남겼다. 역주.

작품에 모을 줄 알았던 전후 최초의 독일 예술가이다." 그리고 그 뒤에 이어지는 내용을 서둘러 여기 소개한다.

넓은 의미에서 게르만민족은 신석기시대로 거슬러 올라간다. 그들은 아이슬란드에서 오스트리아까지 이어지는 거대한 지역을 점령하고 있던 동굴 거주 부족들이었다. 이 부족과 기독교의 만남이 이루어지고, 역사시대로 넘어온 수천 년이라는 기간은 전체 역사의 50분의 1도 되지 않는다. 빈은 동부 유럽의 분위기가 깊이 배인 도시이다. 기독교와 게르만의 전설은 칭기스칸과 터키에 의한 게르마니아(넓은 의미의) 근방의 점령하에서 몹시 어렵게 유지되었다. 정보 비디오 분야에서 일하는 한 체코 친구가 내게 이런 말을 했다. 역사시대 이전 100만 년의 기간에 빈과 프라하는 걸어서 3일 거리에 있었다. 제1차 세계대전 이후 베르사유 조약 때문에 석 달이 걸리게 되었다. 제2차 세계대전 이후 얄타회담 때문에 3년이 걸렸다.

이렇듯 같은 게르만 지역 내에서도 빈의 문화권은 중심권인 프러시아의 베를린에 비해 어느 정도 비켜나 있다.

한편, 라인 강 하류 쪽의 네덜란드와 벨기에 그리고 프랑스의 플랑드르라고 부르는 인접한 독일 지역은 다른 지도에서 지금도 여전히 약 60도가량 비켜나 있다. 거의 30년간 서구에서 살면서 나는 정치적 국경선이 문화적 지역과 많이 다르다는 사실을 깨달았다. 서구예술의 다양성을 진정으로 이해하려면 신석기시대까지 거슬러 올라가는 자연환경과 경제적 범위를 잘 알아야 한다. 다시 말해 보이스를 이해하려면 그가 단지 독일을 대표하는 예술가가 아니라 플랑드르, 즉 네덜란드 국경선 근처에 있는 라인 강 하류지역 플랑드르의 예술가라는 사실을 명심해야 한다.

중세시대 이후, 아주 작고 특별한 지역인 플랑드르는 놀라운 천재성을 지닌 많은 예술가를 배출했다. 사물을 초현실주의 성향의 사진처럼 묘사하는 사실주의 화가 얀 스테인, 렘브란트, 루벤스, 보스, 브뤼헐, 반 고흐, 엔소르, 몬드리안… 네덜란드와 벨기에를 여러 차례 여행하면서 나는 이 농업민족은 모두 미쳤다는 생각이 들었다. 그러나 무엇이 그들을 그렇게 특별하게 만들었는지는 정확하게 집어서 말할 수가 없다. 만일 그들에게 묻는다면 그들은 대답하기를 피하고 수수께끼 같은 웃음을 지어 보일 것이다. "헤헤헤" 하면서.

1. 그들에게는 포기, 체념이 내재화되어 있다.
2. 그들의 웃음은 복잡하다.
   (쓰디쓴 미소, 눈물이 밴 미소, 거친 웃음, 폭소… 환멸을 느끼는 미소, 체념의 미소, 자기 비하…)
   영어의 '미소'와 '웃음'에 해당하는 표현이 중국어에는 열 가지가 넘는다. 플랑드르 사람들은 웃음의 모든 뉘앙스를 이해한다. 보이스가 어떤 부르주아 이름을 말하면서 폭소를 터트렸다. "그 사람한테서 백만 달러를 받아냈다니까." 그는 배금주의의 반대편에 서 있는 사람이다. 그의 웃음은 로빈후드의 웃음이었다. 돈으로 돈 죽이기.
3. 플랑드르 사람들은 대지에 깊은 애착을 느끼는 민족이다. 대지의 냄새, 건초 냄새, 더러운 양말 냄새… 그리고 그들은 주책없는 것, 천박한 것, 출세한 자들의 빛나고 완성된 결실을 경멸하는 반속물적 속물근성을 좋아한다. 우리 그것을 반反도시적 까다로움이라고 부르자.
4. 미신을 믿고, 신비주의적이며 해괴한… 이 모든 것이 죽음과 연루된다.

보이스의 지역성을 생각하면 우리는 갑자기 죽음에 직면한다. 그리고 이 '죽음에 대한 명상'에서 보이스의 보편성이 나타난다. 이것은 전 세계 대중을 끌어들이는 그의 원천 가운데 하나다.

보이스의 도록을 본다는 것은 바로 '죽음을 표현하는 여러 가지 아이디어'를 적어놓은 도록을 응시하는 셈이다. 시즈에 와타리와 함께 나는 뒤셀도르프의 콘라드피셔 갤러리에서 <고통의 공간Schmerz-Raum>이라는 그의 최근 작품을 볼 기회가 있었다. 갓도 없는 전등 하나로만 불을 밝힌 빈방 그림이었다. '숯보다 더 어두운' 방이었다. 일본 전 지역에서 전쟁을 겪은 세대는 제2차 세계대전에 대한 합리적인 토론(공격을 위한 전쟁이 었는지, 방어를 위한 전쟁이었는지)을 하지 않았다. 그리고 보병으로 전 투에 참가하여 중국 땅에 코를 박고 수년 동안 전장에서 싸웠던 고미 야스히로五味康裕의 살해 행위에 대한 허무주의 소설에서 자신들의 모습을 발견했다. 동시에 좌파든 우파든 이념이 무엇이건 간에 스탈린그라드의 추위와 죽음 속에서 거짓을 위해 젊음을 잃은 전쟁 세대는 러시아 평원을 가장 완성도 있게 표현한 보이스의 양陽의 세계에서 자신들의 모습을 스스로 발견하게 되었다. 물론, 죽음은 독일인들만이 지닌 사적재산은 아니다. 죽음은 모든 인류가 불안하게 들여다보는 괴물이다. 「인간 존재에 대한 연설」(1938?)에서 미키 기요시[173](전전 일본 평화주의자)는 "죽음은 하나의 생각이다"라고 말했다. 공자는 이렇게 말했다. "나는 삶도 이해하지 못한다. 죽음은 더더욱 이해하지 못한다." 미키는 자신의 예견이 맞는 걸 보면서 1945년 9월 죽음에 대해 생각했다. 조금만 기다렸으면 해방과 함께 일본을 이끌어갈 새 지도자가 될 수도 있었을 텐데 그는 감옥에서 자신의 더러운 배설물에 뒤덮여 혼자 죽어갔다.

거의 같은 순간에 베베른Anton Webern은 오스트리아 시골에서 피난처를 찾아 헤매다가 미국 병사가 잘못 쏜 총에 맞아 죽었다. 죽어가면서 그는 어떤 생각을 했을까? 미키처럼 오랫동안 가난한 시기를 지내며 글쓰기를 금지당했던 베베른은 오스트리아 현대음악협회의 회장으로 임명되었다. 그는 빈으로 돌아가 현대음악의 세계적인 인물이 되려던 참이었다. 바로 그 순간, 그는 미국 군인의 실수로 다시 말해 그를 해방한 이의 실수로 죽임을 당했다. 그는 딸이 주는 시가를 받아들고 쓸쓸한 미소를 지어

---

173 三木清(1897~1945): 일본의 철학자. 프랑스, 독일 유학 후 호세이(法政)대학 교수로 재임하면서 『유물사관과 현대의 의식』(1928) 등을 통해 마르크스주의의 인간학적 기초를 탐구하다 공산당의 동조자라는 이유로 검거되었다. 이후 다시 치안유지법 위반으로 검거, 패전 한 달 후 옥사하였다. 그의 죽음은 정치범이 받는 가혹한 탄압의 실태를 알리는 계기가 되었다. 역주.

보였다. 그의 마지막 숨이 연기와 함께 빠져나오고 있었다.

일본 여인의 시아쓰指圧 치료법과 장수 식사요법으로 류머티즘에서 회복된 존 케이지는 언젠가 농담처럼 말했다. "내가 죽을 때 내 몸은 아주 건강할 거야."

보이스의 아내가 아주 만족스러운 얼굴로 미소 지으며 말했다.
"그이는 마치 오래된 전나무 같아요… 아니, 그보다 더 튼튼하죠. 안 그래요?"

로베르 피유에 대하여: 치즈인가 멜론인가?[174]

지금부터 약 10~15년 전 한국에 경제위기가 닥쳤을 때 나는 자주 이런 농담을 했다. "아! 만약 로베르 피유Robert Filliou가 이 모든 걸 계획할 수 있었다면!"

실제로 1950년대에 피유는 유엔 경제고문으로 한국에 파견되어 전후 경제 재건설 프로그램에 참여했다. 하지만 그의 개인 경제는 거의 내 옷 입는 수준과 비슷했다.

그 무렵, 나는 도쿄대학에서 미학을 공부하고 있었는데, 형이 자주 내게 이렇게 말했다.

"피카소나 헤겔의 미학을 고민하기에 앞서 네 옷차림의 미학부터 신경 써라!!!" 그 이후에도 내 옷차림은 나아지지 않았지만, 로베르의 경제 상황은 좀 호전되었는지 모르겠다.

1960년대 초, 벤저민 패터슨[175]이 나를 피유의 집으로 데리고 갔다. 그때 나는 조지[176] 사장을 위해 파리의 지인들과 연락을 취하고 있을 때였다.(그는 미국에서 돌아오기로 되어 있었다.) 배보다 배꼽이 크다는 말은 몽마르트르에 있는 로베르 피유의 아파트를 두고 한 말이었다. 그는 그곳에서 마리안과 어린 딸을 데리고 살았다.(크리스토 부부를 제외한다면 이

---

174 『The Eternal Network Presents: Robert Filliou』 도록에 수록, 하노버의 슈프렝겔 박물관, 파리의 현대미술관, 베른의 쿤스트할레, 1984, pp.194~198.

175 Benjamin Patterson(1934~): 플럭서스 운동의 창시자 중 한 명. 역주.

176 조지 머추너스. (N.d.T.)

들보다 더 완벽한 결혼을 한 사람은 없을 것이다.) 그런데 침대는 거의 방의 크기와 같았고, 욕조는 욕실 크기와 거의 같았다. 로베르가 내게 말했다 "창녀들이야말로 가장 훌륭한 보모야. 내 딸아이는 계단을 내려가 그 여자들과 어울려서 논다네. 얼마나 친절하고, 세련되고, 멋진 여자들인지 몰라. 게다가 아는 것도 많고."

밀알 한 알 안에 온몸에 대한 엄청난 양의 정보를 담고 있듯이 무한한 재능과 일종의 야망(?)이 (과연 로베르에게도 야망이 있을까?… 플럭서스 예술가가 야망을 품을 만큼 '세속적'일 수 있을까?… 어느 날 내게 펜타곤의 중요 서류[177]라도 발견했다는 듯이 "내 생각에 존 케이지가 속으로는 야망 있는 사람이었던 것 같아…"라고 내게 고백했던 그의 친구 조지 브레히트에게 물어보는 편이 나을 것이다.) 몽마르트르의 데이터베이스에 집약되어 있었다. 거기에는 피유가 로스앤젤레스(행방불명된 아버지를 찾으러), 한국(전쟁과 가난, 불의) 그리고 아프리카(야성적인 귀족; 어느 날 하인츠클라우스 메츠거가 "개발원조란 개발국(아프리카, 아시아)이… 미개발국(유럽)을 돕는 것이다… 허나 저개발국을 이용한 개발국의 원조인 것이다"[178]라고 말했다.)를 헤매고 다니던 시절의 경험과 그가 축적한 정보들이 고스란히 저장되어 있다. 그 무렵 미니멀아트가 조지 브레히트의 작품 <얌 박스>로 정점에 달했을 때(소위 '미니멀아트'라는 것이 공식적으로 출범하기 5년 전), 로베르 피유는 마치 하나의 에너지 덩어리처럼 파리의 전 예술계를 하나로 응집해서 <포이포이 갤러리 Galerie Poi Poi>라고 명명한 자기 모자에 담아 놓았다. 그는 "나는 타이프를 잘 치지 못합니다" 혹은 "………………" 처럼 간단한 문장을 종이 위에 수없이 타이프로 쳐서 모자 안에 넣고 팔았다.

조지 브레히트는 자신의 미니멀아트를 미니멀 라이프스타일(T. 아도르노가 말한 "결론을 이끌어내기die Konsequenz ziehen")로 바꾸었다. 그는 북

---

177 펜타곤 도큐멘트(펜타곤 페이퍼): 1971년 6월 미디어에 비밀문서가 공개됨. (N.d.T.)

178 "Entwicklungshilfe ist eine Hilfe zur Unterentwicklung… des 'Entwickelten'[아프리카, 아시아] durch den 'Unterentwickelten'[유럽]"

스테후데[179]의 오르간 곡을 연주한 적이 있는 한 석학의 아파트에 정착했는데, 그 오르간은 어느 날 바에서 술 취한 사람에게 주어버렸다.

(존 케이지가 브레히트에게 물었다. "자네 쾰른에 산다면서?" 브레히트가 대답했다. "아니. 나는 쥘츠에서 살아." 이 경우 역시, 배꼽이 배보다 큰 것이 아닐까.)

하지만 피유는 자신의 포이포이 갤러리를 1980년경 퐁피두센터에서 가장 큰 갤러리로 만들었다. 내가 보기에는 서구가 동구를 염두에 두고 기획한 가장 훌륭한 예술행사였다. 한 달간 피유와 그의 옛 폴란드 친구인 조 포이퍼Joe Pfeuffer는 갤러리에서 프랑스 방문객, 관광객들과 함께 작품을 만들었다. 사람들이 몰려들 때도 있었고, 아무도 오지 않을 때도 있었다. 물론, 이 고상한 행위를 이해하는 신문기자는 없었다. 한 달간의 작품(또는 관객의 창작품) 전시 후에 로베르와 그의 친구는 그 성과물을 완벽한 조화 속에서 살고 있는 아프리카의 이상적인 부족, 도곤[180] 부족에게로 가져갔다. 그렇다… 우리가 아프리카에 가서 그들의 머리나 '원시적인' 남근을 사가지고 파리에서 전시하고 팔려고 하기 때문에, 파리 사람으로서 자신의 창작물을 가져가서 아프리카 사람들에게, 특히 도곤 부족에게 보여주어야 할 의무가 있었던 것이다… 이것이야말로 평등이고 박애가 아니겠는가!! 이는 개념예술의 진수이다. 게다가 이 여행 경비를 행정 당국이 아니라 예술가가 스스로 지급했다는 사실에 더욱 찬사를 보내고 싶다.

20년 동안 대중은 플럭서스에 회의적인 시선을 보냈다. 오늘 우리는 성인식bar-mitsvah을 치른다. 그리고 로베르의 딸이 런던에 살면서 가수로 데뷔한다. 그렇지 않더라도 나는 지난 20여 년간 플럭서스 구성원 사이에 돈, 명예, 야망, 권력 같은 문제로 내부 다툼이 없었다는 사실이 자랑스럽다.

---

179 Dietrich Buxtehude(1637~1707): 17세기 후반 북부 독일 최대의 오르가니스트 겸 작곡가. 역주.
180 Dogon: 말리의 종족. (N.d.T.)

로베르의 삶과 예술은 그 어떤 모순도 찾아볼 수 없을 정도로 잘 익은 겨울철 멜론처럼 부드럽다.

마리안도 마찬가지다… 그녀는 염소를 키우고 직접 치즈를 만든다.

이 글을 쓰는 일요일 오후, 나는 냉장고에 치즈가 없다는 걸 깨닫는다….

그런데 나는 잘 익은 카망베르 치즈가 무척 먹고 싶다….

예술과 위성[181]

나는 이제 막 휘트니 미술관 전시 공간의 두 배가 넘는 도쿄 메트로폴리탄 아트뮤지엄에서 아트비디오 대형 전시를 마치고 서울을 거쳐 뉴욕으로 돌아오는 길이다. 나는 그 공간을 채우려고 과거의 내 작업들을 거의 다 재현했다. 그중 가장 인기 있었던 작품은 <TV정원>도, <도쿄 매트릭스>도 아니고 <굿모닝 미스터 오웰>이었다(1984년 1월 1일 뉴욕-파리 간 위성 생중계 방송).

각각 60개의 TV 모니터를 이용한 <정원>과 <매트릭스>와는 달리 <굿모닝 미스터 오웰>은 겨우 두 대의 모니터만으로 제작했기에 더욱 놀라웠다. 작년 겨울 뉴욕의 키친센터 전시 때도 같은 경험을 했다. 뉴요커들은 매일 키친센터에 와서 한 시간 동안 공연을 보았다. 몹시 추운 한겨울이었지만 한 달 내내 관람객의 발길이 이어졌다. 세계은행 직원이 싱가포르에서 발행되는 신문에 실린 이 전시회 기사를 네팔에서 읽었다는 이야기를 내 조카 켄을 통해 들었을 때 무척 감동했던 기억이 있다. 내가 무언가 옳은 일을 했다는 느낌이 들었다… 하지만 그 **이유**는 여전히 알 수가 없다.

---

181 Art & Satellite: 『백남준-Mostly Video』에 처음으로 수록, 도쿄 메트로폴리탄 아트뮤지엄, 도쿄, 1984, pp.12~14. 유미코 야마자키가 일본어에서 영어로 번역했다. 이어 1984년 11월 28일부터 12월 9일까지 DAAD 갤러리에서 열린 <굿모닝 미스터 오웰> 전시 때 출간된 백남준에 관한 글 모음집, 『2500만을 위한 예술』에 재수록되었다. 줄리안 레글레르가 1부를 프랑스어로 번역했다.

물론 내가 위성을 처음 이용한 예술가는 아니다. 이론이나 예술적인 면에서 이 분야의 선구자는 더글러스 데이비스[182]이다. 그는 위성 매체의 쌍방향적 특성을 개발하려고 전력을 기울였다. 1977년 《도큐멘타》 전시회 때, 그는 경제적 지원이 충분하지 못했기에 이 쌍방향 현상을 시뮬레이션으로 대신할 수밖에 없었다. 그는 전시회가 열리는 독일의 카셀에서 음극관을 두드리면, 베네수엘라의 카라카스에서 그 반향이 나타나는 것처럼 꾸몄다(시뮬레이션으로).

맨해튼에서 케이블 전송 실험을 할 때 그는 손가락으로 TV 모니터 한쪽을 누르면서 맨해튼 케이블 시청자들이 동시에 같은 곳을 누르게 했다. 그러자 상상했던 것처럼 그 부분의 영상–관이 뜨거워졌다.

이 분야에서는 캘리포니아 출신 키트 갤러웨이와 셰리 라비노비츠 부부[183]의 노력도 주목할 만하다. 로스앤젤레스와 뉴욕 사이에서 3일간 실험을 녹화한 내용을 보면서 나는 세 번이나 울었다(비디오테이프 ‹홀 인 스페이스›).

특히 뉴욕에 사는 노부인이 처음 손자를 만나는 장면은 매우 감동적이다(위성중계를 통해). 나는 대륙 간 피드백이라는 아이디어를 빌려서 시각만이 아니라 의미 측면에서 공연의 하이라이트인 머스 커닝햄의 대륙 간 피드백을 발전시키는 데 사용했다.

현재까지 한국에서는 약 1000만 명, 미국과 캐나다에서 500만 명, 유럽에서 200~300만 명이 접속했다. 하지만, 이 엄청난 수치가 중요한 것은 아니다. 우리 실험의 결과로 한 나라에서 500만 명을 접속하는 것보다 다섯 국가에서 500만 명을 접속하는 게 더 흥미롭다는 것이 밝혀졌다. 우

---

182 Douglas Davis(1933~): 미국 출생. 뉴욕의 국제 네트워크 아트디렉터, 미술평론가, 1969년부터 화가로 활동했고 퍼포먼스와 비디오아트 이벤트를 기획했다. 플럭서스와 예술 개념에 뿌리를 내리고 TV와 라디오 방송, 인터넷 등을 예술적으로 활용하는 분야를 개척했다. 1977년 제6회 《도큐멘타》 개막식에 백남준, 요셉 보이스와 함께 최초의 국제적인 위성방송 이벤트에 자신의 작품 ‹마지막 9분(The Last Nines Minutes)›을 출품했다. 역주.

183 1975년부터 키트 갤러웨이(Kit Galloway)와 셰리 라비노비츠(Sherrie Rabinowitz) 부부는 민주적 대안 미디어 분야에서 개척적인 다양한 커뮤니케이션 프로젝트를 진행했다. 1989년 그들은 미국 서부의 여러 지역을 포함한 'CAFE: communication access for everyone' 을 설립했다. 역주.

리는 서로 다른 나라에서 같은 형태의 시청자들을 상호 접속하게 할 수 있는데, 그럼으로써 몇몇 지적인 공연들이 경제적으로 자립할 수 있게 되었다.

세기의 전환점에서 프랑스의 수학자 앙리 푸앵카레는 이런 의견을 피력했다…(그렇다. 그 시대는 소위 물질적 진보와 새로운 대상 발견의 시대였다…) 그는 발견이란 새로운 대상을 찾아내는 데에 있는 것이 아니라, 이미 존재하는 대상 사이의 새로운 **관계**를 찾아내는 데 있다고 말했다.

우리는 또다시 세기말에 서 있다. 훨씬 새로운 소프트웨어를 발견해내고 있으며, 이때 발견하는 것은 새로운 사물이 아니라 새로운 생각이다… 우리는 또다시 이 많은 생각 사이에 새로운 관계를 발견할 뿐만 아니라, 이들 사이의 관계망을 구축한다! 우리는 이미 후기 산업사회에 깊숙이 발을 들여놓았다. 인공위성, 특히 쌍방향 위성 생중계는 이러한 인류의 비디오 공간에서 매우 강력한 도구이다.

나는 이 자리를 빌려 이 도전적인 경험을 가능케 해준 네 명의 제작자에게 감사의 말을 드리고 싶다. 그들은 캐럴 브랜던버그Carol Brandenburg (WNET TV, 뉴욕), 크리스틴 반 아슈(퐁피두센터, 파리), 요스 몬테-바케르(WDR, 쾰른), 이원홍(KBS TV, 서울)이다.

아울러 도쿄 메트로폴리탄 아트뮤지엄의 젊은 관장인 유루기 야스히로萬木康博 씨의 제안으로 열렸던 내 전시에 관한 글 가운데 서론을 소개하고자 한다.

모든 과학의 근원은 아리스토텔레스에게서 찾을 수 있다고 한다. 하지만 우주미학이라는 학문은 유명한 닌자였던 사루토비 사스케[184]로부터 시작한다.(사무라이는 적을 밀정하기 위해 자신의 몸을 안 보이도록 하는

---

184 猿飛佐助: 대표적 닌자 집단인 코가(甲賀)의 일원. 다쓰카와 문고(立川文庫)의 제40편 『사루토비 사스케』(1914)가 출판되면서 큰 인기를 얻었다. 가공의 인물로 여겨지나, 실존 인물이라는 설도 있다. 역주

등의 수많은 기술을 배웠다.) 닌자가 되는 첫 번째 훈련 단계는 축지법, 즉 중력의 법칙을 극복하는 것이다. 위성에서 이것은 아이들의 놀이나 다름없다. 따라서 모차르트가 당대에 발명된 클라리넷을 터득했던 것처럼, 인공위성 작가는 처음부터 그 물질적 조건과 문법에 맞는 작품을 구성해야 한다. 고양된 의미에서의 인공예술은 단지 기존의 심포니와 오페라를 다른 지역으로 송신하는 것이 아니다. 지구의 반대편을 연결하는 쌍방향 교신을 어떻게 실현할지, 대화적인 예술구조는 어떻게 가능한지, 시차를 극복할 방법은 무엇인지, 즉흥성, 불확정성, 반향, 피드백, 케이지식의 공간 개념을 조율하는 방법 등을 모두 고려해야 한다. 그리고 국가 간에 존재하는 다양한 상식, 선입견, 문화적 차이에 어떻게 즉각적으로 대처해야 하는지도 고려해야 한다. 위성예술은 이 모든 요소를 최대한 이용하여(그것이 장점이 될 수도 단점이 될 수도 있기에), 복합적인 시공간의 심포니를 창조해야 한다.

이러한 요소들이 뉴욕, 샌프란시스코, 파리에서 동시에 두 채널로 미국, 프랑스, 독일, 캐나다 일부 지역과 한국에 〈굿모닝 미스터 오웰〉을 방송할 때 여러 가지 복잡한 문제를 일으켰다.

첫 번째는 시차 문제였다. 뉴욕과 파리 사이에는 6시간의 시차가 있다. 두 나라 모두 시청률이 높은 시간대를 정하는 것은 불가능했다. 그래서 나는 추운 겨울 일요일로 날을 정했다. 정오(1984년 1월 1일 일요일)에 뉴욕은 몹시 추울 테니, 사람들은 대부분 집에 있을 것이다. 파리는 오후 6시다. 1월 1일에는 아무리 철없는 바람둥이라도 집에서 가족들과 식사하겠지. 한국은 불행하게도 1월 2일 새벽 2시였다.

두 번째 어려움은 언어 문제와 시청자 사이의 일반적인 상식 차이였다. 오웰의 소설 『1984』는 영미권에서는 아주 유명했기에 모르는 사람이 거의 없었다. 그에 관한 전시도 넘쳐날 정도였다. 반면 프랑스어권에서 『1984』는 1950년대 이후 절판되었고, 관련 비평서도 한 권밖에 없었다. 결과적으로 프랑스 TV는 방송 처음과 중간에 약 15분을 할애해서 작품에 대한 긴 해설을 곁들여야 했다. 이런 문제점들은 그렇지 않아도 이해하기 어려운 아방가르드 작품을 더 어렵게 만들었다.

삶의 **베타맥스**에 되감기 버튼이란 없다. 중요한 사건은 단 한 번만 일어난다. 세계 3대 문명의 도덕적 기반이 되었던 자살들(소크라테스, 예수, 백이伯夷와 숙제叔齊) 또한 단 한 번 일어난 사건이었다. 사람과 사람의 만남, 사람과 특정 시대의 만남은 종종 "일생일대의 만남"이라고 여겨져왔지만, 인공위성을 통해 이러한 존재의 분절들은 그 부피가 훨씬 커지게 되었다.(물론, 이 분절들이 덩어리로서 존재할 수 있다면 말이다.) 사고과정이란 다층적 매트릭스로 배열된 뇌세포의 연접부 사이에서 전광電光들이 움직이는 것이다. 영감이란 이 전광의 한 줄기가 순간적으로 발생하여 예상치 못한 방향으로 매트릭스의 한 부분에 안착해버린 양상이다. 인공위성은 우연적으로 그리고 필연적으로 사람과 사람 사이의 예기치 못한 만남을 유도할 것이며, 인류 뇌세포의 연결고리를 더욱 공고히 할 것이다. 『월든, 숲속의 삶』의 작가이자 19세기 히피의 선구자였던 소로Henry David Thoreau는 "전화회사들이 메인 주와 테네시 주를 전화로 연결하고자 하고 있다. 그것이 성공한다 한들 사람들은 도대체 서로 무슨 말을 할 수 있겠는가? 과연 어떤 얘깃거리가 가능하겠는가?"라고 썼다. 물론, 역사가 소로의 (기껏해야 바보 같은) 질문에 답을 제시했다. 새로운 접촉이 새로운 내용을 낳고, 새로운 내용이 새로운 접촉을 낳는 피드백(지난 시대의 표현법을 빌린다면 변증법)이 개발되었다.

1984년 새해 첫날, <굿모닝 미스터 오웰>은 모든 종류의 피드백을 만들어냈다. 케이지와 보이스는 친구이지만 한 번도 작업을 함께 해본 적은 없었다. 보이스와 긴즈버그 사이에는 공통점이 많았다(적극적인 정치활동, 강한 퍼포먼스의 취향, 반핵을 주장하는 자연주의자, 같은 나이, 낭만주의 성향). 하지만 그들은 이전에 한 번도 만난 적이 없었다. 아주 드물게 만나는 지구의 스타들과는 달리 천체들(화성, 토성, 직녀성, 견우성)은 정기적으로 만난다. 보잘것없는 우리 삶에서 다른 사람과의 만남으로 얻을 수 있는 신비로움을 생각할 때 위대한 천재들이 서로 만나지 않고 나이를 먹어간다는 것은 무척 유감스러운 일이 아닐 수 없다. 게다가 이러한 만남(예를 들어 케이지와 매클루언 그리고 케이지와 버크민스터 풀러의 만남)을 아무도 녹화하지 않았다니! 인류 문화의 차원에서 얼마나 커다란 손실인가. 1963년에 프랑스 TV는 에드가 바레즈[185]와 마르셀 뒤샹의 만남을 녹화했다. 두 천재 모두 세상을 떠난 지금, 나는 가끔 그 테이프를 보며 감동에 젖곤 한다. 위성은 기하학적 진보에 따라 이런 만남의 신비를 증폭시킬 것이다. 개인적인 일화를 하나 소개하자면 내가 존경하는 친구 요셉 보이스와 처음 만났을 때(1961년 «제로Zero» 전시회가 열렸던 슈멜라 갤러리에서) 같이 찍은 사진이 『앤트워프 제로 인터내셔널』 도록에 실린 것을 보고 매우 놀란 적이 있다. 사실 나는 그런 사진이 있는지조차 몰랐다.

위성 덕분에 타인과의 신비스러운 만남(우연한 만남)은 기하학적 진보과정을 거쳐 축적되어 갈 것이며, 이는 동시에 후기 산업사회의 주된 비물질적 산물이 되어야 한다. 신은 인류를 번식시키기 위해 사랑을 창조했지만, 부지불식간에 인간은 단지 사랑을 위해 사랑하기 시작했다. 같은 논리로, 비록 어떤 것을 성취하기 위해 말을 한다고 하더라도, 인간은 자신도 알지 못하는 사이에 단지 말하기 위해 입을 열기 시작할 것이다.

자유를 위한 사랑의 작은 걸음만이 있을 뿐이다. 자유를 미리 정의하는 것은 그 자체가 역설적이다. 따라서 이 사실을 이해하려면 역사 속에서 자유가 진화한 과정을 되돌아보아야 한다. 미국의 진보성향 기자인 시어도어 화이트는 제2차 세계대전 동안 옌안에서 중국 공산당 지도층들에게 자유와 탐욕의 차이를 설명하기가 무척 어려웠다고 썼다. 중국어는 5만 개의 글자를 조합하고 환치하여 25억 개의 어휘를 만들어낸다. 하지만 자유를 의미하는 自由라는 두 글자는 19세기가 되어서야 등장했다. 仁(친절, 인본), 義(의식, 예의), 道(삶의 방식, 삶 등)를 영어로 번역하기 어

185 Edgar Varèse(1883~1965): 프랑스의 작곡가. 전위음악의 아버지라고 불리는 실험적 작곡가이다. 역주.

려운 것처럼 liberty를 중국어로 번역하는 것은 몹시 어려운 일이다. '중국공산당'에서 '공산共産'이란 어휘가 일본어에서 온 것으로 보이듯이 自由라는 단어도 그렇게 생겨났는지도 모른다. 자유롭고 뛰어난 고대 그리스 문명에서조차 자유로운 인간이라는 단어는 사회계급을 의미할 뿐, 자유의 철학적 의미를 찾아볼 수 없다. 자유에 대한 열정적인 이념은 중세 기독교 사상의 가장 억압적이고 가장 어두운 지배 아래서 생겨났을 것이다. 게다가 파시즘의 대두와 러시아 혁명의 쇠락 그리고 제2차 세계대전 전후로 부르주아의 자유가 쇠퇴하면서 이 열정적인 이념이 가장 예민하게 등장했을 것이다. 1960년대부터 카뮈, 사르트르, 베르쟈예프[186]의 실존주의는 자유와 번영을 새롭게 경험하면서 다시 서구 유럽사회에서 잊혀간다. 어쨌든 자유는 인간에 내재된 개념이 아니라(코란에서도 유교의 선집에서도 찾아볼 수 없다), 초콜릿이나 추잉검처럼 인공적으로 만들어낸 것이다.

위성기술을 통한 '자유의 증대'(순수하게 존재론적인 면에서 '자유의 증대'란 역설적이다. 자유는 질적인 사고이지, 양적인 사고가 아니다)는 기대와는 달리 '강한 자의 승리'로 이어진다.(자유와 평등은 매우 유사한 개념처럼 보이지만, 사실은 서로 전혀 상관없을 뿐만 아니라, 대립적이기도 하다.)

최근에 캐나다 북극 지방의 한 에스키모 마을이 문명을 접하기 시작했다. 지금까지 그곳에는 상점이 네 개뿐이라고 한다. 첫째는 대형할인매장이고, 둘째는 사탕가게다.(최근까지 그들은 단맛을 알지 못했다.) 그리고 세 번째가 비디오대여점이다!!!

비디오는 도저히 가늠할 수 없는 마술적인 저력이 있다. 이렇듯 매우 오래된 에스키모의 전통문화가 할리우드의 불도저로 곧 쓸려버릴 위험에 처해 있다. 위성으로 강한 자의 자유를 증대시키는 것은 나약한 문화를 보호하고 여러 문화 사이의 질적인 차이를 정확하게 드러내는 다양한 소

---

186 Nikolai Berdyaev(1874~1948): 러시아의 마르크스 사상가이자 기독교인으로 공산당에 대한 그의 비판적인 자세를 바꾸지 않아 1922년에 추방되었다.

프트웨어를 만들어내는 것을 의미한다. 비트 세대의 시인들은 20세기 후반을 대표하는 예술의 독창성을 창조하려고 참선에서 힌트를 얻었다. 필립 글래스는 인디언음악에서 영감을 얻었고, 스티브 라이히[187]는 가나음악으로 돌아섰다. 그것은 결코 불가능한 작업은 아니다.

관광의 가장 중요한 즐거움 가운데 하나가 다른 문화의 습득에 있다면 위성 덕분에 우리는 매일 관광여행을 할 수 있다. **사루토비 사스케**는 이런 관점에서 우주적인 미의 기원뿐만 아니라 위성 예술이 가지고 있는 민족적 낭만주의까지 보여주고 있다.

추신: 이 전시회를 '내 인생의 만남'이기도 한 나의 존경하는 친구 아베 슈야에게 바친다.

---

187 Steve Reich(1936~): 미국의 작곡가. 단순한 모티프와 화음의 반복과 조합을 바탕으로 하는 미니멀리즘 양식의 대표적인 작곡가 중 한 사람이다. 가장 잘 알려진 작품에 4대의 전자오르간과 마라카스를 위한 ‹4대의 오르간›이 있다. 역주.

<굿모닝 미스터 오웰>에 관한 단상[188]

인생에서 우리가 원하는 모든 것을 할 수 없듯이 TV 생중계에도 항상 달콤하면서도 씁쓸한 후회와 회한이 있게 마련이다. 사람들은 잘된 것은 보지 않고 잘못된 것에만 관심을 집중한다. 우리는 늘 우리 삶에서 부족한 것만 생각하고, 세상 다른 곳에 사는 수백만 명의 사람이 쉽게 '키친'에 올 수 없다는 사실을 간과한다. 실시간 방영도 그와 마찬가지다. 예를 들어 존 케이지와 로리 앤더슨[189] 혹은 머스 커닝햄을 초청한 것처럼, 성공한 부분은 잊어버린다. 솔직히 여러분은 운이 좋은 사람들이다.

사람들은 이렇게 묻는다.
"모든 걸 보존할 수 있는데 왜 생방송 공연을 하려는 거죠?"

진정한 의미의 대답을 할 수 없는 매우 원초적인 질문이 아닐 수 없다. 통조림 음식과 신선한 음식을 비교할 수 없듯이 생방송 공연과 녹화 공연을 서로 비교할 수는 없다. 그렇다면 생방송의 장점은 무엇일까? 쌍

---

188 Reflexions on Good Morning, Mr. Orwell: 1984년 1월. 뉴욕의 키친에서 열린 토론을 기록한 글. 미치 벨진(Mitch Belgin), 마리아 갤리슨(Maria Galison), 바버라 오스본(Barbara Osborn)이 작성. 『2500만을 위한 예술』에 수록, DAAD 갤러리, 베를린, 1984. 줄리안 레글레르가 프랑스어로 번역했다.
189 Laurie Anderson(1947~): 미국의 아방가르드 예술가, 현대음악 작곡가, 행위예술가, 화가. 역주.

방향 작업은 생방송으로 이루어져야 한다. TV를 가장 잘 사용하는 방법이 전화처럼 서로 묻고 답하는 것이기에 나는 쌍방향 TV방송을 원했다. 우리는 전화를 사용하려고 얼마나 많은 노력을 기울였던가? 전화는 1세기 전부터 있었지만, 전화를 주제로 한 논문이나 책은 겨우 세 권 정도뿐이다. 마야문명처럼 애매모호한 언어에 대해서는 예일대학에 20여 편의 논문이 있다. 하지만 전화를 주제로 한 박사논문은 단 한 편도 없다. 이라 슈나이더[190]는 이런 현상의 원인은 전화가 완벽한 의사소통 수단이기 때문이라고 했다. 아무런 문제없이 잘 작동하기 때문에 굳이 전화에 대한 글을 쓸 필요가 없다는 것이다. 그러나 케이블 TV는 문제가 많아서 방송이 시작되기도 전에 수많은 글이 쏟아져 나왔다고 한다(이라 슈나이더와 카스 칼바Kas Kalba의 설명).

가장 어려운 일은 1월 1일 스타들을 한 자리에 모으는 것이었다. 사회를 보기로 되어 있던 딕 카벳은 바하마로 떠났고, 해설을 맡았던 로버트 라우션버그는 프랑스로 가버렸다. 방송의 질은 렉싱턴, 켄터키, 그리고 뉴올리언스와 미네소타에서 가장 훌륭했다는 말을 들었다. 그때까지 이곳 사람들은 대부분 로리 앤더슨과 존 케이지에 대한 얘기는 자주 들었지만, 직접 본 적은 없었다. 그러니 로리 앤더슨을 두 눈으로 보는 기회는 렉싱턴과 켄터키 주민에게 놀라운 문화행사였던 것이다. 내가 알기로 머스 커닝햄이 PBS[191]에 모습을 드러낸 것은 14년 만에 두 번째이며, 존 케이지도 마찬가지였다. 로리는 어떤지 잘 모르겠지만, 어쨌든 흔하지 않은 출연이었다. 나는 이처럼 유명 인사가 TV를 통해 한자리에 모인 것을 보고—그야말로 문화적으로 기념할 만한 행사였다—무척 행복했다.

---

190 Ira Schineider(1939~): 미국의 비디오 예술가. 역주.
191 Public Broadcasting Service: 미국의 공영방송. 미국과 푸에르토리코, 버진 제도, 괌, 미국령 사모아 등의 공공 텔레비전 방송국을 회원으로 하는 미국의 비영리 민간법인 방송국이며, 1969년 11월 3일 설립되어 1970년 10월 5일 개국하였다. 개국 초기에는 교육을 목적으로 하는 방송국이었으나 1973년 종합방송국으로 전환되었다. 역주.

프로그램 역시 대성공이었다. 우리는 고급문화와 대중문화를 차례대로 번갈아 보여주었다. 사람들은 늘 TV에서 자니 카슨 같은 인물을 아침, 점심, 저녁에 보고 또 보고 싶어한다. 그만큼 지명도가 있다는 것이 매우 중요하다. 그래서 우리는 머스 커닝햄, 존 케이지를 오잉고 보잉고 그룹과 교대로 등장시키며 방송했다. 가장 힘들었던 것은 머스 커닝햄을 찾아가서 그가 두 로큰롤 밴드의 방송 사이에 출연하게 되리라고 말하는 일이었다. 그런데 그는 내게 그 시간대라면 사람들이 모두 집으로 돌아와 가족끼리 저녁식사를 할 때가 아니냐고 물었다. 18시에 방송할 수 있었던 것은 그야말로 기적이었다. 왜냐하면 유럽에서는 그때가 바로 어린이방송 시간이었기 때문이다. 유럽의 18시 방송은 이곳의 정오 시간대 방송보다 더 어렵다.

시청률도 순조로웠다. 처음 뉴욕의 시청률은 7퍼센트였는데, PBS로서는 평균 시청률의 두 배가 넘는 무척 높은 수치였다. 하루 평균 시청률이 3퍼센트 정도인데, 우리는 7퍼센트로 시작해서 15분 만에 6퍼센트가 되었다. 비록 30분 후에 3퍼센트로 떨어지긴 했지만, 그럴 만한 사연이 있었다. CBS와 NBC가 NFL National Football League 결승전을 방영하기 시작했던 것이다. 나는 속으로 생각했다. '좋아! 괜찮아. 미식축구와 경쟁을 할 수는 없겠지.' 방송이 끝날 무렵인 45분 후에도 시청률은 여전히 2퍼센트였다. 그런대로 괜찮은 기록이었다. 닐슨 미디어 연구소의 지표는 미국의 민주적이고 실질적인 모델을 보여준다. 나는 우리가 지적인 시청자들과 소통하였고 그들 대부분(우리 친구들)이 채널을 돌리지 않았다고 생각한다.

굿모닝 미스터 오웰
(퐁피두센터 시나리오-팩스자료)[192]

굿모닝 미스터 오웰[193]   84. 1. 1

시퀀스 0 7'15"

17시52'34"	퐁피두센터[194] 전면 이미지	카메라 4-외부
	녹화 빌레르 소개	녹화 테이프
	유르겐슨(Jurgenson)[195]하는 동안	카메라 1+2
	오웰 사진	-지하 선큰[196]
	빌레르의 마지막 설명이 끝날 때	
	오웰의 사진으로 마무리	
	빌레르의 마지막 멘트	카메라 6-4층
17시59'30"	(퐁피두센터 전면)	카메라 4

192 Bonjour Monsieur Orwell: 1984년 1월 1일, 뉴욕, 파리, 샌프란시스코와 쾰른을 잇는 ‹굿모 닝 미스터 오웰› 위성방송의 프랑스 시나리오(팩스자료). 백남준은 퐁피두센터에서 전 세계 2000만 시청자를 대상으로 예술과 공연 분야의 대스타들을 한자리에 불러 모았다. 그중에는 샬럿 무어먼, 로리 앤더슨, 벤 보티에 등이 있었다. 『2500만을 위한 예술』에 수록, DAAD 갤러 리, 베를린, 1984.

193 손 글씨로 쓰인 팩스 문서가 원문인 관계로, 알아보기 힘든 글자들의 경우 다 옮기지 못하였음 을 밝혀둔다. 역주.

194 원문에는 퐁피두센터가 위치한 지역 이름인 ‘보부르’로 표기되어 있으나 맥락상 퐁피두센터로 번역했다. 역주.

195 정확한 의미 파악 불가. 역주.

196 불어로 fosse는 구덩이, 지하라는 뜻을 담고 있는데, 여기서는 퐁피두센터 지하의 선큰을 가리 키는 것으로 지하 선큰이라고 번역했다. 선큰은 1층에서 내려다볼 수 있다. 역주.

시퀀스 1 4'35" 동조신호

18시(17시58") 자막 + 로리 앤더슨, 피터 가브리엘 노래

합성기 (초반에 보여주기) 20"

노래 2절부터,

분수 (아니면 전면) 카메라 4 외부

+ 광장에 있는 대중의 모습 카메라 1, 2, 3
선큰

+ 파리 노트르담 성당. 분수 카메라 5

시퀀스 2 1'30" 미국 방송

클로드 빌레르 카메라 6

플림튼/ 빌레르 (눈 옆에서)

건배 제의 동시통역 (오프)

시퀀스 3 2'35" 지하 선큰 공간에서 사포 생방송 카메라 1, 2, 3
선큰

"안녕하세요 미스터 오웰" 카메라 5
4층 외부

오웰의 사진

시퀀스 4 10" 빅 브라더 미국

시퀀스 5 1'50" 크리그만/ 풀러 카메라 6

자기 자리에서

오프: 빌레르와 통역사 (좌대 "십자가")

시퀀스 6 3'40" 오잉고 보잉고 특수효과 미국 모든 변주

		스튜디오 베르소	카메라 5, 6
시퀀스 7	3'	지하 선큰 공연	카메라 3
		보이스 출연 + 두 명의 퍼포머	
		피아노 아래	카메라 2
		30"초 정도 보이스의 무릎	카메라 1
		파노라마 촬영으로 얼굴까지	(카메라 변경)

이어서

시퀀스 7		존 케이지 동시에	미국
		각자 2분할 화면	
		1'30 동안 케이지 + 보이스	
		두 번째 부분 다시 말해	
		1'30"에 케이지 + 불꽃놀이 (위성)	카메라 4 분수
		+ 보이스의 피아노 사진	카메라 6
			4층 내부
시퀀스 8	4'	로리 앤더슨 4' 동안	미국
			전자 변주
		1'30"에 어반 삭스 (에스컬레이터) 2'20"	
			녹화 모든 변주
시퀀스 9	3'	클로드 빌레르 (좌대 "십자가")	카메라 6
			4층 내부

	콩바스와 보티에	카메라 5 테라스
	보이스	카메라 2 지하 선큰
시퀀스 10 10"	빅 브라더	미국
시퀀스 11	달달함(Sucrée)	
시퀀스 12 6'	어반 삭스 생방송 6' 동안	카메라 1, 2, 3 선큰 주위
	+ 마지막 : 위베르의 모자 모든 변주	카메라 4 분수 카메라 변경 1, 2, 3, 4 rep. d 폴
시퀀스 12A 1'40"	벤 보티에 + 콩바스	카메라 5 4층-외부
	+ 보티에 화판 포럼 5'	카메라 6 4층-외부
	(경우에 따라서 브레이크 댄스) 클로드 빌레르 (오프) 파노라마 촬영 →	미국 카메라 6
시퀀스 13 1'40"	보티에 화판 → 클로드 빌레르 플림튼 / 빌레르-동시통역 (오프) 각자 2분할 화면	카메라 6 카메라 6

시퀀스 14	45"	수신기-커닝햄	카메라 5 4층-외부
시퀀스 15	1'25"	수신기-커닝햄 + 달리	미국
시퀀스 16	3'05"	커닝햄 + 피아졸라 + 녹화 테이프 샬럿(이리스) 1'15"동안 녹화	미국

시퀀스 17	4'44"	사포 "탐 탐" 3'30"	카메라 1, 2, 3 전자변주 선큰
		생방송 모든 변주 클라이맥스 노래 다음 스튜디오 베르소 오잉고 보잉고	카메라 5, 6 4층 내부 빠른 카메라 스위치 12345
시퀀스 18	10"	빅 브라더	
시퀀스 19	2'50"	크리그만/ 풀러 통역 빌레르 + 번역 (오프)	카메라 6
시퀀스 20	2'40"	긴즈버그-동시통역 (오프) 보이스 (3번째 중개)	미국 카메라 1, 2 지하 선큰
시퀀스 21	1'	플림튼/ 테라스에 빌레르	카메라 5

			테라스
	동시통역 (오프)		
시퀀스 22	1'30"	무어먼-카겔	미국
		분수 화면	카메라 4
시퀀스 23	0'30"	슈톡하우젠	미국
시퀀스 24	4'13"	테라스에 빌레르	카메라 5
		어반 삭스 (파사드)	테이프
			모든 변주
		불꽃놀이	카메라 4
			+ 녹화 분수
			(두 번째 녹화
			테이프)
		광장에 대중	카메라 1, 2
			지하 선큰
		풍피두센터 전경	카메라 3

18시간 57분 30초 → 영상 합성기. 프로그램 마무리.

séq.0 7'15"
17ʰ52'34"   Image façade Beaubourg   cam.4 . Ext
            Magnéto Présentation Villers   TAPE
            pendant Jurgenson photo Orwell   cam 1+2. Fosse
            on finit sur photo Orwell sur
            dernière phrase Villers
            Villers en direct (à côté de l'œil)   cam 6 . 4ᵉ ét.
17ʰ59'30"   (façade Beaubourg)   cam 4

séq.1 4'35"
18ʰ (17ʰ58") Générique + chanson L.Anderson   NY   PARIS
                                 P. Gabriel
            Synthétiseur (déroulant début) 20"
            Dans la 2ème partie de la chanson,
            Fontaine (ou façade)   cam.4   Ext
            + plan de foule dans le forum   cam.1.2.3   fosse
            + "Paris" Notre Dame . fontaine   cam. 5

séq.2 1'30" Programme américain
            Claude Villers   cam. 6
            Phinston / Villers (à côté de l'œil)
            pour le toast   Traduction simultanée (off)

séq.3 2'35" Sapho direct dans la fosse   cam. 1.2.3
            " Bonjour, Monsieur Orwell."   cam.5   4ᵉ. Ext.
            Photo d' Orwell
                                                      U.S.A.
séq.4 10"   Big Brother
                                                      cam 6
séq.5 1'50" Kriegman / Fuller
                        dans son stand
            off : Villers et traducteur (stand "croix")

séq.6 3'40" Oingo Boingo avec effets spéciaux   U·S·A
            Studio Bergot   cam 5 et 6

                                                      cam. 3
séq.7 3'   Présentation fosse
            Sortie de Beuys + 2 autres de   cam.2
            dessous les pianos   cam. 1
            à 30" genoux de Beuys éventuellement
            piano jusqu' au visage   NY   PARIS

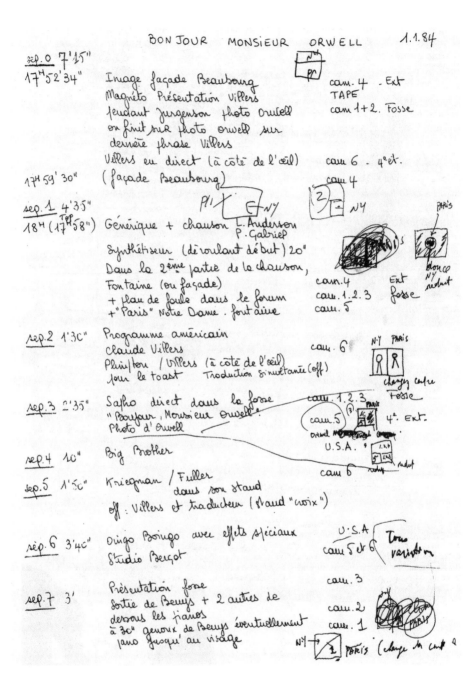

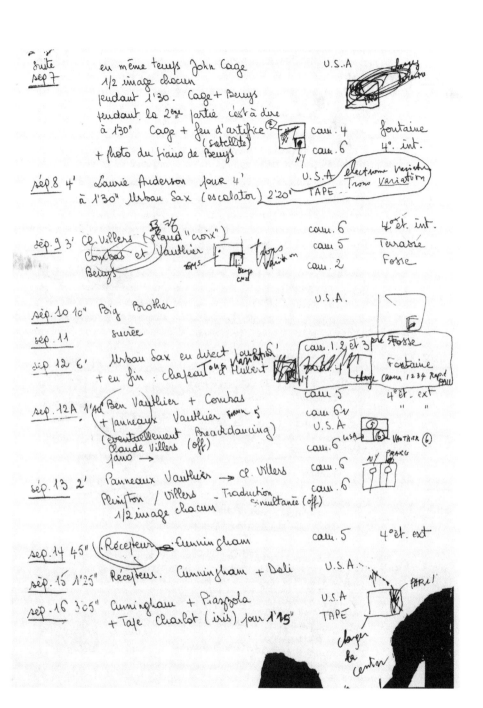

suite
sép 7 — en même temps John Cage — U.S.A
1/2 image chacun
pendant 1'30. Cage + Beuys
pendant la 2ème partie c'est à dire
à 1'30" Cage + feu d'artifice (satellite) — cam. 4 — fontaine
+ photo du piano de Beuys — NY — cam. 6 — 4°. int.

sép. 8 4' Laurie Anderson pour 4' — U.S.A electronic variation
à 1'30" Urban Sax (escalator) 2'20" — TAPE — Trans variation

sép. 9 3' Cl. Villers (grand "croix") — cam. 6 — 4° ét. int.
Combas et Vaulhier — cam 5 — Terrasse
Beuys — cam. 2 — Fosse

sép. 10 10" Big Brother — U.S.A.

sép. 11 soirée

sép. 12 6' Urban Sax en direct — cam. 1. 2 et 3 — Fosse
+ en fin : chapeau Ange Hubert — cam. 4 — Fontaine — charge caméra 1 2 3 4

sép. 12A 1'40 Ben Vaulhier + Combas — cam 5 — 4° ét. ext
+ panneaux Vaulhier — cam 6 — " "
(éventuellement Breackdancing) — U.S.A
Claude Villers (off) — cam. 6 — Vaulhier 6
piano →

sép. 13 2' Panneaux Vaulhier → Cl. Villers — cam. 6
Plimpton / Villers - Traduction simultanée (off) — cam. 6
1/2 image chacun

sép. 14 45" Récepteur → Cunningham — cam. 5 — 4° ét. ext

sép. 15 1'25" Récepteur. Cunningham + Dali — U.S.A.

sép. 16 3'05" Cunningham + Piazzola — U.S.A
+ Tape Charlot (iris) pour 1'15" — TAPE — charger la centrale

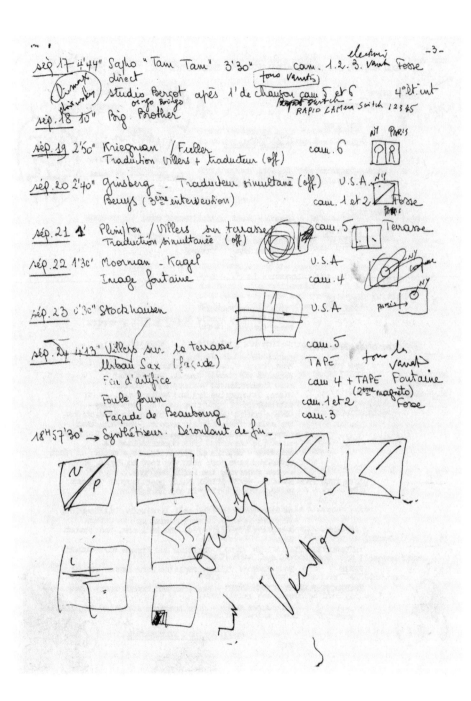

séq 17 4'44" Sapho "Tam Tam" 3'30" — cam. 1.2.3. vanet Fosse
direct   electroni
(climax)   tous vanets
Plox oroky
studio Bergot apès 1' de chanson cam 5 et 6   4°ét int
ou go Bongo   Rapid switch
séq.18 10" Big Brother   RAPID CAMera Switch 12345

séq.19 2'50" Kriegman / Fuller   cam.6   NY PARIS
Traduction Villers + traducteur (off)   P R

séq.20 2'40" Ginsberg — Traducteur simultané (off) U.S.A. NY
Beuys (3ème intervention)   cam. 1 et 2   Fosse
                                                      Paris

séq.21 1' Plimpton / Villers sur terrasse   cam.5   Terrasse
Traduction simultanée (off)

séq.22 1'30' Moorman - Kagel   U.S.A   NY
Image fontaine   cam.4

séq.23 0'30" Stockhausen   U.S.A

séq.24 4'13" Villers sur la terrasse   cam.5
Urban Sax (façade)   TAPE   tous les vanets
Feu d'artifice   cam 4 + TAPE Fontaine
Foule forum   cam. 1 et 2   (2ème magneto) Fosse
Façade de Beaubourg   cam.3
18"57'30" → Synthétiseur. Déroulant de fin.

굿모닝 미스터 오웰
—당신은 절반만 맞았다
(뉴욕 시나리오–팩스자료)[197]

오프닝 세그먼트			러닝 타임:	
뉴욕	아무 W. LD 음악!!			
	WNET 로고	:03		사운드,
	펀딩 크레디트	:20		오잉고 보잉고의
파리	FR3 로고 +BDG	상동		인어나, 1984
	펀딩 크레디트			

프로그램 로고

뉴욕		
파리	"굿모닝 미스터 오웰"	:05
	입술 애니메이션 (녹화 테이프)	

세그먼트 1

뉴욕		
파리	"이것이 그 모습이다"	4:00
	로리 앤더슨과 피터 가브리엘의 뮤직 비디오	
	(녹화 테이프)	

---

197 〈Good Morning Mr. Orwell〉-You were only half right.: 1984년 1월 1일, 뉴욕, 파리, 샌프란 시스코, 퀼른을 잇는 〈굿모닝 미스터 오웰〉 위성방송의 미국 시나리오(팩스자료). 『2500만을 위한 예술』에 수록, DAAD 갤러리, 베를린, 1984. 역주.

<u>뉴욕</u>   진행자: 조지 플림튼 프로그램 소개.

왜 조지 오웰인지에 대해 설명.

이 프로가 대서양 횡단의 버라이어티 쇼이자,

전지구적인 디스코이며, 인터렉티브 예술과 미디어

이벤트라는 점을 언급. 오웰이 그리던 섬뜩한 예측에

고개를 끄덕이면서도 이 이벤트가 기술 사용의

긍정적인 면을 확신시켜준다고 설명.

~~세계통신의 해 이벤트란 것도~~ 언급.

이 쇼에서 통신이 어떻게 이루어지는 것인지

쉬운 용어로 설명–~~위성에 대한 세부사항.~~

사실 방금 본 비디오 영상은 파리로 전송된 것임.

그리고 지금 파리로부터 영상을 받고 있음….

생방송으로 프랑스에서 영상 수신–스크린 분할,

파리 진행자: 자크 빌레르

빌레르가 배후에서 담소하는 소리를 들을 수 있음.

플림튼이 (앞으로 있을 프로그램 이벤트 및

퍼포먼스 소개) 말을 마치면서, 오웰, 1984년,

방청객, 프랑스 진행자에게 건배를 제의

인터랙티브 분할 화면 영상–미국과 프랑스 진행자의 건배.

<u>파리</u>   진행자: 자크 빌레르가 프랑스어 대본을 보고 설명.

인터랙티브 분할 화면 영상–미국과 프랑스 진행자의 건배.

사포 소개–영어 자막 번역.

(이어서)

6'   ⑥

세그먼트 3–생방송 이벤트 <u>러닝 타임:</u>

<u>뉴욕</u>	생방송 이벤트 수신–사포	4:00[198]
<u>파리</u>	사포 공연과 퐁피두센터의 야간 전경 교차.	
	스튜디오 베르소	

세그먼트 4–녹화된 희극 :10

<u>뉴욕</u>	"빅 브라더"가 보고 있는 짧은 희극 녹화 테이프.
	테디 디블–자막 없음
<u>파리</u>	파리로 송출

세그먼트 5–생방송 대서양 횡단 이벤트–희극–쌍방향 1:50

<u>뉴욕</u>	빅 브라더 주식회사 부사장으로 분한
	미첼 크리그만 제작 부서에서 인터뷰
<u>파리</u>	명망 있는 프랑스 잡지 "켈 프로마주"[199]의
	레슬리 풀러. 최근 사업 다각화의 일환으로
	디자이너 청바지와 어린이를 위한 매우 대중적인
	인형을 만드는 빅 브라더사에 대해 토론.
	(대본 제공 예정)

세그먼트 6–생방송 이벤트

<u>뉴욕</u>	로큰롤 그룹 톰슨 트윈스의 생방송	4:00
	브레이크 댄스 녹화 테이프	
<u>파리</u>	요셉 보이스와 두 명의 터키	(4:00 뒤 지속
	퍼포머들이 피아노 연주	적인 시작)

198 원래 쓰여 있던 숫자를 지워버리고 4분이라고 표기했다. 역주.
199 '어떤 치즈'라는 뜻이다. 역주.

콩바스와 벤 보티에가 퐁피두센터 4층에서
그림을 그리고 퍼포먼스.
노트르담 성당 전경
쌍방향 송출을 프랑스에서 교차편집-톰슨 트윈스 퍼포먼스의
첫 공연 몇 분 뒤

세그먼트 7-생방송 이벤트

<u>뉴욕</u>   존 케이지가 조개껍데기로 음악연주   3:00
케이지가 조개로 연주를 시작한 지
1:00 후에 진행자 조지 플림튼이 인터컷
들어감. 플림튼은 케이지가 무엇을 하고 있는지
코멘트하고 설명, 프랑스에서 불꽃놀이 큐사인.

<u>파리</u>   플림튼의 설명을 번역하고 케이지의 퍼포먼스를
생방송으로 수신.
보이스와 두 터키 퍼포머, 콩바스, 보티에 지속함
폭죽 생방송 큐사인
어반 삭스 공연 시작

쌍방향 송출 교차 편집
(이어서)

19m   ⑬

굿모닝 미스터 오웰-당신은 절반만 맞았다.   페이지 3

세그먼트 8-생방송 이벤트   러닝 타임:

<u>뉴욕</u>   로리 앤더슨의 신곡: "샤키의 하루"   4:00

기존에 녹음된 음원으로 공연

파리   로리 앤더슨 공연 수신

세그먼트 9-녹화

뉴욕   이브 몽탕이 노래하는 녹화된 영상   3:00

파리   이브 몽탕 영상 수신

보이스와 두 터키 퍼포머 공연 지속

폭죽 지속

어반 삭스 지속

콩바스와 보티에 지속

쌍방향 송출 교차 편집

세그먼트 10-녹화된 희극   :10

뉴욕   "빅 브라더"가 보고 있는 짧은 희극 녹화 테이프.

테디 디블 주연-자막 필요 없음

파리   파리로 송출

세그먼트 11-생방송 대서양 횡단 이벤트-희극-쌍방향   2:50

뉴욕   미첼 크리그만의 신년 축하

대서양 횡단 교류 특집

파리   레슬리 풀러, 에펠탑과 자유의 여신상 등을

맞교환(대본 제공 예정)

세그먼트 12-녹화된 이벤트   6:00

뉴욕   필립 글래스의 뮤직비디오 부분

존 샌본과 딘 윙클러-3막

파리   파리로 송출

굿모닝 미스터 오웰-당신은 절반만 맞았다   페이지 4

세그먼트 13-생방송 진행자   러닝 타임:

<u>뉴욕</u>   진행자 조지 플림튼이 쇼 컨셉을   2:00
            다시 설명하고, 밝은 위성 별에 대해 언급,
            3막(글래스, 윙클러, 샌본)의 크레디트 소개하기,
            실시간 공상과학 공간 기술에 대해 설명.
            대서양 횡단 전송 시 25초 지연 현상이 생김
            (다섯 번 횡단-달)

분할 스크린, 피드백으로 커닝햄 보여주기, 스틸 모션으로
엔터테인먼트[201]-크리그만 우주 요들송
            대서양 횡단 피드백을 이용한 우주 요들송 시연
<u>파리</u>   진행자 자크 빌레르가 프랑스 대본을 보고 설명

세그먼트 14-생방송 이벤트

<u>뉴욕</u>   존 케이지와 고수기가 음악을 연주하는 동안   :45
            머스 커닝햄은 대서양 횡단 비디오 피드백을
            이용하여 춤춘다.
<u>파리</u>   파리로 송출

---

200 기존 숫자를 수기로 지우고 1분으로 변경했다. 역주.
201 원문에는 ENTER라고만 적혀 있다. 역주.

세그먼트 15–생방송 및 녹화된 이벤트　　　　　　　　　2:30
　　뉴욕　　　　머스 커닝햄은 계속 춤춘다
　　　　　　　　녹화된 살바도르 달리 영상에 자막이 느리게 지나감
　　파리　　　　파리로 송출

세그먼트 16–생방송 및 녹화된 이벤트　　　　　　　　　4:00
　　뉴욕　　　　머스 커닝햄은 계속 춤춘다
　　　　　　　　탱고춤 녹화 영상에 비디폰트로　　　　(1:30)
　　　　　　　　스페인에서의 오웰을 다룬 텍스트와
　　　　　　　　작가의 사진을 세그먼트 16 시작할 때
　　　　　　　　1:30초 간 보여준다. 대본 제공 예정
　　파리　　　　거리의 악사들, 무용수, 저글링 하는　　(2:30)
　　　　　　　　예술가들이 머스 커닝햄의 안무에 따라
　　　　　　　　머스 커닝햄의 무용 끝나기 전 2:30 동안 보여주기
　　　　　　　　쌍방향 생방송 교차

세그먼트 17–생방송 이벤트　　　　　　　　　　　　　3:00
　　샌프란시스코　로큰롤 그룹 오잉고 보잉고의 1984 생방송 송출
　　뉴욕　　　　뉴욕으로 송출
　　파리　　　　파리로 송출
　　　　　　　　　　　(이어서)

48'　　　　　　　　　　　　　　　　　　　　　　　⑫

───────────

세그먼트 18-녹화된 희극 <u>러닝 타임:</u>

<u>뉴욕</u>　　　테디 디블 주연의 "빅 브라더"가 :10
　　　　　　보고 있는 단편 희극 녹화 테이프-번역 필요 없음.
　　　　　　이것이 디블의 마지막 세그먼트.
　　　　　　이 세그먼트에서 점심 도시락을 꺼내들고
　　　　　　모자를 쓰고 퇴근하는데 이내 그와 똑같이 생긴
　　　　　　또 다른 "빅 브라더"가 그의 자리를 채운다.

<u>파리</u>　　　파리로 송출

세그먼트 19-생방송 대서양 횡단 이벤트-희극: :50
<u>뉴욕</u>　　　미첼 크리그만
<u>파리</u>　　　레슬리 풀러 (대본 제공 예정)
　　　　　　쌍방향 분할 화면

세그먼트 20-생방송 진행자 1:00
<u>뉴욕</u>　　　~~진행자 조지 플림튼이 쇼프로그램 다시 소개~~
<u>파리</u>　　　~~진행자 자크 빌래르가 쇼프로그램 다시 소개~~

세그먼트 21-생방송 이벤트

<u>뉴욕</u>　　　앨런 긴즈버그 노래 4:00
<u>파리</u>　　　요셉 보이스와 두 터키 퍼포머 지속
　　　　　　사포와 스튜디오 베르소 지속
　　　　　　어반 삭스 지속
　　　　　　저글러 지속
　　　　　　콩바스와 보티에 지속

쌍방향 대서양 횡단 교차

포르티시모(매우 세게)

프레스토(매우 빠르게)

처음부터

세그먼트 22-생방송 이벤트   1:00
　뉴욕　　　　샬럿 무어면 오웰과 빅 브라더
　　　　　　　(가능하면 테디 디블의 녹화 테이프)
　　　　　　　영상이 나오는 TV첼로 연주.
　　　　　　　뉴스피크[202]를 말하는 카겔 영상
　파리　　　　세그먼트 21의 이벤트들 계속 송출
54   ⑥
　　　　　　　　　　　(이어서)

————————————

굿모닝 미스터 오웰-당신은 절반만 맞았다   페이지 6

세그먼트 23-생방송 녹화된 이벤트들   러닝 타임:
　뉴욕　　　　슈톡하우젠 녹화 테이프   1:00
　파리　　　　세그먼트 21의 이벤트들 계속 송출

세그먼트 24-생방송 이벤트   1:00
　뉴욕　　　　모든 퍼포머들과 이벤트들을 스크린에 모으고
　　　　　　　미국 진행자: 조지 플림튼이 나와서 시청자,
　　　　　　　프랑스, 오웰한테 인사-고맙게도 당신은

202　소설 『1984』에 나오는 용어. '신어(新語)'라는 뜻이며 빅 브라더의 명령에 따르도록 고안된 언
　　어 체계를 말한다. 역주.

절반만 맞았다.

55'

톰슨 트윈스

혹은

브레이크댄스 (레이어)

머스와 함께

세그먼트 25-크레디트

　　　　파리와 뉴욕 분할 화면에 "이것이

　　　　그 모습이다"를 배경으로 깔기

(음악은 가장 강하고 열광적인 록 음악이어야 함.

　　　　　　　　　　끝

⑥　　　　　　　　　　　　　　　　　　　　　　　③

55' - 58'48"

3'48"분 클라이맥스에 오르다

톰슨 트윈스가 메인으로 긴즈버그, 오를롭스키, 샬럿 무어먼 콤비로 함께하기

(브레이크 댄스 빠른 스위치 파리 장면과 함께)

하지만 1분 플림튼의 에필로그

소리만큼 백그라운드(음악)

GOOD MORNING MR. ORWELL - YOU WERE ONLY HALF RIGHT.

OPENING SEGMENTS   RUNNING TIMES:

    NEW YORK
             WNET Logo   :03
             Funding credits   :20

    PARIS   FR3 Logo   same
             Funding credits

PROGRAM LOGO

    NEW YORK
    PARIS   "Good Morning Mr. Orwell"   :05
             animated lips   (tape)

SEGMENT 1

    NEW YORK
    PARIS   "This is the Picture"   4:00
             Music Video by Laurie Anderson and
             Peter Gabriel (tape)

SEGMENT 2 - Live Event   1:30

    NEW YORK   Host:George Plimpton introduces program.
             Explains why George Orwell. States that
             this TransAtlantic Variety Show, Global
             Disco, Interactive Art and Media Event, is an
             affirmation of positive uses of technology
             with a nod to Orwells more frightening predictions.
             Emphasizes TransAtlantic aspect. Mentions that
             ~~this is a World Communication Year~~ Event. Explains
             in simple terms how this communication is
             achieved - details of Satellite. As a matter of fact
             video you have just seen was feed to Paris. and
             we are receiving the Paris feed now......
    LIVE FEED FROM FRANCE - SPLIT SCREEN Paris Host:Jacques Villers
             We hear him chatting in the background.

             As Plimpton concludes talk (including Billboarding
             of events and performers coming up) he offers
             a toast to Orwell, 1984, the audience, and French
             host.
    INTERACTIVE SPLIT SCREEN VIDEO - American and French Hosts toast.

    PARIS   Host:Jacques Villers explains from French Script.

    INTERACTIVE SPLIT SCREEN VIDEO - American and French Hosts toast.

             Introduces Sapho - with American subtitled translation.

             (more)

SEGMENT 3 - Live Event   RUNNING TIMES:

    NEW YORK   Feed of live event - Sapho   4:00

    PARIS   Sapho intermixed with scenes of the
                   Pompidou Center at night.From Studio Bercot

SEGMENT 4 - Taped Comedy   :10
    NEW YORK   Short comedy tape of "Big Brother" watch-
                   ing.   Teddy Dibble-no translation

    PARIS   Feed to Paris

SEGMENT 5 - Live TransAtlantic Event - Comedy - Interactive   1:50

    NEW YORK   Mitchell Kriegman as VP of Big Brother Inc.
                   Products Division interviewed by

    PARIS   Leslie Fuller of the prestigious French
                   journal "Quel Frommage". They will discuss
                   the recent diversification of Big Brother
                   into designer jeans and the extremely popular
                   dolls for little children. (Script to come)

SEGMENT 6 - Live Event

    NEW YORK   Live Rock and Roll Group · Thompson Twins.   4:00
                   Tape of "Breakdancing"

    PARIS   Joseph Bueys and the Two Turks playing   (continuous
                   piano   beginning
                                                 after 4:00)
                   Combas and Ben Vauthier paint and perform
                   at 4th floor of Pompidou Ctr. overlooking
                   Notre Dame.

    INTERACTIVE FEED MIXED IN FRANCE - after first few minutes
    of Thompson Twins performance.

SEGMENT 7 - Live Event

    NEW YORK   John Cage plays music on a sea shell   3:00

                   Host George Plimpton is intercut with
                   Cage as he plays shell after 1:00
                   Plimpton comments and explains what
                   Cage is doing and cues fireworks in France.

    PARIS   Live Feed of Cage Performance with Plimpton trans.

                   Bueys and Two Turks, Combas and Vauthier cont.

                   Firecrackers are presented live on cue.

                   Urban Sax begins their performance

    INTERACTIVE FEED MIXED

                            (more)

RUNNING TIMES:

SEGMENT 8 - Live Event

    NEW YORK   Laurie Anderson performs with pre-re-   4:00
                    corded music her new song: "Sharkey's Day"

    PARIS   Feed of Laurie Anderson Performance

SEGMENT 9 - Tape

    NEW YORK   Yves Montand singing from taped   3:00
                    performance

    PARIS   Feed of Yves Montand

                    Bueys and Two Turks cont.

                    Firecrackers cont.

                    Urban Sax cont.

                    Combas and Vauthier cont.

      INTERACTIVE FEED MIXED

SEGMENT 10 - Taped Comedy   :10

    NEW YORK   Short comedy tape of "Big Brother" watching
                    featuring Teddy Dibble - no translation necessary

    PARIS   Feed to Paris

SEGMENT 11 - Live TransAtlantic Event - Comedy - Interactive   2:50

    NEW YORK   Mitchell Kriegman New Year's Celebration
                    featuring transAtlantic exchanges with

    PARIS   Leslie Fuller that includes trading Eifel
                    Tower for Statue of Liberty, etc.

                    (Script to come)

SEGMENT 12 - Tape Event   6:00

    NEW YORK   Video Music segment by Phillip Glass
                    John Sanborn and Dean Winkler _ ACT III

    PARIS   Feed to Paris

                    Tape segment featuring "Breakdancing"   (2:00)
                                      1.00

                    (more)

SEGMENT 13 - Live Host   RUNNING TIMES:

with split
screen,
show Cunningham
with feedback
but in
still motion.

NEW YORK   Host George Plimpton reiterates show   2:00 (1:30)
                concept, mentions bright star sat.,
                gives credits to ACT III (Glass, Winkler,
                Sanborn) talks about live science fiction
                space technology 1/4 second lag in Trans-
                Atlantic transmission (five crossings + the moon)
ENTER - Kriegman for Space Yodel
                Demonstration Space Yodel with transAtlantic feed-
                back

PARIS   Host Jacques Villers explains from French Script

SEGMENT 14 - LIVE EVENT

NEW YORK   Merce Cunningham dances to trans Atlantic   :45
                video feedback while John Cage and Kosugi
                play music.

PARIS   Feed to Paris

SEGMENT 15 - LIVE AND TAPE EVENTS   2:30

NEW YORK   Merce Cunningham continues to dance

                Tape of Salvador Dali with subtitle crawl

PARIS   Feed to Paris

SEGMENT 16 - LIVE AND TAPE EVENTS   4:00

NEW YORK   Merce Cunningham continues to dance

                Tape of Tango dancing with vidifont text (1:30)
                about Orwell in Spain also photo of Orwell
                all during first 1:30 of segment 16.   Script to come.

PARIS   Street musicians, dancers, jugglers etc   (2:30)
                choreographed by Merce Cunningham during
                last 2:30 of Merce C. dancing

INTERACTIVE LIVE MIX

SEGMENT 17 - LIVE EVENT   3:00

SAN FRANCISCO   live feed of Rock and Roll Group -
                Oingo Boingo with 1984 song

NEW YORK   Feed to New York

PARIS   Feed to Paris

48

(more)

RUNNING TIMES:

SEGMENT 18 - Taped Comedy :10

NEW YORK Short comedy tape of "Big Brother" watching featuring Teddy Dibble - no translation necessary . This is his final segment. In this segment he takes his lunch box and puts on his hat and goes off work only to be replaced by another Big Brother who looks exactly the same.

PARIS Feed to Paris

SEGMENT 19 - Live TransAtlantic Event - Comedy :50

NEW YORK Mitchell Kriegman

PARIS Leslie Fuller (script to come)

INTERACTIVE SPLIT SCREEN

SEGMENT 20 - Live Host 1:00

NEW YORK Host George Plimpton billboard's the remainder of the show

PARIS Host Jacques Villers billboard's the remainder of the show

SEGMENT 21 - Live Event 4.00

fortessimo presto from beginng

NEW YORK Allan Ginsberg sings

PARIS Joseph Bueys and the Two Turks cont.

Sapho at Studio Bercot cont.

Urban Sax cont.

Jugglers cont.

Combas and Vauthier cont.

INTERACTIVE TRANSATLANTIC MIX

SEGMENT 22 - Live Event 1.00

NEW YORK Charlotte Mormon plays her TV cello with images of Orwell and Big Brother (possibly pretaped Teddy Dibble)

Tape of Kagel speaking Newspeak

PARIS continuous feed of events in segment 21

54 6

(more)

RUNNING TIMES:

SEGMENT 23 - Live and Tape Events   1.00

    NEW YORK   Tape of Stockhausen

    PARIS   Continuous feed of events in segment 21

SEGMENT 24 - Live Event   1.00

    NEW YORK   Amid all the performers and events on the
                      screen American Host: George Plimpton
                      appears to say goodbye to us, to France,
                      and goodnight to Mr. Orwell - Thank goodness
                      you were only half right.....

    PARIS   Amid similar circumstances the French Host
                      Jacques Villers bids us, the world, Mr. Orwell
                      Goodnight.

SEGMENT 25 - CREDITS over split screen of Paris and New York with "This
                is the Picture" in background

[handwritten annotations:]

Tompson Twins

Break dancing and Merce

(Music must be the strong, wild Rock music.

55'

END

(3)

55' — 50'65"

3' 48" point climax buildup as Tomson Twins as the major force. With Ginsberg Oulashy Charlotte Moorman joining. (~~beats dance~~ Rapid switching with PARIS scenes)

last one 'minute physicis epilogue ~~as the sound~~ back ground (Music)

182

⟨굿모닝 미스터 오웰⟩의
시나리오 초안, 1983년 5월[203]

오래전부터 위성을 이용한 문화 이벤트는 있었지만, 이번처럼 비교적 적은 비용(1만 달러)으로 문화프로그램의 쌍방향 방송을 시도한 적은 드물다. 예를 들어 머스 커닝햄과 장루이 바로[204]가 유명한 듀오 춤을 추는 장면이 TV로 실시간 중계된다고 상상해보라. 오늘날 시몬 드 보부아르와 노먼 메일러가 실존주의적 문제에 대해 논의를 한다고 상상해보라… 혹은 요셉 보이스와 존 케이지의 듀오 퍼포먼스도 좋다. '하늘이 한계이다!!!'라는 표현은 이제 은유가 아니다. 대륙 간 위성중계를 이용하면 브로드웨이의 밤 공연(단지 몇백 명의 관객만이 관람할 수 있는)에 드는 비용보다 더 적은 예산으로 두 대륙에 거주하는 수백만 인구만이 아니라 철의 장막 뒤에 있는 수백만 명과 접속할 수 있다. 동유럽 여러 국가에서 서구의 TV방송을 시청한다는 것은 이미 잘 알려진 사실이다.

국가 간의 시차를 고려할 때 방송에 **가장** 적절한 시간은 **겨울철 일요일** 뉴욕의 정오이다(서부는 아침 9시, 유럽은 저녁 6시). 다른 계절이라면 사람들이 대부분 집 밖에 있을 것이다. 1월 1일, 같은 시간대라면 더 좋겠

---

203 Le premier scenario de ⟨Good Morning, Mr. Orwell⟩: 1983년 5월. ⟨굿모닝 미스터 오웰⟩의 첫 번째 시나리오. 『2500만을 위한 예술』에 수록, DAAD 갤러리, 베를린, 1984. 줄리안 레글레르가 프랑스어로 번역했다.

204 Jean-Louis Barrault(1910~1994): 프랑스의 배우, 연출가. 그의 시적(詩的) 연극 탐구는 국내외의 고전에서부터 현대물에 이른다. 전위연극인에게 문호를 널리 개방하였으며 동양에 대한 관심도 많았다. 역주.

지. 결국, 그 유명한 **조지 오웰**의 해를 기다린다면 가장 이상적인 날짜는 1984년 1월 1일일 것이다. 그때까지 예산을 충분히 모을 수 있을지 걱정스럽다. 이 환상적인 시간을 놓치면, 바버라 메이필드가 제안한 1985년 1월 1일도 괜찮을 것이다. 그러면 매년, 혹은 격년 행사가 되겠지.

비프케 폰 보닝Wibke von Bonin(WDR, 쾰른)뿐만 아니라 캐럴 브랜던버그(WNET TV연구소)까지 합세해서 나더러 전문 시나리오 작가와 행사 진행자(예를 들어 딕 카벳)를 고용하여 탄탄한 시나리오를 구성해보라고 부추겼다. 아래에 소개하는 텍스트는 "전문적이고 규약적인" 시나리오를 위해 내가 작성한 초벌이다. 이 계획에 나는 평범한 사람들을 고려했고, 진지한 문화와 팝 문화가 공존한다는 사실도 고려했다. 왜냐면 한편으로는 이 두 가지 문화가 실제로 존재하고, 다른 한편으로는 여러 차원의 해프닝들이 TV쇼 구성을 매우 수월하게 해주기 때문이다.(예를 들어 머스 커닝햄에게 시티센터의 공연 무대는 17인치 TV 화면보다 무려 10만 배가량 더 크다.)

모든 TV 공연은 이러한 아주 기초적인 사실을 고려하고, 그 차이를 분명히 강조해야 한다.

뉴욕 시간 일요일 정오: 파리·쾰른, 18시: 샌프란시스코, 9시.

0.00 WNET	(오디오, 비디오) 남성(혹은 여성) 록 슈퍼스타가 최신 유행곡을 부른다.(1984년에 방송하게 되면, 신곡 <굿모닝 미스터 오웰>을 작곡해야 한다.) (이벤트 1)
	프랑스 록 혹은 팝뮤직 여가수가 잘 알려진 '자신의' 노래를 부른다.(1984년에 방송하게 되면, 그녀는 <봉주르 므시외 오웰>이라는 신곡을 부른다.) (이벤트 2)

독일 록 또는 팝뮤직 남(여)성 가수가 잘 알려진 '자신의' 노래를 부른다.(1984년이면 <구텐 모르겐 헤어 오웰>을 부른다.) (이벤트 3)

이벤트 1, 2, 3이 오디오와 비디오로 동시에 진행된다. 비디오 채널에서 스퀴즈 줌squeeze zoom이 같은 화면에서 세 방송을 하나로 모은다. 오디오 채널에서는 유능한 오디오 기술자가 이 세 노래를 조화롭게 음성다중으로 제작한다. 물론, (프랑스와 독일) 가수가 출현할 때마다 새로 등장한 가수는 다른 두 가수에 비해 더 조명을 받아야 한다. 어쨌든 혼자 노래를 부르는 1분 동안 세 가수의 목소리가 각각 다르게 녹아들어야 하고, 음악적으로 듣기 좋아야 한다. 실시간으로 방송되는 한 시간 동안 오디오 기술자의 혼합작업이 비디오 기술자보다 100배는 더 힘들 것이다. 비디오 기술자는 스퀴즈 줌을 주로 사용하기 때문에 더 쉽고 다양하게 접근할 수 있다.(마찬가지로 캐럴 브랜던버그가 고용한 전문 시나리오 작가는 스퀴즈 줌, 키잉, 소프트 키잉, 여러 모티프의 소프트 와이프, 스트레이트 믹싱 등이 제공하는 가능성을 세밀하게 알고 있어야 한다. 이 'X 저자'에게 세부 기술을 제공하며 그를 도와야 할 것이다.)

세 가수와 그룹이 모두 동시에 이야기한다. 사회자도 대화에 참여한다.(유럽에서는 대부분 록 예술가가 영어를 완벽하게 구사한다. 그래서 동시통역은 오히려 지루하게 느껴질 수 있다.)

세 가수가 비틀즈의 <컴 투게더Come Together> 같은 스타일의 영어나 이탈리아어 노래를 부른다.(오웰 부인은 지금도 이탈리아에 살고 있다. 그녀가 동의한다면 이탈리아 노래가 나오는 사이에 인터뷰를 삽입한다.) (인터뷰는 WDR이나 RAI 혹은 이탈리아 프리랜서 그룹이 맡는다. 방송국은 인터뷰 녹화방송을 보관한다.)

0.10 장 팅겔리[205]의 작품과 니키 드 생팔[206]의 인형이 (파리의 팅
겔리 공원에서 노는 어린이들과 함께) 등장한다.

뉴욕에서 앨런 긴즈버그가 관람객들에게 옴OM과 아AH를
노래하게 하면서 등장한다. 뉴욕, 파리, 쾰른의 관객들이 따
라한다. 어쩌면 동시에 손으로 박자를 맞추는 것이 시차 때
문에 생기는 위성사용의 이상한 효과를 낼 수도 있을 것이
다. 우리는 이렇게 촛불 하나로 대륙 간 피드백을 경험할 수
있을 것이다.

0.11 앨런 긴즈버그의 노랫소리가 점차 줄어들면서 머스 커닝햄
(뉴욕), 장루이 바로나 마르셀 마르소[207](혹은 그와 같은 부
류의 다른 예술가)와 요셉 보이스가 동시에 화면에 등장하
여 천상의 트리오를 시작한다. (여기서 비디오 감독은 스퀴
즈 줌 다루는 재능을 발휘할 수 있을 것이다. 위치와 압축/
이완, 확대, 섹션사용, 믹싱, 키잉 등 기법은 무수히 많다.
세 천재의 독창성을 각각 유지하면서 첨단기술 분야의 새
로운 기법들을 적용할 수 있을 것이다.)

음악이 앨런 긴즈버그에서 존 케이지로 자연스럽게 옮겨간
다. 비디오 화면에 존 케이지의 모습이 크게 확대되어 나타
난다. 무대 위의 예술가들이 파리와 쾰른의 음악을 결정하
고, 뉴욕에서 믹싱한다.(그 반대로 할 수도 있다.)

10분 동안 이 위대한 예술가들이 마음껏 행동할 수 있도록
개입을 자제하며 그들에게 경의를 표한다. 장 팅겔리와 니
키 드 생팔도 역시 이 시간대에 배치한다. 파리에서는 (장
루이 바로와 마르셀 킨트Marcel Kind가 있는) 팅겔리 공원과
퐁피두센터를 번갈아 보여주는 기술이 가능할 것이다. 이
러한 기술이 어렵다면 팅겔리의 기계와 니키 드 생팔의 인

---

205 Jean Tinguely(1925~1991): 스위스의 키네틱아트 및 신사실주의 조각가. 동력을 이용한 금속
조각 작품들을 발표하면서 기계의 순기능과 역기능 사이의 모순들을 비판했다. 1960년 전시
된 <뉴욕 찬가>는 '모든 것은 움직인다. 움직이지 않는 것은 존재하지 않는다.'는 키네틱아트
의 본질을 보여주었다. 역주.

206 Niki de Saint Phalle(1930~2002): 프랑스의 예술가, 조형예술가, 화가, 조각가, 영화감독. 크
리스토와 함께 신사실주의 운동의 일원이었다, 1961년 전시장에서 관객에게 총을 주어 캔버
스 위에 매단 물감 주머니를 쏘게 하여 무작위적인 추상화를 연출하는 '슈팅 페인팅' 작업으로
신사실주의 작가로 이름을 얻었다. 장 팅겔리의 부인. 역주.

207 Marcel Marceau(1923~2007): 프랑스의 팬터마임 작가, 연출가, 배우. 팬터마임 극단을 창립
하고 팬터마임의 부흥에 힘썼다. 비프(Bip)라는 현대의 피에로를 창조하여 100여 개국에서 공
연을 가졌고 한국 문화계에도 마임 열풍을 가져왔다. 역주.

형을 제외해야 할 것이다. 반면 보이스, 케이지, 그리고 커닝햄은 그대로 화면에 남아 있고, 23분 후에 시작될 문학 파트로 점차 넘어가도록 한다.

<u>0.23</u>   파리에서 팅겔리의 기계와 생팔의 인형 등. 뉴욕에서 앨런 긴즈버그와 피터 오를롭스키[208]가 그들이 작곡한 록과 컨트리 음악 여러 곡을 노래하여 수전 손택과 노먼 메일러와 같은 초청 문인들을 소개하는 배경음악으로 사용한다. 파리에서는 시몬 드 보부아르가 대화에 참여한다. 쾰른에서는 존 케이지, 요셉 보이스(두 사람은 문학과 철학에 대한 글을 발표했다)와 함께 하인리히 뷜Heinrich Böll, 귄터 그라스 Günther Grass와 같은 문학계 인사들이 대화에 합류한다.(여기서 시몬 드 보부아르와 같은 정말 유명한 인사를 위해 참가자의 수를 제한하게 될지도 모르겠다.)

약 10분간 문학에 대해 토론을 벌이면서 배경에 사르트르, 말로, 헤밍웨이, 혹은 보이스, 케이지, 커닝햄의 오래된 영화들을 삽입한다. 혹은 쾰른의 건축물이나 퐁피두센터를 몽타주한 이미지와 제작한 음향(디지털/피드백 등)을 함께 삽입해서 건축의 아름다움을 드러낸다. 자극적인 이미지를 이용한 전체적인 효과를 노리면서 수준 높은 대화를 지속할 수 있을 것이다.

<u>0.34</u>   사우스 캐롤라이나의 콜럼버스TV 공영방송국은 방송을 중단한다.(혹은 버지니아에서 그렇게 하거나 두 군데 다 그렇게 할 수도 있다.) 뉴욕도 8분에서 10분가량 안테나를 연결하지 못한다. 그동안 (비상업업된⋯ 포크웨이스 레코드[209]풍의) 전형적인 미국음악과 무용이 방송된다. 그리고 블루그래스[210], 컨트리·웨스턴, 재즈, 미국 인디언 댄스와 같은

208 Peter Orlovsky(1933~2010): 미국의 시인. 평생토록 비트 제너레이션과 관계를 맺었으며 앨런 긴즈버그와 교류했다. 역주.
209 Folkways Records: 미국의 독립 음반회사. 주로 민속음악과 세계음악을 담은 음반을 제작했다. 현재 스미스소니언사 소유. 역주.
210 bluegrass: 제2차 세계대전 이후 미국에서 마운틴뮤직을 전통 민속악기로 현대화한 컨트리앤드웨스턴음악 양식. 역주.

다양한 민속적 성향의 카테고리를 삽입한다. 그리고 같은 시간에 파리와 쾰른은 그곳의 고유한 민속음악이나 중앙 유럽과 서구 유럽의 다양한 지역에서 유래하는 민속음악 프로그램과 유사한 내용을 방영한다. 이때 스위스나 오스트리아, 네덜란드, 벨기에, 이탈리아, 에스파냐, 그리고 스칸디나비아 국가들의 민속음악을 함께 포함한다. 생방송으로 내보내는 나라들만 선택한다.

<u>0.44</u>　뉴욕 출신 젊은 예술가들이 무용과 퍼포먼스를 보이며 등장한다(아트 서비스Art-Services와 공동작업). 쾰른(비프케 폰 보닌이 작업 주도)과 파리(퐁피두센터 혹은 TV방송국 앙텐2Antenne2가 작업)도 마찬가지다.

<u>0.55~0.58</u>　피날레… 모든 스타가 다시 등장한다.
　　　　　　(이 시퀀스는 작가가 작업한다.)

사실 이 시나리오는 미국에서 이벤트를 진행하는 방식에 초점이 맞춰져 있다(뉴욕, 버지니아, 사우스 캐롤라이나). 파리와 쾰른에서는 위의 시간대에 맞춰서 WDR에 라디오 생방송을 포함하여 그들의 공연을 진행할 것이다. 재정 상태에 따라 이 프로그램에서 남부 U.S. 공영TV의 방송 시간과 역할을 확대할 수도 있을 것이다.

백남준은 제2선의 코디네이터 겸 예술가로 파리에 있을 것이다.

처음에는 이 공연이 미디어아트 이벤트라기보다는 '인터내셔널 올스타 게임'에 더 가깝게 보일 수도 있다. 하지만 우리는 처음 계획했던 대로, 작은 규모의 해프닝을 하면서도 일반 관객에게 실제로 대륙 간 실시간 생방송을 진행하고 있다는 인상을 더 강조할 수 있을 것이다.

1. <가늘고 목이 긴 맥주병>, 셜리와 웬디 클라크
화면분할 기술을 이용해서 나는 존 케이지가(다른 사람일 수도 있다) 들고 있는 잔에 맥주를 따른다… 대륙 간 이벤트이다. 물론 뉴욕에서는 숨어서 준비하고 있던 한 남자(케이지)가 내 화면 뒤에서 동시에 내 동작을 따라해야 한다는 것은 말할 필요도 없다.

2. <쌍둥이 화면>, 리하르트 크리셰Richard Kriesche, 오스트리아, 백남
준이 위성에 적용한다.

오스트리아 출신의 한 소녀가 민속 의상(티롤의 하얀 모자 착용) 차림으
로 화면의 왼쪽에서 등장해서 (파리에 있는) 내게 네덜란드의 튤립을 건
넨다. 나는 소녀에게 입 맞추고 그 튤립을 뉴암스테르담에 있는 존 케이
지에게 건넨다. 소녀는 오른쪽으로 사라지고 잠시 후 소녀의 쌍둥이 여동
생이 화면의 오른쪽에서(분열된 화면이든 전체화면이든) 모습을 드러내
다시 튤립을 존 케이지에게 준다. 케이지가 그녀에게 입 맞추며 "넌 아주
빠르구나!"라고 말한다. 그러고는 뉴욕의 세계무역센터 모형을 보여주며
"우리에게도 쌍둥이가 있단다"라고 말한다. 그리고 그 모형을 반으로 나
누어 그녀에게 타워 하나를 건네준다. 그녀는 오른쪽으로 퇴장한다. 잠시
(2초) 후 처음 등장했던 소녀가 다시 화면 오른쪽으로 나와서 타워 하나
를 (파리에 있는) 백남준에게 준다. 이어서 두 소녀가 화면에 함께 나타
나 춤을 추거나 노래를 부른다. 혹은 둘 다 한다.(이 장면에는 더 많은 비
용이 들어갈 것이다. 리하르트 크리셰나 오스트리아 TV의 문화위원회가
지급하도록 한다.)

3. <촛불을 사용한 대륙 간 피드백>, 키트 갤러웨이와 셰리 라비노비
츠, 백남준이 공연에 적용한다.

내가 파리에 있는 TV 화면 앞에 촛불을 놓는다. 카메라가 촛불을 촬영하
여 뉴욕에 전달한다. 뉴욕의 카메라맨이(팀에서 가장 능력 있는 사람이어
야 한다) 그걸 다시 녹화해 파리로 방송한다. 이 모든 것이 내 동작과 동

시에 일어난다. 우리는 시차와 함께 훌륭한 피드백을 만들어낼 수 있다. 인공위성 덕분에 가능하다. 키트와 셰리 그룹은 이처럼 설득력 있는 피드백을 제작했다. 그들은 무용수를 기용하여 극초단파로 미국 내에서 방송했다. 나는 촛불로 시작해서 손뼉을 치고(이렇게 함으로써 이미지와 소리 사이의 시차를 보여줄 수 있다), 이어서 얼굴과 몸으로 공연할 것이다. 물론 내가 젊은 무용수보다 아름답지는 않겠지만(샌프란시스코의 오리지널 퍼포먼스의 무용수) 나를 좀 더 잘 활용해 놀라움의 효과를 극대화할 수 있을 것이다. 평범한 일반인의 눈에는 멋진 장면이 될 것이다. 사회자나 해설자는 실시간으로 방송되는 공상과학영화의 미묘한 부분들까지 아주 자세히 설명해야 할 것이다. 예를 들어 두 이미지 사이의 엄지 반쪽만 한 거리는 실제로 수천만 마일의 거리를 전자적으로 응축한 것으로, 같은 영상 안에서 아주 근소한 거리도 엄청난 간격의 전자여행을 의미한다는 사실을 알려주어야 할 것이다.

each distance is the distance of N.Y.-PARIS compressed into ½ inch.

각각의 간격은 파리- 뉴욕-파리 사이의 거리를 0.5인치로 응축한 것이다.

이 훌륭한 작품을 구상하고 실현한 다섯 예술가의(셜리 클라크, 웬디 클라크, 리하르트 크리셰, 키트 갤러웨이, 셰리 라비노비츠) 이름이 마지막 화면이 아니라 퍼포먼스가 진행되는 동안 화면에 등장한다.

서베를린 독일학술교류처의 빌란트 슈미트는 DAAD 갤러리 측이 그림을 많이 삽입해서 두꺼운 도록을 출판하기로 했다고 내게 공식적으로 전했다. 덕분에 이번 행사를 책자로 남길 수 있을 것이다. 또 DAAD 갤러리는 이미지만 보여주는 것이 아니라 비디오테이프로 세 개의 공연을 동시에 보여주는 전시회를 개최할 것이다. 그리고 WDR의 라디오로도 방송될 것이다. 공연이 계속되는 동안 세 TV방송국이 서로 다른 오디오 비디오 믹싱을 제작할 것이기 때문이다. 나는 풍피두센터도 이 작업을 했으면 한다. DAAD 갤러리와 풍피두센터의 자료를 가지고 세 가지 언어로 된 완벽한 도록을 제작할 수 있을 것이다.

<u>우리에게 21세기는 1984년 1월 1일부터 시작된다.</u>

백, 전화

    독일 2101-17920   (아침 9시나 자정에 통화 가능)

                            7월 2일까지

                            (자주 여행 중이니 3~4일 후 같은 시간에 다시 연락 바람)

    뉴욕 212 226 5007   (같은 시간에 연락 바람)

                            (7월~8월 15일)

포스텔의 50년을 위한 50개의 V[211]

Victoire 승리	Vacances 바캉스
Vengeance 복수	*Valedictory* (d'adieu) 고별연설
Vagin 질	V-8 로켓
Victoria 빅토리아	Valeur 가치
Victime 희생자	Valve 진공관
Vertu 선	Véhément 격렬한
Violence 폭력	Végétal 식물
Vermont 버몬트	Vatican 바티칸
Van Gogh 반 고흐	Vasectomie 정관절제
Vostell 포스텔	Velours 벨벳
Vermouth 베르무트	Violet 보라
Vénus 비너스	Viking 바이킹
Vietnam 베트남	VHS VHS 방식
Vassily I. Chuikov 바실리 I. 추이코프	Viva 만세
Victor 빅토르	Vulgaire 저속한

---

211 50 V pour les 50 ans de Vostell: 1982년에 볼프 포스텔의 50번째 생일을 기념하기 위해 쓴 글. 메르세데스 포스텔, 『수수께끼 포스텔(Enigma Vostell)』에 수록, 엠빗(Ambit) 출판사, 바르셀로나, 1982.

Vision 비전

Vidéo 비디오

Virgile 버질

Vice-président 부의장

Vize-Versand 비즈 페어잔트

Vibrations 진동

Vibraphone 진동폰

Vexation 모욕

Vénériennes 성적인

Vaccin 예방주사

VIP 귀빈

Vide 비어 있는

Vulgaire 저속한

Verbe 동사

Vandalisme 문화예술품 파괴

Vernalisation 춘화처리

Vicissitude 변화

Versé 정통한

Valhalla 발할라

Verlaine 베를렌

말馬에서 크리스토까지[212]

비디오에 관한 철저한 연구는 말馬에 대한 연구로부터 시작해야 한다. 왜냐하면 1863년 전화가 발명되기 전까지 말이 가장 빠른 통신수단이었기 때문이다. 1863년은 마네[213]가 처음 인상주의를 발표한 해이기도 하다. 이 두 가지가 한 해에 이루어진 것은 의미심장한 일이며, 세계 구조를 완전히 해체한 뉴턴적인 사건이라고 할 수 있다.

약 3000만 년 전, 원숭이들은 숲에서 나오면서 야행성 동물의 상태를 벗어나 이동을 시작했다. 이때부터 1863년까지 가장 빠른 통신수단이 가장 빠른 운송수단을 넘어서지 못했다. 이 의미를 잘 이해하려면 텔렉스와 슈퍼 콩코드가 같은 속도라고 상상해보자. 사실 말은 텔렉스와 콩코드의 기능을 합친 것이다. 이 사실은 매우 중요하다. 오늘날 우리 선택의 90퍼센트는 당사자 간의 직접적인 만남 없이 이루어진다. 운송과 통신이 갈라서면서 엄청난 양의 선택이 가능해졌고, 여러 가지 변화—진보라고 표현해도 좋다—의 리듬을 기하학적으로 증대시켰다. 예를 들어, 대륙 간 케이블 덕분에 하나의 소식이 대서양을 횡단해서 다른 대륙에 도착하는 데 걸리는 시간이 6개월에서 2초로 단축됐다. 나폴레옹이 미국에 루이지애나를 팔았을 때 재불 미국대사는 먼로였다. 워싱턴의 결정을 기다리려면

---

212 Du cheval à Christo: 1981년 텍스트. 『예술과 비디오(Kunst und Video)』에 수록, 쾰른, 뒤몽, 1983, pp.66~69.

213 원문에는 모네(Monet)로 표기되어 있으나 오기로 봐야 한다. 1863년은 마네가 <풀밭 위의 저녁식사>와 <올랭피아>를 발표하여 현대미술의 새 장을 연 해이다. 역주.

6개월이 필요했기에 먼로는 워싱턴 본부의 의견을 묻지 않고 이 땅을 매입했다. 현재 소비에트가 겪는 경제적 어려움의 근원은 당시 파리에 살고 있던 카를 마르크스가 독일의 부퍼탈에 있는 프리드리히 엥겔스에게 전화할 수 없었기에 스스로 '과학적 사회주의자'라고 일컬은 데서 비롯되었다고 한다. 1960년대 좌파의 비극은 카를 마르크스가 바로 이 '과학적 사회주의자'임을 스스로 증명하려는 희망 없는 노력이 불러왔다는 것이다. 왜냐하면 이 과학적 사회주의자의 사고는 이미 지나버린 과학적 방법에 바탕을 두고 있기 때문이다. 아도르노는 전화의 중요성을 간파하지 못했다. 전화는 이미 100년 전부터 존재했고, 우리 삶의 여러 부분에 영향을 미치고 있다. 하지만 하버드대학의 카스 칼바의 말에 따르면 마야나 바빌론처럼 이미 죽어버린 언어에 대해서는 수많은 연구가 진행되지만, 그토록 중요한 사물인 전화에 대해서는 겨우 네 편의 연구 기록만 남아 있다는 것이다.

백만 금의 말馬

기원전 700년 한 중국 황제가 대신들에게 100만 금을 주면서 하루에 1500킬로미터를 달릴 수 있는 말을 구해오라고 했다. 한 대신이 석 달 동안 온 나라를 헤매고 다녔지만, 소용없었다. 그러다가 드디어 그가 찾던 말을 발견했지만 때는 이미 늦었다. 전날 말이 죽어버린 것이다. 대신은 눈물을 흘렸다… 하지만 곧 흐르는 눈물을 닦고, 죽은 말을 50만 금에 사서 왕궁으로 가져왔다. 황제가 노발대발한 것은 당연한 일이었다. 그리고 죄를 지은 대신은 '비단 줄'에 목을 매달아 죽여야 마땅했다.

그러나 대신은 차분한 목소리로 황제에게 말했다.

"황제여! 백성 사이에 소문은 화약에 불을 지핀 듯 퍼져 나갈 것입니다. 그들은 이렇게 얘기할 것입니다. '죽은 말을 오십만 금이나 주고 샀다면 살아 있는 말에는 얼마나 줄까?'라고 말입니다."

얼마 지나지 않아 황제는 놀라운 준마를, 그것도 한 마리가 아니라 세 마리나 손에 넣을 수 있었다(기원전 290년 『전국책戰國策』[214]에서 전하는 일화).

정보기술이 발전함에 따라 정보의 왜곡도 같은 리듬으로 변화했다.

거짓은 늘 진실보다 흥미롭고, 살인사건 뉴스는 도덕적인 훈화보다 매혹적인 게 사실이다. 위조자를 발견하는 것은 천재적인 예술가를 새로 발굴하는 것보다 더 많은 시선을 끌어 모은다. 그 이유는 독자를 양이온에 비교한다면, 본능적으로 긍정적인 자아를 중성화하려고 나쁜 소식이 지닌 음이온을 불러오기 때문이다. 미디어는 마치 이온으로 구성된 전자장과도 같다.

역사상 가장 큰 대가를 치른 거짓 선전은 제2차 세계대전 기간에 있었다. 선전의 목적은 히틀러로 하여금 연합군이 노르망디(실제 상륙지)가 아니라 칼레에 상륙한다고 믿게 하는 것이었다. 히틀러가 이 시나리오를 믿게 하는 데 수없이 많은 죄 없는 사람들이, 아니 너무도 고귀한 사람들이 희생되었다. 물론, 이것이 새로운 방법은 아니다. 기원전 700년 중국의 철학자 손자孫子는 두 가지 유형의 첩자를 구분한 바 있다.

첫째, '산 첩자'의 임무는 적군의 기지로 잠입해 필요한 정보를 가져오는 것이다.

둘째, '죽은 첩자'에게는 거짓 정보를 주고 적진에 보내어 배반하도록 유도한다. 그가 심한 고문을 견디지 못하고 처형당하기 전에 적에게 거짓 정보를 흘리게 하는 것이다.

---

214 중국 한나라의 유향(劉向)이, 전국시대에 종횡가가 제후에게 논한 책략을 나라별로 모아 엮은 책. 주나라의 안왕에서 진나라의 시황제까지의 250년 동안의 소진(蘇秦), 장의(張儀) 등의 변설(辯設)과 책략을 동주(東周), 서주(西周), 진(秦) 등 12개국으로 나누어서 엮었다. 33권. 역주.

조삼모사朝三暮四

2000년 전 중국의 한 남자가 농장에서 백여 마리의 원숭이를 키우고 있었다. 그는 원숭이들을 아주 좋아했다. 그런데 점점 재산이 줄어들었다. 원숭이 때문에 너무 많은 돈을 쓴 걸까, 아니면 스태그플레이션 때문일까….

어느 날 그는 원숭이들을 찾아가 말했다. "얘들아, 내가 파산했단다. 그래서 너희에게 줄 먹이를 줄여야겠어. 오늘부터 아침에는 땅콩 세 개, 그리고 저녁에는 땅콩 네 개밖에 줄 수가 없단다." 그 말에 원숭이들이 시끄럽게 울어댔다. "우리는 그렇게 먹고는 못 살아요. 모두 굶어 죽고 말거예요."

농부는 잠시 생각에 잠겼다. 그러고는 이렇게 말했다.

"좋아. 그럼, 아침에 땅콩 네 개를 주고, 저녁에 세 개를 주도록 하지."

이 말에 원숭이들의 표정이 환해지면서 다들 만족스러워했다.

이백만 금의 기둥

장 황제는 마을 남문에 평범한 기둥을 하나 세우고, 이 기둥을 북문까지 운반하는 사람에게 100만 금을 주겠다고 했다. 사람들은 "반나절 일감에 백만 금이라!"라고 외쳤다. "장 황제가 농담하는 게 분명해."

그러자 장 황제는 보상액을 두 배로 올렸다. 그때 한 남자가 200만 금은 염두에 두지도 않고 재미 삼아 기둥을 옮겼다. 그러자 그는 곧바로 보상액 전액을 하사받았다. 물론 이 소식은 온 마을에 퍼졌다. 황제는 바로 이 순간을 택해서 매우 엄한 법을 새로 공포하고, 이를 어기는 자는 엄하게 다스리겠다고 했다. 모든 이가 곧바로 이 법을 따랐다.

영혼의 신비로운 새인 '소문'은 호모 사피엔스가 발명해낸 최초의 라디오였다. 왜 어떤 소문은 다른 소문보다 빨리 퍼지는가를 결정하는 규칙은 없다. 그와 마찬가지로 광고의 세계를 지배하는 어떤 법칙도 없다.

소문은 신진대사의 또 다른 결과이다. 새로운 것이 진실한 것보다 더 결정적이다. 모든 것이 놀라움의 효과에 달린 것이다.

최근 미국 역사가인 마이클 하트는 매우 도발적인 논문을 발표했다. 그는 2세기까지 서구 문명이 중국 문명보다 더 발전했다고 한다. 하지만 이 시기에 역전이 되어, 중국이 서구를 앞섰다. 이런 상황이 15세기까지 지속되다가 다시 역전되었다고 한다. 하트에 따르면 15세기부터 오늘날까지 서구가 다시 선두를 지켜오고 있다고 한다. 하트는 커뮤니케이션 부문의 발명(2세기 중국에서 발명한 제지술과 15세기 독일에서 발명한 인쇄술)이 문명의 발전에 가장 중요한 역할을 했다고 한다.(물론 한국인과 중국인들이 구텐베르크 이전에 인쇄활자를 발명했지만, 26자의 표음문자 체계 알파벳을 사용하여 얻은 자동화 효과는 5만 자의 표의문자 체계에 적용된 기술과는 비교가 되지 않았다.)

일본인 몽골 역사 전문가인 이와무라[215]의 주장을 따르면 기원전 1000년경에 말이 사육되기 시작했다고 한다.(당시 말의 화석을 보면 오늘날 개 정도의 크기였다고 한다.) 기원전 1000년경에 인류 발전이 갑작스럽게 이루어진 것은 어쩌면 말의 '발명'에서 그 원인을 찾을 수 있을지도 모른다. 이는 전쟁과 운송수단을 근본적으로 바꾸어놓았을 뿐만 아니라 커뮤니케이션의 변화를 가져왔다. 나는 청동기시대의 발전은 바로 말의 사육과 밀접하게 연관되어 있다고 확신한다.

오늘날 사람들은 4K 메모리, 64K 메모리 혹은 256K의 램을 지닌 전자칩 얘기를 한다. 이는 신용카드 크기의 플라스틱판에 수천 가지 색깔의 스펙트럼을 저장할 수 있는 용량이다. 기원후 2세기에 중국의 한 학자가

---

215 岩村忍(1905~1988): 일본의 동양사학자. 주로 유목민족사·동서교류사를 연구했으며, 특히 몽골제국·실크로드를 전문적으로 탐구했다. 주요 저서에 『몽골사회경제사의 연구』 『13세기동서교섭사서설』 등이 있다. 역주.

종이를 발명한 것은 3극 진공관 시대에 갑자기 64K 메모리가 출현한 것에 비견할 만하다. 이상하게도 텍스트의 질은 종이의 발명 이후 많이 떨어졌다. 그런데 이와 비슷한 현상이 오늘날에도 일어나고 있다. 사진의 발명으로 이미지 고정의 질은 부식 동판화나 유화 시대보다 더 떨어졌다. TV의 점령은 이미지를 움직이게 하는 기술의 질을 영화 시대보다 더 떨어뜨렸다. 팝과 바흐의 녹화를 비교해보라.

어쨌든 우리는 이제 비디오video−비디아videa−비디올로지videology 그리고 비디어트vidiots의 '영화로운' 시대에 살고 있다.

그렇다면 그다음엔? 가장 강력한 커뮤니케이션 수단은 심령력PSI, 즉 정신의 힘이다. 자기 목적에 따라 이 힘을 통제하고 이용하게 되는 모든 국가는 세계 최고의 강대국이 될 것이다.(미국이 원자력을 통제한 최초의 국가인 것처럼 영국은 석탄을 통제한 최초의 국가였다.)

그렇다면 22세기 초강대국은 어느 나라일까?

대답은 자명하다. 불가리아다. 불가리아는 인구 대비 가장 많은 집시가 살고 있다. 집시들은 그들의 심령력 지수 덕분에 지난 세기의 루르[216] 지역의 석탄이나 오늘날 우라늄에 비견할 만한 효과를 발휘할 것이다. 결과적으로 불가리아에서 심령력 지수의 속성에 관한 과학적 연구가 가장 앞서나갈 것이다.

그래서 세계적으로 유명한 우리의 불가리아 친구 크리스토 역시 레오나르도 다빈치와 조지 워싱턴을 합한 것만큼이나 존경받게 될 것이다.

---

216 Ruhr: 독일 북서부 노르트라인베스트팔렌주(州)에 있는 공업지대. 루르 강 유역의 석탄 광업 및 산업이 융성하다. 역주.

임의접속정보[217]

한편에 예술이라고 불리는 것이 있고, 다른 한편에 커뮤니케이션이라고
불리는 것이 있다. 가끔 둘이 그리는 곡선이 교차한다.(그러나 커뮤니케
이션과 전혀 연관이 없는 예술작품도 수없이 많고, 예술적인 면이 전혀
없는 커뮤니케이션도 많다.) 그 지점에 사과 씨앗 같은 것이 있다. 그것이
바로 우리가 말하고자 하는 주제이며… 어쩌면 우리의 꿈일지도 모른다.
커뮤니케이션의 역사를 돌아보면 최근까지도 여전히 해결되지 않은 문제
가 있다. 바로 정보의 보존 문제다. 처음 우리는 기록을 위하여 진흙 판이
나 돌을 사용했다. 그리고 시간을 더 거슬러 올라가면 '플러스' 정보는 기
억이었고, '마이너스' 정보는 망각이었다. 잊지 않아야만 정보를 보관할
수 있다. 오늘날 우리에게는 두 가지 문제가 있다. 먼저, 전자 메모리가
망각을 불가능하게 만들었다. 만일 우리가 모든 것을, 혹은 지나칠 정도
로 많은 것을 기억한다면 결국 우리의 **사고는 고정**되어 편집증 환자가 되
고 말 것이다. 그리고 모든 것을 털어놓으러 정신과 의사를 찾아가야 할
것이다. 문제는 너무 많은 정보가 비디오테이프에 녹화되어 보존된다는
것이다. 비디오에 관한 한 미술관 관장이나 갤러리 소유주의 임무는 막중
하다. 회화나 조각 작품 컬렉션 책임자는 하루에 수천 개의 작품을 검토

---

217 Random access information: 「임의접속정보」는 원래 1980년 3월 25일 뉴욕의 현대미술관에서
백남준이 발표한 원고였다. 이것을 바버라 런던이 주최한 시리즈 《비디오 관점(Video View-
points)》에서 전시하였다. 《아트포럼》에 수록, 1980년 9월, pp.46~49.

할 수 있다. 비디오의 세계에서는 소니가 30분짜리 테이프를 생산하기 때문에 모든 예술가가 30분짜리 테이프를 만든다. 이렇게 되면 미술품 관장은 테이프를 재생해서 보는 데 수천, 아니 수만 시간이 걸릴 것이다.

비디오와 관련된 이 문제는 녹화나 보존의 문제가 아니라 자료에 대한 접근의 문제다. 리처드 리키의 여러 가지 생각이 내게는 무척 충격적이었다. 예를 들어, 5000만 년 전부터 인류는 뛰어난 색채감각을 지니고 있다. 하지만 인류 이전에 원숭이들은 부엉이처럼 야행성 동물이었다. 원숭이들은 낮에 잠을 자고 밤에 숲에서 활동했다. 그러다 5000만 년 전 원숭이들이 깊은 숲에서 나와 숲의 가장자리를 맴돌기 시작하면서 주행성 동물로 변화했다. 그때부터 색채에 대한 감각이 발달하기 시작했고, 현재의 놀라운 상태에까지 오게 된 것이다. 그 때문에 밤늦게까지 활동하는 예술가들은 원숭이에 더 가깝고, 근원에 더 가깝다고 할 수 있다.(예술가들이 비즈니스맨보다 원숭이에 더 가깝다는 주장은 전혀 근거 없는 얘기는 아니다.) 리키의 아이디어는 꿀벌의 색깔 지각능력에 관해 한 걸음 더 전진한다. 꽃들은 꿀벌을 유혹하려고 여러 색을 띤다. 만일 꿀벌에게 색 식별력이 없었다면 신의 결정이든, 변천을 거쳐서든 모든 꽃이 흑백이었을 것이다.(꽃들이 모두 흑백인 세계를 상상하는 건 재미있는 일이다. 그렇다면 모양이 지금보다 다채로웠을 것이다.) 꽃들은 색깔이 아닌 형태로 꿀벌을 유혹했을 것이다.

비디오는 삶을 있는 그대로 내보이는 일종의 해석방법이다. 인간의 삶에 대해 알려주기에 비디오는 마치 스스로 인류사를 만들어가는 것과 같다. 예를 들어, 우리는 비디오로 작업하기 전에 색이 시간의 기능이라는 생각을 전혀 하지 못했다. 사람들은 회화에서 임의접속 방식으로 색을 고른다고 믿는다. 붉은색, 노란색, 혹은 파란색을 놓고 이것 또는 저것을 고른다고 생각한다. 하지만 자연을 돌아보라. 계절마다 고유한 색이 있다. 봄은 밝은 초록색을 닮았다. 처음에는 연한 초록으로 시작해서 4월과 5월이 되면 갖가지 색의 꽃들이 만발한다. 그리고 여름은 파랗다. 가을은

노란빛에서 붉은빛으로 물든다. 그때 잿빛의 겨울이 다가온다. 비디오의 색도 정확하게 같은 원칙을 따른다. 컬러 비디오의 시스템은 분명히 천재 예술가가 발명했다고 생각할 수밖에 없다. TV는 영상을 제시하지 않고 마치 실을 짜듯 줄만 보여준다. 실을 잣는 것과 TV 이미지를 생성하는 것 사이의 차이를 말하자면, TV는 쉬지 않고 실을 잣기 때문에 TV에 비친 이미지는 항상 새로운 모티프에 따라 실을 짜고 또 짜는 것일 뿐이다. 이렇게 해서 나는 비디오합성기를 만들어냈다. TV의 발전도 아주 빠르다. 1950년대 RCA TV의 한 엔지니어 그룹이 하나의 선으로 TV를 만들어냈다. TV에는 공간이 존재하지 않기에 모든 공간에 관한 정보는 부피 없이 선과 점으로만 해석해야 했다. 이렇게 해서 신호를 줄 없이 하나의 채널로 이동할 수 있었다. 그들은 또한 모든 색을 선으로 옮겨야 했다. 이를 위해 그들은 사회적 규칙을 만들어냈다. 색도를 지닌 전파의 주기는 1초를 350만으로 나눈 것과 같다. 이처럼 매우 짧은 전파는 다시 여러 단계로 나뉜다. 예를 들어 무지갯빛을 나타내는 일곱 단계로 나뉘는 것이다. 이 전파의 첫 번째 단계를 '파랑'이라고 부른다. 그리고 그다음 단계는 '노랑', 그다음은 '오렌지' 그리고 '진홍'… 이 회로는 색들을 차례대로 지나게 하면서 매우 빠르게(1초에 2100만 번) 개폐된다. 자연 상태에서처럼 매우 빠른 시간의 연속이 TV에 컬러를 만들어낸다. 이것은 일종의 사회적 협약이다. 영화를 찍을 때 자연은 렌즈를 통해 화학물질을 물들인다. 하지만 TV에서는 현실과 이미지 사이에 직접적인 관계가 존재하지 않고 오로지 코드화된 시스템만이 있다. 우리는 이렇게 해서 시간의 차원으로 들어간다.

플라톤은 시각예술이 자연을 모방하는 것이라고 말했다. 암브로스[218]가 말하듯 음악은 새의 노랫소리나 노동의 리듬을 모방한다. 비디오가 모방하는 것은 시간이라는 구성요소와 노화의 과정 그 자체이다. 예를 들

---

218 August Wilhelm Ambros(1816~1875): 오스트리아 빈 출신의 음악 역사가이자 비평가이자 작곡가.

어, 우리가 비디오테이프나 오디오테이프를 가지고 작업할 때 테이프가 처음에는 천천히 감기다가 끝에 가서는 아주 빠르게 감긴다. 이 모든 것을 우리는 실제 삶에서도 경험한다. 당신 자신의 삶을 돌아보라. 당신이 아이였을 때 하루는 아주 길었다. 그러나 서른 또는 서른다섯 살이 되면 하루가 더 빠르게 지나간다. 그러다가 마흔이 되면 하루가 쏜살같이 지나간다. 시간에 대한 인식, 그리고 시간의 흐름을 느끼는 방법 등이 여러 면에서 자기 테이프와 유사하다. 시간에 대한 의식이 테이프를 모방하는 것은 새로운 아이디어도 아니고 비정상적인 것도 아니다. 왜냐하면 자기 테이프는 나무와 같은 구조를 지녔기 때문이다. 다시 말해 테이프는 나무를 모방하고, 우리는 테이프를 모방한다.

비디오의 죽음을 발명한 시게코[219]

20세기가 끝날 무렵의 음악을 되돌아보면 복제의 수단으로 음반이 발명되기 전에는 베토벤이나 슈베르트와 같은 고전음악가들만이 자신이 사는 지역 밖에까지 알려질 수 있었다. 다시 말해, 대규모 대중음악산업은 존재하지 않았다. 대중음악은 비록 지역 안에서만 들을 수 있었지만, 각 지역 고유의 전통음악 형태로 존재했다. 오늘날 고전음악은 음악세계의 극히 일부분만을 차지할 뿐, 대부분 사람에게 음악은 대중음악을 의미한다. 음악을 보존할 수 있는 음반의 발명으로 고전음악과 대중음악 사이의 양적인 관계가 역전되었기 때문이다. 예전에 스콧 조플린[220]과 몇몇 천재 음악가는 복제하고 이동할 수 있는 스타일의 음악을 개발했다. 그들은 작곡할 때부터 복제를 전제했던 것이다.(그림을 그리면서 슬라이드로 만들 것을 미리 염두에 두는 화가가 없다는 것은 조금 이상한 일이기도 하다. 비

---

219 구보타 시게코: <나의 아버지>(1975).
220 Scott Joplin(1868~1917): 미국의 피아니스트, 작곡가. 『래그타임파』라는 교본을 써서 그의 복잡한 베이스 사용 방법, 빈번한 싱커페이션, 스톱-타임의 휴지, 화성적 발상 등을 설명했는데, 이들은 그 후 널리 모방되었다. 현대의 전설적인 피아노 연주자로 불린다. 역주.

록 요즘 미국 국립예술기금NEA: National Endowment for the Arts 위원들은 슬라이드를 보면서 장학생을 선발하지만.) 스콧 조플린은 오늘날 음악에 쇤베르크보다 더 큰 영향을 미쳤으며, 사회 구조적 측면에서는 심지어 만토바니[221]도 쇤베르크보다 더 중요한 역할을 했다. 일상적인 삶에서 쇤베르크 음악이 반드시 필요한 것은 아니다. 다음 세기에 TV 시각예술이 개발된다면 이 분야에서는 누가 스콧 조플린이 될까? 이런 현상은 분명히 일어날 것이다. 왜냐하면 예술은 가장 오래된 커뮤니케이션 형태이기 때문이다.

대형 작품을 만드는 화가는 많지만, 예술가나 컬렉터가 모두 많은 돈을 버는 것은 아니기에 극히 소수 작품에 국한하여 운송이 이루어진다. 1950년대 이후 운송 사업가나 보험업자들은 점점 더 부자가 되고 있다. 오늘날 에너지 위기 때문에 아주 유명한 조각가나 색면파[222] 화가들의 작품만 세계 곳곳에 보내졌다. 그들에게도 이 일이 그리 쉬운 것만은 아니다. 1982년에 《도큐멘타》의 기획자들이 운송비를 절약하려고 미국인 예술가들을 포기하고 카셀에서 서부 유럽 작가들의 작품만 소개하기로 했다는 말도 나돌았다. 물론 농담이었지만 예술작품의 이동이 큰 문제인 것만은 분명하다. 스콧 조플린은 쇤베르크를 넘어섰다. 왜냐하면 그는 작곡할 때마다 자기 음악을 어디에나 보낼 수 있다는 사실을 미리 생각했기 때문이다.

21세기에 성공하는 예술가는 운반이 가능한 형태의 대형그림을 제작하는 이가 될 것이다. 왜냐하면 에너지 위기는 2050년까지 계속될 것이

---

221 Annunzio Mantovani(1905~1980): 이탈리아 출생 영국 포퓰러악단 지휘자, 편곡가. 제2차 세계대전 후 현악기를 주로 한 악단을 편성하여, 클래식, 뮤지컬, 그리고 라틴음악에 이르기까지 폭넓은 레퍼토리를 아름다운 현과 현대적 편곡으로 연주함으로써 현대 무드음악을 개척했다. 역주.

222 Color-Field Abstract: 1940년대 후반부터 1950년대에 걸쳐 일어난 미국 회화의 한 경향. 전면회화와 무관계회화의 경향에 근거하였으나, 구체적인 물질을 묘사하려 하지 않았다. 화면의 전면 구성을 통한 회화 본래의 평면성에 주의를 기울였고 극도로 단순화한 형태를 추구하였다. 궁극적으로 순수한 시각의 미술을 추구했으며, 미니멀아트의 기초가 되기도 했다. 역주.

기 때문이다. 만일 우리가 그때까지 제대로 핵에너지를 개발할 수 있다면 또다시 전통적인 훌륭한 작품을 그릴 수 있고 로댕처럼 대형 조각 작품을 제작할 수도 있을 것이다. 하지만 아직 핵에너지 연구가 충분한 수익성을 담보하지 못한 현 시점에서는 아무도 확신할 수 없다.

예술가의 역할은 미래를 사유하는 것이다. 지금 이 시간에 미래를 투영한다는 것은 쉬운 일이 아니다. 저명한 미래학자 허먼 칸[223]은 중요한 두 가지 잘못을 저질렀다. 2000년에 관한 그의 연구는 여러 재단의 도움으로 출판되었다. 하지만 1967년에 출간된 이 책에서 칸은 자연보호나 환경오염을 언급조차 하지 않았다. 반면, 히피들은 같은 해에 이미 자연보호를 주장했다. 가장 유명한 미래학자인 칸이 길거리의 히피 수준에도 미치지 못했던 것이다. 이어 1971년에 칸은 1970년대에 관한 연구 서적을 출간한다. 이때도 역시 에너지에 대한 언급은 한 마디도 찾아볼 수 없다. 그러나 그는 여전히 미래학자로 행세하고 있다.

미래를 사유한다는 것은 미래에 실현 가능한 다양한 시나리오를 떠올리는 일인데, 그중에는 핵융합의 성공 여부도 포함된다. 성공한다면 1962년처럼 에너지가 매우 저렴해질 것이다.(그 경우, 오염 문제만 해결하면 될 것이다.) 그런데 만일 만족할 만한 성과를 얻지 못한다면 미래는 존재하지 않을 것이다. 태양에너지만으로는 충분치 못하다. 핵융합 분야만이 미국인과 러시아인이 협력하는 유일한 분야이다. 왜냐하면 아무도 이것이 성공할지 실패할지 모르기 때문이다. 사실 핵융합은 신을 모방하는 것과 같다. 비디오테이프로 모든 것을 녹화하고 보존하면서 우리는 신의 절반을 모방했다. 비디오테이프를 되감기할 수는 있어도 우리의 삶을 되감기할 수는 없다. 비디오테이프 녹화기에는 '빨리 감기' '되감기' '정지' 버튼이 있지만 우리의 삶에는 '시작' 버튼 하나뿐이다. 오늘날 우리는 공영채널에서 7시 저녁 뉴스 전에 9시 TV 영화 프로그램을 볼 수 있다. 신에 대적할 만한 기계인 베타맥스도 가지고 있다. 하지만 이런 일은 인

---

223 Herman Kahn (1922~1983): 미국의 대내외 정책 전문가로, 여러 대통령의 보좌관을 역임. 미래사회를 예견하는 책들을 저술함.

생에서는 절대로 일어나지 않는다. 만일 내가 47세에 뉴욕에서 가난한 예술가의 삶을 살리라는 것을 25세 때 알았다면 계획을 다르게 세웠을 것이다. 삶에는 '빨리 감기'나 '되감기'가 없기에 앞날을 전혀 예견할 수 없다. 그러니 한 걸음씩 앞으로 나갈 수밖에 없다. 그러다가 실수를 저지르면 그 실수를 만회하려다가 또 다른 실수를 저지르기도 한다. 우리는 비용을 지급하면서 교사들을 고용한다. 왜냐하면 베타맥스처럼 그들은 '빨리 감기'를 할 수 있기 때문이다.

임의접속의 개념을 생각해보자. 시간에 매여 있는 정보와 임의접속이 가능한 정보는 횟수에서 차이가 난다. 책은 임의접속이 가능한 정보의 가장 오래된 형태이다. 비디오가 지루하고 TV가 형편없는 단 하나의 이유는 시간에 매여 있는 정보이기 때문이다. 인간은 녹화와 정보 횟수 시스템에서 시간에 매여 있는 정보를 잘 다루는 기술을 터득하지 못했다. 아직은 새로운 분야이다. 브리태니커 백과사전은 정보가 가득 차 있어도 지루하다고 말하는 사람은 아무도 없다. 어느 항목이건 어느 페이지건 원하는 곳만을 골라서 찾아볼 수 있기 때문이다. A 혹은 B, C, M, X 아무 알파벳이나 마음대로 펼칠 수 있다. 반면 비디오테이프나 TV는 A, B, C, D, E, F, G 등 만들어진 순서대로 봐야 하는 불편함이 있다. 매우 단순한 비교 같지만 거기에는 엄청난 차이가 있다. 이로 인해 전자 정보가 임의접속 문제를 완전히 해결할 때까지 책은 여전히 유용할 것이다.

시간에 매여 있는 음악과 무용은 5000만 년의 역사를 지니고 있기 때문에(회화보다 더 오래되었다) 성공적이라고 할 수 있다. 리키가 지적했듯이 약 20만 년 전에 갑자기 회화가 등장한 이유는 지능의 갑작스러운 발달과는 아무 관련이 없다. 사실 농경사회 이전, 인간은 1년에 3000킬로미터를 움직였다. 그러니 아무리 현대 미술관의 가장 유명한 그림을 가지고 있다 해도 들고 다닐 수는 없을 것이다. 운반할 수 있는 유일한 예술 형태는 음악, 구전 시, 춤처럼 뇌에 저장할 수 있는, 무게가 나가지 않는 예술이다. 그렇기 때문에 석유파동과 에너지 위기는 제법 심각한 문제가 아닐 수 없다. 수백만 년 동안 60킬로그램의 몸을 움직이려면 60킬로그램의 몸만 해결하면 됐다. 하지만 50년 전부터 60킬로그램의 몸을 움직이려고 300킬로그램의 자동차를 움직이기 시작했다. 바로 이 때문에 석유 위기가 찾아온 것이다. 지금까지 한 번도 발명된 적이 없는 가장 어리석은 시스템이 아닐 수 없다. 지금의 상황을 통제하고 석유 사용을 폐기할 유일한 방법은 바로 우리의 몸을 1센티미터도 움직이지 않고 우리의 생각을 옮기는 것이다. 나는 '정착한 유랑자'라는 신조어를 만들었다. 우리는 아직 그 단계에 있지는 않다. 우리는 현재를 이해한 것처럼 과거를 이해하려고 유적을 계속 발굴한다. 나는 이것을 '**현재**의 고고학'이라고 부른다. 마르페Marpet 형제[224]의 다큐멘터리 비디오 작업의 목적도 바로 그것이다.

존 케이지는 1950년대 놀라운 아이디어를 개발했다. 전자예술의 최초 형태가 바로 전자음악으로, 1958년까지는 시간에 매여 있었다. 그해 여름 케이지는 다름슈타트에서 국제 신음악 하계강좌를 열었다. 그는 "꼼짝도 하지 않고 죽어 있었다"라고 말했다. 그는 3초든 30시간이든(백과사전에서처럼) 악보 없이 연주할 수 있는 전자음악을 작곡하려고 했다. 오디오와 비디오테이프의 고정된 지속시간에 관련된 이런 문제는 천재가 아니고서는 생각하지 못했을 것이다. 물론, 비디오 마니아들은 테이프의 처음부터 끝까지 다 재생해서 보겠지만, 대부분 사람은 테이프 전체를 보려고 하지는 않는다. 임의접속과 비디오를 접목하는 작업은 우리가 해결해야 할 중요한 문제 가운데 하나이다. 물론 MCA나 다른 비디오디스크 제조업자들은 해결책을 찾으려고 노력하겠지만, 비디오 분야에서 녹화 테이프는 결국 사라지고 말 것이다. 지금은 테이프를 사용하지 않고 모든 것을 디지털화해서 전자 종이에 기록하는 방법을 연구 중인데, 이렇게 되면 임의접속이 조금은 가능해지지 않을까?

224 빌과 에스티 마르페 모두 정보처리 전문가로 현재 뉴욕에 거주하고 있다.

다음 세기의 회화 작품들은 어쩌면 아주 복잡한 것을 프로그램화하여 단순한 전자 입력 종이에 그리는 형태로 실현되지 않을까? 표준화된 전자 화폭이 제작되어 아이슬란드에서든 콩고에서든 어디서나 그린 그림을 프로그램 카드에 입력하여 전송만 하면 되는 형태로 작품의 이동이 이루어지지 않을까? 그래서 누구나 이 카드를 기계에 삽입하면 그림을 볼 수 있는 시스템이 실현되어야 한다. 그렇지 않으면 예술가 사이의 소통은 불가능해질 것이다. 전자 사진도 출현할 것이다(에너지 위기와 같은 맥락에서). 필름이 점점 더 비싸지기 때문에 '사진'을 계속 찍을 이유가 없다. 전자적으로 하나의 상황을 녹화하면 곧바로 종이에 화학적 단계를 거치지 않고 인쇄된 그림을 얻을 수 있다. 그다음 단계는 아주 약한 빛에도 민감하게 반응하는 전자 사진기가 나올 것이다. 휴대용 비디오카메라는 이미 널리 퍼지고 있다. 슈퍼8 카메라처럼 작은 카메라는 녹화기와 카메라를 접목해서 1시간짜리 테이프에 아주 좋은 화질로 녹화할 수 있다.

1961년부터 요셉 보이스와 나는 매우 친하게 지냈다. 나는 제2차 세계대전 중 그가 탄 비행기가 러시아에서 추락했을 때 타타르인들이 그를 구조했다는 사실을 어느 날 알게 되었다. 타타르인들은 한국에서 멀리 떨어진 러시아의 크리미아에 살고 있지만, 한국인과 유사한 점이 아주 많다. 우리는 타타르족과 한국의 샤먼 풍습을 비교하던 중에 매우 비슷한 점들을 발견할 수 있었다. 놀라운 사실이었다. 이는 음악과 춤이야말로 경제적으로 운반할 수 있는 유일한 수단이기에 다른 예술보다 더 오랜 역사가 있다는 리키의 이론을 증명하는 것이다.

하지만 아직 잘 알려지지 않은 사실도 많다. 나는 일종의 네거티브 공상과학을 생각한다. 공상과학은 극히 적은 정보를 가지고 우주와 미래를 상상하는 것이다. 하지만 자료가 하나도 남아 있지 않은 2만 년 전에는 과연 어떤 일이 일어났을까? 여전히 신비에 둘러싸여 있는 것들을 알아보려고 과거에 대해 상상력을 발휘하고 연구하는 것도 흥미로운 작업이 아닐까?

P.S.

사람 중에는 양의 성질을 가진 사람과 음의 성질을 가진 사람이 있다. 양의 기질을 가진 사람이 대중 예술을 창조한다(록 뮤직처럼). 음의 기질을 가진 사람들은 귀족적이고 엘리트며 속물적인 예술을 창조한다. 이런 차이점은 시각예술이 오늘날 음악 산업에 견줄 만한 복제 시스템과 연관을 맺게 되더라도 계속될 것이다. 케이지의 가장 훌륭한 창작은 **라이브** 전자음악이다. 이것은 **시간**만큼이나 **공간**에 구속된 예술형태로써 결코 비디오나 오디오 음반을 통해 전달될 수 없다. 훗날 '위대한 예술' 비디오는 비디오 설치 형태로 소개될 것이고, 일정한 유형의 예술작품들을 '운송'할 수 있는 일종의 표기법이 개발될 것이다. 오케스트라 지휘자, 유진 오르먼디[225]는 베토벤의 제3번 교향곡을 악보에 바탕을 두고 '해석'했다. 21세기 젊은 음악가는 일련의 사진과 표기법을 기준으로 피터 캠퍼스[226]의 비디오 설치를 '해석'하게 될 것이다.

---

225 Eugene Ormandy(1899~1985): 헝가리 출신 미국 지휘자. 캐피털극장의 바이올리니스트 겸 휘자로 활약하다가, 미니아폴리스교향악단과 필라델피아관현악단의 상임지휘자를 지냈다. 명쾌한 지휘로 오케스트라, 특히 현악기를 더욱 잘 살렸다. 역주.

226 Peter Campus(1937~): 미국의 예술가. 1970년대 미국에서 가장 중요한 예술가 중 한 명이며, 비디오아트를 대표하는 예술가이다. 역주.

비디오 암호 코드[227]

카트린 이캄[228]이 세비네 후작부인[229]의 저택 근처에 살았던 것은 우연의 일치가 아니다. 두 여자는 각각 그들이 사는 시대의 소통 수단을 최대한 활용하여, 그것을 소비될 수 있는 예술작품으로 만들어냈다….

세비네 부인은 한 지점에서 다른 지점을 연결하는 식의 소급적 소통 시스템(대표적으로 편지)을 통해 작품을 만든 반면, 카트린 이캄은 여러 수신 지점을 염두에 둔 작품(대표적으로 비디오)을 만들었다. 작년 어느 날 밤, 카트린이 나를 노트르담에서 에펠탑까지 15분 만에 데려다주었다. 나는 그녀와 많은 이야기를 나누면서 15분 만에 850년을 넘어섰다는 사실에 놀라지 않을 수 없었다. 로스앤젤레스에서는 150분을 운전해도 기껏해야 1956년에서 1966년까지밖에 움직일 수 없다. 카트린은 좋든 싫든 파리에서 태어났기에 이 도시의 카르마와 싸워야 했다.

나폴레옹은 훌륭한 미디어 예술가로서 세비네 후작부인의 뒤를 잇는다. "잃어버린 땅은 언제든지 찾을 수 있지만, 잃어버린 시간은 되찾을 수

---

227 Video cryptographie: 1979년 뉴욕에서 쓴 원고. 『카트린 이캄—비디오 경로를 위한 장치 (Catherine Ikam-Dispositif pour un parcours video)』 도록에 수록, 퐁피두센터·국립현대미술관, 파리, 1980년 1월 23일~3월 3일.

228 Catherine Ikam(1945~): 뉴 테크놀러지 분야의 선구적 아티스트. 1980년부터 미래 개념의 세계를 보여주었다. 2000년 아르침볼도(Arcimboldo) 디지털 창작상을 받았다. 실재와 허구, 인간과 가상세계의 예술에 대한 질문을 이어나갔다. 1990년대부터 현실에서 가상의 캐릭터를 체험할 수 있는 가상현실 설치 작업을 했다. 역주.

229 Marquise de Sevigne(1626~1696): 프랑스의 서간문 작가. 귀족 출신으로 18세기 서간문학에 큰 영향을 끼쳤다. 주요 작품으로는 『서간집』이 있다. 역주.

없다"라는 그의 명제는 당대에 유행하던 뉴턴의 개념―시간의 흐름은 녹음기의 테이프처럼 되돌리고 반복할 수 있다는―과 분명한 경계를 보여주고 있다.

노버트 위너는 레이더, 수학적 분석의 사이버네틱스, 그리고 두 가지 유형의 시간에 대한 전자 시뮬레이션 프로젝트를 시작했다. 여기서 두 가지 유형의 시간이란 뉴턴의 역행할 수 있는 시간(기계-시간)과 나폴레옹과 베르그송Henri Bergson의 역행할 수 없는 시간(인간-시간)을 말한다. 우리는 시간의 구성요소를 공간의 구성요소만큼 쉽게 교환할 수 없다. 우리는 쿠르베의 그림 대신에 세잔의 그림을 벽에 걸 수는 있지만, 마흔일곱 번째 생일을 치르고 난 후에 스물일곱 번째 생일을 축하하는 파티를 열수는 없다. 만일 스물일곱 번째 생일에 앞으로 마흔일곱 번째 생일을 맞을 때 어떤 생각이 들 것인지 미리 안다면, 스물일곱 번째 생일을 아주 다르게 지낼 것이다. 시간에서 도망치는 것은 기계가 신에게 도전하는 것과 같다. 우리는 시간이 흐르는 과정을 시뮬레이션하기 위해 교사들에게서 역사를 배운다. 하지만 그것도 소용없는 일이다. 이런 면에서 일곱 시 저녁 뉴스 전에 여덟 시 드라마를 먼저 볼 수 있게 해주는 소니의 베타맥스가 내포한 철학적 의미가 매우 깊다는 것을 알 수 있다.

카트린 이캄이 퐁피두센터에서 전시한 세 개의 방으로 구성된 공간은 바로 이 복잡한 철학적 문제에 대한 도전이다. 공간, 시간, 과거, 미래, 그리고 끊임없이 얽히고 풀리는 모든 변수는 너무도 복합적이어서 나는 장폴 사르트르에게 사이버네틱스시대가 도래하기 이전까지의 시간에 관한 훌륭한 분석이었던 그의 저서『존재와 무』를 탈고하기 전에 서재에서 나와 이캄의 전시장에서 이삼 일을 보내라고 권하고 싶다.

세 번째 프랑스 미디어 예술가는 우리에게 익숙한 보들레르Charles-Pierre Baudelaire로서, 그는 소통이 전화와 같은 양방향 연결 형태에서 카트린 이캄이나 오하이오 주 데이튼의 정육면체 프로젝트가 보여주듯이 다매체 다방향 상응의 형태로 변화해 가리라는 사실을 예견했다.

어둠인지 빛인지
광막한 어스름의 깊은 합일 속에
긴 메아리 멀리서 잦아들 듯
색과 소리와 향이 서로 상응하네[230]

그리고 얼마 후 아르튀르 랭보는 베타맥스의 가장 훌륭한 대표자가
된다.

나는 보았다.
무엇을?
영원을.
그것은 태양에 녹아드는 바다.[231]

우리는 니스의 여름을 녹화하여 추운 겨울 함부르크에서 그것을 다
시 되돌려볼 수 있다. 카트린 이캄은 이 영광스런 전통을 계속 이어간다.
퐁피두센터에서 발표한 전자 미로는 세 개의 방으로 구성되어 있다. 그녀
의 허락 없이 전시 내용을 여기에 적어본다.

— 입구… 정보 해체의 방
— 가운데 방… 환상의 방
— 세 번째 방… 분해의 방

첫 번째 방에는 확인용 모니터와 함께 가시적으로 우리를 향한 카메
라가 설치되어 있다. 화면은 방과 방 안에 있는 모든 것을 보여준다. 이
'오웰적인' 세계에서 관객은 화면에 자기 모습이 비치리라고 예상한다.
그러나 화면에는 모든 것이 비치지만, 자기 모습만은 보이지 않는다. 일

---

230 보들레르의 「상응(Correspondances)」.
231 랭보의 「지옥에서 보낸 한철(Une saison en Enfer)」.

종의 메아리 없는 거울, 자아가 부재한 거울이다. 중국 귀신조차 미치게 하는 집착의 이미지다. 일탈의 기술은 중국의 철학자, 손자만큼이나 오래되었다(기원전 700년). 손자는 병법서에서 첩자를 두 종류로 구분한다. 즉, 살아 있는 첩자와 죽은 첩자가 그것이다.

첫 번째 첩자에게는 적의 영역에 침투해서 '긍정적인' 정보를 가지고 돌아오는 임무를 준다. 그러나 두 번째 첩자는 그 자신도 모르는 사이에 주입된 부정적인 정보(거짓 정보)를 가지고 적진에 들어갔다가 적에게 발각되면 고문에 견디지 못하고 결국 거짓 정보들을 털어놓게 된다. 제2차 세계대전 당시 많은 생명을 앗아갔지만 결국 성공적이었다고 판정된 칼레의 상륙작전이 바로 그런 경우이다.

카트린의 경우 의문점은 두 번째 방에서 풀린다(환상의 방). 입구에서 자신의 모습을 볼 수 없어 실망했던 관람객은 또다시 놀라거나, 혹은 카메라 없는 화면에 자신의 모습을 비춰보면서 더욱 실망한다.

그들이 실제로 보는 것은 첫 번째 방의 가까운 과거일 뿐이다. 프랑스어는 동사의 시제가 매우 세밀하게 나뉜다. 특히 영어나 독어에서는 찾아볼 수 없는 '근접과거'라는 시제가 있다(이제 막 어떤 행동이 종료되었음을 가리키는 시제). 이와 같은 기만 기술을 첩보언어로 '더블 크로스 시스템double cross system'이라고 부른다(기만 선전). 즉, 상대 스파이를 속여서 그에게 거짓 정보를 본부에 전송하게 하는 것이다. 중국인들도 이미 이 분야에 몇 가지 선례를 가지고 있다.

옛날 중국의 한 황제가 대신에게 100만 금을 주면서 하루에 천 리를 달릴 수 있는 말을 구해오라고 했다. 그 당시 말은 가장 빠른 운송수단이자 가장 빠른 통신수단이었다!!(운송과 통신의 밀접한 관계는 몇몇 경우만 제외하고 1860년까지 지속된다. 로스차일드는 비둘기를 통해 나폴레옹의 패전 소식을 알게 된다. 빛이나 신호기로 대략적으로 숫자화해서 메시지를 전달하기도 했다.) 대신이 온 나라를 뒤져 헤매던 끝에 드디어 그가 찾던 말을 발견했다. 하지만 때는 이미 늦었다. 그 전날, 말이 죽은 것이다. 그렇지만 그는 죽은 말을 50만 금을 주고 사서 왕궁으로 가져왔다. 황제가 노발대발한 건 당연한 일이었다.(옛날 중국에서는 황제의 명을 수행하지 못한 대신들은 화형에 처해지기도 했다.) 하지만 대신은 황제에게 차분하게 다음과 같이 말했다. "황제시여, 소문은 날아가듯 퍼질 것입니다. 백성들은 황제께서 죽은 말을 오십만 금이나 주고 샀다면 살아 있는 말은 얼마나 줄까 하고 스스로 물을 것입니다…." 얼마 지나지 않아 황제는 놀라운 준마를 얻을 수 있었다. 그것도 세 마리나.

이 대신처럼 카트린의 두 번째 방도 하이파이에서 스타트 신호의 왜곡을 교정하는 데 흔히 사용되는 네거티브 피드백의 기능을 보여준다. 실망이라는 반전도 그리 놀랄 만한 것은 아니다. 그것은 그 자체의 피드백에 의해 교정된 놀라움이다.

세 번째 방에서 카트린은 역사적인 공개 시사회를 연다. 바로 비디오 아트와 암호해독 기술을 최초로 결합한 것이다. 사람들은 다양한 출입단위(인풋-아웃풋, 카메라와 화면이라는 용어로 더 잘 알려짐)를 통해 자신이 잘게 분절되었다가 다시 결합하는 과정을 경험한다.

반면, 코드의 비밀을 알지 못하면 나뉘었던 조각들은 빠짐없이 모두 합쳐도 원래 상태의 전체와 같지 않다. 여기서 가장 쉬운 일본 신문도 읽을 줄 모르는 프리단 대령이 가장 복잡한 일본 외교 비밀코드를 해독할 수 있었다는 사실을 기억해보자. 프리단 대령은 우리의 선구자인 셈이다. 그는 정보를 가지고는 살 수 있어도 에너지나 석유로는 살 수 없다. 그에게 비밀 메시지인 정보는 실체와 살과 무게 그리고 질량이 있는, 더 구체적인 어떤 것을 얻으려는 수단이나 방법이 아니다. 정보는 정보 자체이다. "메시지를 지닌 정보는 메시지가 없는 정보와 동일하게 중요하다." (노버트 워너)

이 방은 명백하게 석유와 기름이 고갈된 후기 산업사회 상황을 보여준다. 비록 한 번도 그 방에 초대되는 영광을 누리지는 못했지만 나는 버지니아 주 알링턴의 CIA 본부 앞 샌드위치 상인과 신문 판매인들이 모두 시각장애인이라는 것을 알고 있다. 물론 안전을 보장할 수 있는 가장 경제적인 방법이다. 미국인이라면 아름답다고 하겠지만, 이 단순한 해결책에는 천재의 솜씨가 번득인다. 이 천재는 인풋과 아웃풋의 가치를 알고 있다. 이것은 입력 정보는 전혀 수정되어서는 안 되며, 중간에 개입되는 것 없이 바로 아웃풋을 있는 그대로 보여주어야 한다고 확신하는 지난 몇 년간 비디오 예술가들의 입장과는 상반된 것이다. 그것은 마치 우리가 입과 항문을 혼동하는 것과 흡사하다.

CIA 이전에 사람의 모습에서 인풋과 아웃풋의 재현 문제에 관한 가장 정확한 생각을 보여준 이는 누구인가? 바로 마르셀 프루스트다. 그는 어린 시절의 한 순간만을 회상하며 일생을 보낸다.

30년과 2천 쪽에 달하는 '아웃풋'은 단지 한 순간 '인풋'의 확장일 뿐이다. 이 얼마나 놀라운 하이파이인가!!!

나의 환희는 거칠 것이 없어라[232]

앞으로 2주만 있으면 나도 마흔다섯 살이 된다. 지금이야말로 '아방가르드의 고고학'을 만들 때가 아닐까. 1940년대에 나는 한국에서 살았는데, 그때는 거의 모든 정보를 제2차 세계대전 이전에 인쇄된 일본 서적들을 통해서 얻을 수 있었다. 1947년 무렵, 나는 운 좋게 쇤베르크에 대한 이야기를 들을 수 있었다. 그가 악마라든가, 가장 극단적인 전위주의자라고 평하는 것을 듣고 즉시 마음이 끌렸다. 하지만 그 당시 한국에서 찾아볼 수 있는 쇤베르크의 악보는 <피아노를 위한 곡 op.33a>의 해적판이 유일했다. 그 음반을 구하려고 나는 2~3년간 온갖 노력을 기울였다. 《정화된 밤》이라는 제목의 이 음반은 일본에는 이미 전쟁 전에 소개되었다. 처음 이 음반을 두 손에 쥐었을 때 나는 마치 이집트의 묘지에서 보물을 발견한 사람처럼 흥분했다. 그리고 곧이어 느낀 절망감도 잊을 수 없다. 그의 음악은 바그너식의 헛소리에 불과했다.

얼마 후 한국전쟁이 발발했다.

---

232 My jubilee ist unverhemmet: 리비어-호스만 사에서 출시된 음반 케이스에 적힌 글. 함부르크·브뤼셀, 1977.

216

그런 경험을 하고 나서 25년이 흐른 어느 날, 나는 뉴욕의 벼룩시장에서 쇤베르크의 같은 음반을 발견했다. 나는 머스 커닝햄의 발레 공연에 사용하려고 천천히 네 번 들어보았다(16배속으로). 머스가 웃으며 내게 말했다. "자네가 쇤베르크를 업그레이드했군!"

1977년 7월 2일, 함부르크

P.S.

오늘 나는 왜 내가 쇤베르크에게 관심을 보였는지 생각해본다. 그가 가장 극단적인 아방가르드로 소개되었기 때문이다. 나는 그렇다면 왜 그의 '극단성'에 관심을 보였을까? 나의 몽골 유전자 때문이다. 몽골… 선사시대에 우랄 알타이 쪽의 사냥꾼들은 말을 타고 시베리아에서 페루, 한국, 네팔, 라플란드[233]까지 세계를 누비고 다녔다. 그들은 농업 중심의 중국사회처럼 중앙에 집착하지 않았다. 그들은 멀리 여행을 떠나 새로운 지평선을 바라보았다. 그들은 언제나 더 먼 곳을 보러 떠나야만 했다.

텔레-비전은 그리스어로 '멀리 보다'라는 뜻이다.
멀리 보다 = 텔레비전을 보다 = 텔레-비전

---

233 Lapland: 스칸디나비아반도와 핀란드의 북부, 러시아 콜라반도를 포함한 유럽 최북단 지역으로 '사프미'라고도 한다. 역주.

인공지능 대 인공신진대사[234]

1. 사람들은 우리가 아주 질 나쁜 비디오테이프를 만든다고 한다… 이 점은 인정한다. 그러나 문학이라는 이름에 걸맞은 첫 번째 책은 구텐베르크의 발명 이후 300년이나 지나고 나서야 선을 보였다. 그에 비해 비디오의 역사는 겨우 10년밖에 되지 않았다.

2. 비디오 설치와 하나의 채널에 고정된 비디오는 아주 다른 두 가지 예술이다. 하나의 채널에 고정된 비디오는 시간 요소가 공간 요소를 훨씬 능가한다. 하지만 설치의 경우는 그 반대이다.

3. 비디오 설치는 앞으로 오페라처럼 될 것이다. 문예학술 옹호자들의 후원을 계속 받을 것이고, 유일하게 악보만이 다음 세대로 전해질 것이다. 비디오 보유자들은 세대를 거듭하면서 이 악보를 사용 가능한 공간에 따라 다르게 설치함으로써 매번 다르게 해석할 것이다. 오케스트라 지휘자의 개인적인 성향이 반영되면서 새로운 해석이 가능할 것이다. 토스카니니가 지휘한 베토벤의 <제3번 교향곡>, 혹은 카라얀이 지휘한 <제9번 교향곡>처럼.

4. 얼마 후에는 하나의 채널에 고정된 비디오테이프가 상업적인 가치를 지니게 될 것이다. 적어도 10년간은 그럴 것이다. 앨 로빈스Al Robbins가

---

234 Artificial intelligence VS Artificial matabolism: 1977년 원고. 불프 헤르초겐라츠(Wulf Herzogenrath), 『독일에서의 비디오 예술 1963~1982년(Videokunst in Deutschland 1963-1982)』에 수록, 게르트 하체(Gerd Hatje), 슈투트가르트, 1982, pp.114~116, 줄리안 레글레르가 프랑스어로 번역.

자기 집에서 두 개의 베타맥스 F-1 혹은 두 개의 VHS(휴대용)를 가지고 했던 것처럼, 이제 사람들은 기본적인 편집에 필요한 것들을 갖출 수 있을 것이다. 결국, 비디오 편집은 사진 확대기보다 더 저렴해질 것이다. 오늘날 케이블 TV프로그램 제작비는 1분에 100달러 정도여서(한정된 재방송일 경우) 제작비용의 절감을 실현할 수 있게 되었다.

5. 20년 전에 존 케이지는 3초든 3일이든 마음대로 들을 수 있는 자기 테이프를 만들고 싶어했다… 다시 말해 듣기—시간이 정해져 있지 않은(그리고 임의접속할 수 있는) 구조를 원했던 것인데, 이와 같은 '부분에 대한 관심'[235]은 인쇄문화 관계 분야에서는 아주 널리 퍼져 있지만, 음악이나 연극, 혹은 영화처럼 시간에 구속된 예술에서는 새롭고 놀라운 것이다.(여기서 음악이나 연극 공연에서 발생하는 작은 편차는 제외한다.)

비디오디스크의 출현으로 존 케이지의 꿈은 이루어진 셈이다. 비록 비디오디스크가 앞으로 10년 동안 계속 상업적으로 성공할 수 있을지는 알 수 없지만. MIT 공대 건축과의 네그로폰테 교수와 피터 크라운 학장(뉴욕 출신의 심리학자)은 비디오디스크의 활용을 확대하려고 노력하는 몇 안 되는 행복한 이들이다(출발점으로 돌아올 수 있는 다양한 시간적 구조와 함께).

1969년 이래 나는 이 모든 것을 자주 생각해왔지만 정말 좋은 아이디어가 떠오르지 않는다… 하지만 몇 가지 예견해보면 다음과 같다….

1. 2010년까지 적어도 책으로 출간되지 않은 텍스트에 노벨문학상을 주지 않을까. 문학적 운반수단으로서 비디오디스크는 비할 데 없이 훌륭하다. 타자기로 치고, 글을 쓰고, 그림을 그리고, 사진을 흑백 또는 컬러로 뽑고… 구체시concrete poetry를 창작하는 모든 시인의 꿈과 마셜 매클루

---

235 번역자가 삽입한 부분.

언이 말한 비선형非線形의 책이 아주 적은 비용으로 실현될 수 있을 것이다… 산문, 시, 서사시, 만화 등 모든 것이 하나로 융합될 것이다. 사람들은 화면에서 끊임없이 깜박이는 불빛을 보게 될 것이다.

> 붉은색… 기다리고 생각하라
> 파란색… 빨리하라
> 초록색… 정상 속도로 하라
> 오렌지색… 개인적인 속도
> 하얀색… 음악 없이
> 검은색… 음악, 아주 세게
> 노란색… 음악, 천천히

2. 인쇄되지 않은 《뉴욕 타임스》나 슈피겔 출판사의 <u>모든</u> 작품을 저장할수 있을 것이다… 여러 가지 내기를 수없이 하게 될 것이다. 예를 들어, 뉴욕에서는 40달러를 내고 아파트에서 얼마 동안이나 살 수 있을까… 혹은 1000달러짜리 자동차는(~~분명히 캐딜락일 것이다~~) 언제 시장에 나올 것인가 등.

3. 뉴욕의 공공도서관의 책을 모두 소장할 수 있고, 쉬면서 마음대로 어느 곳이나 펼쳐서 읽을 수 있을 것이다. 예를 들어, 1853년의 벵골어 문법은 1957년에 러시아에 나타난 우즈벡 최초의 문법과 어떻게 다른가….

4. 말라르메나 이태백李太白 같은 시인의 '난해한 시'는 번역에서도 여전히 모호한 채 남아있을 것이다. 수없이 많은 의미와 크고 작은 의미의 차이들은 깜박거리는 불빛으로 표시될 것이다.

5. 장편은 여러 가지 결말을 제시해서 독자들은 각자가 원하는 결말을 선택할 수 있을 것이다.

6. 우리는 분명히 중요한 역할의 배정부터 시작할 것이다… 우선, 비디오디스크의 처음 3분의 1 부분에는 시나리오 작가와 감독들이 많은 신인

배우를 모집한다는 자막이 나올 것이다. 그들은 신인 배우들에게 역할을 주고 연기해보라고 하고서는 옷을 입혔다, 벗겼다 할 것이다… 그리고 눈을 씻고 배우의 알몸을 공짜로 감상할 것이다… 배우들은 주역 따내기를 희망하고, 여배우들은 '소파 승진'이라고 부르는 게임을 기꺼이 할 것이다… 그리고 각자가 마치 잉그리드 버그만을 기쁘게 해주려고 RKO[236]를 사들인 하워드 휴즈라도 된 듯한 환상에 빠질 것이다.

7. 초기 단계에서 비디오디스크는 비디오 예술가들보다 사진작가들에게 더 중요할 것이다. 왜냐면 사진 전문가들은 수천 개의 이미지를 담은 필름을 가지고 있기 때문이다. 우리는 에드워드 웨스턴[237]이나 레니 리펜슈탈 혹은 피터 무어Peter Moore와 같은 이들의 모든 작품을 볼 수 있게 된다. 피터 무어의 5000만 장의 필름이 출간되고, 혹은 만프레드 레베, 카르티에브레송[238], 우테 클로파우스의 작품도 볼 수 있게 될 것이다.

8. 그 밖에도 특정 분야의 비디오디스크도 수없이 선보일 수 있다. 예를 들어, 나비나 난초에 관한 비디오디스크도 제작이 가능하다.
~~≪나는 고양이를 싫어한다≫ 혹은 ≪나는 고양이를 좋아한다≫와 같은 종류의 책들을 수록한 비디오디스크는 곧바로 묻혀버릴 것이다.~~
[현재 미국에서는 고양이를 싫어하는 사람들과 고양이를 좋아하는 사람들을 위한 만화가—주로 흥미 위주의 버전으로—베스트셀러다.][239]

9. 범죄 영화에서는 착한 사람이나 악당을 죽일 수도 있고, 역할을 바꾸어 자신의 이야기를 독자적으로 만들어낼 수도 있을 것이다.

---

236 Radio-Keith-Orpheum. (N.d.T), 미국의 영화사.

237 Edward Weston(1886~1958): 미국의 사진작가. 사진계의 피카소라고 불릴 만큼 근대 사진계에 끼친 영향이 큰 인물이다. 즉물적인 묘사를 하며, 또한 형태의 추상화와 질감을 꾀했다. 1937년 사진작가로는 처음으로 구겐하임상을 수상했다. 역주.

238 Henri Cartier-Bresson(1908~2004): 프랑스의 사진가. 라이카 사진술의 대표적 존재이며, 현대의 포토저널리즘에 큰 영향을 주었다. 서민의 일상성을 포착하여 역사의 저변에 주목하게 하는 것과 정확한 공간처리에 따른 순간묘사의 절묘함이 작품의 특징이다. 1947년 R. 캐퍼 등과 함께 매그넘포토즈를 창립하였다. 역주.

239 프랑스어 번역가가 첨부한 내용.

다음과 같은 질문을 할 수 있을 것이다: 우리에게 정말 이 모든 정보가 필요한가?

~~우리는 왜 이처럼 넘쳐나는 시각 정보들을 거부하지 않는가?~~

어제까지만 해도 나는 잘 알지 못했다. 그런데 지금은 안다(어제부터…). 뉴욕의 디스코텍(리츠Ritz)에 갔다가… 완전히 넋을 잃고 말았다… 그곳에는 천 명이 넘는 젊은이가 있었다… 대부분 상대가 있었다.

90퍼센트는 서로 키스도 하지 않고, 춤도 추지 않고, ~~서로 만자자도 않았다~~… 상대의 손을 건드리지도 않았다….

그들은 오직 대형 TV프로젝터를 바라보았다. 화면에서는 그들이 지금까지 살면서 TV나 영화관에서 보았던 오래된 영화, 록큰롤, 혹은 엘비스 등의 영상이 나오고 있었다.

그들은 한 무리의 멍청이에 불과했다. ~~미래의 안테나이며 젊은 세대를 대표하는 그들은… 활력을 불어넣어야 할 사람들이 아닌가~~… 하지만 그들의 바보 같은 행위를 판단하기 전에 몸의 긴장을 풀어보자… 우리도 매일 그들과 비슷한 행동을 하고 있지는 않은가? 우리도 같은 동작을 하고 있지는 않은가?

그렇다… 우리도 비슷한 행동을 한다. 우리는 이것을 신진대사라고 부른다.

우리 인간은 마치 인공지능을 만들어낸 것처럼 인위적인 신진대사에 익숙해져 있다… 게다가 그게 전부가 아니다.

자연적인 신진대사의 경우 우리는 자주 육체적인 한계(예를 들어 음식, 조깅, 섹스, 알코올)에 부딪히지만, 도박, 복사, 영화 관람과 같은 인위적인 신진대사나 즐거움에는 그러한 포화 상태가 없다.

…사실, 들쥐가 새끼 들쥐를 낳는 것처럼 정보는 또 다른 정보를 생산한다.

우리는 대학 시절에 복사기라는 것을 몰랐지만 전혀 불편하지 않았다. 하지만 오늘날 공부는 복사기 사이를 끊임없이 오가는 것을 의미한다.

　…브루클린에서 사는 사람은 영화나 연극 티켓에 관심이 없다. 하지만 맨해튼 사람들에게 긴 겨울밤은 물론이고, 심지어 여름밤에도 영화나 연극을 보지 않고 지낸다는 것은 상상할 수 없는 일이다. 나는 오래전 미국에서 제일 끔찍한 음악이 엘리베이터까지 따라오는 것을 보고 놀란 적이 있는데, 현대인들은 귀에 워크맨을 꽂고 롤러를 탄 채 자동차들이 빼곡히 들어찬 60번가를 위험을 무릅쓰고 요리조리 피해 다닌다.

　비디오게임을 보라. 일시적인 열광이라고 생각했는데… 열광….

　이 열광의 한가운데 무엇이 있는가? 변화다. 변화에 대한 사랑이다. 바로 그것이 우리 신진대사의 중심이다… 달과 바다의 조수처럼….

　우리는 이제 후기 산업시대에 깊숙이 진입했다.

　다니엘 벨이 1972년에 말했듯이 정보가 석유를 대신할 것이다.

　작은 화면이 유화를 대신하지 않을까???

　그렇다… 음극관이 해방되는 날….

P.S.: 앞으로 10년, 비디오디스크의 출시는 어쩌면 또다시 실패할 수도 있다. 하지만 이와 비슷한 것이 90년대를 풍미할 것이다.

인풋 타임과 아웃풋 타임[240]

나는 비디오를 연구하면 할수록 18세기에 공간예술과 시간예술을 구분한 레싱[241]을 떠올리게 된다. 비디오는 배타적이다. 만일 우리가 NBC를 시청한다면 CBS는 볼 수 없다. 이라 슈나이더를 보면 프랭크 질레트는 볼 수 없다.(그 반대도 마찬가지다.)

나폴레옹은 "잃어버린 땅은 언제든지 찾을 수 있지만 잃어버린 시간은 되찾을 수 없다"라고 말했다. 시간은 매우 제한된 **1차적 자원**이다.(석유도 제한된 **1차적 자원**이다. 왜냐하면 옥수수나 쌀과는 달리 석유를 생산하려면 지질학적인 시간이 필요하기 때문이다.) 부유한 그림 수집가는 큰 공간을 수많은 그림으로 채울 수 있다. 하지만 그는 자신의 삶에 단 1초도 더할 수 없다. 부자나 가난한 자나 죽음 앞에서는 모두 평등하다. 흔히 시간이 돈이라고 한다. 하지만 사실 시간은 돈의 반대 개념이다. 현대 소비사회에서는 돈을 많이 소유하면 할수록 시간을 적게 소유한다.(멕시코의 농부와 파이어 아일랜드와 맨해튼 동부를 오가는 활동적인 부부를 비교해보라.) 마찬가지로 예술 애호가들은 허쉬혼 미술관이나 파사디나

240 Temps induit et temps produit: 이라 슈나이더·베릴 코로(편집), 『비디오아트, 앤솔로지』에 수록, 하코트 브레이스 조바노비치, 뉴욕·런던, 1976, p.98.

241 Gotthold Ephraim Lessing(1729~1781): 독일의 극작가, 비평가. 독일 계몽주의의 완성자인 동시에 독일 시민문학의 기초를 개척했으며, 프랑스 고전주의 문학의 영향을 배척하고 독일정신에 근거한 문학을 명석한 이론과 창작의 실천이라는 두 가지 면에서 확립한 당대 제일의 지도자라고 할 수 있다. 역주.

의 노튼 사이먼 미술관의 거대한 공간에서 수백 점의 질 낮은 그림을 자세히 들여다보며 돌아다니기를 마다하지 않는다. 하지만 그들은 형편없는 영화나 연극을 처음부터 끝까지 보는 일은 사양한다. 자리에서 일어나 곧바로 나온다. 그러고는 사람들에게 그 영화나 연극을 보지 말라는 충고도 한다.

오늘날 비디오아트를 둘러싼 여러 가지 혼란은 크게,

'지루하지만 질 높은 예술'과

'지루하면서 질 낮은 예술'을

구분하는 범주가 없기 때문인 것 같다.

지루함 그 자체가 부정적인 의미를 내포하는 것은 아니다. 동양에서는 오히려 고귀함을 나타내기도 한다. 거듭 말하지만, 이 혼란은 **인풋** 타임과 **아웃풋** 타임을 혼동하는 데서 비롯되었다.

CBS가 제공하는 오락 프로그램에 지나치게 경쟁적으로 대응하려고, 혹은 정보나 경험의 순수성을 유지하려고, 몇몇 비디오 예술가는 '퍼포먼스'나 모든 일시적인 행위예술의 시간 구조를 만들고 나면 수정하기를 거부한다. 다시 말해 그들은 **인풋** 타임과 **아웃풋** 타임이 일치해야 한다고 주장한다. 반면 실생활에서는('라이브' 삶) **인풋** 타임과 **아웃풋** 타임의 관계가 매우 복잡하다. 예를 들어, 극한의 상황이나 꿈에서 우리는 전체 삶을 초 단위로 응축된 플래시백 형태로 다시 체험할 수 있다.(비행기나 스키 사고의 생존자들이 자주 이렇게 말한다.) 혹은 프루스트가 그랬듯이 코르크로 도배한 방에 고립된 채 평생토록 유년기의 아주 짧은 사건을 다시 체험할 수 있다. 다시 말해 인풋 타임의 일부 단위는 아웃풋 타임에서 원하는 대로 확대되거나 축소될 수 있다는 뜻이다. 이러한 변형(단지 양적인 것만이 아니라 질적인 면에서도)을 가능하게 하는 우리 뇌의 기능은 정보 용어로 말하자면 중앙정보처리 장치 단위이다. 어려운 몽타주 과정은 우리 뇌 기능의 시뮬레이션일 뿐이다.

어떤 의미에서 보면 한번 비디오로 녹화된 것은 없앨 수가 없다. 세 명의 예술가, 폴 라이언Paul Ryan[242], 구보타 시게코, 그리고 맥시 코헨Maxi Cohen[243]은 비디오로 각자 아버지의 모습을 죽기 전에 녹화했다. 비디오의 죽음은 그들이 죽음과 맺은 관계를 변화시켰다. 비디오아트는 자연을 모방하지만, 그 겉모습이나 실체를 모방하는 것이 아니라 **노화**의 과정(어떤 의미에서 불가역성의 형태)인 은밀한 '시간 구조'를 모방한다. 노버트 위너는 레이더 시스템(시간의 포괄적이고 이중일의적 미시분석)을 연구할 때 뉴턴의 (역행할 수 있는) 시간과 베르그송의 (역행할 수 없는) 시간에 대한 깊은 사고를 발전시켰다. 에드문트 후설은 자신의 논문, 「시간에 대한 내적 의식의 현상학에 관한 강연」(1928)에서 **"시간**이란 무엇인가? 만일 이 문제를 내게 질문하지 않는다면 나는 그것을 알고 있고, 만일 누군가 내게 이 질문을 하면 나는 알지 못한다"라며 성 아우구스티누스(중세 음악에 대한 뛰어난 미학자)를 인용했다. 20세기에는 이 역설을 마치 메아리처럼 사르트르에게서 발견할 수 있다. "나는 내가 아닌 것으로 존재하고, 나는 내가 존재하는 것으로 존재하지 않는다."

지난번 도쿄를 방문했을 때 동서양 철학가들이 **시간**에 관해 저술한 10여 권의 책을 구입했다. 뉴욕에 돌아왔을 때 나는 그 책들을 읽을 **시간**이 없다는 걸 깨달았다.

---

242 Paul Ryan(1943~2016): 미국의 비디오 예술가. 1970년대 비디오 예술가이자 이론가로서 레인 댄스(Raindance) 재단의 일원으로 활동했다. 뉴욕대학을 졸업하고 포드햄대학에서 매클루언에게 수학했다. 전자 미디어를 통해 자연적이고 인공적인 환경을 해석하는 표기체계의 개념화 작업을 시도하였으며 그가 주장한 환경 텔레비전 채널은 유엔 총회에서 거론되기도 하였다. 역주.

243 Maxi Cohen(1949~): 비디오, TV 영화 프로듀서, 감독. 사진작가. 아방가르드 시각예술을 대중화한 예술가로 평가된다. 역주.

베니스의 주데카 섬을 위한 단상[244]

산업사회에서 후기 산업사회로의 느린 이동은 '하드웨어'와 같은 존재양식에서 '소프트웨어'로의 느린 이동과 유사하다. 또한 에너지(석유)에 바탕을 둔 경제에서 정보(아이디어)에 근거한 새로운 경제체제로의 변화와도 같다.

12~13세기 베니스는 하드웨어를 교환하여 번영을 이뤘다. 하지만 이와 같은 영광은 주데카 섬에서 소프트웨어를 교환함으로써 쉽게 다시 재현될 수 있을 것이다.

비디오 기술은 21세기를 주도하는 산업이 될 것이다. 왜냐하면 이 경우 정보와 오락의 관계가 매우 호의적이기 때문이다.

반면, 비디오 소프트웨어의 국제적인 교환은 여러 문제로 인해 방해받을 수 있다.

1. 저작권에 관한 복잡한 국제 규정
2. 비디오 시스템(NTCS, PAL, SECAM 등등)의 복잡함
3. 번역
4. 나체에 관한 것처럼 문화, 사회, 종교적 관습의 차이…
5. 정치제도, 표현의 자유의 정도 등…

---

244 Idee pour l'ile de la Giudecca: 『물리노 스턱키에 대하여(A proposito del Mulino Stucky)』 도록에 수록, 마가치니 델레 살레 알 자테레에 의해 출간, 베니스, 1975, pp.86, 88.

결과적으로 국제적인 자유무역항이 정보의 교환을 위해 필요하게 된다. 그곳에서는 전 세계 모든 문화의 구입자와 판매자 그리고 학생들이 서로 만나 의견을 나눌 수 있고, 전 세계의 소프트웨어를 자세히 살필 수 있고, 시장을 형성할 수 있을 것이다.

서구국가, 사회주의 국가, 아랍 국가들과 국경선을 마주하고 있는 주데카 섬은 이와 같은 기능을 훌륭히 해낼 수 있을 것이다.

정보의 자유무역항 아이디어는 동서양의 교류를 경험한 도시의 문화 전통에 적합하다. 그런 이유로 주데카 섬은 앞으로도 오랫동안 경제적 번영이 약속된 곳이라고 할 수 있다.

마르셀 뒤샹은
비디오를 생각하지 않았다[245]
—이르멜린 리비어와의 인터뷰(1974년 12월 16일, 보훔)

내가 독일에 온 진정한 이유는 쇤베르크였고, 내가 미국에 정착한 진정한
이유는 존 케이지였다.

프라이부르크에서 함께 작업했던 포르트너[246]가 내게 쾰른의 전자 스
튜디오에 일자리를 찾아주었다. 그는 내게 더는 가르칠 것이 없다고 생각
했던 것이다. 나는 피아노로는 반음과 반음 사이의 음을 찾을 수 없다며
난리를 피웠다. 나는 두 반음 사이의 음계를 찾아 작곡했다.

쾰른으로 가는 길에 나는 존 케이지를 만났는데, 여행하는 동안 나는
전자음악에 대한 흥미를 잃어버렸다.

기차에서 케이지를 만난 건가요?
아니요. 다름슈타트의 국제 신음악 하계강좌 때 만났지요. 그야말로 결정
적인 만남이었지요.

---

245 Marcel Duchamp n'a pas pense a la video: 《살아 있는 아트 연대기》 제55호 축약판에 수록,
파리, 1975년 2월, pp.30~33.
246 Wolfgang Fortner(1907~1987): 라이프치히 출생 독일의 작곡가, 지휘자. 라이프치히 음악원
에서 오르간과 작곡을, 대학에서는 철학, 음악사, 독일어를 공부했다. 베를린에서 쇤베르크를
만났고 힌데미트 실내악으로 학위를 받고 나서 오케스트라를 조직하는 등 음악활동을 계속하
다 퇴임 때까지 프라이부르크에서 계속 음악을 가르쳤다. 백남준이 그에게 음악 교육을 받은
바 있다. 역주.

케이지를 만났을 때 어떤 것이 가장 충격적이었죠?

그는 소리 콜라주를 했어요. 그 당시 제게는 무척 흥미로운 작업이었죠. 또한 나는 무질서한 것들을 좋아하거든요.

우연에 관심이 많은가요?

우연은 아니고… 놀라움이라고 하는 게 맞는 것 같아요. 놀라움과 절망. (웃음) 나는 절망에 관심이 많습니다.

왜죠?

왜냐하면 절망은 놀라움의 부정적인 반대 의미이기 때문이죠. 절망은 가끔 놀라움보다 더 확실해요. 우리는 부정적인 것을 더 좋아하죠.

우리라고요?

나는 말이에요, 부정적인 것을 좋아해요. 나는 책임지는 걸 별로 좋아하지 않아요. 책임은 정말 끔찍해요. 막내로 자라서 그런지 응석받이였죠. 플럭서스 구성원들은 모두 응석받이 아이들의 모임입니다. 그건 절대적이죠! 머추너스도 외아들이고, 딕 히긴스도 아주 부유한 가정의 외아들이죠. 그리고 라 몬테 영도 미국 아이오와 주의 모르몬교 집안 출신인데, 그의 아버지는 새벽 네 시에 일어나 종일 일했다고 해요. 그래서인지 라 몬테는 세상에서 가장 느린 예술가가 되었죠. 조 존스Joe Jones도 응석받이였죠… 그들은 모두 모성애 콤플렉스, 오이디푸스 콤플렉스가 있어요. 나도 마찬가지고요. 나는 아버지를 몹시 싫어했어요. 동성애자는 아닌데 내가 가장 좋아하는 것은 몇 시간이고 화장실에서 «슈피겔»을 처음부터 끝까지 읽는 거죠.

나는 내 <교향곡 제5번>에서 『카라마조프 가의 형제들』도 그렇게 읽어보라고 제안하는데, 이 책을 다 읽기 전에는 밖으로 나가지 말라고 하죠(20년이 지났지만, 나는 여전히 그 책을 끝까지 읽지 못했어요.) 「커뮤니케이션-예술」에서 나는 더그 데이비스에 대해서도 항문 콤플렉스 얘기를 했죠. 플럭서스의 디자이너인 머추너스도 항문 콤플렉스가 있죠.

그러니까 선생님은 1958년에 쾰른에 도착하셨는데요, 그 시절에 전자 스튜디오에서는 어떤 분들이 작업하고 있었나요?
슈톡하우젠, 리게티[247], 쾨니히Koenig, 카겔[248], 카듀[249] 등이 있었어요. 작업하기에 좋은 곳이었죠. 나는 개인적으로 슈톡하우젠을 좋아했어요. 케이지와의 관계를 계속 유지하면서 말이죠.

그런데 전자음악에 대한 관심을 결국 접으시지 않았나요?
몇 가지 테이프를 제작했어요. 그러고는 내게 행위가 필요하다는 걸 알았죠. 전자음악은 아주 좋았지만, 말하자면 카타르시스를 느끼게 해주지는 못했어요. 이 말은 처음 하는 건데 카타르시스는 '나의 정신적 성숙'을 위해서 아주 중요하죠.(웃음)
저녁에는 새벽 두 시까지 테이프 제작을 했어요. 아주 흥분해서 내가 걸작을 만들었다고 중얼거리곤 했죠. 그런데 그다음 날 아침, 잠에서 깨어 보면 아무것도 아닌 거예요. 마치 모래 위에 그림을 그린 것처럼. 그래서 차츰 다른 여러 행위를 도입하게 된 거죠. 어쩌면 제가 폭력적인 사람인지도 모르겠어요.(웃음)

247 György Sandor Ligeti(1923~2006): 헝가리의 유태인 작곡가. 다름슈타트 여름학교에서 가르치기도 했다. 작곡의 전통적 개념을 파괴하고, 톤 클러스터 기법을 사용하였다. 주요 작품으로는 ‹아르티큘라티온› ‹음악의 미래: 작품모음›등이 있다. 역주.
248 Mauricio Kagel(1931~2008): 독일-아르헨티나의 작곡가. 연극요소를 더하여 음악 퍼포먼스를 발전시켰다. 역주.
249 Cornelius Cardew(1936~1981): 영국의 아방가르드 작곡가이며, 하워드 스켐튼, 마이클 파슨스와 함께 실험 퍼포먼스 앙상블인 스크래치 오케스트라를 구성했다. 그러나 후일 '인민해방 음악'으로 선회하여 아방가르드를 포기했다. 역주.

정말 그렇게 생각하세요?

그런 건 아닌 것 같아요. 그 상황에서는 아마도 폭력이 원인이라기보다는 효과였던 것 같아요.

어쨌든 그게 폭력은 아니죠. 벽에 계란을 던지는 것도 폭력은 아니에요. 계란 하나에 십 페니히였으니!

그런데 머리를 비눗물에 담그다가 익사할 뻔한 퍼포먼스도 있었잖습니까?

그렇죠. 하지만 **나는** 카타르시스가 필요했어요. 그건 범성욕주의죠. 제 섹슈얼리티는 완전히 정상입니다.

예를 들어 벤은 두 눈을 수건으로 가리고 관객들 가운데로 내려와 머리 위로 도끼를 휘둘렀는데, 선생님은 그런 식의 폭력적인 행위는 전혀 하지 않으셨나요?

나는 관객이 아니라 나에 대해 공격적이었죠. 물론 그다지 공격적인 것도 아니지만 말입니다. 나는 최고의 오르가슴을 불러일으킬 수 있는 무언가를 찾으려 했던 겁니다.

그걸 느끼셨나요?

네. 정신의 환희죠. 찰나이긴 했지만.

선禪에 관심이 많으시죠?

처음에는 선에 관심이 없었어요. 그런데 내 작업을 통해 그와 비슷한 경향을 발견했던 거예요.

관객들에게 직접 작곡한 곡을 연주할 기회가 있었나요?

네. 첫 음악회를 1959년 뒤셀도르프의 장피에르 빌헬름이 운영하는 갤러리22에서 열었어요. 6분 연주가 전부였죠.

그 당시 극소수 사람만이 존 케이지를 좋아했어요. 그래서 나는 <존 케이지에게 보내는 경의>라는 제목을 붙였죠.

그건 전자음악이었고—녹음기 세 대를 이용했습니다—깨트릴 유리창도 있었죠. 나는 피아노를 엎었어요. 사람들이 그걸 파괴라고 부르더군요. 하지만 내 머릿속에서 그건 파괴가 아니었어요. 나는 카타르시스를 만들어낼 충격이 필요했던 거죠. 극도의 전자적인 충동 말이에요. 놀라움이나 환멸 말이에요. 그리고 무대에 오토바이도 있었어요. 그것이 세계적으로 처음 공연된 해프닝 가운데 하나가 아니었나 생각해요.

관객들이 어떤 반응을 보였나요?

내가 기대했던 것보다 더 긍정적이었어요. 대부분이 해프닝에 대해 아는 사람들이었죠. 뒤셀도르프의 예술가들도 많았어요. 보이스, 괴츠K. O. Götz, 회메Hoehme, 골Gaul, 다들 그 이후로 친구가 되었죠.

1960년 6월, 쾰른에 있는 마리 바우어마이스터의 작업실에서 다시 한번 <존 케이지에게 보내는 경의 3>을 공연했어요.

마리 바우어마이스터와 함께 공연을 했나요?

우리는 아주 친한 사이였죠. 거의 매일 보다시피 했으니까요. 마리는 나의 훌륭한 후원자였죠. 정말이에요! 그녀는 저를 많이 지원해주었죠.

실제적인 면에선가요, 아니면 예술적인 면에선가요?

예술적인 면에서도 그랬어요. 저는 그녀의 작업에 관심이 많았죠. 그녀는 기술을 활용했어요. 콜라주를 하는 데 자석을 사용했죠. 그녀는 내가 가장 좋아하는 기술을 사용하는 예술가 가운데 한 사람이죠.

내가 샬럿 무어먼에게 "너랑 일하는 건 텍사스 말을 타는 것 같고, 마리 바우어마이스터와 일하는 건 메르세데스 600을 타는 것 같아"라고 말하자, 그녀가 화를 냈죠.

그 당시 뒤셀도르프에서 액션페인팅을 하던 카를 오토 괴츠 같은 화
가도 많이 만나지 않았나요?
카를 오토 괴츠는 갤러리22에 소속되어 있었어요. 그가 제 첫 번째 음악
회에 참석했죠. 갤러리를 운영하던 장피에르 빌헬름이라는 대단한 인물
이 있었거든요. 그가 내게 많은 사람을 소개해주었어요. 카를 오토 괴츠
도 그때 소개받았죠. 그가 그때 컴퓨터페인팅 얘기를 했어요.

괴츠가 영화에 관심이 많았다는 얘기는 들었는데, 그를 직접 본 적은
없어요. 그의 그림만 보았지요. 게다가 아주 멋진 그림이었죠.
그는 한 번도 그림을 떠난 적이 없어요. 하지만 나는 그의 이론을 알고 있
었죠. 내가 그의 영향을 많이 받았어요. 그래서 무척 감사하게 생각하고
있죠.
그리고 1960년 10월, 마리 바우어마이스터가 <존 케이지를 위한 음악회>
를 구상했어요. 존 케이지는 나중에 아주 유명해졌죠. 나는 존 케이지의
넥타이를 잘랐어요.
미리 계획한 건 아니었어요. 즉흥적이었죠. 아마도 그 당시 내가 폭력적
인 행위에 집착하고 있었기 때문인 것 같아요. 나는 존 케이지의 넥타이
를 늘 싫어했어요. 그는 아주 짧은, 이상할 정도로 짧은 넥타이를 매고 다
녔죠. 나는 그런 미국 아방가르드의 형식적인 경향을 별로 좋아하지 않
았어요. 뭐라고 할까, 어딘가 멋진 척하는… 그래서 내가 그에게 말했죠.
"넥타이가 별로예요." 그러고는 싹둑! 잘라버린 거죠.

그가 어떤 반응을 보였죠?
놀란 것 같았죠. 전혀 예상치 못했을 테니….

그런데 선생님도 음악회에 참석해야 하지 않았나요?

그렇죠. 나는 <피아노 포르테를 위한 연습곡Etude for Piano Forte>을 연주했죠. 존이 내 옆에 있었어요. 관객의 자격으로 말이죠. 그렇기 때문에 더욱 그런 공격을 받을 거라고 예상치 못했던 거예요. 그 음악회에는 머스 커닝햄이나 얼 브라운, 크리스천 볼프[250], 캐롤라인 브라운Caroline Brown 등 미국 예술가들도 참석했어요. 그들이 내게 뉴욕을 알게 해주었어요. 바로 그 뉴욕에서 라 몬테 영이 나에 대해 이야기하고 그의 『선집』 집필에 참여하라고 권했거든요. 이 책은 오늘날 플럭서스의 초창기에 대해 알려는 사람에게는 매우 중요한 책입니다. 그리고 책의 모형도 머추너스가 만들기로 했거든요. 그래서 조지도 이 모임에 합류하게 된 거죠. 그렇지만 이 책은 3년 동안 출간되지 못했어요. 조지가 천식을 앓았거든요. 라 몬테도 돈이 없는 상태였죠. 누군가 자기 돈을 훔쳤다던가… 그러다 1963년에 『선집』이 출간된 겁니다.

그러니까 라 몬테 영이 『선집』의 제작을 후원한 건가요?

네. 그가 편집자면서 동시에 재정 후원자였어요. 라 몬테는 부자들을 많이 알고 있었죠.

선생님께서는 어느 면에서 도움을 주셨나요?

그 당시 나는 <20개의 방을 위한 교향곡>을 작곡하고 있었죠. 20개의 방을 묘사하는 텍스트(악보)를 썼어요. 만지기, 놀기, 듣기, 발차기, 채찍으로 때리기가 모두 포함된 토털 매체였죠.

내가 일본어로 쓴 텍스트를 오노 요코가 영어로 번역해주었죠. 그런데 요

---

250 Christian Wolff(1934~): 미국의 작곡가. 하버드대학에서 고전문학을 전공했다. 초기에는 복잡한 리듬 체계를 바탕으로 한 작품들을 시도했으나 점차 독특한 음계 사용법을 개발하였다. 고등학교 시절부터 존 케이지와 교류했으며 얼 브라운, 몰튼 펠드만, 데이비드 튜더, 머스 커닝햄 등과 그룹을 형성했다. 1960년대부터 코넬리우스 카듀 등과 함께 실험적인 작곡을 시도했다. 그 이후 노동계급운동인 워블리(Wobblies)에 글과 음악을 통해 참여하는 등 정치문제에도 개입했다. 역주.

코가 텍스트를 가지고 일본으로 가버렸어요. 물론 그 후에 텍스트를 다시 찾기는 했는데, 또 잃어버렸답니다. 그래서 결국 내가 쓴 서론만 『선집』에 삽입되었죠.

거기에는 얼 브라운이 나에 대해 쓴 아주 훌륭한 글도 있었죠. 내가 폭력적이던 시절에 대해 쓴 거예요. 말하자면 그렇다는 거죠.

> 그래요! 그가 관객들에게 선생님의 해프닝에 참석하기 전에 혈액형을 잘 기억하고 있으라고 제안했죠.(웃음)

거듭 말씀드리지만 내가 폭력적이었다고 생각하진 않아요. 하지만 일반적으로 평가라는 것은 꼭 자동차와 같죠. 차종을 선택할 수도, 나아갈 방향을 택할 수도 없어요. 제일 먼저 도착하는 걸 빼앗아 잡아타야 해요. 폭스바겐이면 폭스바겐을 타고, 택시면 택시를 타고 가는 거예요. 비행기가 도착하면 비행기를 타야 하죠. 중요한 것은 움직이기만 하면 되는 거예요. 나에 대한 첫 평가는 말하자면 폭력적이라는 일련의 해프닝을 통해 이루어진 거예요. 그건 오해죠. 하지만 차가 없다면, 먼저 오는 차를 탈 수밖에 없는 겁니다.

> 직접 하고 싶은 말을 늘어놓는 것보다 사람들의 상상력을 자극하는 게 중요하다고 생각하시나요?

아니에요. 하지만 자기 생각을 말하려면 무대가 필요한데, 무대에 오르는 게 아주 어렵죠. 다들 계단 아래서 서로 밀치죠. 그들이 관객에게 팔기 원하는 것을 어떻게 해서든 팔아야 하니까요. 나 역시 반대하지 않아요. 예술비평가들이 내 손톱을 물어뜯지만 않는다면 말이에요. 오케이죠. 그들은 하고 싶은 말들을 하는 거니까.(웃음)

완전히 헛다리를 짚는 기사나 잘못된 사실을 퍼뜨리는 기사가 전혀 신경 쓰이지 않나요?

아뇨. 나 자신이 아주 형편없는 비평가였어요(형편없는 작곡가였고). 내가 처음 맡은 직업이 일본 음악잡지에서 비평하는 일이었죠. 독자들이 읽게 하려면 기사가 톡 쏘는 맛이 있어야 한다는 걸 잘 알고 있죠. 나 역시 약간의 조작을 했어요. 기사에 어떻게 섹스와 양념을 혼합하면 되는지 알고 있죠. 만일 누군가 내 퍼포먼스를 보고 아주 폭력적인 보고서를 작성한다면 나는 그저 그 사람이 자기 일을 했을 뿐이라고 할 거예요. 언젠가 조지 머추너스가 내게 플럭서스를 시작하고 싶다고 편지를 보냈죠. 유럽에서는 내게 처음으로 그런 편지를 보낸 거였죠. 사실 그는 이탈리아 작곡가인 실바노 부소티에게도 편지를 썼는데, 그는 편지를 받고 "미국적이군!" 하면서 휴지통에 편지를 버렸다고 해요.(웃음)

하지만 나는 그의 편지를 신중하게 받아들이고 조지 머추너스를 장피에르 빌헬름에게 소개해주었죠. 비스바덴의 갤러리22에서 플럭서스 창립 공연을 했던 거예요.

그렇게 해서 우리가 비스바덴에서 이 희비극 공연을 할 수 있었죠.

왜 '희비극'인가요?

아, 비극적인 요소가 아주 많았죠. 머추너스는 모든 것을 기능본위로 했어요. 첫날은 피아노, 둘째 날은 현악기, 그가 빈의 바이올리니스트 다섯 명을 불러왔어요. 하지만 음악회 전날, 그들을 모두 문밖으로 내보냈죠. 그는 결코 당황하지 않고 바이올린 다섯 개를 사서 우리더러 현악 4중주를 연주하라고 했어요. 우리는 아무도 평생 바이올린을 만져본 적도 없었죠. 우리는 그 자리에서 세 시간 동안 안티 바이올린 음악을 작곡해야 했어요. 아이디어가 곧 고갈되었죠. 그래서 우리는 가상의 작곡가들의 이름을 작성하기 시작했죠.

비스바덴 이후—이번에도 내가 중개 역할을 했는데—보이스가 뒤셀도르프 예술아카데미에서 플럭서스 연주회를 두 차례에 걸쳐 열었어요. 그리고 포스텔이 (그를 비스바덴에 초청했는데) 우리에게 와서 코펜하겐에서 연주회를 열자고 했어요. 이렇게 해서 다들 플럭서스에 기여한 셈이죠. 플럭서스는 모든 사람의 자식입니다. 사생아인 셈이죠!(웃음)

플럭서스가 선생님께는 어떤 의미인가요?
나의 젊음이에요. 나의 순결. 나는 아주 순수한 젊음에 대한 이상이 있었어요.

그 이상이란 게 뭐죠?
가능한 한 순수해지는 겁니다.

예술적인 면에선가요?
예술가로서나 살아가는 인간으로서. 그저 살아가는 겁니다. 될 수 있으면 순수하게.
나는 플럭서스의 반反스타 기질, 협동적인 면을 좋아합니다. 플럭서스는 전례 없는 재능들이 모였던 집단이고, 전후의 흔하지 않은 예술운동 가운데 하나였죠. 모든 문화적 국수주의가 배제된, 진실하고 의식적인 국제운동이었어요. 나는 군사적 국수주의보다 문화적 국수주의를 더 증오합니다. 그것은 위장된 국수주의이기 때문에 더욱 위험하죠.

그런데 어떻게 해서 선생님은 음악과 해프닝에서 비디오로 행로를 바꾸셨나요?
그 변화는 아주 천천히 이뤄졌어요. 전자음악이 한계가 있다는 건 알고 있었죠. 누군가 전자TV예술을 할 거라는 것도 알고 있었어요. 하지만 나는 아니라고 생각했죠. 그건 무엇보다 화가의 작업이라고 생각했으니까요. 그러던 어느 날 '내가 하면 왜 안되지?'라는 의문이 들었던 거예요.

1960~61년에 나는 진지하게 전자에 대해 공부하기 시작했습니다.

TV 수상기 열세 대를 구입하려고 내가 가지고 있던 모든 걸 팔았죠. 부퍼탈 파르나스 갤러리의 예를링에게 첫 비디오 녹화기를 사는 사람이 세상에서 가장 유명한 화가가 될 거라고 말했죠. 그 당시에는 가격이 10만 달러나 되어서 도저히 살 수 없었죠. 그런데 그렇게 빨리 가격이 내려갈 거라고는 상상도 못했어요.

1963년 3월, 나는 파르나스 갤러리에서 «음악의 전시-전자 텔레비전»이란 제목으로 첫 전시회를 열었어요. 열세 대의 TV 수상기를 전시장에 배치하고 같은 프로그램의 열세 가지의 다양한 이미지를 보여주었어요. 이어서 나는 「실험TV 전시회의 후주곡」이라는 글을 썼어요. 거기에 내가 어떻게 작업을 시작했는지를 밝혔죠.

어려웠나요?

네… 생전 처음 정말 열심히 일했어요. 아무도 모르는 초특급 비밀 스튜디오를 빌렸어요. 기술자 두 사람의 도움으로 나는 열세 가지 다양한 방식으로 이미지를 변형했어요. 특히… 회로를 수직, 수평으로 변형했죠.

어느 날 나는 여러 사람을 함께 초대했어요. 딕 히긴스, 앨리슨 놀즈, 아르투어 쾨프케, 볼프 포스텔. 그리고 파르나스 갤러리에서 내 작업을 선보였죠.

관객은 아무 반응이 없었어요.

그렇지만 나는 내가 옳다는 것을 **알고 있었어요.**

하지만 내가 전자TV의 성공을 볼 때까지 살 수는 없을 것 같아서 1965년 1월 내 작업 결과를 발표한 거죠.

어떤 생각을 하고 있었죠? 새로운 형태의 그림을 창조하려고 했나요?

그래요… 한때는 내가 회화에 관한 이론을 발전시켰지요. 하지만 보다 근본적으로 그것은 사랑을 위한 경험, 이전에 아무도 해본 적이 없는 것을 하는 경험에 관한 이론이었지요.

정치가의 모습을 TV 영상을 통해 일그러뜨리는 작업이 공격적이라고 생각했나요?

<매클루언 변주들>을 말하는 건가요? 아니기도 하고, 그렇기도 합니다. 어떤 면에서는 주제가 정치가들을 희극적으로 만들기도 하죠. 하지만 그게 제 목적은 아니었어요. 내가 원한 것은….

조지처럼—나는 조지 머추너스와 아주 잘 맞거든요. 그나저나 특정한 예술을 정식으로 배운 적이 없기 때문일 거예요. 나는 처음에 작곡가로 시작했지만 사실은 미학자, 산문가였죠. 그리고 행위예술을 했지만 배우는 아니었어요. 한 번도 배우 수업을 받아본 적이 없죠. 나는 심지어 수줍음을 타기도 합니다.(웃음) 그래서 나는 TV를 연구했죠. TV는 영화가나 화가의 분야이지만, 사실 난 이 두 분야에 흥미도 없었고, 자격도 없었어요. 나는 아무도 가보지 않은 곳을 가고 싶었던 거예요. 조지는 부동산 중개업자가 되었죠. 나는 주식을 한 번 해봤어요. 만일 그 분야에서 성공했다면 비디오에 뛰어들지 않았겠죠. 하지만 나는 모두 잃었고, 그래서 TV 수상기를 샀죠.

누구나 아주 당연한 듯 TV를 보죠. 나는 그래서 그것을 가지고 순수한 플럭서스의 무엇을 할 수 있는지 알아보고 싶었어요.

플럭서스는 바로 처녀지로 가는 거죠.

거기에 처녀지가 있었어요. 그러니 갈 수밖에 없죠.(웃음)

에베레스트 산과 같아요. 올라가야 했으니까.

그래서 무엇을 보았죠?

많은 걸 보았죠. 하루하루가 놀라움의 연속이었어요.

예를 들어서?

모든 사람들은—세상에 있는 백만 명의 엔지니어들이 알고 있어요—TV 화면에 자석을 가까이 대면 영상에 변화가 생긴다는 사실을 알고 있죠. 모든 물리학 책에 그렇게 적혀 있어요.

그런데 아무도 그걸 해보지 않은 거예요.

나는 음극관을 작은 자석 고리로 둘러쌌어요. 그리고 이 발명품과 함께 4년을 보냈어요.

파르나스 갤러리에서 전시회를 연 뒤에 나는 컬러TV를 가지고 작업하고 싶었어요. 하지만 1963년 독일에는 아직 컬러TV가 없었어요. 게다가 독일은 생활비가 무척 비쌌어요. 독일에서 지낸 7년 동안 나는 한 푼도 벌지 못했죠. 완전히 적자였죠. 내 나이 서른한 살 때였어요. 결국 나는 1964년에 도쿄로 돌아와 1년간 가족들과 함께 생활하며 지냈어요. 아버지가 돌아가시면서 남겨준 유산을 나는 모두 컬러TV 연구와 비디오합성기를 만드는 데 썼지요. 일본으로 날아가는 팬 아메리카 비행기 안에서 나는 메뉴판에 내가 할 일들을 적었어요.

나는 뉴욕으로 돌아가고 싶었는데, 그때 보여줄 만한 뭔가를 가져가야 했어요. 나는 로봇을 만들고, 컬러TV 작업에 뛰어들었죠.

선생님의 로봇은 어땠죠?

키가 당신만큼 컸죠. 말하고, 걷고, 소변도 보죠. 우리는 케네디를 모방해서 만들었어요. 로봇이 케네디처럼 말했죠.

그걸 1964년 뉴욕에서 열린 《아방가르드 페스티벌》에 선보였죠? 아닌가요?

플럭서스와 함께 그걸 출품하기로 머추너스와 합의했죠. 그런데 내가 그걸 샬럿 무어먼의 제2회 《뉴욕 아방가르드 페스티벌》에 선보였던 거예요. 조지가 완전히 미칠 듯이 날뛰었죠. 그는 경쟁이라고 생각했고, 약속을 지키지 않았다고 나를 비난했어요. 하지만 분명히 말하지만 여자가 남자보다 더 나아요. 무엇보다 말이에요. 그리고 두 번째로 내가 독일에서 플럭서스와 퍼포먼스를 할 때 나는 한 푼도 벌지 못하면서 모든 비용을 내가 부담해야 했어요. 교통비, 호텔, 인쇄물까지 말예요. 그 당시는 내가 돈이 있어서 별로 신경 쓰지 않았어요. 쿨하게 행동했죠. 하지만 미국에 도착했을 때 나는 거의 거지 신세가 되어가고 있었어요. 컬러TV 연구에 많은 돈이 들어갔으니까요. 정말 많이 들었어요. 비디오 캠코더는 더 비쌌죠.

나는 초조했고, 빨리 성공해야 했어요. 10년 동안 조지 머추너스를 기다리고 있을 수만은 없었어요. 물론 플럭서스도 내게 중요하지만, 내 다른 생각들도 그만큼 중요했으니까요. 당장 성공해야 했어요.

그래서 성공했나요?
샬럿 무어먼이 조지 머추너스보다 더 잘했던 것 같아요.(웃음) 조지는 신문기자들을 싫어했죠. 그는 기자들이 올 때마다 토했어요.(웃음) 그래도 나는 그를 사랑한답니다. 나는 그에게 늘 친절하게 대했지만, 그는 3년 동안 내게 말 한마디 걸지 않았어요.(웃음)
다시 말해 내 머릿속에는 비디오 아이디어가 있었죠. 그리고 행위음악은 차츰 관심에서 멀어지기 시작했던 거죠.

그 사이 선생님께서는 TV 분야 전문가가 된 것으로 알고 있는데요?
그래요. 내 비디오합성기의 기초가 된 컬러TV 분야에서요.

지금은 보조 기술자가 필요 없나요?
아니요. 필요하죠. 나는 항상 보조 기술자가 필요했어요. 왜냐하면 내 아이디어는 항상 기술적인 능력을 앞서가니까요. 시간도 없고요.

앨런 캐프로가 선생님께서는 기술적으로 하지 말아야 할 것을 하고, 이 방법으로 훌륭한 성과를 낸다고 쓴 적이 있습니다.

당연히 나는 창조성을 발휘하려고 하죠. 아인슈타인은 멋진 생각을 하려고 수학자나 물리학자가 되어야 할 필요는 없다고 했어요. 나는 대략 시스템을 그릴 수는 있어요. 그런데 실제로 만드는 데에는 기술자들의 도움을 받아 함께 작업하죠. 도쿄에서 나는 아베 슈야라는 훌륭한 엔지니어를 만났어요. 그 천재가 비디오합성기를 만드는 데 큰 도움을 주었죠. 그에게 많은 빚을 졌답니다. 우리는 꼬박 4년 동안 함께 일했어요.

그것이 바로 최초로 발명된 비디오합성기죠.

어떻게 작동하죠?

첫 번째 원리는 자연적인 색채를 사용하지 않는다는 점이에요. 우리는 색을 흑백 영상에서부터 조합했죠.

두 번째는 우리가 직접 그림을 변형했죠.

세 번째는 이미지의 변화가 즉각적으로 이루어지는 거예요(라이프). 피아노를 연주하듯 빛에 따라 비디오합성기를 다루는 거죠.

비디오합성기에 대한 특허권을 가지고 있나요?

처음 비디오합성기가 성공을 거두기 시작한 1970년에 우리도 그 질문을 했죠. 비디오합성기를 독점해야 할까? 나는 그렇게 하지 않기로 결정했어요.

모두 사용할 수 있도록 말이에요.

플럭서스처럼.

다른 예술가들이 비디오합성기를 활용하는 걸로 알고 있는데요.

미국의 여러 TV방송국에서 그걸 사용하고 있죠. 그들은 그걸 막간 프로그램으로 사용해요. 수백만 명의 시청자가 내 작업인 줄도 모르고 그걸

보고 있죠. 하지만 바로 내가 한 작업인 게 분명하죠.(웃음)
플럭서스가 되는 것은 바로 자아를 감추는 것이죠!

어려운가요?
조작하는 것은 어렵지 않아요.

그게 아니라, 제작하는 거 말이에요.
사실, 제작하는 건 쉽지 않죠. 수천 달러의 비용도 필요하고. 첫 번째 비디오합성기에 3만 달러가 들어갔어요. 물론 내가 모두 부담하지는 않았죠. 그 당시 나는 재정적으로 지원해줄 사람들을 찾아 사방을 뛰어다녔거든요.
1968년 5월 혁명 이후 바리케이드의 시대는 지났다는 걸 깨달았어요. 다른 사람이 헬리콥터나 위성을 소유했다고 해서 돌을 던질 수는 없죠. 다음 저항운동은 바로 이런 수준일 겁니다.
그래서 내가 하는 것은 플럭서스의 연장이기 때문에 재단이든 어디든 재정적 후원을 받기로 한 겁니다.

연구 장학금을 받았나요?
네. 먼저 내가 가지고 있는 돈으로 충당했는데, 기계 제작에 들어가는 엄청난 비용을 도저히 감당할 수 없었어요. 그래서 록펠러재단과 다른 재단의 지원을 받은 거예요. 나는 빙엄턴 TV센터, 캘리포니아위원회, 시카고 예술위원회, 보스턴 WGBH 방송국, 뉴욕 WNET 방송국을 위해서 비디오합성기를 제작했죠. 그리고 오늘날 많은 예술가가 그걸 사용하고 있어요.

지금도 선생님께서 직접 비디오합성기를 제작하고 계신가요?
아니요. 지금은 아베 슈야가 만들고 있어요. 왜냐하면 지금은 비디오합성기를 '보고 싶지 않아요.' 4년 동안 함께 살다시피 했죠. 더는 돌볼 수 없어요.

그래서 그림을 시작한 거예요. TV 스튜디오에서 일하는 게 너무나 힘들었기 때문에 아무 낙서나 하기 시작했죠. 상업적인 목적으로 시작한 것은 아닌데, 이 스케치들이 그래도 상업적 가치가 있더군요. 그러는 바람에 나도 뭔가 팔 것이 생긴 거죠. 그렇지 않았으면 나는 여전히 아주 가난했을 거예요.

물론 모두 쓰레기죠. 하지만 지금은 그걸 해야 하는 철학적 이유를 알고 있어요. 비디오가 나를 완전히 바보로 만들었거든요. 나는 발로 딛고 밟아야 할 땅이 필요했던 거예요.

비디오테이프도 제작하셨죠?

1965년에 출시된 첫 비디오 녹화기를 구입했죠. 내가 그것을 카페 오 고 고[251]에 소개했어요. 그리고 얼마 뒤—1965년 11월—에는 뉴욕의 보니노 갤러리에 선보였죠. 처음으로 비디오 녹화기가 갤러리에 등장한 거죠. 그후 나는 수백만 명의 미국인이 TV로 본 수많은 비디오테이프를 제작했어요. <글로벌 그루브>는 55개국에 방송되었어요.

'글로벌 그루브'가 무슨 뜻이죠?

글로벌 뮤직 페스티벌로 세계 모든 나라가 서로 케이블 TV로 연결될 때 일어날 수 있는 현상을 미리 예견한 일종의 상상적인 비디오 경관이죠.

콜라주인가요?

그래요. 콜라주죠. 여러 종류의 음악과 춤 프로그램이죠. 춤과 음악은 말을 사용하지 않는 표현방법이죠. 음악은 언어예요. 춤도 언어죠.

---

251 Cafe au Go Go: 뉴욕의 블리커가 지하에 있는 그리니치빌리지 나이트 클럽. 수많은 재즈 뮤지션이 드나들었던 명소로 코미디, 포크 뮤직 등 각종 공연이 열렸다. 역주.

__선생님의 모든 비디오테이프가 이 콜라주 방식을 사용하나요?__

아니에요. 스타일이 서로 많이 달라요. 모두 실험적인 성격이 강하죠. 전형적으로 갤러리에서 보여주는 그런 것과는 많이 다릅니다.

조지 머추너스는 오락은 믿어도 예술은 믿지 않아요. 그는 예술을 싫어하지만 게임은 아주 좋아합니다.

__게임 얘기를 하니, 한 마디 더 묻고 싶네요. 관객이 선생님의 행위비디오에 참여할 수 있나요?__

네, 아주 자주 그럴 수 있어요. 관객이 자석이나 비디오합성기를 가지고 이미지에 영향을 줄 수 있어요. 카메라를 사용할 수도 있어요. 나는 비디오로 할 수 있는 모든 걸 실험했죠. 내 작업이 모두 공개된 것은 아니지만 말이에요.

__〈TV부처〉를 파리에, 그리고 최근에는 제5회 《크노크 실험영화 페스티벌》에 소개했는데 관객을 명상으로 이끌려는 것인가요?__

꼭 그런 것은 아니에요. 다시 한번 말씀드리지만 길이 없었어요. 그래서 나는 그저 하나의 길을 열었을 뿐이에요. 만일 관객들이 명상 체험을 하고 싶다면 잘된 일이죠. 나는 단지 하나의 문을 열고 싶었을 뿐입니다.

사실, 비디오는 1960년대를 지나오면서 가능성을 모두 소진해버린 환경예술, 해프닝예술, 행위예술에 신선한 혈액을 공급한 셈입니다.

__〈TV십자가〉〈TV정원〉〈TV부처〉〈TV침대〉… 저는 대부분 선생님의 작업이 환경 문제를 다루었다고 늘 생각했습니다.__

특히 60년대 초반에 환경을 주제로 많은 작업을 했죠. 왜냐하면 갤러리에서는 통했거든요. TV방송국은 아니었지만… 샬럿 무어먼을 위한 〈TV브라〉와 〈TV첼로〉도 환경작업의 일종이죠. 사람들이 행동을 통해 참여할 수 있었고, 화면에서 자신을 볼 수 있었거든요.

〈TV부처〉는 어떻게 작동하죠?

여러 가지 방법이 있죠. 촬영한 영상을 그대로 보여주기도 하고 자석이나 전자파, 첼로에서 나오는 소리로 변형하기도 하죠.

하지만 제일 흥미로운 것은 바로 샬럿의 '육체'와 TV기계 사이의 관계입니다. 무어먼과 TV와 같은 두 미국인이 섹스하는 장면을 놓칠 수는 없겠죠!(웃음)

이 예술을 통해 선생님 자신을 표현한다는 느낌이 드시나요? 아니면 TV를 하나의 장난감처럼 다루는 것은 아닌가요?

모든 것이 장난감이에요.

비디오는 장난감이죠.

그림도 장난감이죠.

나 역시 장난감이에요.

나는 청년 시절에 지금보다 더 정치에 관심이 있었던 것 같아요. 예술을 택했을 때 나는 한 가지 중요한 타협을 했죠. 그 이후 내가 하는 모든 것은 게임이 되었죠.

나는 아기 TV예요.

예술을 자아의 표현이라고 믿지 않나요?

정말 나 자신을 표현하려 했다면 다른 걸 했을 거예요.

무엇을?

(침묵)

세상에… 벌써 5시네요. 뉴욕에 가야 해요. 같이 공항에 갈래요? 그동안 자동차 안에서 얘기할 수 있으니.

…(보훔-뒤셀도르프 고속도로에서)…

장난감의 어떤 부분이 매력적이죠? 실험적인 부분인가요?

내가 어리광 부리기 좋아하는 아이라서 그런지 장난감이 좋아요. 어른이 되고 싶지 않아요. 어른이 된다는 것은 아주 힘든 일이죠. 아이를 갖고 싶지 않은데, 그 이유는 그러면 어쩔 수 없이 책임지고 일해야 할 테니까요. 나는 지금 상태가 좋아요.

하지만 처음에는 예술작품을 넘어서는 어떤 것을 기대했다고 말하지 않았나요?

그래요. 알아요. 섹스도 장난감이죠. 실러가 말했듯이 예술의 최고의 기능이 바로 유희적 기능이죠. 이것이 바로 내가 도쿄대학에서 공부하면서 얻은 유일한 것이죠.(웃음)

철학을 공부했다는 게 사실인가요?

그래요. 철학에서 출발한 셈이죠. 하지만 나는 문화계 속물들을 제일 싫어해요. 그게 독일의 전통이죠. 미국인들은 이런 스트레스를 덜 받는 것 같아요. 미국인들은 생각이 좀 더 단순하죠. 일종의 민족적 정체성이죠. 그들은 '위대한 문화'에 대한 어두운 향수dunkle Sehnsucht가 없어요. 그런 것은 겨울 내내 어두운 하늘 아래서 살 때 생기는 거죠. 뮌헨에 도착했을 때 첫 느낌이 그랬어요. 내가 해질녘의 나라에 왔구나. 낮과 밤 모두 어두웠어요. 낮과 밤 모두 말이에요! 하루는 하늘이 너무 무거워 미칠 것 같았죠.

일본이나 한국에는 그런 기후가 없나요?

그 정도는 아니죠. 중부 유럽의 그런 날씨는 정말 세상에서 하나밖에 없을 거예요. 유럽인들이 왜 그렇게 위대한 문화를 만들어낸 거죠? 바로 흐린 날씨 덕분이죠.

그런데 선생님께서는 독일 사상에 매력을 느끼신 걸로 알고 있는데 제가 잘못 알고 있는 건가요?

당연히 매혹되었죠. 나 역시 북반구 사람이니까요. 내 안에 있는 '어두운 향수'를 느껴요. 한국인들은 몽골족 출신이죠.

미국에서 팔리지 않는 내 작품들이 있는데, 바로 목조 조각 작품들이에요. 왜냐하면 미국인들은 이 '어두운 향수'를 이해하지 못하니까요. 그들에게는 이것이 슬프고 더러운 작업일 뿐이에요.

그러니까 선생님의 작업에 어두운 부분이 있다는 거죠?

당연하죠.

하지만 조금 전에 예술이 하나의 게임이라고 말씀하셨는데?

아, 세상에. 그건 농담이죠.

나는 TV예술로 나의 고루하고, 낭만적이고, 표현주의적인 기질을 감추려 했던 거예요!(웃음) 게다가 어느 날 조지 머추너스가 내 TV 작업이 낭만적이거나 표현주의적이지 않아서 더 좋다고 했기 때문이죠.

머추너스에게 그렇게 큰 영향을 받았나요?

아니에요. 우리는 좋은 친구예요. 그런데 나 역시 표현주의적인 기질을 별로 좋아하지 않아요.

모든 행동에 진실이 담겨 있어야 하죠. 자신을 숨길 수가 없는 거예요. 하지만 TV로는 나의 약점을 감추면서 뭔가 괜찮은 것을 보여줄 수 있어요.

다시 말해, 일 년에 한 번 몇몇 사람을 모아놓고 피아노 연주회를 열어요. 예를 들어, <플럭서스 1번Fluxus Sonata no.1>을 연주하죠. 아주 조용한 곡이에요.(나의 동양적인 콤플렉스가 드러나죠.) 사실 많은 사람이 내 TV 작업보다 그걸 더 좋아해요. 하지만 그건 나의 사적인 영역으로 남겨두고 싶은 거예요.

왜 감추려고 하는 거죠?

아, 내가 부끄러움을 많이 타거든요. 어떤 면에서 나는 수줍음이 많은 사람이에요. 날마다 알몸을 보여주고 싶지는 않아요. 다른 한편, 마르크시즘에서 남은 것으로, 역사적 필요성에 대한 생각이 있어요. 예를 들어, 만일 바흐가 우리 세기에 태어났다면 그가 교회음악가로만 만족하지는 않았을 거예요. 영웅은 시대를 필요로 하고, 시대는 영웅을 필요로 하죠. 니체도 위대한 역사는 위대한 역사가를 필요로 한다고 말했어요.

(웃음)

거기에 바로 뭔가가 있는 거예요.

역사적 필요.

혹은 만일 이러한 필요가 정말 존재한다면 우리가 알고 있는 전자음악 이후의 10년에는 어쩔 수 없이 전자TV의 10년이 이어질 거예요. 그렇기 때문에 그 분야에 내 에너지를 투입하는 게 중요해 보였던 거예요.

　　비디오아트가 크게 발전할 거라고 믿나요?

확신해요. 마르셀 뒤샹은 비디오만 제외하고 모든 걸 다 했죠. 그는 들어오는 문은 크게 만들었는데, 나가는 문을 작게 만들었어요. 그 문이 바로 비디오죠. 바로 그 문을 통해 마르셀 뒤샹에서 나올 수 있는 거예요.(웃음)

나의 교향곡들[252]

안톤 베베른은 교향곡 하나를 썼지만, 케이지나 슈톡하우젠은 한 곡도 작곡하지 않았다. 나는 벌써 교향곡 다섯 편을 작곡했다.

1번은 <젊은 페니스를 위한 교향곡>… 쾰른의 《데콜라주》 2호에 발표되었고, 존 그루언의 『뉴 보헤미안』(쇼어크레스트)에 재수록되었다.

2번은 <20개의 방을 위한 교향곡>이다. 1961년 봄에 작곡했는데, 서곡이 1963년 『선집』에 실렸다(맥로와 영이 편집). 최종 악보는 라 몬테 영, 조지 머추너스, 도시, 요코, 아키야마[253], 그리고 내가 쾰른, 뉴욕, 도쿄, 쾰른 사이를 오가는 복잡한 교류과정에서 분실되었다. 현재 남아 있는 버전은 최종 바로 전의 것을 영어로 옮긴 것이다. 이것은 독일어로 썼는데, 12년간 계속된 망명생활에도 다행히 남아 있다.

---

252 Mes symphonies: 백남준은 이 원고를 1973년 2월에 썼다. 백남준이 1970~71년 겨울 동안 그에게 자기 대신 작곡을 부탁했던 제3번 교향곡의 '대리 버전' 이야기를 언급한 켄 프리드먼의 논평이 함께 실려 있다. 《아방가르드 음악 소스》 제11호에 수록. 새크라멘토, 캘리포니아, 1973.
253 秋山邦晴(1929~1996): 일본의 음악평론가, 음악프로듀서, 시인, 작곡가. 음악연구가로서는 에릭 사티에 대한 연구로 유명하며, 『에릭 사티 비망록』으로 제1회 요시다에카즈상(吉田秀和賞)을 수상했다. 역주.

4번은 《데콜라주》 4호에 발표되면서 다음과 같은 지시가 게재되었다: "이 잡지 어딘가에 실린 제4번 교향곡을 찾아보시오." 그러나 무슨 연유인지, 포스텔이 원고를 싣지 않았다(1963년).

5번은 함부르크 로볼트 출판사에서 출간한 포스텔과 베커Becker의 『해프닝』에 실렸다.

그런데 제3번은 어떻게 된 거지?

3번을 작곡하는 걸 잊었다… 그냥 그렇게 되었다. 그래서 나는 켄 프리드만[254]에게 대신 작곡하라고 부탁했다.

1973년 2월, 뉴욕

백남준의 교향곡 제3번

1970년과 71년 겨울에 백남준이 <교향곡 제3번>이 빠졌다면서 내게 작곡해달라고 부탁했다. 그래서 나는 그가 서명한 교향곡을 작곡했다. 그리고 1971년 2월 말이나 3월 초에 초연하기로 하고 콘서트홀을 물색했다.

음악회를 위해 여러 악기도 구입하고, 캘리포니아 주 소거스 서부에 있는 플럭서스 작업실에서 열심히 연습도 했다.

---

254 Ken Friedman(1949~): 미국 출생. 플럭서스의 핵심적인 인물. 유명 드라마 기획자이며 1966년 뉴욕 개인전 이후 다수의 퍼포먼스와 메일아트 작품을 시도했다. 플럭서스와 인터미디어에 관한 여러 권의 저서를 남겼다. 조지 머추너스, 딕 히긴스, 백남준, 존 케이지, 요셉 보이스 등과 교류했으며 플럭서스 출판사인 섬싱엘스(Something Else Press)를 운영했다. 역주.

첫 총연습이 끝나갈 때 우리는 2월에 발생한 그 유명한 지진의 조짐을 느꼈다.

건물 일부가 무너지고, 거의 모든 악기가 부서졌다. 우리는 급히 대피해서 살 수 있었다.

그 후 난리 속에서 교회 홀을 포기할 수밖에 없었다. 대피소로 사용해야 했기 때문이다. 그 와중에 백남준의 <교향곡 제3번> 악보 하나만 건질 수 있었는데, 독일 어딘가에 보관되었다가 분실되고 말았다.

이 총연습에 대한 회상은 니콜라스 슬로님스키[255]가 주도한 『베이커 음악가 전기 사전』의 마지막 부록에서 백남준의 전기 끝 부분에 실렸다.

그야말로 백남준의 <교향곡 제3번>을 직접 확인할 수 있는 유일한—악보 원본을 발견하기 전까지—흔적인 셈이다. 백남준은 서명하면서 다음과 같은 말을 덧붙였다. "켄 프리드만은 슈타미츠[256] 이후 가장 위대한 작곡가이다."

켄 프리드만

이 글은 《국제 소식intenational sources》에 나오는 백남준의 <교향곡 제3번>을 대체한 것으로 '백남준 교향곡 총괄' 항목에 게재되었다.

---

255 Nicolas Slonimsky(1894~1995): 미국의 작곡가, 지휘자, 음악가, 음악비평가, 사전 편찬자, 작가. 역주.

256 Johann Wenzel Anton Stamitz(1717~1757): 체코의 작곡가 겸 바이올리니스트. 바로크음악에서 고전파음악으로 넘어가는 과도기에 활동한 만하임 악파에 속했으며, 교향곡과 소나타 등 다수의 기악곡을 작곡했다. 만하임궁정악단에서 바이올린을 연주하였고 예나에서 관현악단의 지휘자가 되었다. 역주.

커뮤니케이션-예술[257]

오랫동안 나의 린뱌오[258]였던 노먼 바우만Norman Bauman이 내게 "<보스턴 심포니 비디오 변주곡>에서 더그 데이비스 부분이 자네 것보다 **더 낫다**"라고 냉정하게 말했다. 나는 **마오쩌둥**보다 더 화를 냈지만, 노먼의 비행기는 몽골 사막에서 추락하지 않았다. 더그는 내-것보다-낫다는 변주곡의 미학을 복잡한 독일 방정식에 바탕을 두었다.

$$\frac{-8^2}{8\pi^2 M}\left(\frac{a^2\psi}{ax^2}+\frac{a^2\psi}{ay^2}+\frac{a^2\psi}{az}\right)+V(x, y, z)\psi = E\psi$$

그런데 데이비스의 (≪아트 매거진Arts Magazine≫에 재수록된) 이 간단해 보이는 공식은 내게 슈뢰딩거[259]의 방정식만큼 인상적이었다. 바로 이것이다.

257 COMMUNICATION-ART: 더글러스 데이비스의 발표를 위해 작성된 소논문 「이벤트, 드로잉, 오브제, 비디오테이프」(에버슨 미술관, 시러큐스, 뉴욕, 1972)를 수정한 「보들레르를 좋아하시나요?」의 발췌본. 「백남준: 비디아 앤 비디올로지 1959~1973」 도록에 수록, 에버슨 미술관, 시러큐스, 뉴욕, 1974.

258 Lin Biao(林彪, 임표, 1907~1971): 중국의 정치가, 군인. 1934~35년 대장정에 참여했고 항일전쟁에서 크게 활약했다. 1959년 루산 공산당회의에서 마오쩌둥을 지지하여 후계자로 지목되었지만 결국에는 국가 주석 자리를 두고 마오쩌둥과 대립하다 사망하였다. 역주.

259 Erwin Schrödinger(1887~1961): 오스트리아 이론물리학자. 파동역학의 건설자이다. L. V. 드브로이가 제출한 물질파의 개념을 받아들여 미시세계에서는 고전역학이 파동역학으로 옮겨간다는 생각을 기초방정식으로서의 슈뢰딩거의 파동방정식에 집약하였으며, 이것이 '원자이론의 새로운 형식의 발견'이었다. 역주.

인간=미디어=선택

이 방정식은 '인풋 과부하' 상황을 상징한다. 매디슨가에 있는 한 사무실에서 하루에 50여 통의 전화를 받는 남자라면 그걸 생각해볼 수 있겠지만, 내게는 해당되지 않는다. 나는 그저 하루에 전화를 두 번 정도밖에 받지 않는 카날가의 은둔자일 뿐이다. 그것도 한 번은 뉴욕 전화회사가 전화요금이 미납되었다면서 전화선을 끊겠다고 협박하는 전화였다.

우리는 인풋 신호와 인간 지각 사이의 관계, 혹은 기계의 시간과 인간의 시간 사이의 관계에서 맬서스 이론과 반대되는 법칙을 발견하게 된다. 맬서스가 살았던 영국에서는 식량 생산이 인구의 증가 속도만큼 급증하지 않았다. 더그 데이비스가 살았던 미국에서는 기대수명이나 잠자지 않고 깨어 있는 시간이 우리가 습득하고 다루어야 할 신호 정보의 수만큼 빠르게 증가하지 않는다. 콜럼버스가 **공간**의 탐험가였던 것처럼 몇몇 **시간**의 탐험가는 즐겁게 지내고, 몇 년 동안 잠들지 않으려고 환각제를 복용하며 시간에 저항하려고 노력했다. 한 유명한 스타일리스트는 '60년대에 거의 잠을 자지 않았다고 한다. 결국, 그녀는 40세가 되는 생일날 자살했다.

미디어의 근본적이며 잔인한 아이러니는 생전에 그녀를 살짝 언급했을 뿐이었던 《뉴욕 타임스》가 그녀가 죽자마자 예쁜 사진과 함께 고인의 약력을 길게 소개했다는 점이다. 그때까지 알려지지 않았던 정보들은 모두 어디서 잠자고 있었을까? 전자적인 진실은 바로 우리가 어떤 신호를 증대하면 유용한 정보보다는 목표-신호에 포함된 소음을 증폭하게 된다는 것이다. 그래서 잡지의 발행부수가 많을수록 질은 형편없다.

인간=미디어=선택=<u>제거</u>

노스햄프턴North Hampton의 아주 고상한 수녀는 이렇게 말할 것이다. "왜

예술가가 소통, 정보, 미디어에 관심을 보이는 거죠?" 가짜의 식별은 새로운 예술의 발견보다 100배나 더 중요한 정보이다. 우리에게 익숙한 보들레르의 은밀한 목소리를 들어보라. 그의 **대표적인** 시 「악의 꽃Les Fleurs du Mal」은 바로 예술과 소통에 관한 탐구이다.

상응

자연은 하나의 신전
살아 있는 기둥들은 때때로 모호한 말들을 하네.
인간은 상징의 숲을 지나고
그것은 다정한 시선으로 인간을 바라보네.

여기서 마르콘[260]을 예견하는 보들레르의 '자연'을 우리의 범사이버적인 '비디오 공간'으로 대치해보면, 이 상징시의 모든 어휘와 영상은 예술가가 우리 사회의 안테나로서 오늘날 이루어야 하는 것을 '구체적으로 정의'하고 있다. 미확인 비행물체들이 우리에게 매일 수백만 비트의 정보를 보내고, 레이더는 다름 아닌 쌍방향 TV이다.

「상응」의 두 번째 연은 1970년대와 더 가깝다. TV 채널9가 워싱턴 D.C.에서 열린 트리시아 닉슨의 결혼 피로연을 중계하는 동안 더그 데이비스는 코코란 갤러리에서 열린 파티를 가지고 유사한 장면을 제작한 것을 예고하고 있다. 수백 대의 캐딜락이 모여들고, 스모킹을 차려입은 남자들이 리셉션 장소로 들어왔다. 수백 명의 히피가 맨발로, 혹은 자전거나 낡은 스쿨버스를 타고 결혼식장과 비슷한 코코란 갤러리에 도착했다. 그 후 30분간 워싱턴의 거의 모든 젊은이는 한 공간에서 다른 공간으로 넘치며 퍼져 나가는 정보의 물결에 완전히 매혹되었다. 보들레르는 이 보고서를 미리 작성한 셈이다.

---

260 Marcon: 미국 오하이오 주 콜럼버스에 기지를 둔 풀 스펙트럼 판타지 공상과학 대회. 1966년부터 매년 전몰장병기념일 주말에 열리는 대규모 행사. 역주.

멀리서 섞이는 거대한 메아리처럼
어둡고 깊은 합일 속에서
밤처럼 그리고 빛처럼 거대하게
향기들, 색깔들 그리고 소리들은
서로 화답한다.

앞서 언급했듯이 우리 시대의 질병은 바로 인풋과 아웃풋의 관계에서 비롯된다. 통계수치에 따르면 우리가 보는 4만 개의 광고 스팟 가운데 40개만 효과를 발휘한다. 결과적으로 우리는 인위적인 아웃풋을 만들어내는 셈이다. 예를 들어, 우리가 누워서 금붕어처럼 **말하는** 정신분석학자 진료실의 소파처럼… 나는 이런 여가를 즐길 수 없다. 나는 매일 바지를 발밑까지 내린 채 화장실에 앉아 두 시간을 보낸다. 그리고 여덟 개의 주간지와 네 개의 월간지와 세 개의 일간지를 읽는다. 나는 나의 아웃풋을 확대하거나, 전자용어로 말하자면 아웃풋의 임피던스impedance를 줄인다. 최근에 벤 보티에를 위해 머추너스가 주관한 플럭서스 행사에서 머추너스는 참가자들에게 예고 없이 변비약 초콜릿을 (평범한 포장지에 싸서) 나눠주었다. 벤은 미국에서 머문 마지막 24시간을 화장실에서 보냈다. 바로 그것이 관객에게 TV 수상기 뒷면을 보라고 요구했던 더그 데이비스의 다른 훌륭한 작품에 대한 나의 해석이다.

자, 이제 물랭루즈에서 프렌치 캉캉을 추는 무용수의 예쁜 엉덩이를 보라… 이번에는 초자연적인 변신이 일어난다.

여러분이 보는 것은 60헤르츠 파동의 신비로운 섬광일 뿐이다. 노버트 위너의 수수께끼 같은 경구인 "메시지를 지닌 정보는 메시지가 없는 정보와 동일하게 중요하다"를 예술적인 방법으로 보여준 셈이다. 이것이 바로 샤를 보들레르와 레이 존슨을 비교할 수 있는 커뮤니케이션 예술의 신비이다. 항문기의 심리학에서 시작한 지그문트 프로이트 역시 비록 그의 죽음으로 해결책을 제시하지 못했지만, 말년에 '충동의 승화'를 발견했다.

어린아이의 살갗 같은 신선한 향기도 있고
오보에처럼 부드러운, 초원처럼 푸르른 향기
그리고 또 다른 향기들, 썩고, 풍요롭고, 의기양양한 향기들이 있다.

무한한 사물 사이로 퍼져 나가
호박향, 사향, 안식향, 훈향처럼
정신과 감각의 황홀을 노래한다.

마리 바우어마이스터 혹은
"나는 우주를 받아들인다" (B. 풀러)[261]

작은 올챙이가 개구리를 온전히 보여줄 수 있을까? 혹은 새끼 공작에 대해 어떤 판단을 내릴 수 있을까? 물론 마리는 나보다 나이가 훨씬 어리지만, 예술가로서 뉴욕에서의 경력은 나보다 더 오래되었고, 더 자리를 잘 잡았으며, 나보다 훨씬 앞서갔다. 그녀의 작품은 부러울 정도로 많은 주요 미술관과 미국의 공·사립 컬렉션의 보호를 받고 있다. 이 제트족 예술가의 작품들이 대서양 건너 미국의 가장 폐쇄적인 살롱에서 당연하다는 듯 전시되어 있다. 그래서 여기서 나의 역할은 '마리의 동아리' 가운데 한 학생이 기록한 연대기에 국한하기로 한다. 이 동아리(예전에 '아방가르드의 로렐라이'라고 불리곤 했던)에는 오늘날 상당히 저명한 인사들도 포함되어 있다.

　나는 "과학자이며 철학자인 동시에 엔지니어인 새로운 예술가 종족의 선구자"로 나를 묘사하는 비평기사를 읽으며 얼굴을 붉힌 적이 있다. 내가 그런 대단한 칭호를 받을 만한 자격이 조금이라도 있다면 그것은 분명히 1959~61년 무렵부터 마리 바우어마이스터의 놀라운 예술적·기술

261 Mary Bauermeister ou "J'accepte l'Univers"(B.Fuller): 1972년 1월 작성된 원고. 『백남준-Niederschriften eines Kulturnomaden』에 수록, 뒤몽, 쾰른, 1992, pp.165~168.

적 경험 덕분일 것이다. 대중이 그녀를 격앙된 아방가르드라기보다는 위대한 화가로 인정하는 이유는 그녀의 실험이 너무나 훌륭하고 성공적이었기 때문이다. 그녀는 일단 완성된 화폭에서 오랜 작업의 흔적과 수없이 많은 시도를 깨끗하게 지워버리는 데 성공한다. 이러한 작업이야말로 조셉 폰 스턴버그(<모로코> <푸른 천사>)가 이전에 진정한 천재 예술가의 특권이라고 단언했던 자질을 보여주는 것이다. 마리의 붓질은 마치 모차르트 교향곡처럼 노래한다. 그것은 문외한에게는 그저 아름다운 멜로디로 들릴 뿐이지만, 예민한 귀를 가진 감식가에게는 엄청난 깊이를 가진 혁신적인 예술세계를 보여준다.

앨런 캐프로는 로스앤젤레스의 고속도로에서 교통체증에 걸려 꼼짝 못하게 되었을 때 내게 미소 지으며 말했다. "나는 L.A.를 무척 좋아해. 지방분권화가 아주 잘된 도시거든…." 그의 말을 듣자 갑자기 1960년 케이지가 내게 보낸 편지에서 뉴욕의 예술 행사에 대해 언급했던 기억이 났다. "아름답긴 한데, 유럽인들이 흔히 저지르는 실수가 보이더군… 그들은 중심이 하나밖에 없다고 생각한단 말이야…." 비직선적인 피드백 시스템인 탈중심화는 오늘날 전자공학의 실제적이고 주요한 카테고리로서, 현명한 예술가, 경제전문가, 도시개발 전략가, 기획입안자의 사고에 큰 영향을 미쳤다. 다중심적인 정보 순환은 오늘날 비디오 운동과 문화 분산의 주요 과제이다. 피카소는 이미 큐비즘 시기 후기에 이를 예견했으며, 어쩌면 자신의 안개 낀 고원에서 로스코[262]도 마찬가지였을 것이다. 그들의 작품은 가까운 거리에서 보면, 순간순간 인터체인지를 지나치면서 로스앤젤레스 고속도로를 전속력으로 달리는 것처럼 시야를 흐리게 하는 마

262 Mark Rothko(1903~1970): 러시아 출생 미국의 화가. 초현실주의의 영향으로 추상화의 길을 찾았고, 1947년경부터 큰 화면에 2개 또는 3개의 색면(色面)을 수평으로 배열한 작품을 제작했다. 윤곽이 배어든 색면이 배경으로 떠돌아가듯이 융합하는 작품으로 추상표현주의 화가로서 널리 알려졌다. 주요 작품으로 <작품 10번>이 있다. 역주.

리의 왜곡 렌즈 상자에 결코 가까이 다가갈 수 없다. 관객은 감지할 수 없는 정보의 맥동, 수백만 개의 신호로 이루어진 다중망을 송수신하는 위성 통신의 접속 단락일 뿐이다.(노버트 위너는 "메시지를 지닌 정보는 메시지가 없는 정보와 동일하게 중요하다"라고 말했다.)

무중력 상태의 순수 정보인 순수 에너지는(이것은 마치 구약성서의 신처럼 존재하지만 보이지는 않는다) 마리의 렌즈 상자처럼 무색, 무취, 정체성을 갖춘, 통계적이고, 살균된 순수 광선 묶음을 닮았을 것이다.

물론 마리는 GNP와 행복지수를 동일시하는 랜드연구소Rand Corporation 연구자들과는 달리 단순한 과학의 맹신자는 아니다. 예술가들이 바다 속 깊이 잠수하거나 사막에서 구덩이를 파기 8년 전부터 그의 작업은 이미 자연과 밀접하게 맞닿아 있었다. 1960년에는 아무도 생태주의라는 말을 들어본 적이 없었다. 하지만 마리는 서로 다른 속도로 성장하고, 시들고, 죽어가는 다양한 식물로 만든 작품 <자라나는 회화>를 제작하려고 노력했다.(중국의 불교신자들은 죽음을 '삶으로의 회귀'라고 말한다.) 그녀가 작품에 도입했던 양어장과 식물은 한 세기 동안 자라지도 않고, 죽지도 않는 것이었다. 후일 이러한 시도는 시칠리아의 대리석과 돌로 멋진 콜라주를 제작하는 작업으로 나타난다. 미국 세관원은 마약을 찾아내려고 그의 돌 가운데 하나를 깨려고 했다… 얼마나 어처구니없는 일인가… 그것들은 살짝 만지기만 해도 분리되는 것인데….

1940년대 노버트 위너는 정보화된 시청각시대의 도래를 예견하는 글에서 마리의 혐오감이 극대화하는 환경을 규정했다. "사실, 본질적으로 엔

트로피[263]의 부정이며, 확률의 부정 지수인 메시지에 담긴 정보를 해독하는 것은 가능하다. 다시 말해, 메시지의 개연성이 높을수록 그 안에 포함된 정보량은 적다. 예를 들어, 상투적인 표현은 위대한 시보다 덜 정확하다." 이어 위너는 흥미 있는 가설을 계속 얘기한다. 즉, 백색소음[264]이나 무작위적 구조는 최대한의 정보를 포함한다는 것이다. 1959년경 마리의 유화작품들은 신기하게도 여러 색깔의 눈송이, 즉 '백색소음'을 닮았다. 자동적으로 관객의 더 많은 참여를 요구하는 저감도 정보의 대표적인 예이다. 실존주의적인 견해에서 볼 때, 우리가 대답하지 않으면 통신이 끊어지는 것은 물론이고, 시작도 할 수 없는 전화나 모니터의 레이더와 유사하다. 머리를 길게 두 갈래로 땋아 허리까지 늘어뜨렸던 조숙한 소녀 마리는 이러한 목적을 위해서 자신의 신비한 힘을 사용했다. 자기화 방식으로 몇 개의 정방형 백색소음을 금속판에 가까스로 고정하여 관객을 규칙 없는 게임, 자아 없는 예술, 돈 없는 투자, 특별한 의도 없는 애매한 지역으로 이끌어갔다. 이 모든 일이 이미 1960년 이전에 일어났다. 때로 그녀는 검은빛과 감광성 그림을 결합하기도 했다. 한마디로 마리는 너무도 무겁고, 움직이지 않는 회화에 '불확정성'이라는 새로운 존재성을 부여한 보기 드문 화가이다. 그것이 회화라는 '장르'를 훼손한 것일까? 천만에.

존 케이지는 음악에 불확정성을 도입했다.
사르트르는 철학에 불확정성을 도입했다.

263 entropy: 물질계의 열적 상태를 나타내는 물리량의 하나이다. 자연현상은 언제나 물질계의 엔트로피가 증가하는 방향으로 일어나는데, 이를 엔트로피 증가의 법칙이라고 한다. 우주의 전체 에너지양은 일정하고 전체 엔트로피는 증가한다. 역주.
264 white noise: 물리적으로 전도체 내부에 있는 이산적인 전자의 자유운동으로부터 야기되는 것으로, 어떤 형태의 전자 장비와 매체에도 나타나며, 그 크기는 절대 온도에 비례한다. 또한, 모든 범위의 주파수에 대해 균일한 전력스펙트럼을 갖고 있다. TV의 백색소음 속에는 우주배경복사 중 1퍼센트가 섞여 있다. 우주배경복사는 137억년 전 빅뱅으로부터 나온 것으로 흔히 '우주의 화석'으로 불린다. 이 과학적 사실은 1965년 두 젊은 천문학자 펜지어스와 윌슨에 의해 발견되었다.

하이젠베르크[265]는 물리학에 불확정성을 도입했다.
오늘날 그들이 어디에 있는지 보라….
그리고 예술사에서 마리를 위해 마련해놓은 둥지를 상상해보라.

———————————

그렇다. 마리의 주변은 조르주 상드[266]의 그것처럼 늘 다채로웠다… 하지만 그녀의 품위는 그들과 어느 정도의 거리를 유지하게 했다… 겉으로 보기에 그녀는 이 풍성했던 한 해에 케이트Kate와 글로리아Gloria, 제르멘느 Germaine와 질Jill과 셜리Shirley와 벨라Bella를 위해 응당 자신에게 돌아와야 할 보상을 받으려고 하지 않은 것 같다. 맨해튼 예술계의 자주 변하는 유행의 많은 부분이 마리에게서 나왔지만, 그녀는 어떤 식으로든 그런 유행에 휩쓸리려고 하지 않았다.

마리의 자질과 순수한 예술 의식은 그녀로 하여금 이 덧없는 세계에서 불멸의 지위를 차지하게 했다.

265 Werner Karl Heisenberg(1901~1976): 독일의 이론물리학자. N. 보어의 지도 아래 원자구조론을 검토하여 양자역학의 시초가 되는 연구를 하였으며, 불확정성 원리에 대한 연구로 새로운 이론의 개념을 명확하게 하였다. 그 외에도 원자핵 분야에 대한 연구 등 여러 연구가 있다. 역주.

266 George Sand(1804~1876): 남장차림과 자유분방한 연애로 유명한 19세기 프랑스의 소설가. 신문소설 『앵디아나』를 써서 유명해졌다. 모성애와 우애와 연애로 일관된 분방한 생애로 낭만파의 대표적 작가다운 모습을 보여주었으며 한편으로는 선각적인 여성해방운동의 투사로서도 재평가되고 있다. 특히 시인 뮈세와 음악가 쇼팽과의 모성애적인 연애사건은 너무나도 유명하다. 저서로 『콩쉬엘로』 『마의 늪』 『사랑의 요정』 등이 있다.

빙엄턴의 편지[267]

1972년 1월 8일, 백남준

친애하는 《래디컬 소프트웨어》 친구들에게,

서구인은 나이보다 젊게 보이려고 노력합니다… 하지만 우리 동양인은 나이가 들어 보이게 하려는 경향을 종종 보입니다. 어머니는 내게 자주 말했습니다. "이런 걸 어떻게 입니? 너무 젊어 보이잖아"라고. 사람들은 버키 풀러에게 축하 인사를 합니다. 봄을 일흔 번밖에 맞이하지 않았거든요[268]… 한국 사람들은 "나는 마흔 살을 먹었다"라고 말합니다. 존 케이지는 실제 동양인보다 더 동양인 같습니다… 어쨌든 권력에 집착하는 인디언 정치가보다, 명예만을 고집하는 중국 간부보다, GNP에 집착하는 일본 사업가보다, 그리고 지나치게 국수주의적인 한국인보다 더 동양인답습니다… (이제 히피들이 거짓 힌두이즘을 포기해야 할 때가 되지 않았을까요?) 그는 결국 더 나이 들어보이게 하는 데 성공한 셈입니다.

267 《래디컬 소프트웨어(Radical software)》의 편집자 베릴 코로와 필리스 거슈니, 마이클 샘버그, 이라 슈나이더에게 보낸 편지. 「빙엄턴의 편지」라는 제목으로 『백남준: 비디아 앤 비디올로지 1959~1973』 도록에 수록, 에버슨 미술관, 시러큐스, 뉴욕, 1974.

268 백남준은 원문에서 'he is 70 years old'라는 정상적인 표현 대신에 'is only 70 years young'이라는 표현을 사용했다.

광고 1
백남준은 존 케이지의 60번째 생일을 맞이하여
WGBH(데이비드 애트우드와 함께)를 위해
<존 케이지에게 바침>을 준비한다(다큐멘터리 아님).

오늘날 비디오는 시간에 대한 의식을 바꾸어놓습니다. 1920년대와 30년대는 세기의 전환보다 더 충격적인 경계로 분리됩니다. 기독교 달력의 기원전과 기원후의 구분이라고 할까요? 20년대가 바람처럼… 완전히 사라져버린 반면, 30년대는 그래도 TV에서 아주 늦은 시각에 방영하는 심야 프로그램의 형태로 아직은 우리 곁에 남아 있습니다. 그러나 비디오는 그렇지 않습니다. 암스테르담 국립미술관에 진열된 17세기의 수많은 졸작 회화를 보면서 나는 갑자기 화가들의 정물화나 풍경화는 예술이 아니라 단지 그 당시에 볼 수 있는 배경이었을 뿐이라는 생각이 들었습니다. 마치 오늘날 한낮의 프로그램이나 늦은 밤 토크쇼처럼. 우리는 그런 것을 시청하지 않습니다… 그저 프로그램이 거기 있을 뿐입니다… 오늘날 우리의 동반자, TV….

광고 2
공영채널이나 케이블 채널에 <잠을 자기 위한 TV> 방영 예정.

물침대에 이어… 비디오-침대를 소개합니다.
랄프 호킹Ralph Hocking과 제가 그 위에서 잠을 잘 수 있는 비디오
매트리스를 제작합니다.

'이야기'라는 단어는 어떤 사건들이 발화되어 상대방에게 수신되기에 탄생했습니다.

오늘날, 이야기는 영상이나 비디오로 기록됩니다. 따라서 앞으로 '역사'는 사라지고 '이미저리Imagery' 혹은 '비디오리Videory'[269]만 남게 될 겁니다. 예를 들어 대학에서는 '미국 현대사'라는 강의 제목을 '미국 현대 비디오사'라고 바꿔야 할 겁니다.

빙엄턴의 하얀 눈송이를 보며 나는 향수에 젖어 로즈아트 뮤지엄(1970)의 한파와 밤새 내린 눈을 떠올렸습니다. 그때 임신한 상태였던 아주 키가 큰 필리스 거슈니Phyllis Gershuny가 내게 처음으로 여러분과 함께 시작한 비디오-저널에 관한 이야기를 했습니다. 그 계획을 진지하게 생각한 사람은 드물었지만… 많은 사람이 여러분의 질문에 대답할 생각도 하지 않았으니까요… 그런데 보세요… 이제 《래디컬 소프트웨어》는 세계적으로 유명해졌습니다. 지난 6월 거슈니가 울면서 네 발로 기어다니는 아기를 데리고 칼아츠(L.A.)에 중요한 세미나를 하러 왔습니다. 학생들은 그녀에게서 **성공한** 혁명가의 모습을 보고 감탄했죠. 그야말로 잊지 못할 아름다운 장면이었어요. 안타깝게도 그녀에게 디즈니-임포리엄Disney-Emporium에서 나온 30달러밖에 주지 못했지요. 내가 아주 못되고, 왜소해진 느낌이었습니다….

누군가 (로즈아트에서 러셀 코너가 주관한) 《시각과 텔레비전Vision

---

269 "no more 'History', but only 'Imagery' or 'Videory'".

and Television≫에 관한 그럴듯한 평을 써야 할 때가 된 것 같은데… 가장 중요한 점은… 개들을 끌어들인 첫 번째 전시회였다는 겁니다. 매일 엄청나게 많은 개가 박물관 앞에서 안으로 들어가려고 기다렸죠… 하지만 1960년대 퍼포먼스의 황금기에 열렸던 <미트 해프닝Meat-happening>과는 거리가 있었습니다. 1970년에 열린 냉정하고 거리감 있는 아트 비디오 전시회였습니다… 이후에 비밀이 밝혀졌는데… 백여 대의 TV 수상기가 윙윙거리는 소리를 내며 1만5000사이클 주파수로 수평 진동하는 장면을 방송하고 있었어요… 인간의 귀로는 겨우 포착할 수 있지만, 개들에게는 가장 듣기 좋은 주파수였습니다. 이렇게 해서 월섬(매사추세츠 주)의 별로 까다롭지 않은 개들로서는 로즈아트 뮤지엄의 TV 수상기 100대가 매디슨 스퀘어가든의 모하메드 알리보다는 셰아 스타디움Shea Stadium의 비틀즈 공연과 유사하게 느껴졌던 것입니다. 개들을 위한 프로그램이 케이블 TV로 마련되어야 할 겁니다. 그러면 맨해튼의 작은 아파트에서 사는 사람들의 신경을 안정시켜 줄 수 있을 겁니다. 나는 기꺼이 개의 귀를 위해 '초음파 자장가'를 작곡할 거예요. 개들을 위한 비디오테이프 광고를 고양이 사료 광고보다 훨씬 자주 볼 수 있을 겁니다.

그런데 위성통신이 지구 전체에 TV 전파를 보낼 수 있다면 CBS는 굶어 죽어가는 벵골 사람들에게 고양이 사료 광고를 내보낼 수 있을까요?

광고 3
존 케이지가 화면에 모습을 드러내고 말한다.
"여기 플럭서스 케미컬에서 생산한 새 피임약이 있습니다…
복용해보세요.
맛도 냄새도 없고… 효과도 없죠."

존 케이지는 방송 중에 이렇게 말하기를 거부했다.

우리는 비디오의 세계에서 '방송 규범'이라는 말을 자주 듣습니다.

하지만 내용이 중요할수록 기술적인 면은 부족합니다… 예를 들어, 소련에 저항하는 반군에 관한 CBS의 다큐멘터리나 위성으로 중계된 여러 프로그램 방송 도중에 컬러 합성이 사라지는 현상을 자주 목격하게 됩니다.

그리고 마침내 **달 착륙**이 이루어졌습니다.

달 착륙의 이미지들은 FCC[270]의 방송 규범에 매우 못 미쳤습니다. 왜 FCC는 방송을 중단하지 않았을까요? 두 가지 중점과 두 가지 방책이 있었죠. 비디오 기술의 측면에서 달 착륙은 소위 FCC의 TV 규정을 결정적으로 백지화했습니다. 이 사실은 인간의 달 착륙이라는 사건만큼이나 중요합니다. 칼아츠 스튜디오의 매우 유능한 책임 엔지니어 댄 설리반이 내게 그렇게 말했습니다.

광고 4
통과

---

270 The Federal Communications Commission: 미국연방통신위원회.

1950년대 자유주의자[271]와 1960년대 혁명가의 차이는 전자가 진지하고 회의적인 성향이 있었다면 후자는 낙관적이며 즐길 줄 알았다는 겁니다. 누가 사회를 더 변화시켰을까요??? 내 생각에는 후자입니다. 존 케이지가 '진지한' 유럽 미학을 내던지면서 1960년대 초부터 해프닝과 팝아트 그리고 플럭서스 운동이 발전하기 시작한 것이지요. 1970년대는 어떤 특징이 있을까요???

의심의 여지없이… '비디오'입니다.

'비디오Video−비디아Videa−비디어트Vidiot−비디올로지Videologie'

이제는 비디오가 '시'처럼 될 위험이 다분히 있습니다… 누군가 글을 쓰면, 아주 가까운 친구들만이 그 글을 감상합니다… 나도 예의상 어쩔 수 없이 끝까지 본 비디오테이프가 얼마나 많은지 모릅니다. 우리는 정보가 넘치는 시대에 살고 있다는 사실을 더욱 인식해야 합니다. 다시 말해, 정보를 '저장'하는 것보다 '회수'하는 것이 더 복잡해진다는 겁니다… 결국 랄프 호킹Ralph Hocking, 켄 도미니크Ken Dominick, 밥 다이아몬드Bob Diamond, 셜리 밀러Shirley Miller가 서명한 빙엄턴의 시도 가운데 하나는 엄지손가락 반만 한 크기의 테이프로 월터 크롱카이트Walter Cronkite와 경쟁하는 겁니다. 여기에 소위 순수한 정보의 교환을 위한 나의 비디오합성기 연구가 중요성을 띠게 되지 않을까요?

게이샤가 하는 일은 남성우월주의가 만들어낸 가장 오래된
파트타임 노동 방식입니다.
결혼은 즉시 섹스에 접근할 수 있는 시스템입니다.

271 미국에서 '자유주의자'는 정치판도에서 좌파에 해당한다.

전화는 점 대 점의 통신 시스템입니다.

라디오, TV는 물고기 알처럼…

점 대 공간의 통신 시스템입니다.

비디오 혁명의 최종 목표는 혼돈이나 방해 없는 공간 대 공간,

또는 영역 대 영역간의 소통을 가증하게 하는 것입니다.

어떻게 이 목표에 도달할 수 있을까요?

수십 년간의 실험이 필요할 것입니다.

코코란 갤러리에서 있었던(지난 6월) 더글러스 데이비스의 <호카이 딤Hokkaidim> 행위는 단번에 이 목표에 도달한 가장 의욕 넘치는 시도였죠. 아무도 바로 성공할 거라고 기대하지 못했어요. 하지만 우리가 올바른 방향을 택했고, 성공할 수 있다는 사실이 확실히 드러났습니다. 여러 가지 실험이 정확하게 이 방향으로 향하고 있었던 겁니다.

예술은 무엇일까요?

달인가요?

아니면

달을 가리키는 손가락일까요?

아방가르드 예술은 손가락 끝이고, 그중에서도 <호카이딤>은 특히 뾰족한 손가락 끝입니다.

나는 한국인입니다…. 종종 나이 들어 보이려고 애쓰죠.

벌써 서른아홉하고 반이나 되었습니다. 하지만 나는 여전히

결함이 많죠. 나는 완벽주의를 싫어합니다. 미시마 유키오[272]는

---

272 三島由紀夫(1925~1970): 일본의 소설가. 초기에는 『금각사(金閣寺)』 등 전후세대의 니힐리즘
이나 이상심리를 다룬 작품을 많이 썼다. 만년에는 급진적인 민족주의 사상에 빠지면서 민병

'완벽주의자'였습니다… 그의 죽음이야말로 가장 '완벽한'
실수였습니다.

광고 5
카날가의 내 작업실을 내놓습니다.
인수금 2000달러. 월세 145달러.

30년대에 폴 발레리는 중산층의 한 프랑스 젊은이가 루이 14세보다 더
많은 물질적 풍요를 누릴 수 있다고 썼습니다.
그의 말대로라면 가난한 마을에 사는 나의 형이 30년대의 그 젊은이보다
더 많은 시각적 즐거움을 누릴 수 있습니다. 지금은 누구나 일주일에 20
편의 영화를 볼 수 있죠. 30년대에는 절대로 불가능한 일이었는데… 가
난할수록 시각적 삶은 더 풍요로워집니다….
이것을 진보라고 부를 수 있을까요?
내가 못된 놈인가요?

조직 '방패의 모임(楯の会)'을 만들어 우익활동을 전개, 일본의 신우익·민족파에 큰 영향을 미
쳤다. 4부작 <풍요의 바다(豊饒の海)>를 완성하고 나서 자위대의 각성과 궐기를 외치며 할복
자살했다. 역주.

친애하는 «래디컬 소프트웨어» 편집자 여러분,

우리가 하워드와이즈 갤러리에서 만난 지 겨우 2년 반밖에 지나지 않았습니다. 비디오 달력으로는 한 세기라고 할 수 있겠죠. 다시 말해, 우리는 커다란 영토를 정복한 셈입니다… 다른 어떤 예술분야도 이와 같은 급성장을 기록하지 못했습니다. 이제 축배를 들어야 할 시간입니다. 내게는 그것이 플럭서스의 다양한 공연을 기획하고, 그와 관련된 여러 가지 출판물을 선보일 수 있었던 1960년대 초의 열정을 다시 맛볼 수 있는 기회였습니다. 이 점 매우 고맙게 생각하고 있습니다… 젊음을 두 번 경험할 수 있었으니까요. 그런데 이것은 시작일 뿐입니다. '음극 벽', 비디오테이프, 유선TV, 입체효과가 있는 컬러TV 등을 개발할 때 우리는 과연 어디에 있었을까요?

우리의 삶이 오래 지속되길 바랍니다….

마르셀 뒤샹의 삶처럼.

비디오합성기 플러스[273]

나는 아베 슈야와 함께 차도 없이 로스앤젤레스에 완전히 고립되었다….
지저분한 뉴욕 지하철이 그립다. 존 린제이John Lindsay는 꽁꽁 얼어붙은
채 지하 투어를 위해 30센트를 구걸하는 성인 남성이다. 아베 상이 말한
다. "우리는 달마승이야."… 9년 동안 달마는 화장실도 가지 않고 좌선과
명상을 했다… 그의 옆에 쌓인 배설물이 결국 그의 사지를 녹여버렸고,
달마는 다리가 없는 부처로 숭배되었다… 다리 없는 그가 수행한 무선 소
통은 오늘날 TV와… 자동차가 사라진 미래사회의 주 관심사가 되었다.

비디오합성기는 9년간 축적된 TV 쓰레기가(이런 성스러운 암시를
용서해주시길) 나의 위대한 스승, 아베 슈야의 황금 손가락에 의해 실시
간 비디오 피아노로 바뀐 것이다. 지금도 대형 TV방송국들은 나를 두렵
게 한다. 나란히 무너져 내리는 '시간-기계'의 수많은 층이 나의 정체성
을 집어삼킨다. 노버트 위너가 인간의 시간과 기계의 시간 사이에 소위
'사이버네틱의 시대'를 특징짓는 우발적 사고로서 예민하지만 아주 훌륭

---

273 Synthetiseur video plus: 《래디컬 소프트웨어》 제2호에 수록. 『백남준: 비디아 앤 비디올로지
1959~1973』에도 수록, 에버슨 미술관, 시러큐스, 뉴욕. 1974. 보스턴 WGBH를 위해 고안한
<백–아베 비디오합성기> 첫 모델은 1970년에 완성되었다. 그리고 4시간 동안 실시간으로 방
영된 <비디오 코뮌>에 처음으로 소개되었다. 다른 비디오합성기들은 백남준이 강의했던 로스
앤젤레스의 캘리포니아예술학회(California Institute of the Arts)와 빙엄턴 TV센터와 뉴욕의
WNET-TV방송국을 위해 제작되었다.

한 이분법을 인식했을 때 느낀 두려움을 나 공감한다….(나는 기술을 더욱 증오하기 위해 기술을 활용한다.) TV 조정실의 뜨거운 열기 속에서 나는 빈의 서늘한 다락방에서 새로운 음을 콧노래로 부르던 프란츠 슈베르트의 고독이 그립다…. 거대한 기계가 (보스턴 WGBH TV방송국) 나의 반기계적 기계를 창조할 수 있게 도와주었다(기원후 10년). 그곳에서 함께 일했던 멋진 이들에게 고맙다는 말을 전하고 싶다. 마이클 라이스, 프레드 바직, 존 폴섬John Folsom, 데이비드 애트우드, 올리비아 태판Olivia Tappan 등… 그리고 더 있을지도 모른다(BBC).

　　잠시 19세기로 돌아가보자… 당시 대부분 사람은 시각예술에서 개인적인 표현수단을 찾지 못하고 있었다. 선택받은 극히 소수만이 유화물감과 화폭과 같은 작업도구를 사용하고 그림 그리는 법을 알고 있었다. 그런데 사진기의 발명으로 모든 것이 달라졌다. 누구나 적극적이고 활동적인 예술가가 될 수 있었기 때문이다. 사진 산업과 예술 산업은 그야말로 사람들이 벽에 걸린 걸작을 감상하기보다는 스스로 예술작품을 창조하고 싶어하는 욕구를 지녔다는 사실을 잘 보여준다. 이러한 과정이 TV세계에서도 재현될까? TV 프로그램이 박물관 벽에 걸린 회화가 되고, 비디오합성기 같은 창의적인 기계나 비디오를 만들어내는 활동적인 창조자인 우리가 코닥, 니콘, 자이스 이콘을 모두 모아놓은 것만큼 중요해지지 않을까? 그렇다면 우리가 어려움을 겪고 있는 NBC나 CBS를 지원할 수 있지 않을까? 친해하는 필리스, 담배를 피우지 말아요. 우리의 디데이를 보기 위해서라도 더 오래 살아야죠.

　　<백-아베 비디오합성기>는 1001가지 방법으로 즉석 TV를 제작해서 이를 실현하려는 작은 노력의 하나일 뿐이다. 우리는 고도의 정확성을 포기한 대신 고도의 부정확성을 얻었다… 간통은 결혼보다 늘 더 흥미로운 법이다.

마약 경험이라는, 젊은이들을 끌어당기는 '매력'은 이 불행한 매체의 특별한 '존재론'이 된다.

일반적으로 예술은 서로 다른 세 가지 부분으로 나뉜다. 1. 창조자(적극적인 발신인) 2. 시청자(수동적인 수신자) 3. 비평가들(심판 혹은 운반체)

위의 구분을 통해 허영, 유파, 스타일, 사건의 줄거리, 조작 등… 예술세계와 예술 오염의 복잡한 우연성이 드러난다. 소위 일류 예술가 혹은 이류 음악가나 무명 시인 등… 그들 사이의 모호한 구분 역시 여기에서 비롯된다.

반면, 마약의 경험은 이 세 가지를 하나로 융합한다. 마리화나나 다른 마약류를 사용하는 소년은 창조자며, 시청자며, 비평가이다. 비교와 평가('1급 마약환자' 혹은 '2급 해시시 중독자' 등…)는 부적절하다. 이와 같은 존재론적 분석은 우리에게 마약이 참여의 의미를 회복하기 위한 지름길이라는 것을 다시 한번 보여준다. 그리고 근본적인 원인은 예를 들어 TV 시청자처럼 우리의 수동적인 정신 상태에 기인한다.

마약 사용의 이 해괴한 '존재론'을 조금 덜 '해롭게', 마약중독에 빠지지 않으면서도 더 '올바른' 예술적 표현방법에 적용할 수는 없을까???

참여TV(창조자, 시청자, 비평가를 일치시키는)는 분명히 이 목표에 도달하는 방법 가운데 하나이다. 그것만으로도 훌륭하지 않은가… 훌륭하지 않은가….

글로벌 그루브[274]와
비디오 공동시장[275]

1957년 로마 협약 체결에 이르기까지 10년 동안 로베르트 슈만, 장 모네, 할슈타인과 같은 정치가들의 끈질긴 설득 과정이 있었고, 유럽 6개국의 경제전문가 사이에도 오랫동안 느리고 힘겨운 협상이 진행되어 왔다. 이 러한 시도는 무의미하며, 지나치게 이상적이고, 이론적이라는 평가를 여 러 차례 받기도 했다. 하지만 자유무역 지대에 대한 오랜 열망의 결과인 유럽공동시장은 사람들에게 '성장과 번영'이라는 꿈을 심어주었다. 이와 관련된 영국의 위기 상황은 이미 잘 알려진 바와 같다.

　우주선 지구호에 실린 '비디오랜드'는 1957년 이전의 유럽 국가들의 분열을 떠올리게 한다. 전 세계의 무수한 TV방송국이 수천 시간 분량의 비디오테이프를 확보하고 있지만, 팔릴 가능성도 거의 없는 이 프로그램 들을 이용하는 시청자들은 엄청난 비용을 감당하거나 복잡한 절차를 거 쳐야 한다. 소위 '커뮤니케이션 수단'이라고 하는 이 비디오랜드는 소통 을 너무 복잡하게 만들어, 아무도 무엇을 사고, 수출입해야 하는지 모른 다. 비디오 문화는 1930년대의 배타적 경제체제―결국은 디플레이션을 더욱 악화시켰고, 파시즘을 불러들였으며 제2차 세계대전의 일부 원인이

274　Global Groove : 백남준이 1973년에 제작한 30분짜리 비디오테이프의 제목.

275　Global Groove and Video Common Market: 1970년 2월에 작성된 이 텍스트는 1973년 《The WNET-TV 랩 뉴스》 제2호에 실림. 『백남준: 비디아 앤 비디올로지 1959~1973』 도록 에 수록, 에버슨 미술관, 시러큐스, 뉴욕, 1974. 뉴욕 WNET 방송국은 예술가들을 위한 실험 텔레비전 스튜디오를 마련했다. 백남준의 일부 비디오테이프도 이곳에서 제작되었다.

되었던—만큼이나 보호주의와 국수주의를 표방하며 분열된 것은 아닐까?

세계 평화와 지구보존이야말로 공익 제1호이며, 이것이 바로 공영 TV의 제1관심사가 되어야 할 것이다. 오늘날 우리에게 필요한 것은 비디오 공동시장을 정착시킬 수 있는 자유무역의 옹호자이다. 그리고 바로 유럽공동시장에서 그 정신과 기능의 모델을 찾아야 한다. 그렇게 되면 TV문화가 경직된 일원론적 사고에서 벗어날 수 있을 것이며, 저렴한 물물교환 체계와 기능적인 자유무역 방식에 힘입어 비디오 정보의 유통이 활성화될 것이다.

TV로 하나가 된 지구촌 건설이라는 희망이 매클루언에게는 아직 이른 감이 있지만, 해럴드 이니스Harold A. Innis의 저서, 『커뮤니케이션의 편견』(1951)에서 조금 더 구체적인 근거를 찾을 수 있다. 이니스는 국가주의의 기원을 유동성이 확보된 인쇄술의 발명에서 찾는다. 그러나 아이러니하게도, 오늘날의 비디오 문화는 인쇄물보다 더 국가주의적이다. 우리는 어느 서점에서나 쉽게 카뮈나 사르트르의 책들을 볼 수 있다. 하지만 프랑스 TV방송을 마지막으로 본 적이 언제인가? 몰리에르에서 고다르까지 천재들을 양산한 우수한 민족이 갑자기 작은 TV 수상기 앞에서 움츠러드는 것을 과연 상상할 수나 있겠는가? WGBH의 연출가, 데이비드 애트우드는 이를 다르게 설명한다. TV 카메라가 최근의 화산폭발을 취재하는 데 지나치게 열을 올린 나머지 TV 시대의 아이들은 스위스나 노르웨이와 같은 유구한 역사의 국가들을 저 은하계 어딘가, 혹은 마다가스카르 너머에 있는 커다란 땅덩이 정도로 생각한다는 것이다. 평화의 극히 드문 사례조차도 화면에서 지워버리면서 어떻게 평화를 가르칠 수 있겠는가? 미국 TV 화면에 등장하는 대부분 아시아 사람의 얼굴은 비참한 난민들이거나 불행한 죄수, 혹은 가증스러운 독재자뿐이다. 그러나 대부분 중산층 아시아인은 미국의 중류층 시민처럼 깔끔한 오락프로를 즐긴다. 이와 같은 엄청난 정보 결핍이 결국 베트남에서 벌어진 것과 같은 비극에 한몫을 하는 것은 아닐까? 베트남 송마이에 주둔한 순진한 미군 병사들이 전쟁으로 황폐해진 나라의 온갖 비극을 보여주는 사이공에 도착하기도 전에 완벽하게 미국적인 중서부 TV 방송의 영향을 조금이라도 받지 않았을까? 만일 그렇다면 우리가 비난하는 미군 병사들 또한 어떤 의미에서는 획일적인 TV망의 희생자이다. 베트남에서 국제봉사단의 단장을 역임했고, 10년간 미군에서 복무했던 돈 루스는 이렇게 말한다. "베트남에서의 미국의 실패는 근본적으로 이해와 의사소통의 실패입니다."(『베트남: 들리지 않는 목소리』에서 발췌, ≪새터데이리뷰Saturday Review≫에 인용, 코넬대학 출판부) 그렇다면 소련의 TV는 어떤가? <포사이스Forsythe 일대기>와 같은 중산층 멜로드라마를 방영하는 것으로 봐서 소련의 TV 역시 그다지 상황이 열악한 것은 아니다. 나는 매일 밤 어떤 방식으로 헌틀리[276]-브링클리-비치가 프라우다(진실)를 보여주는지 궁금하다. 물론 비디오 공동시장 계획은 유럽공동시장을 위한 협의만큼이나 난관과 좌절을 겪을 것이다. 하지만 그 성과는 단지 철학적인 측면에만 머물지 않을 것이다. 더 빠른 자본회전 또한 문화경제의 수익성을 위해 반드시 필요하다. 국제통화기금이 금본위 유통을 위해 승인한 특별인출권으로 새로운 화폐를 만들어낸다면, 그것은 미래의 비디오 공동시장의 모델이 될 것이다. 나는 SDR이 승인되기 이전, 1968년 2월 「스토니 브룩 보고서」를 통해 이 같은 아이디어를 제안한 바 있다.

　　미국의 공영 TV야말로 이러한 움직임의 시발점이 되어야 한다. WGBH가 앞장서서 노력해야 할 것이다. 개별적인 프로그램 혹은 주말 연속 프로그램의 성공이나 실패와는 관계없이, 관례주의의 핵심을 비판한다는 점에서 이는 근본적인 기획이다.

　　재즈는 흑인과 백인을 이어주는 첫 번째 끈이었다. 모차르트는 유럽인들과 아시아인들을 이어주는 첫 번째 끈이었다. 제2차 세계대전 기간

---

276 Chet Huntley (1911~1974): 미국 라디오와 텔레비전 기자. 1960년대에 그는 데이비드 브링클리(David Brinkley, 1920~)와 함께 시사 TV시리즈인 <헌틀리-브링클리 리포트>를 제작했다.

에 베토벤은 독일인들과 미국인들을 이어주는 마지막 끈이었다. 오늘날 록 음악은 젊은 층과 기성세대를 이어주는 유일한 의사소통 수단이다. 그러나 비언어적인 의사소통 방식으로서의 음악의 풍요로움은 저 거대한 해저자원만큼이나 소홀히 취급되었다. 그러나 우리가 춤과 음악이 중심이 되는 주말 페스티벌을 TV에서 다루고 비디오 공동시장을 통해서 그것을 자유롭게 전파할 수 있다면, 그것이 교육과 오락에 미치는 영향은 놀랄 만큼 클 것이다. 평화 또한 존 웨인의 전쟁영화 못지않게 신나는 것이 될 것이다. '세계 평화'라는 진부한 슬로건은 또다시 생생하고 상업성 있는 것이 될 것이다.

1938년 버크민스터 풀러[277]는 생태학이라는 말을 다음과 같이 정의했다. "'경제'라는 용어의 기원은 그 자체가 생태학, 즉 주거를 근본으로 하는 삶의 기술에 있다. 우리가 강조하는 것은 주거조건이 아니라 삶에 대한 총체적인 탐구이며 기획이다… 생존의 문제, 그리고 그것에 대한 해답, 총체성은 변화하는 인간에 대한 지식의 축적에 달렸다. 개인의 생존은 번영이냐 절멸이냐 하는 문제로 귀착되는 전체의 생존과 운명을 같이한다."(『달로 가는 아홉 개의 체인Nine Chains to the Moon』, 1938)[278]

최근에 열린 지구 정상회담에서 생태학은 임시방편적인 해결책 혹은 미봉책 정도로만 간주되었다. 생태학은 '정치'가 아니라 하나의 세계관, 경건한 세계에 대한 관념이다. 그것은 세계의 기획, 전 지구적인 순환, 인간 행동의 변화 가능성에 대한 믿음에 바탕을 두고 있다. '너 아니면 나'로부터 '너와 나'로의 변화는 이 같은 운동을 주도한 풀러가 끊임없이 강조하는 주장이다. 글로벌 그루브 그리고 비디오 공동시장은 호수를 주제로 한 진부한 다큐멘터리를 방영하는 것과는 비교할 수 없는 근본적인 환경오염의 핵심을 비판한다.

나는 이 글을 디지털 방식으로 끝맺으려고 한다.

---

277 Richard Buckminster Fuller(1895~1983): 건축가, 엔지니어. 측지선 돔(geodesic dome)을 개발했다. 시인이며 철학가. (N. d. T.)

278 버크민스터 풀러, 『달로 가는 아홉 개의 체인(Nine chains to the moon)』, 사우스일리노이 주립대, 1963.

«뉴욕 타임스»는 지면의 70퍼센트를 국제뉴스에 할애한다.

«뉴욕 데일리 뉴스»는 7퍼센트를 할애한다.

NET의 평균은 «타임스»보다 «데일리 뉴스»에 더 가깝다.

참여TV,
살아 있는 조각을 위한 TV브라[279]

〈참여TV〉

서너 대의 컬러TV가 전자적으로 만들어내는 다채로운 색채의 메아리,
안개나 연기를 보여준다. 가끔 관객 자신이 공중에 떠다니거나 깊은 물속
으로 사라지는 모습을 볼 수 있다.

〈살아 있는 조각을 위한 TV브라〉
백남준-샬럿 무어먼

이번에는 샬럿 무어먼이 연주하는 첼로 음이 그녀가 몸에 두른 TV브라
화면에 나타나는 영상을 변화시키고, 변조하고, 재생시킨다.

'예술과 기술'에서 무엇보다 중요한 것은 또 다른 과학적 장난감을 발
명하는 것이 아니라, 너무 빠르게 변화하는 전자 표현방식인 기술을 인간
적으로 만드는 일이다. 이 분야의 발전은 이미 우리의 프로그램 제작능력

---

279 Participant TV, TV Bra for living sculpture: 《창조적 매체로서의 TV》 그룹 전시회 팸플릿
    에 게재, 하워드와이즈 갤러리, 뉴욕, 1969년 5월 17일~6월 14일. 『백남준: 비디아 앤 비디올
    로지 1959~1973』에 수록, 에버슨 미술관, 시러큐스, 뉴욕, 1974.

을 넘어섰다. 나는 '침묵하는 TV 채널'의 제작을 주장한다. 지식인들을 위한 이 채널은 주로 '환경음악' 같은 양질의 '환경예술'만을 방송하게 될 것이다. 내 목표는 비발디에 상응하는 TV 프로그램이나 전자 '곡'이 공간에 퍼지면서 히스테리에 시달리는 여자들을 진정시켜주고, 비즈니스맨의 긴장을 풀어주는 것이다. 이렇게 해서 '가벼운 예술'은 영구적인 재산이 될 수 있고, 수백만 명의 사람들이 이것을 수집할 수도 있을 것이다. '침묵하는 TV 채널'은 단지 '그 자리'에 있을 뿐 사람들의 여타 활동에 간섭하지 않는다… 우리는 그것을 마치 하나의 풍경, 혹은 르누아르의 목욕하는 아름다운 여인을 바라보듯 할 것이다. 하지만 그것은 모조품이 아니라 '원작'이다.

　〈살아 있는 조각을 위한 TV브라〉(샬럿 무어먼) 역시 전자분야와 기술을… 인간화한 충격적인 사례이다. TV를 인간의 가장 은밀한 사물 가운데 하나인 브라로 사용하면서… 우리는 기술이 인간을 위해 존재할 수 있다는 사실을 보여주고 관객의 상상력을 자극할 것이다. 여기서 상상력은 관객이 고백할 수 없는 성질의 상상력을 의미하는 것이 **아니라**, 관객으로 하여금 우리의 기술을 새롭고, 상상적이며, 인간적으로 사용하게 하는 상상력을 의미한다.

…어느 카페 혁명가의 고백[280]

친애하는 수잔,

네가 알듯이

나는 아주 게으른 남자야…

   그저 평범한 카페 혁명가일 뿐이지…

빌리지 보이스의 구독자이고///

정오에 잠에서 깼어… 무척 아름다운 월요일 아침이야.

나는 정말 일을 많이 **했어**!!!

편지를 썼어.

   1달러 37센트를 리더스 다이제스트에 보냈어, 왜냐하면

   그들이 내게 법정 대리인을 보내겠다고 위협했거든.

---

280 …Confession d'un revolutionnaire de cafe: '소프트웨어' 전시회에 참가해달라고 부탁한 전
시회 사무국에 1969년 5월 백남준이 보낸 편지. 잭 번햄이 당시 사무국 소장이었다. 이 글에는
「…어느 카페 혁명가의 고백」이라는 제목이 붙었다. 『소프트웨어 정보 기술: 예술의 새로운 의
미들』 도록에 수록, 유대인 박물관, 뉴욕, 1970, p.53.

그리고 '데이브즈 코너DAVE's corner'에서 99센트짜리 점심을 먹고
두 군데 전화를 하고 그리고 이제 세 번째 편지를 쓸 차례야.

……벌써 오후 3시야…
한숨 자야 할 시간이군.

내가 **줄스 파이퍼**[281]의 만화를 너무 많이 읽는 건 아닌지

만일 내가 게으르지 않았다면….

국립 서울대학에서
　　그레고리오 성가를 가르쳤을 거야.
　　위대한 대한민국에서 말이야.
우리의 발전한 문화유산을 덜 발전시키기 위해서….

　　대한국민항공사(KNA)의 비행기에서
　　(제2차 세계대전 당시의 c-37 수송기)
　　…………

존 케이지가 말했어… 베니스야말로
세상에서 가장 앞서가는 도시라고, 왜냐하면
　　자동차를 없애버렸거든…

그 이론에 따르면
　　한국이 가장 앞서가는 나라야, 왜냐하면

---

281 Jules Feiffer(1929~): 미국의 유명한 만화작가, 시나리오 작가이자 소설가.

해시시를 법적으로 허용했으니.

한국의 농부들은 해시시를 재배해서 대낮에 미군 병사에게 팔고 있지. 왜냐하면 한국인들은 아무도 해시시가 뭔지 몰라서 즐길 줄도 모르거든… 이것을 금지하는 법도 없어… 그리고 한국은 인삼을 재배하는 유일한 나라야… 히피들이 좋아하기 시작한 인삼 말이야.

그런데 나의 아버지는 인삼 상인이었어…

그 덕분에 내가 나의 사랑하는 조국을 떠날 수 있는
출국 비자를 받을 수 있었지. 그리고
군 복무를 면제받고,

자유와 민주를 위해 죽을 수 있는
영광까지도 면제받았지.

내가 질 존스턴[282]을 너무 읽었나????

나는 너무 게을러서 세 줄밖에 쓰지 않아도 되는 편지를 미뤄 결국에는 미안하다는 말을 늘어놓으며 세 장이 넘는 편지를 쓴다니까…
이것이 내 영어 실력을 유지하게 해주지.
………………

---

282 Jill Johnston(1929~2010): 미국의 저널리스트이자 비평가, "사람들의 시선을 끌려면 온갖 수를 써서 튀어야 하고, 고지식한 사람들의 비난을 받아야 하며, 바보들의 입에 오르내려야 한다"라는 말을 남겼다. 역주.

추신:

1) **컬러TV 비디오합성기 STP 비밀 계획서**

두 버전 중에서 하나는 인풋-아웃풋 단위에 관한 장이 포함된 글

8월에 더 히피적인 다른 계획들을 알려주지… 8월 말쯤 직접 너를 찾

아가는 게 좋을 듯싶어….

한 한국 점쟁이가 예언했어. 린제이가 매일 아침 인삼 토닉을 마시면 훨

씬 더 많은 돈을 벌 거라고….

EVO[283]**에 접속하라.**

---

283 East Village Others: 다른 동부 도시들.

마리 바우어마이스터에게
보내는 편지[284]

1967년 11월 14일

다른 예술가들은 물론이고 요즘 같아서는 나조차도 대부분 내 '행위음악' 작품을 공연할 수 없을 거야. 지난 10년 동안 몸과 마음이 모두 변한 것 같아… 안 좋은 방향으로… 미국이 나를 부패시켰다고 한 요셉 보이스의 말이 아주 틀린 건 아닌 듯해….

어쨌든 부패하지 않은 내 작품들을 공연할 수 없으니, 1962년 무렵, 결국 '연주 가능한 음악'(그러니까 조금 부패한)을 새로 작곡하게 되었지.

〈면도날로 팔뚝을 약 10센티미터 정도 아주 천천히 그어라〉가 그중 하나였어.

나는 누군가 그걸 무대에서 공연하리라고는 기대하지 않았어. 그런데 조셉 비어드[285]가 UCLA에서 공연한 거야… 너무 당혹스러운 일이었어. 결국, 내가 직접 공연할 수밖에 없었지.

1959년과 60년에 나는 피아노 여러 대의 겉모습을 변형시키고, 존 케이지의 넥타이도 다양한 목공예 도구를 이용해 잘랐어. 그 당시 신문들은

---

284 Lettre à Mary Bauermeister: 쾰른시 역사문서 보관소에 보관된 원고, HASTK, Best.: 1441, n°28.
285 Joseph Byrd, 저드슨 교회와 가까운 전투적 작곡가.

분개하면서 이 퍼포먼스를 '파괴'적인 행위라고 단정지었어. 하지만 나는 웃었지. 그 당시 <레쥐마노이드Les Humanoides>는 습관적으로 어떤 유형의 형식적 변화를 '파괴'라고 했고 다른 것들은 '건설'이라고 했는데, 뉴턴의 법칙에 따르면 그 둘은 하나이며 같은 거거든… 첸추족Chenchu[286]은 사랑하는 아내가 죽으면 흥겨운 음악에 맞춰 즐겁게 춤을 추었대.

그렇다고 내가 스스로 '파괴적인 예술가'라고 불리는 것을 부끄러워한 적은 없어. 나는 책임감을 느끼는 현실주의자로서 셰익스피어에서 고리키까지 이어지는 책임을 다하는 전통을 이어가기를 원해. 그런데 섹스와 폭력이 엄연히 존재한다면, 그것도 넘치도록 존재한다면, 내가 어떻게 그걸 피할 수 있겠어???

나는 신문사의 겉핥기식 제목을 그대로 집어삼키지 않을 뿐이야…. 그건 내 <오페라 섹스트로니크>에도 적용되는 말이야… 비록 내 작품이 반드시 필요한 것이고 샬럿 무어먼의 고통이 아주 크다고 생각하지만, 나는 그녀를 '최고의 충만한 예술가'로 평가하고 싶어.

비평가들은 퍼포먼스 전에 떠났어,
    그리고
사진작가는 퍼포먼스 후에 도착했어…
    내 노력이 헛된 것이었나?

아아아

내가 부패한 게 분명해.

---

286 인도의 소수종족.

오페라 섹스트로니크[287]

영화 제작자 시네마테크가 소개하는

샬럿 무어먼 출연의
<오페라 섹스트로니크>
원작: 백남준

협조: 다케히사 고수기[288]와 저드 얄커트[289]

그 외
맥스 매튜스[290]　　<국제 자장가International Lullaby>

287　Opera Sextronique: 1967년 2월 9일, 뉴욕 영화제작자 시네마테크에서 공연한 <오페라 섹스
　　트로니크>초연 포스터의 문구. 샬럿 무어먼이 하나씩 옷을 벗게 되어 있는 이 공연에 특별히
　　초대받은 사람들만 참석했지만, 결국 경찰이 개입하여 유명한 소송사건으로 이어졌다.
288　小杉武久(1938~): 일본의 작곡가, 연주가. 1960년 '그룹·음악'을 결성해서 일본 최초로 집단
　　즉흥연주를 시도했다. '파동(wave)'에 주목해, 천장에 전파발신기와 수신기를 매달고 그 사이
　　에서 일어나는 파동의 간섭현상이 음을 발생시키는 소리 설치(sound Installation) 등을 시도
　　했다. 역주.
289　Jud Yalkut(1938~2013): 미국 출생. 비디오 아티스트. 캐나다 맥길대학을 졸업하고 뉴욕 시립
　　대에서 시각 미술을 강의했고, 오하이오 주 데이튼에 거주하면서 라이트 주립대학에서 영화와
　　비디오를 강의했다. 역주.
290　Max Matthews(1926~2011): 미국의 엔지니어, 컴퓨터음악 분야의 선구자. 1957년 'MUSIC'
　　이라는 컴퓨터음악 프로그램을 개발하였고, 라디오 배턴(Radio Baton) 등 여러 가지 전자악기
　　를 발명했다. 역주.

제임스 테니	‹단계들Phases›
다케히사 고수기	‹유기체적 음악Organic Music›
얄커트-백	‹형이상학적 시네마Cinema Metaphysique›
백남준	‹생상스를 주제로 한 변주들Variations on a Theme by Saint-Saens›

20세기 음악이 세 차례 해방되었지만(계열적-불확정주의, 행동주의)··· 나는 여전히 끊어야 할 사슬이 하나 더 남아 있다고 생각한다··· 그것은 바로···

프로이트 이전의 위선

문학과 예술에서 가장 중요한 주제 중의 하나인 섹스가 **오로지** 음악에서만 금기시된 이유는 무엇일까? '신음악'이 60년이나 뒤졌다는 사실을 인정하면서도 도대체 앞으로 얼마 동안이나 여전히 위대한 예술을 자처할 것인가?

이와 같은 고상한 구실로 섹스는 음악에서 배척당한다. 하지만 바로 이 배척이 회화와 문학과 동일한 위치에 있는 고전 예술로서의 음악이 가진 소위 '위대성'의 근본을 완전히 무너뜨린다.

음악도 D. H. 로렌스, 지그문트 프로이트 같은 인물을 기다린다.

1967년 2월 9일 21시·41번**가 극장**·뉴욕시 41번가 웨스트 125번지
초대장을 소지한 분만 입장할 수 있습니다.

노버트 위너와 마셜 매클루언[291]

1. 브리태니커 백과사전을 A에서 Z까지 읽는 취미가 있는 노버트 위너는 이미 20년 전에 복합매체를 구상했다. "오랫동안 로젠블뤼트[292] 박사와 나는 과학의 발달에서 가장 유망한 분야는 공식적인 여러 학문 중에서 아무도 관심을 두지 않는 미개척 분야라는 사실에 의견을 같이했다. 라이프니츠 이후로 자기 시대에 모든 지적인 활동을 완전하게 습득할 수 있는 사람은 아무도 없었을 것이다. 19세기에 라이프니츠 같은 인간은 없었지만, 가우스, 패러데이 혹은 다윈 같은 인물이 있었다. 오늘날 자신을 아무런 제한 없이 수학자, 생리학자 혹은 생물학자라고 자처할 수 있는 사람은 거의 없다. 한 사람이 위상기하학, 음향학, 혹은 곤충학에 전문가일수는 있지만… 이 같은 학문은 전문성을 갖춘 연구자들에게 최대한의 가능성을 제공할 수 있는 학문의 인접분야이다…." 예를 들어, "생리학자는 특별한 수학적 명제를 증명해야 하는 것은 아니지만, 수학자에게 그의 연구 목적이 무엇인가를 알려주려면 생리학적인 의미를 파악할 수 있어야 한다."(노버트 위너, 『사이버네틱스The Cybernetics』) 이와 같은 복합매체의 개념이 바로 전자시대에서(강전기 기술에 기초한 엔지니어링) 전기시대

---

291 Norbert Wiener & Marshall McLuhan: 1967년에 «Institute of Contemporary Arts Bulletin»에 수록, 런던. 『백남준: 비디아 앤 비디올로지 1959~1973』 도록에 수록, 에버슨 미술관, 시러큐스, 뉴욕, 1974.

292 Arturo Rosenblueth(1900~1970): 멕시코의 연구자, 물리학자, 생리학자이다. 사이버네틱스의 선구자로 알려져 있다. 역주.

를 촉진한(약전기 기술에 기초한 의사소통과 조절) 사이버네틱스라는 학제 간 과학을 탄생시켰다. 이것은 그대로 마셜 매클루언의 '지구촌'에서의 '혼합 미디어'로 강화되면서 글자 그대로 혁명적인 결과를 가져왔다.

2. "미디어는 메시지다"라는 매클루언의 유명한 문장은 1940년대 이후부터 암암리에 커뮤니케이션 학문에서도 찾아볼 수 있다. 노버트 위너는 메시지를 지닌 정보는 메시지가 없는 정보와 동일하게 중요하다고 말했다. 케이지의 말을 듣는 듯하다… 케이지라면 이렇게 말했을 것이다. "곡을 연주하게 하는 악보는 곡을 연주하지 못하게 하는 악보와 같은 역할을 한다." 나는 내 작품 몇 편을 '연주 가능한 음악'이라고 불렀는데, 그 이유는 대부분의 내 작품이 연주가 불가능하기 때문이다.

3. 이 두 사상가 사이에 또 하나의 평행선이 있다. 바로 전자와 생리학의 시뮬레이션 혹은 비교이다. 위너의 주요 논점은 '동물에서 **그리고** 기계에서의 통제와 소통'이었다.(동물을 우선시했다는 점에 주목하자.) 이는 그의 주요 작품, 『사이버네틱스』의 부제목이기도 하다. 그는 동물 신경의 피드백을 연구하면서 오늘날의 슈퍼컴퓨터의 원형이기도 한 대공포 발사 자동조절 시스템을 고안해냈다. 마찬가지로 오늘날 컴퓨터의 이진법 binary 코드 역시 인간 뉴런의 연접부 기능인 '전체 아니면 무'라는 특성에 그 기원을 두고 있다. 이는 단지 'ON' 아니면 'OFF'를 나타낸다.(중간은 없다. 중간은 'ON'과 'OFF' 사이의 무수히 많은 분할점이 존재하기 때문이다.)

　　매클루언은 자신의 의견을 이렇게 밝힌다. "우리는 전 인류를 마치 피부처럼 지니고 있다. … 인간은 자기 중앙 신경계의 작용과 일치하는 하나의 축소 모델을 자기 밖으로 투사하거나 설정했다."(p.61, p.68)[293]

293　마셜 매클루언의 『미디어의 이해』에서 인용, 파리, 1968.

4. 하이젠베르크에서 사르트르를 거쳐 케이지까지 20세기 사상의 가장 중요한 개념 가운데 하나인 불확정성은 위너와 매클루언에게서도 찾아볼 수 있다. 위너에게 불확정성은 바로 통계 용어인 엔트로피이다. 매클루언에게는 "소극적 정의의 차가운 미디어"이다.

위너에 따르면 "메시지는 그 자체가 모델과 질서의 한 형식이다. 사실 일련의 메시지는 일련의 외부세계 상태와 마찬가지로 엔트로피의 지배를 받는다고 생각할 수 있다. 엔트로피를 통해 무질서의 정도를 측정할 수 있는 것처럼, 일련의 메시지에 포함된 정보를 통해 질서의 정도를 측정할 수 있다. 즉, 메시지에 포함된 정보를 그 엔트로피의 부정지수 그리고 확률성의 부정 로그로 간주할 수 있다. 다시 말해, 메시지의 가능성이 클수록 그 안에 포함된 정보량은 적다. 예를 들어, 판에 박힌 표현은 위대한 시 작품들보다 정보량이 적다."(노버트 위너, 『사이버네틱스와 사회』) 백색소음은 최대치의 정보를 포함하고 있다.

매클루언에 의하면 "만화영화가 소극적 정의를 갖는 이유는 아주 적은 양의 정보만을 제공하기 때문이다. 전화가 차가운 매체 혹은 소극적 정의에 속하는 이유는 인간의 귀가 근소한 양의 정보만을 받아들이기 때문이다. 말이 소극적 정의의 차가운 매체인 까닭은 듣는 사람이 받아들이는 정보가 적기 때문에 많은 것을 보충해야 하기 때문이다. 뜨거운 매체는 관련자의 첨가나 보충을 감소시키지만, 차가운 매체는 그것을 조장한다."(p.40)[294] 그것(대중의 참여)은 케이지가 물었던 최초의 미끼였을 것이다.

이 비교에 나타나는 공통점을 찾아보면 특별히 유익한 점을 발견할 수 있다(혼합매체… 미디어에 대한, 미디어를 위한 연구, 그리고 전자와 인간 신경계의 시뮬레이션… 불확정성…). 위너는 전자공학시대의 기술적 내부 환경을 만들어내기 위한 미시형태로서 이런 특성을 이용했다. 반면, 매클루언은 전자시대에 심리적이고 사회학적인 외부환경을 설명하기

294 앞의 책.

위한 거시형태로서 그것을 사용했다. 미시형태와 거시형태 사이에 존재하는 통일성은 거의 라이프니츠 단자론의 조화와 유사한 것이다. 그것은 또한 이 두 사상가가 독창적으로 공헌한 부분이며, 한 사람이 중요하다고 해서 다른 사람의 중요성을 감소시키는 것은 아니다.(마르크스가 헤겔을 뒤집었듯이 어떤 점에서 매클루언은 위너를 '뒤집는다'.)

물론 매사추세츠공대의 수학 교수와 조이스적인 히피 매클루언의 생각이 완전히 일치했던 것은 아니다. 이 고명한 대학교수는 아프리카의 구전 전통과 미국의 TV 문화 사이의 유사성을 놓쳤지만, 기계의 시간과 인간의 시간 사이의 미묘하고도 가공할 차이에 관한 위너의 정열적인 주장은 단 한 순간도 이 우아하고 여유 있는 평론가를 동요시키지 못했다. 결국, 위너는 자신이 스스로 만들어내기도 했고 리스먼Riesman(C.I.O.)[295]의 그것을 연상시키는 현대의 비관론을 받아들였다. 반면, 독실한 가톨릭 신자인 매클루언은 케이지나 풀러에 못지않은 낙천성을 보인다.

예술사와 음악학은 너무나 오랫동안 분리할 수 없는 것을 분리함으로써 피해를 보았다. 노동의 기술적인 분리, 진화에 관한 다원적(?) 개념(어떠한 역사학자도 피카소에서 시작해서 그리스에서 끝나는 역사를 기술하지 않는다), 스타일에 관한 뵐플린[296]적 집착, 상호 간 영향에 관한 현기증 나는 주장들… 서로 얽혀 있는 이 모든 것들은 연구의 대상을 연구하기도 전에 질식하게 만들었다. 그러나 최근 혼합매체의 경향이 보여주듯이, 모든 예술이 어떤 단일성에 근거하고 있다면 다양한 예술형식에 대한 연구 또한 능력을 갖춘 연구자의 눈에는 통합되어야 하는 것이 마땅하다. 위너식으로 말하자면 이러한 연구자는 "자신의 분야에서 전문가이면서도 인접 학문에 실제적이고 진지한 방식으로 접근할 것이다". 위너와

---

295 Congress of Industrial Organizations: 산업별 노동조합 회의
296 Heinrich Wölfflin(1864~1945): 스위스의 미술사가. 그의 미술사연구의 기본적인 태도는 형식분석에서 직관성의 존중과 이를 개념적으로 정리하기 위한 사유성의 중시이다. 특히 르네상스로부터 바로크로 향하는 미술 발전 문제에서 제시한 '평면'과 '심오', '선적'과 '회화적' 등의 기초개념은 문예학 등에 크게 영향을 주었다. 주요 저서로는 『르네상스와 바로크』『고전미술』 등이 있다. 역주.

매클루언의 방법은 이처럼 덜 편협한 형태의 연구에 도움을 줄 것이다. 매클루언과 위너는 혼자서 접근할 수 없었던 수많은 분야의 장벽을 뛰어넘었다. 매클루언은 제임스 레스턴[297], 알 카프Al Kapp, 아프리카의 마을들, 『피네간의 경야』[298], 한글을 줄줄이 인용한다. 가공할 만한 천재 위너는 베르그송, 뉴턴, 깁스, 하이젠베르크, 칸토어, 폰 노이만, 힐베르트, 게슈타르트, 맥스웰, 라이프니츠를 빠른 속도로 섭렵한다. 매클루언의 인용은 논리적인 증명이라기보다는 콜라주에 가깝다. 핀더의 『여러 예술과 하나의 예술에 관해서』, 말로의 『상상박물관』, 노무라 요시오野村良雄나 블라이스[299]의 저작들은 이러한 관점에서 본다면 고전적인 원형으로 간주될 수 있을 것이다. 그러나 이러한 방향으로의 근본적인 비약은 사이버네틱스 그 자체만큼이나 풍요로운 결과를 가져올 것이다.

"비평가가 '영향'이라는 어휘만큼 자주 그리고 손쉽게 사용하는 말도 없다. 미학을 허황되게 무장하는 모호한 개념보다 더 모호한 개념은 없을 것이다."(폴 발레리) "미국에서의 TV 시대는 아프리카 부족 시대의 영향을 받는 것이 아니라, 이 두 시대 모두 어떤 유형의 의사소통과 어떤 '상징적인 상응관계'를 가지고 있을 뿐이다."

미학과 사이버네틱스의 관계 목록

서론(노버트 위너와 마셜 매클루언)

　1. 케이지와 고전주의자들

　　케이지와 헤겔. 케이지와 몽테뉴. 케이지와 하이젠베르크. 케이지

297　James Barrett Reston(1909~1995): 미국의 저널리스트. 1960년 전후까지 수많은 특종기사를 취재하여 《뉴욕타임스》의 상징적인 존재가 되었고 국제적인 기자로 인정받았다. 두 차례 퓰리처상을 받았다. 역주.

298　Finnegan's Wake: 1939년에 발표된 제임스 조이스의 마지막 작품. 역주.

299　Reginald Horace Blyth(1898~1964): 영국의 작가. 일본 문화 전문가. 런던대학을 졸업하고 스즈키 다이세쓰의 저작을 탐닉했다. 일본의 게이조대학 영어 조교수로 식민지 한국에 온 그는 일본어와 중국어를 배우고 선을 공부했다. 후일 일본으로 건너가 가쿠슈인대학(學習院大學)의 영어 교수가 되었으며 당시 황태자였던 아키히토(明仁)를 가르쳤다. 일본의 선 철학과 하이쿠를 연구하여 서구에 알리는 작업을 하였으며, 이에 관한 많은 저서를 남겼다.

와 슈티르너. 케이지와 한국의 도자기.

2. 선불교와 전자.

3. 권태의 미학.

  a) 동양전통. 인디언 우주론-중국의 수동적 철학-송대 회화의 공간. 일본과 한국의 정체된 궁중음악(가가쿠[300]-시조時調)-지루한 예술에서 제식 예술(노가쿠能樂)과 제식 자체로의 진전, 그리고 일상의 양식 있는 예의범절로 전파(오가사와-리우-고수기).

  b) 유럽 전통(권태). 보들레르-체호프-프루스트-바그너-사티-이브 클라인

  c) 미국 전통. 거트루드 스타인-헤밍웨이-케이지-라 몬테 영-딕 히긴스-플럭서스-잭슨 맥로-밥 모리스-에밋 윌리엄스-워홀-원시적 구조(야구, 생명보험, 주식, 마약 포함)

4. 미니아트와 일본

  조지 브레히트와 바쇼[301]

  레이 존슨과 잇사[302]

  하이쿠 연극으로서의 이벤트(조지 머추너스)

5. 예술과 기술

  전자음악에서 전자회화까지

  (차이점과 유사성)

  쇠라와 컬러TV

  예술적 표현수단으로서의 의료전자공학 기술의 가능성(루시에 Lucier[303]-테니Tenny-타이텔바움Teitelbaum-리나우Lienau-백남준)

---

300 雅樂: 일본의 궁중음악. 궁중의 의례 및 행사를 담당하는 시키부쇼쿠(式部職)의 라쿠부(楽部)가 연주하는 곡 가운데 서양음악을 제외한 것을 가리킨다.

301 松尾芭蕉(1644~1694): 일본 에도시대 전기의 하이쿠(俳句) 작가. 쇼후(蕉風)라고 불리는 예술성 높은 구풍(句風)을 확립했다. 각지를 여행하면서 「노자라시 기행(野晒紀行)」「사라시나 기행(更科紀行)」 등의 기행문을 남겼다.

302 小林一茶(1763~1828): 에도시대를 대표하는 하이카이(俳諧) 시인. 일찍 생모를 여의고 계모와 함께 성장기를 보낸 성장배경으로 인해 자학적인 구풍(句風)으로 출발했으며, 서민적인 시점에서 쉽고 소박한 이야기를 전달했다.

303 Alvin Lucier(1931~): 미국의 실험음악 작곡가이며, 설치음악 예술가이다. 당대에 가장 영향

비디오테이프 녹화기의 가능성

≪아홉 번의 밤 페스티벌≫에 사용된 다양한 기술

나의 전자 작품에 사용된 다양한 기술

6. 컴퓨터와 시청각예술

맥스 매튜스–짐 테니Jim Tenney–피터 데니스Peter Denes–마이클 놀 Michael Noll, 벨 연구소–L. J. 힐러Hiller, 일리노이

카를 괴츠–막스 벤제Max Bense–크세나키스Xenakis, 유럽

나의 고유한 생각과 경험들

7. **시간**의 개념

인도–그리스–성경–뉴턴–베르그송–깁스–후설–하이데거–사르 트르–케이지–위너–슈톡하우젠 (시간 시리즈)

8. **자연**의 개념

장자크 루소–테오도르 루소–앙리 루소–몽테뉴–힌데미트–스즈키

9. 고대 중국 역사가들(사마천)과 가장 최근의 미국 역사가(아서 슐레 징거 2세)의 유교 사상

10. 해시시는 인스턴트 선불교일까?

11. 노자의 공산주의적 해석(북한의 참고서적에서)

12.『피네간의 경야』활판 인쇄와 중국 한자

13. 펠드먼의 표기법과 중세 한국의 표기법

14. 상징주의 연극

소포클레스–앨런 캐프로–노가쿠–한국의 굿

15. 문인화와 다다의 비전문성.

력 있는 작곡가로 꼽힌다. 역주.

비디오테이프 월간지[304]
(팩스자료)

세계 최초

비디오-테이프

월간지

<blockquote>

백남준

언젠가 런던 타임즈는 "비디오테이프"가 될 것이다.

당신은 갖게 될 것이다

"성인을 위한 은밀한 TV쇼 또는

3-D 논문 – 만큼 어려운 –

</blockquote>

$$\frac{칸트 + 비트겐슈타인 + 노버트\ 위너}{loga(\quad\quad)}$$

---

304 1967년. "이 팸플릿은 1967년에 발행되었고(말콤 골드스타인의 허가로), <오페라 섹스트로니크> 1회 세계 공연에서 배포할 예정이었다. 안타깝게도 샬럿 무어먼은 이 작품을 끝내지 못하고 몇 달간 병마와 싸워야 했다. 어쨌든 이 사건은 내부에서 바라본 매스미디어의 세계를 내게 알려준 셈이었다. 이로 인해 큰 도움을 받았다."「백남준: 비디아 앤 비디올로지 1959~1973」 도록에 수록, 에버슨 미술관, 시러큐스, 뉴욕, 1974.

1967   1월호: 책 없는 문학.

2월호: 종이 없는 시.

3월호: 가난한 시인. (에디 슈로스버그)

4월호: 토플리스 첼리스트. (샬럿 무어먼)

5월호: 기골 없는 예술가. (백남준)

6월호: 에고가 없는 예술가. (토마스 슈미트)

7월호: 빈곤 사회. (스타 총출연)

8월호: 당신 집에서요, 여사님. (사적인 에디션)

,,,, 차호에 계속 ,,,,,,,

각 호 100 달러

주문:

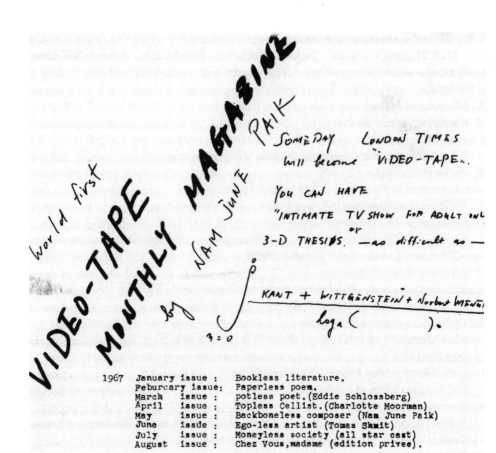

SOMEDAY LONDON TIMES will become "VIDEO-TAPE".

YOU CAN HAVE "INTIMATE TV SHOW FOR ADULT ONL or 3-D THESIS." —as difficult as —

$$\int_{n=0} KANT + WITTGENSTEIN + Norbert WIENER$$
$$log_a (\qquad).$$

World first VIDEO-TAPE MONTHLY MAGAZINE by NAM JUNE PAIK

1967   January issue :   Bookless literature.
        Feburuary issue: Paperless poem.
        March   issue :   potless poet.(Eddie Schlossberg)
        April   issue :   Topless Cellist.(Charlotte Moorman)
        May   issue :   Backboneless composer (Nam June Paik)
        June   issue :   Ego-less artist (Tomas Shmit)
        July   issue :   Moneyless society (all star cast)
        August issue :   Chez Vous,madame (edition privee).

,,,,continued,,,,,,,,

each issue 100 dollar

order to:

장자크 르벨에게 보내는 편지[305]

친애하는 장자크!

이렇게 고맙다는 답장을 늦게 보내는 나를
1000000000000000000000000000번 용서해 주게나.

자네의
멋진 전보,
1000000000000000000000000000000000번 넘게 고맙다네.

우리가 받은 항의는 그야말로 흥미로웠지. 다음 책에 반드시 소개
할 생각이라네. 에드 샌더스Ed Sanders 사건도 담당하고 있는 우리 변
호사, 그 사건이 실린 같은 호 《라이프》에 자네에 대한 기사도 났지
만,, (말이 났으니 말인데, 우리는 자네에 대한 기사를 무척 좋아했다
네),,, 로젠버거씨는,
새로운 **비에트닉스**[306] 스타일과 전통적인 프랑스 좌파 스타일이 어울려

---

305 Lettre a Jean-Jacques Lebel: 1967년 2월 9일, 샬럿 무어먼이 뉴욕 영화제작자 시네마테크에
     서 열린 <오페라 섹스트로니크>의 초연 도중 체포되자 백남준이 장자크 르벨에게 보낸 편지.
     슈투트가르트 좀(Sohm) 문서보관소에 소장되어 있다.
306 vietniks: 베트남전 반전운동가를 지칭하는 속어. 역주.

있는 자네의 전보를 읽고 무척 감동했다네,,,,,,,,,,,

딕 히긴스가 다섯 장을 복사해 신문사마다 보냈다네. 내가 그 전보를
린제이 주지사에게 보내자고 했지만,
로젠버거 씨(변호사)가 린제이는 자네 **스타일**을 이해하지 못할 테니, 다
른 편지를 한 장 더 쓰라고 부탁하라고 했다네. 예를 들어 폴 발레리나 에
머슨처럼 논리적으로 항의하는 편지 말일세,,,,,,,,,,,

그러니 이렇게 써 주게나.
　1. 자네가 유럽, 특히 프랑스에서 해프닝예술의 공훈자라는 것.
　2. 자네의 작업이 《라이프》 최근호에 길게 기사화되었다는 사실.
　3. 샬럿 무어먼이 유럽에서는 진지하고 역동적인 아방가르드 예술가
로 존경받는다는 사실.
　4. 자네가 샬럿을 위해 파리 미국문화원에서 음악회를 열었다는 것.
그녀가 그 음악회에 알몸으로 등장했는데도 경찰이 간섭하지 않았다
는 것. 오히려 파리에서는 이 공연에 대해 전체적으로 평이 좋았고,
비평가들도 호의적이었다는 것.
　5. 《라이프》에서 언급한 대로 자네는 알몸의 여자들을 여러 차례 해
프닝 공연에 등장시켰어도 아무도 체포되지 않았고, 심지어 보수적
인 제5공화국 경찰들도 개입하지 않았다는 것.
　6. 그리고 전 세계 아방가르드 예술가들이 경찰이 샬럿의 공연을 저
지한 것을 두고 얼마나 분개하는지, 친절하면서도 단호하게 항의해
주게나. 샬럿은 이 일로 하룻밤을 꼬박 창녀들이 갇혀 있는 감옥에서
보내야 했고, 이제 곧 재판을 받아야 한다네. 재판이 끝나려면 적어도
석 달은 걸릴 테고, 벌금도 2천 달러는 넘을 걸세. 그런데 무엇보다도
샬럿이 처벌받게 될까 봐 걱정이지. 이번 문제로 고전음악회 연주 계
획을 모두 포기할 수밖에 없었고, 생활비를 벌려고 형편없는 수당을

받으며 파트타임 일을 해야 한다네.

제발 부탁하네. 되도록 많은 프랑스 예술가들이 린제이 주지사에게 개인 자격으로든 단체의 이름으로든 탄원서를 보내주기 바라네. 그리고 그 탄원서를 샬럿에게도 보내주게나.

약 10,000편의 에세이 중에서…[307]

『컴퓨팅 리뷰』(1960~1966)에 실린 1만 편에 달하는 에세이 가운데 시각예술을 주제로 다룬 것은 극히 드물다. 반면, 음악, 문학, 역사에 관한 에세이는 분야별로 10여 편이 넘는다. 피터 데니스, 마이클 놀, 벨러 율레즈 Béla Julesz, 카를 오토 괴츠와 슈투트가르트 그룹이 여러 가지 흥미 있는 작업을 했지만, 아직 개척의 여지가 충분히 남아 있고, 특히 음극관과 녹화기를 예술에 도입한다면 무한한 가능성이 있다. 반면에 정통성을 별로 존중하지 않는 예술가라면 직관적으로 정보 비디오 분야의 실험에 관심을 보일 것이고, 그 덕분에 순수과학이나 응용연구에서도 뛰어난 성과를 낼 수 있을 것이다.

    1. 대칭적이고 비대칭적인 방법, 기하학적이고 비기하학적인 방법, 확정주의적–확률주의적–불확정주의적 방법, 주기적이고 비주기적인 방법의 **주사**走査, scanning에 대한 체계적인 연구.
내가 시도한 전자예술이 거의 즉각적인 성공을 거둘 수 있었던 것은 비디오 신호(정보량: 초당 4백만 비트) 생산을 빨리 포기하고, 예외적인 유형의 주사(쉽게 조절할 수 있는 정보량: 초당 15,000비트와 50비트)를 만들

---

307 Parmi les presque 10,000 essais: 1966년 겨울에 작성한 소논문. 복사본을 맥스 매튜스, 마이클 놀, 제임스 테니, 레자렌 힐러 쥬니어(Lejaren Hiller Jr.)에게 보냄. 스웨덴의 비영리 예술기관이 발행한 «Fylkingen Bulletin»에 재수록, 스톡홀름, 1967. 『백남준: 비디아 앤 비디올로지 1959~1973』 도록에 수록, 에버슨 미술관, 시러큐스, 뉴욕, 1974.

어내는 데 집중했기 때문이다. 특히 세 번째 갈래의 굴절과 삼중 변조방식을 추가한 것이 결정적이었다. 컬러TV 크로마트론[308]에서처럼 적합한 개폐회로들 덕분에 여러 가지(예를 들어 나선형, 타원형, 삼각형 등…) 굴절된 영상들이 빠르게 이어지면서 더욱 다채로운 형태를 만들어낼 수 있을 것이다. 이미 연구가 많이 진전된 이 분야에 컴퓨터를 도입함으로써 즉각적으로 훌륭한 결과를 얻을 수 있으리라 확신한다.

a) 예술적 사용

TV와 영화의 모든 기술에 대혁신이 일어날 것이고, 전자음악의 영역은 전자 오페라의 등장과 함께 사라질 것이다. 회화와 조각에도 대대적인 변화가 예견되며, 인터미디어 예술(복합매체 예술)이 점점 더 중요하게 대두하고, 결국 책이 없는 문학과 종이가 필요 없는 시가 등장할 것이다.

b) 순수 과학적 차원의 연구

가장 추상적인 형상뿐만 아니라 가장 사실적인 형상, 그리고 그 둘 사이에 존재하는 중간 단계의 형상들을 모두 그릴 수 있게 되면 게슈탈트 심리학 연구에 유용하게 활용될 수 있을 것이다. 감각조직, 특성, 행동, 조합, 회상, 이해, 학습… 또한, 시각 전자(레이더, 안티레이더는 물론이고, 시각적 인식, 문자의 시각적 인식, 고객 계좌의 시각적 주사, 비디오폰, 버블 룸 사진촬영 등…)와 같은 첨단 분야에도 활용될 수 있을 것이다.

c) 예술적 안구

앞으로 의료전자공학이 크게 발전하게 되면 비디콘[309] 관을 장착한 인공 안구로 시각장애인을 도울 수 있을 것이다. 이러한 응용이 실용적이려면 비디콘 주사와 환자 안구의 망막구조가 정확하게 상응해야 할 것이다. 표준 망막구조가 현재 기술 수준의 전자 주사보다 더 복잡하겠지만, 그 외에도 환자 사이에 미묘하지만 큰 차이가 있음을 확인할 수 있게 될 것이

---

308 chromatron: 컬러텔레비전 수상관의 하나. 수평으로 배열된 3원색 형광막 앞에 색 변환 살창을 놓고 단일한 전자빔으로 컬러 화상(畵像)을 재생한 것으로, 수상기 회로가 간단하여 화상이 밝은 것이 특징이다. 미국의 물리학자 로렌스가 발명하였다. 역주.

309 videcon: 텔레비전 촬상관(camera tube)의 하나. 광도전 효과를 응용한 것으로, 구조가 간단하고 감도가 좋아 공업용 텔레비전의 카메라관으로 많이 이용한다. 역주.

다. 게다가 같은 환자라도 시점에 따라 큰 차이가 있을 것이다. 그래서 주사를 정확하게 조절하는 기술체계가 필요할 것이다. 이는 오늘날의 검안경과 비슷하면서도 조금 더 복잡한 것으로 수동조작과 전자장치로 조작할 수 있어야 한다. 비디콘 신호는 적절한 시냅스를 통해 시신경에 전달되어야 하고, 이 과정에서 왜곡이 발생해서는 안 된다. 주사에 관한 내 경험이 이 같은 최종 목적에 도달하는 데 도움을 줄 것이다.

d) 비디오텔레폰

비밀유지가 필요한 영상은 아주 복잡한 주파수를 이용하여 스캔할 수 있는데, 그 '코드'는 수신자에게 도달하기 전까지는 보안이 유지되어야 한다. 이 과정은 전파방해만큼이나 매우 유용할 것이다. 예를 들어, 포드 자동차의 신모델 개발 담당자는 비디오폰을 사용해 최대한 비밀을 유지하면서 자신의 계획을 보고할 수 있을 것이다.

e) 합성 얼굴

범인 확인을 위한 다양한 얼굴 형태에 대한 인류학적인 연구, 성형수술, 화장품 산업 등…

이 기술로 모든 종류의 얼굴 형태를 만들어낼 수 있다. 예를 들어, 피의자, 율 브린너처럼 반쯤 대머리인 피의자가 존 웨인과 같이 길쭉한 얼굴, 제임스 메이슨과 저우언라이를 합쳐놓은 것 같은 우울한 눈빛, 동양인의 납작한 코, 그리고… 오스카 와일드와 같은 감각적인 입술을 가질 수 있다. 게다가 제임스 조이스 같은 안경을 쓰고, 앙리 비달처럼 섹스어필한 분위기를 지닐 수 있을 것이다.

2. 일곱 개의 회로를 갖춘 비디오 시그널 혼합기 제작을 제안한다. 각각의 카메라가 다양한 얼굴의 서로 다른 부분을 촬영하는데, 하나의 얼굴이 일곱 사람 얼굴의 특징으로 재구성된다. 앞에서 언급한 용도 외에도 (경찰 수사에서의 이용, 형태의 지각과 인식, 성형수술, 인류학…) TV와 영화기술을 크게 발전시킬 것이다.

a) 입은 웃고 있는데 눈에서는 눈물이 흐른다.

b) 얼굴에서 눈만 분리되어 공중으로 날아간다.(눈의 부정적 피드백이 원래의 눈을 전자 기술적 방법으로 지워버릴 것이다.)

c) 얼굴 중에서 입만이 천천히 줄어든다.

d) 두 개의 입과 세 개의 눈을 가진 얼굴.

e) 코를 제외하고 얼굴 전체가 흔들린다.

f) 아데나워[310]의 얼굴에 개의 눈과 고양이 주둥이를 붙인다.

3. 비디오 시그널 입력

TV 비디오 시그널과(1초당 4메가사이클) 컴퓨터 출력 속도(예를 들어 IBM: 1초당 40만 바이트)의 차이는 특별한 해결책을 요구한다. 프로그램을 느린 속도로 녹화했다가 아주 빠른 속도로 재생하는 방법도 있을 것이다. 하지만 하나의 영상에 천문학적 숫자의 정보가 담겨 있고, 그것을 시퀀스로 구성하는 일은 엄청난 시간이 걸리는 프로그램 작업이 필요하다. 이 문제만으로도 여러 가지 해결책과 예술적 상상력이 요구되는 독창적이고 특수한 프로그램 시스템이 필요하다. 겸손을 떨지 않고 솔직히 말하자면, 나는 이 문제를 자주 인식했던 사람이다. 우선, 나는 기계 자체의 독립적인 하위 프로그램을 만들어서, 12음 계열이나 인도음악 '라가raga'처럼 다른 프로그램 제작자들도 사용할 수 있도록 할 것이다. 예를 들어, 이런 하위 프로그램을 만들 것이다.

a) 기하학적 형태로부터 박테리아처럼 불규칙한 형태에 이르기까지 다양한 기본 형태의 하위프로그램.

b) 각 프레임의 위치에 해당하는 하위 프로그램.

c) 크기에 해당하는 하위 프로그램.

d) 수많은 필드 그리고 그들의 상호교환성에 따른 줄거리 구분.

e) 여러 방향으로 각각의 필드를 늘이거나 줄이기.

---

310 Konrad Adenauer(1876~1967): 통일 전 서독의 초대 총리(1949~1963)였으며, 독일 기독교 민주연합의 당의장(1950~1966)을 지냈다. 역주.

f) 앞서 말한 다섯 개의 하위 프로그램과 실제 영상의 이중 인화를 결합하는 하위 프로그램.

보코더[311]를 사용하여 개 짖는 소리 위에 인간의 웃음소리를 녹음할 수 있는 것처럼 피카소의 얼굴에 먹이를 먹는 고양이의 얼굴을 합성할 수 있다.

예술, 과학, 기술 분야의 이 같은 방식을 적용할 수 있는 수많은 경우 중에서 특히 흥미로운 예를 하나 들어볼 수 있다. 바이러스나 박테리아, 물고기 그리고 사람들의 움직임을 통계적으로 관찰하여 모방하는 것이다.

4. 코넬대학 출판부에서 발간한 셰익스피어 작품의 색인 목록을 모델로 하여 영화와 TV 프로그램의 색인을 만든다면 시각예술에 전자 기술을 적용한 또 하나의 사례가 될 것이다. 배우와 연출가가 만들어낸 주요 장면을 내용에 따라(기다림, 불안, 사랑, 싸움, 질투, 기쁨, 식사, 눈물, 걷기) 색인으로 만들고, 각 장면의 길이나 강도 등을 기록하는 것이다. 이렇게 하면 작품에 대한 이해를 쉽게 해서 학생에게도 중요한 정보를 제공하고, 일반 시청자들에게도 많은 기쁨을 줄 것이다. 역사학자, 사회학, 심리학자도 도움을 받게 될 것이다.

5. 음극관 벽

무드 음악처럼 무드 예술을 창작하여 그것을 집 안에 설치할 수 있을 것이다. 대형 극장이나 오페라극장도 그날의 레퍼토리에 따라 무대 모양을 바꿀 수 있다. 그리고 이러한 장치는 무대에서 벌어지는 줄거리의 흐름에 따라 다양하게 변할 수 있다. 이러한 목적으로 컬러 화소들이나 전자발광체로 이루어진 거대한 음극관 벽을 설치하고 프로그램을 적용한다.

6. 의료전자공학 분야와 예술은 아직도 서로 동떨어진 두 분야이지만, 한 분야에서 얻은 결과는 다른 분야에 적용될 수 있다. 이처럼 다양한

---

311 vocoder: 음성을 분해하여 송신하면 수신자가 그것을 다시 원래의 소리로 합성하여 재생하는 장치. 역주.

신호는 두부, 두뇌, 신체의 여러 지점에 전달되어, **직접접촉예술**이라는 완전히 새로운 장르를 만들어낼 수 있을 것이다. 그러한 예술적 경험은 전자 기술에 의한 마취, 전자 시각 안정제, 전자 환각, 전자 수면, 전자 치료와 같은 새로운 과학적 기술에 상당한 진보를 가져올 수 있을 것이다.

두뇌의 전기-자기진동은 전자 참선으로 이어질 수 있을 것이다.

느림의 시대[312]

전시회를 준비하며

백남준: 고수기! 빨리 자네의 자서전을 쓰게!!

고수기: 내가 뉴욕에 온 이유는 그들에게 '신중하게 행동하는 법'을 가르쳐주기 위해서야.

**

백남준: 친구, 신문 기사를 준비해. 여기서는 그런 것이 필요해.

고수기: 내가 뉴욕에 온 이유는 그들에게 '신중하게 행동하는 법'을 가르쳐주기 위해서야.

***

백남준: 좀 더 일찍 일어나라고! 자네가 아침을 먹기 전에 상점이 문을 닫을 것 같으니!

고수기: 내가 뉴욕에 온 이유는 그들에게 '신중하게 행동하는 법'을

---

312 L'age de ralenti: 백남준이 1960년대에 쓴 글로, 그 당시 플럭서스 작곡가인 다케히사 고수기는 구보타 시게코와 여전히 좋은 관계를 유지하고 있었다. 슈투트가르트 좀 문서보관소에 소장된 원고.

가르쳐주기 위해서야.

* * *

시게코가 소리쳤다. **"도와줘요!** 그가 24시간째 한 마디도 하지 않고 있어요…."

* * *

레이 존슨이 자신의 동굴을 떠났다.

누군가 거기 있어야 한다.

워싱턴 주재,
상공회의소에 보내는 편지[313]

백남준   **1965년 12월 9일**
359 카날가   뉴욕
N.Y.C. 뉴욕 13

상공회의소
저작권 담당부서
워싱턴 **D.C.**

저는 TV 영상의 왜곡 현상에 대한 연구를 통해 특히 TV 광고 분야에서 예술적이며 상업적인 목적에서 고용창출이 가능하다는 사실을 발견했습니다. 기술에 관련된 전반적인 사항은 첨부한 인쇄 자료에 자세히 설명되어 있지만, 두 가지 가능성을 덧붙이려고 합니다.

> 1. 흑백TV나 컬러TV 모니터 앞에 자성을 제거하는 장치
>   (500~1000와트) 부착.
> 2. 영구자석으로 TV 영상 굴절.

---

313 Lettre à la Chambre de Commerce, Washington: 슈투트가르트 좀 문서보관소에 소장된 원
고.

3. 목에 거는 미니 TV.

저작권 보호를 위해 특허권을 신청하려고 합니다. 추가로 필요한 서류나 기타 제반 사항이 있으면 알려주시기 바랍니다.

감사합니다.

백남준

사이버네틱스 예술[314]

❀ 사이버네틱스 예술도 매우 중요하지만, 사이버네이티드된 삶을 위한 예술이 더욱 중요하다. 그리고 후자는 사이버네이티드될 필요가 없다. (아마 조지 브레히트의 가장 단순하게simplissimo가 가장 적합할 것이다.)

☹ 하지만 이미 내재하는 독을 이용해야만 새로운 독을 피할 수 있다고 했던 파스퇴르와 로베스피에르의 말이 옳다면, 사이버네이티드된 삶 때문에 나타나는 좌절과 고통은 사이버네이티드된 충격과 카타르시스를 필요로 한다. 일상적인 비디오테이프와 음극관을 이용한 나의 작업들을 통하여 나는 바로 이 점을 확신한다.

♆ 순수 관계 학문, 혹은 관계 그 자체인 사이버네틱스는 카르마의 개념에서 비롯되었다. "미디어는 메시지다"라는 마셜 매클루언의 유명한 어구는 1948년 노버트 위너가 다음과 같이 예견하기도 했다. "정보를 전달하는 신호는 정보를 전달하지 않은 신호와 동일하게 중요한 역할을 한다."

⊗ 해프닝이 다양한 분야의 예술을 접목했듯이 사이버네틱스 또한 존재

---

314 Cybernated Art: 1965년. 슈투트가르트 좀 문서보관소에 소장된 원고. 약간의 수정을 가한 원고를 딕 히긴스 출판사가 출간한 「마니페스토(Manifestos)」에 수록, 뉴욕, 1966, p.24.

하는 다양한 학문의 간극과 교차를 이용한다.

⇕ 뉴턴의 물리학은 강함이 약함을 누르는 비융합적 이중구조와 권력구
조를 갖는다. 하지만 1920년대 독일의 한 천재는 진공관 안에서 두
강력한 극(양극과 음극) 사이에 세 번째 요소(그릴)를 첨가하여, 인
류 역사상 처음으로 약함이 강함을 이기는 결과를 낳았다. 이는 불교
에서 말하는 '제3의 길'에 해당할지도 모른다. 어찌 되었든, 독일인의
이 발견은 제2차 세계대전 기간에 영국 상공에서 독일전투기를 격추
한 사이버네틱스를 탄생시켰다.

★ 불교에서는 말한다.
　카르마는 윤회samsara이며
　인연은 환생metempsychosis이다.

우리는 열린 회로 안에 있다.

전자 비디오테이프 녹화기[315]

카페 오 고고, 152 블리커, 1965년 10월 4일, 11일. 월드시어터, 21시(보니노 갤러리에서 11월 전시회의 실험 시사회)

JDR 3차 펀드(록펠러재단)의 장학금(1965년 봄) 덕분에 나는 전자 TV와 녹화기의 결합이라는 지난 5년간의 꿈을 실현할 수 있었다. 1961년 쾰른의 라디오방송국 스튜디오에서 처음 이 아이디어를 제안한 이래 긴 시간이 흘렀다. 이 프로젝트에 50만 달러의 비용이 필요했다. "직접 당신의 녹화기를 만드세요"라는 모조 사용설명서를 25달러에 구입하기도 했고, 작년에 일본에서 아베 슈야와 함께 온갖 노력을 기울였던 기억을 떠올리니 쓸쓸한 미소를 짓지 않을 수 없다. 사람들은 녹화테이프를 통해 자신의 모습도 보고, 자신의 나쁜 습관도 보게 되리라 믿는다. 하지만 그것은 열두 가지 모양의 일그러진 모습일 것이다. 전자기술 덕분에 가능한 일이다.

315 Le magnetoscope electronique: 1965년, 퍼포먼스 공연을 자주 열었던 뉴욕의 '카페 오 고고'에서 비디오테이프의 첫 상영 시 나누어준 팸플릿. 록펠러 장학금 덕분에 백남준은 미국 시장에 첫선을 보인 소니의 비디오카메라 포타팩(Portapak)을 구입할 수 있었다. 백남준이 녹화한 첫 이벤트 중에는 교황의 방문 퍼레이드도 포함되어 있다. 『백남준: 비디아 앤 비디올로지 1959~1973』 도록에 재수록, 에버슨 미술관, 시러큐스, 뉴욕, 1974.

* 10년간의 전자음악시대가 지나면 전자TV의 10년이 도래하리라는 것은 역사적 필연이다. 물론 역사에 역사적 필연이 존재한다는 전제하에.

** 다양성과 불확정성은 시각예술에서 제대로 개발되지 못했다. 섹스가 음악에서 제대로 개발되지 못한 것처럼.

*** 콜라주 기법이 유화를 대체한 것처럼 음극관이 캔버스를 대체하게 될 것이다.

**** 오늘날 예술가들이 붓, 바이올린, 쓰레기로 작업하듯이 언젠가 축전지, 전열선, 혹은 반도체를 가지고 작업하게 될 것이다.

레이저 아이디어 3

VVHF 레이저 덕분에 우리는 수많은 라디오 방송국을 갖게 될 것이다. 예를 들어, 모차르트 전용 방송국, 혹은 케이지 전용 방송국, 보가트 전용 TV채널, 혹은 언더그라운드 전용 TV 등.

빌리 클뤼버를 위한
다소 이상주의적인 판타지와
몇 가지 단상[316]

전자 분야에서 획기적인 발전을 가져온 레이저 기술이 예술 분야에서도 같은 역할을 할 수 있을까?

언젠가 지식인들은 모두 오늘날 전화번호나 텔렉스 번호를 가지고 있듯이 레이저로폰laserOphone 번호를 갖게 될 것이다. 그때는 세계 어디서나 무선으로 동시에 여러 사람과 통화할 수 있을 것이다.

그리고 좀 더 발달한 스캐너 기술과 매트릭스 회로나 컬러TV 안의 직각 변조시스템과 주변기기들 덕분에 더 많은 정보를 하나의 회로로 보낼 수 있을 것이다. 이 회로는 오디오, 비디오 시그널과 우리 몸의 맥박, 체온, 습도, 혈압까지 결합할 것이다.

만일 이것이 바람을 넣었다 뺄 수 있는 고무로 되어 있고, 음극관을 삽입한 로봇에 접속된다면, 그리고 귀여운 '여자 로봇'이라면,,,,,,,,,

텔레섹스 하세요!

리오에 사는 당신의 애인과.

---

316 Quelques idees et fantaisies plus ou moins utopique pour Billy Kluver: 미발표 원고, 1965년 빌리 클뤼버에게 보낸 글에서 발췌한 것으로, 예정과는 달리 출간되지 않았다. 빌리 클뤼버는 친절하게도 우리가 이 원고를 사용할 수 있게 해주었다. 버클리 하이트, 뉴저지.

추신. 1992년 11월

1965년, 빌리 클뤼버가 내게 예술과 기술에 관한 원고를 보내달라고 했다. 출간할 생각이라고 했다.

다행히 그가 내 원고를 잃어버리지 않았기에 얼마 전에 돌려받을 수 있었다.

25년이 지나고 나서 다시 읽어보니 그 당시 내가 무선전화(휴대폰이라고 부르기도 한다)와 **가상**세계를 예견했다는 사실을 깨달았다. 놀라우면서도 흐뭇했다.

1965년 생각들[317]

팝아트Pop Art를 죽여라!

옵아트Op art를 죽여라!

폿아트Pot Art[318]를 죽여라!

백아트Paik-Art를 죽여라!

이 세계에는 두 개의 세상이 있다.

'채색'과 '무채색'의 세계도 아니고

'공산주의'와 '자유주의'의 세계도 아니다…

하지만

'개발국'과 '미개발국'이다.

우리는 적어도 기술을 증오할 만큼 고도의 기술을 원한다…

우리는 적어도 번영을 경시할 만큼 충분한 번영을 원한다.

우리는 적어도 평화에 진력이 날 만큼 충분한 평화를 원한다.

---

317 Pensées 1965: 1965년 6월 5일에 부퍼탈 파르나스 갤러리에서 열린 해프닝, ‹24시간(24 Stunde)›을 위한 원고, 1965년 독일 이체호에서 작성. 『만남의 장소, 파르나스(Treffpunkt Parnass), 부퍼탈 1949~1965』 도록에 수록. 빌 발처(Will Baltzer)·알폰스 비어만(Alfons W. Biermann), «Schriften des Rheinischen Museumsamtes» 11호, 쾰른, 1980, pp.287, 289.

318 말장난: pot = 해시시

제발
아시아를 이상화하지 마라!

　하지만

제발
아시아를 멸시하지 마라!
아시아를 멸시하면 제국주의로 치달을 것이고,
아시아를 이상화하면 제국주의를 위장하게 될 것이다.

내가 앨런 긴즈버그에게 대답했다.
"어쩌면 내가 한국인 혹은 동양인으로서 느끼는 '소수민족의 콤플렉스'
덕분에 아주 복잡한 사이버네틱스 예술작품을 만든 것이 아닐까?"

선진국에서는
1950년에서 2000년 사이 중산층의 지식혁명이
1900년에서 2000년 사이 노동계급의 물질혁명의 뒤를 잇게 될 것이다.

(더 적은 자기중심주의—더 적은 야망—
더 적은 민족주의—더 적은 열정
여가를 위한 여가, 하지만
더 잘 일하려고 재충전하는 여가가 아닌 여가…

그리스의 노예 주인들의 고상한 한가로움
그러나 노예는 로봇들…)
오페라—로봇 만세?

오페라—로봇에게 죽음을?

사이버네틱스와 마약은
선진국의 중대 사안이다.

나는 마셜 매클루언처럼 낙관적일 수 없다.
(내가 이 중요한 작품과 친해진 것은 존 케이지와 윌리엄 S. 윌슨 덕분이다.) 왜냐하면 전자시대에 소통의 상호작용이 지닌 엄청난 잠재력은 '영향력 있는' 집단과 '영향력 없는' 집단 사이가 아니라, '영향력 있는' 집단이 독점적으로 '영향력 없는' 집단을 상대로 이용하는 (그리고 조작하는) 것이다.
(정보의 이동은 늘 일방통행이다.)

팝아트 대 푸어아트Poor Art

예를 들어…
아이러니하게도 '팝아트'라고 불리는
'부자 예술'의 지배에 대항해서
우리 '가난한 예술'(케이지, 슈톡하우젠, 커닝햄을 포함한 **모든** 아방가르드 퍼포먼스 예술)은
방어 수단이 전혀 없다.

정보로 넘쳐나는 이 시대에
뉴욕에 1000장의 인쇄물을 **뿌리는 것은**
두 눈을 가리고 하늘을 향해 총 한 방을 쏘고는
날아가던 새가 떨어지기를
기다리는 것과 다를 바 없다. 게다가.

회화는 사유재산이고…
음악은 공동재산이다…

그리고 음악은
스스로의 효능 때문에…
큰 고통을 받는다.

마약 문제는
미국에 중국 문제보다
더 심한 두통을 일으킬 것이며
전 세계에 원자atom 문제보다
더 심한 두통거리를 불러올 것이다.

노버트 위너가 말했다.
"인류 역사는 점점 더 많은 에너지를 찾아내는 역사이다. 하지만 인류는
결국 이 문제를 해결했다. 이제 우리는
너무나 많은 에너지를 보유하고 있다. 현재 우리의 문제는
이 에너지의 조절과 분배이다."
그러나 그는 이런 말도 했다.
"메시지를 지닌 정보는 메시지가 없는 정보와 동일하게 중요하다."

바존 브록은 아주 흥미로운 주장을 했다.
"마약은 정신의 사이버네틱스이다.
왜냐하면 마약은 조절과 소통의
수단도 되기 때문이다."

하지만 마약이 자신의 괴벨스[319]를 만나거나
TV 멜로드라마가 되지 않기를 바란다.

전자산업이 중공업, 철강산업을 대체한 것처럼
순수한 사고의 예술(사고의 맹목적 숭배)은
대중예술을 대체하게 될 것이다.
(오브제, 콜라주, 정크…)
복잡한 전자도표를 읽는 짜릿한 기쁨.

케이지는 이렇게 말할지도 모른다.
"곡을 연주할 수 있게 해주는 악보는
곡을 연주하지 못하게 하는 악보만큼 중요하다."

나는 그래픽음악을 작곡하지 않은 것이 자랑스럽다.
하지만 나는 그 발명자 자신도 생각하지 못했던
유토피아적인 중요성을 알아볼 수 있게 되어서 기쁘다.

---

319 Paul Joseph Goebbels(1897~1945): 독일 나치스 정권의 선전장관. 국회의원, 당 선전부장으로 새 선전수단 구사, 교묘한 선동정치로, 1930년대 당세 확장에 크게 기여했다. 국민계발선전장관 등으로 문화면을 통제, 국민을 전쟁에 동원했다.

전자TV를 위한 프로젝트[320]

백남준
458 W. 25번가
뉴욕 시티

저는 뉴욕에 전자 컬러TV 스튜디오를 열고자 합니다. 이는 구멍 낸 차폐물을 이용한 컬러TV 화면 이미지의 최대한 활용이나 TV 카메라를 통한 모든 비디오 신호의 자동 프로그램, 테이프 녹화(시청각), 전자음악과 전자TV의 결합, TV와 컴퓨터와 제가 직접 발명한 50채널 자료 녹화기의 결합과 같은 아주 복잡한 기술적인 실험을 하기 위해서입니다. 이 실험 외에도 저는 대학에서 주최하는 공개 음악회에서 활용하기 좋은 콤팩트 전자TV를 제작하려고 합니다. 예술가와 과학 전공자 모두 관심을 보일 것이고, 그와 동시에 두 분야 사이에 다리를 놓는 계기가 될 수 있기에 즉각적인 교육 효과를 내리라 봅니다. 실험적이고 교육적인 이 프로젝트는 세 번째 단계를 궁극적 목표로 하고 있습니다. 즉, 개개인이 가정에서 자유롭게 자신만의 TV를 만들게 하여 수동적인 오락수단인 TV를 적극적인 창조적 도구로 변화시키는 것입니다.

---

320 Projets pour une television electronique: 1965년 봄 백남준이 뉴욕에 있는 '사회 연구를 위한 새로운 학교(New School for Social Research)'에 보내기 위해 작성한 원고. 그는 당시 빌 윌슨의 집에 살면서 공동으로 작업했다. 『백남준: 비디아 앤 비디올로지 1959~1973』 도록에 재수록, 에버슨 미술관, 시러큐스, 뉴욕, 1974.

1965년. "이 글은 내가 봄에 빌 윌슨의 집에 머무는 동안 그와 함께 작성하여 뉴욕의 사회 연구를 위한 새로운 학교에 보냈다. 마지막 줄에서 비디오합성기의 도래를 예고하고 있다."

존 케이지에게 보내는 편지[321]

친애하는 J. C.

제가 선생님께 전화하지 않는 이유는

전화비를 아끼려는 게
아니라

선생님의 시간을 아끼기 위해서입니다.

제가 선생님께 편지를 쓰지 않는 이유는

시간을 아끼려는 게
아니라

선생님의 눈을 아끼기 위해서입니다.
(이 말은 조금 맞지 않는 것 같습니다.)

---

321 Lettre à John Cage: 뉴욕의 링컨 센터에서 선보인 케이지–커닝햄의 〈변주곡 제5번〉음악회
    를 앞두고 백남준이 쓴 편지. 『백남준: 비디아 앤 비디올로지 1959~1973』도록에 재수록, 에버
    슨 미술관, 시러큐스, 뉴욕, 1974.

한마디로, TV 작업에 대한 선생님의 격려는 제가 지금까지 받은 모든 격려 가운데 가장 멋진 것이었습니다.

이 작업은 매우 외롭고, 고독한 작업이었습니다. 왜냐하면 극히 소수 사람만이 이해할 수 있는 작업이었으니까요.

그건 그렇고, 저는 25번가로 이사했습니다. 음악회(헌터 칼리지) 후에 선생님과 커닝햄에게 제가 최근에 작업한 컬러TV에 관한 것을 보여드리겠습니다.

링컨센터에서 선생님과 함께 작업할 수 있다는 생각에 몹시 들떠 있습니다… 되도록 이른 시일에 기계들을 돌아보도록 하지요. 그리고 제가 선생님과 그쪽의 기술자 사이를 잘 중개하겠습니다. 제게는 벌써 새로운 아이디어도 있답니다. 문제는 그쪽 기술자들이 저를 얼마나 따라줄지에 달렸겠지요.

일본에는 가지 않을 것 같습니다. 5월에 3~4주 정도만 떠나 있으려고 합니다. 이 문제도 선생님과 상의하도록 하지요.

Ma.9-2229 458. West 25   백남준

교향곡 제5번[322]

(악보)

322 Symphonie no. 5: 1965년. 슈투트가르트 좀 문서보관소에 소장된 <교향곡 제5번> 악보 원본.
번호가 매겨진 열 쪽과 번호가 매겨지지 않은 콜라주 한 점. 위르겐 베커(Jürgen Becker)와
볼프 포스텔 편저, 『해프닝, 플럭서스, 팝아트, 신사실주의』, 로볼프, 라인벡·함부르크, 1965,
pp.223~240.

SYMPHONIE

No. 5

Nam June PAIK.

白

南

準

영원성에 대한 숭배는 인류의 가장 오래된 질병이다.

우리가 연주하는 **순간**은
우리가 연주하는 작품만큼
중요하다.

첫해

1월 1일

새벽 1시에 연주하라.

새벽 2시에 연주하라.

새벽 3시에 연주하라.

새벽 5시 23분에,

12시 정오에,

오후 5시 45분에

아주 형이상학적으로 연주하라.

연주하면서 머리로 **여러 차례, 자유롭게,** 중간음역의 건반을
쳐라.

1월 3일

발기된 페니스로 쳐라.

3월 3일

목가적인

모데라토로 노래하라.

3월 28일, 15시 15분

　　한 발로 뛰어라.

4월 15일

　　연주만 생각하라.

10월, 세 번째 일요일 오후 4시 45분경,

　　정원에서 낙엽을 태우고,

　　태우면서

　　　　　　　　　오래된 신문을 읽어라….

두 번째 해

　　일 년 내내

　　　　당신이 남자인지,

　　　　　　혹은

　　　　　　　여자인지

　　　　　　　자문해보라….

세 번째 해

5월 1일, 18시 43분

　　택시를 타고

오직 미터기만 바라보라.

어느 아름다운 봄날 아침,
　　당신이 사는 도시에서
　　　가장 긴 다리의 난간 기둥(1) 수를
　　　　당신이 가장 자신 없는 외국어로 세어보라

　　　　　　　　(1) 난간 기둥==
　　　　　　　　　= die Pfeiler
　　　　　　　　　= the railings.

7월 13일 23시 34분

몹시 더운 어느 화창한 여름날
　　당신이 사는 도시에서
　　　가장 긴 다리의 난간 기둥 수를
　　　　당신이 가장 자신 없는 외국어로 세어보라.

다섯 번째 해

찬바람이 불고 눈이 내린 한밤중에
　　당신이 사는 도시에서
　　　　가장 긴 다리 난간의 기둥 수를
　　　　　　당신이 가장 자신 없는 외국어로 세어보라.

　　　　파리 지하철의 '**자동문**'을 억지로 열거나
　　　　성당 안에 들어가 무릎을 꿇어라.
　　　　그리고 다리가 저려오는 것을 느껴라.

혹은
　　영웅 교향곡(베토벤)의 장송행진곡 음반을 오디오에 넣고
　　속도를 반으로 줄여라.
　　　　　앰프와 스피커를 완전히 *끄고*
　　　　　　　…두 손으로 체를(7) 부드럽게 비비면서

　　직접 바늘이 음반을 긁는 소리를 들어라.

                                    (7) 체=
                                    das Sieb=
                                    the colander.

12월 31일 23시 35분

새해가 다가올 때까지 연장
하라….

열 번째 해

1월 1일

베토벤 1번 교향곡을 들어라.
　　그리고 곧바로 섹스하라!
　　　(기본자세로)

그리고 곧바로
　　베토벤 2번 교향곡을 들어라.
　　　그리고 곧바로 섹스하라!
　　　　(반대 자세로)

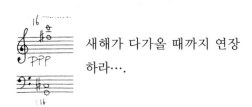

그리고 곧바로
　　베토벤 3번 교향곡을 들어라.
　　　그리고 곧바로 섹스하라!
　　　　(사회민주당×민주사회당 자세로)

그리고 곧바로
　　베토벤 4번 교향곡을 들어라
　　　그리고 곧바로 섹스하라!

(개와 같은 자세로) (99)

그리고 곧바로
　베토벤 5번 교향곡(운명)을 들어라.
　　그리고 곧바로 섹스하라!
　　　(일어서서 얼굴을 마주 보고)

그리고 곧바로
　베토벤 6번 교향곡(전원)을 들어라
　　그리고 곧바로 섹스하라!
　　　(아방가르드 힌두이즘의 자세로, 다시 말해… 남자가 나
　　　무처럼 서 있고, 여자는 그 위에 딱따구리처럼 매달려
　　　서…)

그리고 곧바로
　베토벤 7번 교향곡을 들어라
　　그리고 곧바로 섹스하라!
　　　(엉덩이와 엉덩이를 맞대고)… 가능한 자세이니 시도해
　　　보라!

그리고 곧바로
　베토벤 8번 교향곡을 들어라
　　그리고 곧바로 섹스하라!
　　　(3연음) (스테레오)
　　　첫 번째 사람이 눕는다.
　　　두 번째 사람은 그의 얼굴 위에 앉는다.
　　　세 번째 사람은 그의 엉덩이 위에 앉는다.

그리고 곧바로

베토벤의 9번 교향곡을 들어라

그리고 곧바로 섹스하라!

(·············와)

*매번 규칙을 정해 파트너를 바꿀 수 있다. 예를 들어,

매번 다섯 살 위인 파트너와,

혹은

매번 피부색이 더 검은 다른 인종의 파트너와···

*만일 9라운드가 끝나기 전에 KO되거나 테크니컬

KO가 될까 봐 두려우면

나처럼 잠시 휴식 시간을 가져라··· (육탄전이) 시작되

기 전에,

그리고 다음 교향곡을 들어라··· 그리고 공격하라···

Marina Oswald, 22, ... Kods, Lee continued to visit Marina only on weekends, but mostly to sleep and to watch television; she once confided to a friend that he had intercourse with her only about once every two months. Also during this time he

1월 2일 12시 01분 30초부터

1월 3일 12시 1분 30초 055마이크로초까지

온종일 쉬지 않고 먹지도 말고,

잠도 자지 말고, 마시지도 말고!! **(바흐! 바흐! 바흐!)**를

아주 강하게 연주하라.

1월 3일 14시 68분~21시 00분 08초

이 천재처럼 '장치된' 변기에 앉아서

일곱 시간 동안 보들레르 전집을 읽어라.

혹은
변기에 앉아
『카라마조프 가의 형제들』
(도스토옙스키)을
읽기 시작해서
다 읽기 전에는 나오지
마라!!

KUNST KOMMT von Können nicht
vom Müssen, selbst wenn man sie
auf die Toilette verlegt. Meditieren
nennen es die einen, eine Geschmack-
losigkeit die anderen.

페터 브뢰츠만
(독일연방공화국)

7777일, 완전한 휴식, 지금 백남준의 5번 교향곡을 연주하고 있다는 사실
을 잊어라.

(영원성에 대한 숭배는 인류의 가장 오래된 질병이다.)

여자의 가장 오래된 질병은 무엇인가?

사랑??

여자의 가장 오래된 직업은 무엇인가??

매춘???

남자의 가장 오래된 직업은 무엇인가????

고문??????????????????

???????????????????????

다음 일정에 따라 그레고리오 성가를 불러라.

<table>
<tr><td>7776th day</td><td>72th page of LIBER USUALIS</td></tr>
<tr><td>496th day</td><td>18th page of LIBERUSUALIS</td></tr>
<tr><td>596th day</td><td>81th page of LIBER USUALIS</td></tr>
<tr><td>- 3891th day</td><td>-45th page of LIBER USUALIS</td></tr>
<tr><td>45th day</td><td>54th page of LIBER USUALIS</td></tr>
<tr><td>$-10^{1^{\circ}} \times 9$th day</td><td>90th page of LIBER USUALIS</td></tr>
<tr><td>522th year</td><td>487th page of LIBER USUALIS</td></tr>
</table>

$\pm$ 9999th year $\quad \sqrt{99}$th page of LIBER USUALIS

$\frac{1}{2\pi\sqrt{LC}}$ th year $\quad 2\pi\sqrt{LC}$ th page of LIBER USUALIS

$$L = \sum_{x=1}^{\infty} \frac{5.4}{45} x \quad \left(C = \sum_{r=1}^{\infty} \frac{45}{5.4r} \right)$$

$\pm \frac{1}{2\pi\sqrt{LC}}$ th year $\quad 2\pi\sqrt{LC}$ th page of LIBER USUALIS

$$L = \sum_{x=1}^{\infty} \frac{53}{45} x \quad C = \sum_{x=1}^{\infty} \frac{5.3}{45} x$$

$\pm \frac{1}{2\pi\sqrt{LC}}$ th year $\quad \sum_{x=1}^{\infty} \frac{5.4}{4.5} x$ th page of LIBER USUALIS

$$L = \sum_{x=1}^{\infty} \frac{5.3}{4.5} x$$

$$C = \sum_{x=1}^{\infty} \frac{5.3}{4.5} x$$

100주년 기념일!

우주에서 신혼여행을 보내라. 그리고
무중력 상태에서 섹스하려고 노력하라.
그리고 48가지 체위 중
어떤 것이 가장 적합한지 연구하라,
  '무중력 교접'에.
    (얼마나 어려울지 상상해보라)

133번째 해

베토벤의 작품 133번 대푸가를 연주하라.

제1바이올린은 지구에서
제2바이올린은 달에서
알토는   금성에서…
첼로는   화성에서…

정확하게 7월 1일 정오 12시에…
(지구의 그리니치 천문대 시간)
시작하라.
(cf. 음악 1번)

202번째 해

기원후 211년 (혹은 ap. J.K. 148년=케네디 이후 148년)에

우주 전체가 엉클 존의 200번째 생일을 축하할 것이다.
"아르놀트 쇤베르크는 누구였는가?"

"그는 위대한 존 케이지의 스승이다.

쇤베르크가 존 케이지를 키워냈다.
클레멘티가 L. V. 베토벤을 키워냈듯이."

(《금성 타임스》에서 인용, 기원후 2111년)

금성의 우주 박물관이 3백만 달러에 백남준의 ‹총체피아노 3개›를 구입했다.

(독일연방 공화국 벤스베르크–레프라트Bensberg-Refrath에서 금성 까지 운송비=3억 1백만 달러)

(《화성 타임스》에서 인용, 기원후 2111년)

230번째 해

9월 1일!!!

한 중국인에게(그때까지 지구상에 살아남아 있으면) 핵전쟁으로 죽 은 중국인이 겨우 4억 명, 혹은 6억 명밖에 되지 않느냐고 물어보라.

그리고 《독일병사신문》에
　　　히틀러가

유대인을 **겨우** 400만 혹은 600만 명밖에 살해하지 않았느냐고 물어
보라.

12월 7일(호놀룰루 시간)
12월 8일(일본 시간)

라르고

||: ⌒ ||: count the waves of the Rhine :|| ⌒ :||

라인 강의 물결을 세어라.

365번째 해

지금까지 연주한 것을 한 해 동안
　순서와 시간의 비율을 지키면서
　다시 연주해 보라.

1년은 · · · · · · · · · · · · · · · · · · · 하루로
1달은 · · · · · · · · · · · · · · · · · · 1시간으로
하루는 · · · · · · · · · · · · · · · · · 1분으로
1분은 · · · · · · · · · · · · · · · · · 1초로
1초는 · · · · · · · · · · · · · · · 1마이크로초로
1마이크로초는 · · · · · · · · · · · · · 1피코초로
1피코초는 · · · · · · · · · · · 1나노초로 줄여라.

400번째 해

마침내

볼프 포스텔은 파블로 피카소보다 더 유명하다.

조지 머추너스는 J. S. 바흐보다 더 유명하다.

크리스틴 킬러[323]는 더 유명하다,

발렌티나 테레시코바 주니어[324]보다!!

---

323 Christine Keeler(1942~2017): 영국 출신 모델, 댄서. 해럴드 맥밀런 정부 시절 국방장관을 지내던 존 프로푸모와 맺은 부적절한 관계로 큰 물의를 빚었다. 역주.

324 Valentina V. Tereshkova(1937~): 러시아 최초의 여성 우주인. 역주.

401번째 해

어느 13일의 금요일...

jouez

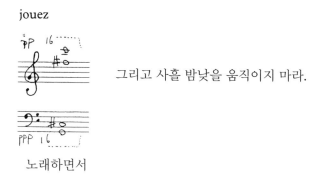

그리고 사흘 밤낮을 움직이지 마라.

노래하면서

연주하라.

느리게 조금 느리게

(1948년 서울에서 내가 어린 시절에 작곡한 노래 가운데 하나)

444번째 해

4월 4일, 4시, 4분, 44초, 444444마이크로초,
      아주 조용한 일을 하라.

555번째 해

5월 5일, 5시, 5분, 55초, 555555마이크로초,
　　　아주 조용한 일을 하라.

666번째 해

6월 6일, 6시, 6분, 66초, 666666마이크로초,
　　　아주 조용한 일을 하라….

1000번째 해 겨울

　　어느 일요일, 성당 미사에서
　　　　　(그때까지 기독교 성당이 남아 있다면)
　　미사가 끝날 때까지 기다려라.
　　교구의 사람들이 일어서서, 양쪽에서 중앙 복도까지 미끄러지듯
　　걸어서
　　천천히 밖으로 나온다.
　　　· · · · · · · · · · 기침하면서 · · · · · · · · ·
　　여러분 주변에서 들리는 소리를 주의 깊게 들어라,,

　　　　　…발소리, 기침 소리, 속삭이는 소리, 옷 스치는 소리,
　　　　　종소리… 등,,,,

라르고

라인 강의 물결을 세어라

(만일 그때까지 라인 강이 남
아 있다면)

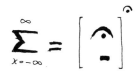

2357번째 해

13번째 달, 35번째 날, 25.5시

당신 아들의 아들의 아들의 아들의 아들을 위해
장송행진곡을 작곡하라.

9999.99번째 해

10월의 어느 화창한 일요일에,
　고딕양식의 첨탑을 바라보라.
　그리고 그 위를 떠도는
　　　　하얀 구름을 바라보라…….

잠들라

*Paul is a great-grandson of Queen Victoria.
Frederika, a granddaughter of Germany's Kaiser
Wilhelm, is, like both Queen Elizabeth and Prince
Philip, a great-great grandchild of Victoria.

30년 동안!!!

10003번째 해

당신의 축 늘어진 페니스를 손으로 붙들고
건반을 치면서 체르니 연습곡(30) 첫 번째 부분을 연주하라.
(혼자서 혹은 음악회에서)

(그렇게 끝까지 연주하라)

어느 여름밤의 산책 음악회에서.

아주 아름다운 소녀에게
　　제발 부탁이에요.
　　첼로 활을
　　　　당신의 아름다운 질 속에 넣어주세요.

　　그리고 연주회 때
　　　　그 아름다운 활로
　　　　　　매혹적인 첼로 연주를 해주세요.

(생상스의 ‹빈사의 백조›면 더 좋겠죠)

4289번째 해

크리스탈나흐트(수정의 밤)에(11월 9일),
그리고/혹은 슈피겔나흐트(거울의 밤)에(11월 23일).
그레고리오 성가(통합성가집 373~399)
그리고/혹은 <온 세상의 아침>(나치 행진곡)을 노래하라.

5221번째 해
아침마다(짝수 날)
　　피아노의 검은 건반을 먹어라,

아침마다(홀수 날)
　　피아노의 흰 건반을 먹어라.

99997999번째 해
????????

10의 9승×10의 10승×3031번째 해
?????????

1000의 10승×1099×11의 11승 번째 해
??????????

$$\underline{\overline{\pm}}\,\infty < \pm\,\infty \quad < \pm\,\infty$$

이 소리를 쉬지 않고 1964년 동안 연주하라.

되찾았다!

무엇을?…… 영원.

그것은 태양에 섞인 바다.

(A. 랭보)

1212121212121212121212121212 · · · · · · · · · · 12번째 해

어느 화창한 일요일 아침,
　침대에 누워 모차르트를 들어라.

　　　　　・　　　　　　　　・

　　　　　　・　　　　　　・

　　　　　　・　　　　　　・

아주 작은 돌멩이가
　자라서
　산의 **암석**이 되는 것을 지켜보라!!

계속하라……

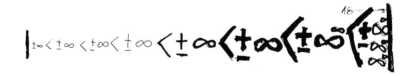

로봇 오페라[325]
(악보)

아리아가 포함된 오페라	는	평범하다
아리아가 없는 오페라	는	지루하다
카라얀	은	너무 바쁘다
칼라스	는	너무 시끄럽다
바그너	는	너무 길다
돈	은	너무 귀하다
메트로폴리탄 오페라	는	너무 더럽다
멜로드라마	는	너무 구닥다리다
폴락	은	너무 슬프다
팝아트	는	너무 팝이다
선	그것은	지나치다

325　L'Opera Robot: 1965년 팸플릿, 『백남준-1946~1976 작품, 음악-플럭서스-비디오』 도록에
　　수록, 쾰른 미술협회, 1977년 11~12월, p.95.

백	은	너무 날라리다
마약	은	너무 세다
섹스	는	너무 평범하다
OOOOOOOO	**은**	**너무 XXXXXX**
XXXXXXXX	**는**	**너무 OOOOOO**

글룩	대	푸치니
바그너	대	푸치니
로봇-오페라	대	소프-오페라

일어나세요! 벌써 정오예요!!!
파블로 피카소의 이름도, 오페라-로봇도… 뉴욕의 모든 거리와 구역도
모르는 사람들을 만나러 가세요.

시간 · · · · · · · · · · · · · · · ·	미확정
날짜 · · · · · · · · · · · · · · ·	미확정
장소 · · · · · · · · · · · · · · ·	미확정
관객 · · · · · · · · · · · · · · ·	**미확정**

이 전단을 보신 분은
　3분 이상 바라보지 말아주세요?!

죄송합니다

조지 머추너스에게 보내는 편지[326]

$ 아카세가와[327] 그룹은 아주 훌륭해.

$ 도쿄 나이쿠아 갤러리에서 신문을 파는데 앞으로 브레히트를 판매할 예정이라네. 돈은 자네가 여기서 사용할 수 있도록 은행에 넣어두겠네.

$ 플럭서스–일본의 재조직에 대해서는 자네에게 직접 얘기할 생각이야. 나는 플럭서스에서 **완전히** 탈퇴하고 모든 걸 **요코**에게 일임했어. 앞으로 몇 달 동안 그녀가 일을 어떻게 해나가는지 지켜볼 생각이야. 언제든 그녀에게 더 확실한 지위를 부여할 수도 있겠지…. 하지만 함께 얘기하기 전에는 이 문제를 거론하지 말게나.

소게쓰草月아트센터 측이 내 제안을 거절했어. **히지카타**土方**의 작업실에서** 공연할 계획이야. **현대적이며 독창적인 위대한 무용수인데**… 이 작업실이 플럭서스 콘서트센터가 될 수도 있을 거야.

로봇 작업을 거의 끝냈어… **부퍼탈 전시회보다 더 힘들고 비용도 더 많이** 들어갈 거야… **하지만 더 나을 거야. 뉴욕에서 자신 있게 내 작업을 선보일 생각이야. 이 계획에 대해서는 아무도 몰라. 그러니 내가 뉴욕에 도착하기**

---

326 Lettre à George Maciunas: 1964년 백남준이 일본에서 조지 머추너스에게 보낸 편지. 슈투트가르트 좀 문서보관소 소장.

327 赤瀬川原平(1937~2014): 일본의 전위예술가, 수필가, 작가. 1963년 하이레드센터라는 전위예술집단을 결성, ‹수도권청소정리촉진운동› 등 퍼포먼스를 했으며, 천 엔 지폐를 관찰하고 육필로 200배 확대 모사한 작품을 발표했다. 지폐를 인쇄한 작품을 발표했다가 통화 및 증권 위조 관리 위반법으로 기소되어 화제가 되었다. 나중에 소설가(필명: 오쓰지 가쓰히코리)로 변신하여 1981년 『아버지가 사라졌다』로 아쿠타카와상을 수상하였다. 역주.

전까지는 일급비밀이야.

비자를 받는 대로 아마 **4월 1일**에 출발할 것 같아.

그러니 즉시 공증받은 초대장을 (등기로) 보내주게나. **플럭서스 GG, GGG. GGGG**라는 명함을 세 판 인쇄했지.

> 1. 선禪은 웃는다.
> 2. **황색 재앙黃禍!** 그것이 바로 나다.
> 3. 전자TV와 무빙 시어터.

곧 4번째 «아방가르드 힌두이즘»을 보내겠네.

하지만 내게 독점권을 요구하지 말게나. 그렇게 되면 내가 플럭서스를 지배하게 될 테니 말일세. 내게는 계획이 너무 많거든. 결과적으로 나나 자네나 우리 친구들 모두에게 좋지 않을 거야. 게다가 자네는 경제적으로 파산할 테고. 내 작업을 전시하려면 엄청난 비용이 들어. 하지만, 자네에게 언제나 우선권을 주었다는 걸 잊지 말게나.

나는 무엇보다도 미리 정해놓은 모든 **중앙집권화**에 반대한다네.

이 점에서 나는 한 번도 자네와 의견이 일치한 적이 없었지. 그리고 지난번 내가 편지에서 언급한 문제에 관해서도 내 입장은 확고하다네.

그리고 신문에 어울릴 만한 아주 좋은 아이디어가 있으니, 곧 보내도록 하지.

> 초대장은
>> 아주
>>> 급해.
>>>> 백Paik

조지 머추너스에게 보내는 편지[328]

솔직히, 자네의 도발적인 편지를 받고 매우 당황했네.

H
그래. 나는 지금도, 과거에도, 그리고 미래에도 영원히
이중, 그리고 삼중, 그리고 1)). 1000중 스파이일걸세.

하지만 결코 여기저기서 이익을 보려는 비도덕적이고, 기회주의적인 발상은 하지 않아. 단지, 나는 내 친구들을 서로 소개해서 각자 제일 좋아하는 친구를 찾게 해줄 의무가 있다고 생각해. 내가 유럽에서 자네를 최선을 다해 도왔다는 사실은 그 친구들도 모두 인정할 거라고 믿네. 적어도 지금까지는 그래 왔어. 여기 일본에서도 그렇고. 나는 자네를 모든 사람에게 소개했을 뿐이야. 누가 누구를 좋아할지는 내가 미리 알 수 없는 일이잖아. 내가 이중 스파이이고, 앞으로도 그럴 수밖에 없는 가장 중요한 이유는 바로 나는 예술가로서 모든 정치적 행태에 반대하기 때문일세. 만일 플럭서스 내부에서 정치가들 사이의 권력투쟁 같은 것이 일어난다면, 내 **예술**은 존재 이유가 없어질 거야.

---

328 Lettre à George Maciunas: 백남준이 일본에서 쓴 이 편지를 1963~64년 겨울에 조지 머추너스에게 보냈다. 슈투트가르트 좀 문서보관소 소장.

Well , your provocating letter provocated,me quite much.
H
Yes, I am and have been and will de be eternally
DOUBLE AND TRIPLE AND 1)).1000 MULTIPLE agent.
BUT it is not fron un un-ethical opportunistic ground, which will
take profit from every side, 1 think it is my duty to introduce
all my frinds to all my friends, that every one can find , one
~~lost in europe~~ when he like the most. 1 think, everyone will admit that 1 helped you
most in europe and at,least till now in Japan. It is is because,
1 simply inyroduced you to every one. 1 cannot and will not
be able to forsee tax   Who likes Whom.(in order)
The more serious reason , why I am and will be the double agent,
is that I am   am   an artist , only to oppose the physiqnomy
of poltik. If Fluxus knows, and doesequal quality of
political power struggle, I lose the groud, why I do ART.
In my old letter, which I dispatched in the
last augast, 1 simply wrote a letter with 4 copies, so that
every one get the one who he likes the best.   I will CONTINUE THIS
WAY FORE-EVER. I AM NOTT THE SLAVE OF ANEY ONE ORGAN.
THERE-FOR I WROTE ALL THE NAME IN ONE LETTER. THIS FREEDOM OF
SPEECH IS THE ONE MAIN COMDITION OF MY FURTHER COOPERATION WITH
FLUXUS, IF YOU WILL.

It is a pity that you got this letter after 6 month. I remind y
you of this letter , twice to you. (still hardly my contact
-------------------------   between then and other from
You blamed me that I sent the material only to Vostell organisation
and, another guy in N. Y.
Yam sending the MONYTHLY REVIEW OF   UNI. A* H* . It is Flyxus A
.   You are the sender himself. You have not sent me also
from Wiesbaden last last winter.

I send the Material , when I see the concrete projecyt with
CONCRETE XXX   DATE.   KNOWING that FLUXUS U. S. Box and
FRENCH box is delaying 2 years, and seeing
you are sufferinfg quite much of it , HOW CAN I SEND
MATERIAL TO BE SLEPT many years?

But I know you a re doing Supermanlike,endeavour, there you
I decided to publish the work with my money, under the mame of
Fluxus.   I am paying all the Expense of MONTHLY F REVIEW (hw) alone,
I would have sent some thing that Monxthly , if I knew that
Fluxus Monthly review is appearing. I have not heard of it till
S your last letter. And surely You must have sothing, like
galamusic to cages 50 th birthday or mode of pubic hair in
22th century. (I print it in my book
YELLOW PERIL, dest moi.

I write here as the publisher FLUXUS GGGGG,
IF you. dont want then please send TEREGRAM. then I simply
use another name.

356

besides this, I print two more books, in Japan,
as Fluxus gggg   GGGGGGG . if you dont want please cancel

        to

        PALASTEX TOKYO
    (TEREGRAMM ADRESS.)

IN short, Iam really tired of poltik .   I will compâse alone.
    I can understand thta t   you are working very hard,
sthsresmanys,   your idea¥ is copied etɪc.

Still I have deep sĸympathy to you. but I dont want to be
    mixed up by the Trago- co-medie of

        FLUXUS - DECOLLAGE sandwich.

        All the complication come s from that

I am in the administration of ɪ   FLUXUS.

Please ERASE MY NAME FROM THAT,......

        I want to be a free man, who has a freedom to write every
one, without to be blamed of ditrty name .. DOUBLE AGENCY.

OF courese you have the freedom to purge me from FLUXUS
COMPLETELY,

        ,,,,,,,,,,,Now   you will think it it curiousl,
    to beg you a letter after such a sharkp letter. Retach

YOu may reject it alsko, if you will.

        I need
        U. S. CONSULAR FORM FOR SPONSORING LETTER, NOTARIZED.

        I must show it to U. S. Embassy before the end of
February to get Visa. I pay the Notar-fee etc.
You can there include financial guarantee , if you can.
Say, the Fluxus- festiavl ag March and April/.

If everything goes well, Imay depart the end of March.

I got many publicatiornn of you. I gave all to YOKO ONO.
I am no more Fluxus co-editor. I am plain composer.
Also Fluxus japaɦese edition is up to Yoko. I have equally
narrow contact with Toshi, but he is much busier than Yoko.

Yoko's " QUESTION PIECE" is very very nice piece, ...

Kybota is young, interesting girl, who made interesting exposition,
...

지난 8월에 편지를 보낼 때, 나는 네 가지 버전을 보내서 각자가 가장 좋아하는 것을 받을 수 있게 했을 뿐이야. **나는 앞으로도 그렇게 행동할 거라네. 나는 어떤 조직의 노예도 아닐세. 그래서 편지 한 장에 이름을 모두 적었던 거야. 내게는 이런 표현의 자유가 플럭서스와 계속 함께 활동하는 데 기본이 되는 조건일세.**

자네가 이 편지를 6개월이나 지나고 나서 받게 되어 유감일세.

전에 이 편지에 대해 두 번이나 이야기했어.

(그들과 다른 기관 사이에도 여전히 접촉이 거의 없는 것 같더군)

자네는 내가 포스텔과 뉴욕의 다른 한 사람에게만 자료를 보냈다고 비난하는데,

나는 **«A* H* 월간 리뷰**Monthly Review of Uni. A* H*»를 보내고 있어, 바로 플럭서스 A야.

그러니까 바로 자네가 발신인인 셈이지. 그리고 자네도 지난 겨울 비스바덴에서 내게 아무것도 보낸 적이 없어.

자료는 **정확한 날짜**와 계획이 정해지면 보내도록 하겠네. 미국과 프랑스의 **플럭서스** 사서함이 2년이나 늦어지고 있고, 그것 때문에 자네가 고생하고 있다는 걸 **알면서 내가 어떻게 몇 년 동안 잠자게 될지도 모르는 자료를 보낼 수 있겠나?**

물론 자네가 슈퍼맨처럼 일을 잘 처리하리라는 건 알고 있어. 그래서 이 작업의 출간 비용은 플럭서스 이름으로 하되 내가 지불하기로 했네. «**월간 힌두이즘**»의 출간 비용은 내가 모두 부담할 생각이야. «월간 플럭서스»가 간행되리라는 걸 알았더라면 내가 뭔가 보냈을 텐데. 자네가 보낸

지난번 편지에도 아무런 언급이 없었지 않은가. 전에 내가 작업했던 것들, 예를 들어 케이지 50주년 기념 갈라 음악이라든가 22세기 음모 유행 같은 것은 분명히 자네가 가지고 있을 거야.(내 책에 이렇게 인쇄했네.)

황색 재앙! 그것이 바로 나다.

나는 지금 «플럭서스 **GGGGG**»의 편집자로서 글을 쓰고 있는데, 자네가 반대한다면 **전보**를 보내주게나. 다른 제목을 사용하도록 하겠네.

그리고 일본에서 다른 책 두 권을 발행할 예정이야. «플럭서스 gggg GGGGGGG». 반대하면 취소하게나.

플라스텍스 도쿄

(전보 보낼 주소)

간단히 말해서, 나는 정말 정치에 신물이 났다네. 혼자 조용히 작곡이나 하고 싶어. 자네가 열심히 일하고 있지만, 누군가 자네 아이디어를 모방하고 있다는 것도 잘 알고 있어. 나는 여전히 자네 편이야. 그러나

'플럭서스 데콜라주 샌드위치'

희비극에 휘말리고 싶지는 않아. 내가 **플럭서스** 운영회의 일원이어서 이런 복잡한 일들이 생기는 거겠지.

그러니 내 이름을 삭제해주게나…

나는 자유로운 인간이 되고 싶네. **이중 스파이**라는 등 모욕받지 않고도 모든 사람에게 자유롭게 글을 쓰고 싶어.

물론, 자네가 원한다면 언제든지 나를 **플럭서스에서 완전히** 제명해도 좋아.

,,,,,,,,,,이렇게 날카로운 반격의 편지를 쓰면서도 자네에게 추

천서를 부탁하는 나를 이해할 수 없을지도 모르겠군.

자네가 원한다면 거절해도 괜찮아.

　　내게 필요한 것은 **미국 영사관에 제출할 공증받은 신원보증서야.**
2월 말 전에 그 증명서를 미국 대사관에 제출해야 비자를 발급받을 수 있어. 공증비 등, 비용은 내가 부담하겠네.
가능하다면 자네 재정보증서도 동봉해주었으면 해.
플럭서스 페스티벌이 3월과 4월에 열릴 예정이라고 말해주게나.

모든 일이 순조롭게 진행되면 3월 말에는 떠날 수 있을 걸세.

자네가 출간한 책들을 많이 받았어. 모두 **오노 요코**에게 주었지. 나는 이제 플럭서스의 공동 편집인이 아니라, 그저 작곡가일 뿐이야. 그래서 플럭서스 일본 출판은 요코의 원동력이 되었네. 도시와도 자주 연락하는데, 그가 요코보다 더 바쁘다고 하더군.
요코의 <**문제극**Question Piece>은 아주 근사해,…

구보타는 재미있는 전시를 한 적 있는 재미있는 젊은 여성일세,…

만일 자네가　　　　　　　　　　　　우정을 보내며
　　이 노형老兄을 더 원한다면,　　　　　　　백남준
　　　　　　내게 얘기해주게나….

추신: 브라운의 작품을 잘 간직해줄 수 있겠나?

　　　　　　　　　　　　추신: 로봇 = 여전히 일급비밀이네.

자서전[329]

포스텔이 내게 정확한 자서전을 써달라고 부탁했다.

예전에 별로 정확하지 않은 내 기록을

디트리히 데 칼렌더Dietrich de Kalender에게 준 적이 있으나,

이번에는 최대한 정확하게

자서전을 쓰려고 한다.

1931년 9월, 나는 어머니와 아버지가 최고의 쾌락을 음미하는 동안 어머니의 자궁에 잉태되었다.

히틀러 암살미수 사건이 발생한 1932년 7월 20일, 나는 대한민국 서울에서 어머니와 아버지의 아들로, 그리고 할머니와 할아버지의 손자로 태어났다. 음력으로 하면 6월 17일(스탈린에 대항하여 봉기한 날)이다. 한국 전통에 따라 집에서는 음력 6월 17일에 생일을 축하해주었다. 하지만 학교서류와 여권에는 7월 20일이 내 공식적인 생일로 기록되어 있다. 나는 이날을 더 좋아했는데, 왜냐하면 독일국민이 히틀러에게 더 강하게 저항했더라면 스탈린 때문에 흘린 피는 헛된 것이 될 뻔했기 때문이다. 그래서 지금처럼 6월 17일뿐 아니라 7월 20일도 국경일로 정해야 할 것이다.

---

329 Autobiographie: 토마스 슈미트가 독일어로 번역한 위르겐 베커와 볼프 포스텔의 『해프닝, 플럭서스, 팝아트, 신사실주의』에 수록, 로볼프, 라인벡·함부르크, 1965, pp.444~445. 줄리안 레글레르가 프랑스어로 번역했다.

1933년에 나는 한 살이었다.

1934년에 나는 두 살이었다.

1935년에 나는 세 살이었다.

1936년에 나는 네 살이었다.

1937년에 …… 다섯

1938년에 나는 여섯 살이었다.

1939년에 나는 일곱 살이었다.

1940년에 나는 여덟 살이었다.

1941년에 나는 아홉 살이었다.

1942년에 나는 열 살이었다.

1943년에 나는 열한 살이었다.

1944년에 나는 열두 살이었다.

1945년에 나는 열세 살이었다.

(1945년은 대한민국이 해방된 해다. 여전히 복잡하고, 결정적인 영향을 끼치는 외국 열강들의 지배하에 놓여 있었지만.)

1946년에 나는 열네 살이었다.

1947년에 나는 열다섯 살이었다.

1948년에 나는 열여섯 살이었다.

1949년에 나는 열일곱 살이었다.

1950년에 나는 열여덟 살이었다.

(1950년은 한국전쟁이 발발한 해로, 외국의 '원조'는 매우 복잡했고, 결정적인 영향을 끼쳤다. 우리가 거절할 권리도 없는데 과연 원조라고 부를 수 있는 것일까?)

1951년에 나는 열아홉 살이었다.

1952년에 나는 스무 살이었다.

1953년에 나는 스물한 살이었다.

1954년에 나는 스물두 살이었다.

(처음으로 여자와 섹스했다… 별로 대단치 않았다.)

1955년에 나는 스물세 살이었다.

1956년에 나는 스물네 살이었다.

1956년에 나는 스물다섯 살이었다.

1957년에 나는 스물여섯 살이었다.

1957년에 나는 스물일곱 살이었다.

1958년에 나는 스물여덟 살이었다.

1959년에 나는 스물아홉 살이었다.

1959년에 나는 여전히 스물아홉 살이었다.

1960년에 나는 스물여덟 살이었다.

1961년에 나는 스물아홉 살이었다.

1962년에 나는 서른 살이었다.

1963년에 나는 서른한 살이었다.

1964년에 나는 서른두 살이다.

1965년에 만일 전쟁이 일어나지 않는다면 나는 서른세 살이 될 것이다.

1966년에 만일 전쟁이 일어나지 않는다면 나는 서른네 살이 될 것이다.

1967년에 만일 전쟁이 일어나지 않는다면 나는 서른다섯 살이 될 것이다.

1968년에 만일 전쟁이 일어나지 않는다면 나는 서른여섯 살이 될 것이다.

1969년에 만일 전쟁이 일어나지 않는다면 나는 서른일곱 살이 될 것이다.

1970년에 만일 전쟁이 일어나지 않는다면 나는 서른여덟 살이 될 것이다.

1971년에 만일 전쟁이 일어나지 않는다면 나는 서른아홉 살이 될 것이다.

1972년에 만일 전쟁이 일어나지 않는다면 나는 마흔 살이 될 것이다.

1973년에 만일 전쟁이 일어나지 않는다면 나는 마흔한 살이 될 것이다.

1974년에 만일 전쟁이 일어나지 않는다면 나는 마흔두 살이 될 것이다.

1975년에 만일 전쟁이 일어나지 않는다면 나는 마흔세 살이 될 것이다.

1976년에 만일 전쟁이 일어나지 않는다면 나는 마흔네 살이 될 것이다.

1977년에 만일 전쟁이 일어나지 않는다면 나는 마흔다섯 살이 될 것이다.

1978년에 만일 전쟁이 일어나지 않는다면 나는 마흔여섯 살이 될 것이다.

1979년에 만일 전쟁이 일어나지 않는다면 나는 마흔일곱 살이 될 것이다.

1980년에 만일 전쟁이 일어나지 않는다면 나는 마흔여덟 살이 될 것이다.

1981년에 만일 전쟁이 일어나지 않는다면 나는 마흔아홉 살이 될 것이다.

1982년에 만일 전쟁이 일어나지 않는다면 나는 쉰 살이 될 것이다.

2032년에 만일 내가 여전히 살아 있다면 나는 백 살이 될 것이다.

3032년에 만일 내가 여전히 살아 있다면 나는 천 살이 될 것이다.

11932년에 만일 내가 여전히 살아 있다면 나는 십만 살이 될 것이다.

하프타임[330]

(악보)

330 Half-Time: 1963년 악보. 볼프 포스텔 편, «데콜라주» 제4호에 수록, 쾰른, 1964년 1월.

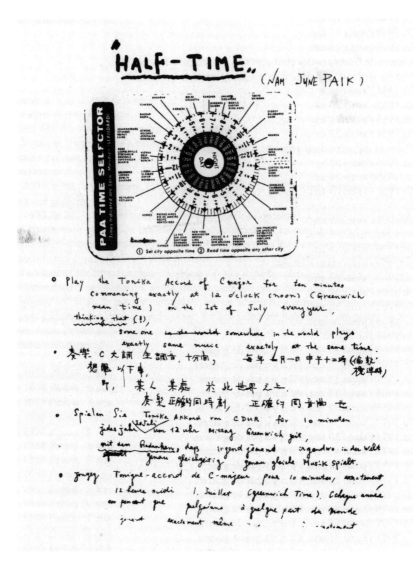

매년 7월 1일 12시 정각(정오, 그리니치 표준시)에 시작하여 10분간 C장조로 주음을 연주하라. 이 세상 어딘가에서 같은 순간 같은 곡을 연주하는 누군가를 생각하면서.

백남준:
데콜라주 바다의 플럭서스 섬[331]
(팩스자료)

---

331 N. J. Paik: Fluxus Island in Decollage Ocean: '플럭서스 섬 지도(Fluxus Island Map)'라고도 불린다. 1963년 《데콜라주》 제4호 출간을 홍보하는 포스터. 39.5x57cm. 슈투트가르트 좀 문서보관소에 원본이 소장되어 있다.

N. J. PAIK : FLUXUS Island in Décollage OCE

DÉCOLLAGE 4/63
Bulletin aktueller Ideen

HAPPENINGS
MANIFESTE
DEMONSTRATIONEN
AUFFÜHRUNGEN
EVENTS
Josef BEUYS
George BRECHT
Bazon BROCK
Hansjoachim DIETRICH
Al HANSEN
Dick HIGGINS
Allan KAPROW
J.J. LEBEL
Claes OLDENBURG
Robin PAGE
Nam June PAIK
Tomas SCHMIT
Wolf VOSTELL
Bestellungen
direkt an
TYPOS VERLAG
6 FRANKFURT
Grüneburgweg 118
Preis 12.-DM
DÉCOLLAGE Nr. 1,2,3,/1962
sind vergriffen

아방가르드 힌두이즘 대학 월간 리뷰[332]
(팩스자료)

332 1963년경. 《아방가르드 힌두이즘 대학 월간 리뷰》를 위한 홍보 팸플릿, 플럭서스 A·백남준
편, 《소스 매거진(Source Magazine)》 제11호에 수록, 로스앤젤레스, 1972.

wer liefert was?
who supplies what?
qui peut livrer quoi?
As Spiegle. Co. in Chicago or Neckermann Versand in Frankfurt
FLUXUS macht es möglich

Wir liefern Musik,
we supply music,

that is, the genuine water from Dunkerque
in organic glass bottle,
the red earth from Auschwitz in an
un-breakable polyethylene
tube, or dirty nails of
John Cage cut in
1963, or
Cortisone bottle of
G. Maciunas, or
arm-pit hair of a
chicagoan negro prostitute
etc. ......

The post has been used for art (as art?) especially intensely by G. Brecht, B.Brock, W.Vostell, C. Caspari and D. Higgins, which might (or should) have had the sub-conscious influence to this although so-called "inspiration"(?) of the artist, just "hits" usually without apparent cause, announcing the artist, neither from nor to where.

To the subscriber of the Monthly Review for Avant-Garde Hinduism sometimes comes something by mail in a white envelope, or you will find a tiny 1 cent coin, frightened by the bleeding dog's cadaver, right, Helena! "......or you will be..." neither ... night-telegramme, saying:

THE MONTHLY REVIEW of the UNIVERSITY for Avant-Garde Hinduism !
— FLUXUS A. Publication

Edited by Nam June Paik

YEARLY SUBSCRIPTION 8 DOLLARS
to: 5 Köln-Mülheim, Rüdesheimerstr. 14, Germany

Mega -
CENTURIES'- years
WEEK's - YEAR's
days - with.
composer with (PAIK)
Heavy weight. works with hours.
Light weight composer (WAGNER)
Middle weight composer (BEETHOVEN)
Light works with ten minutes.
Feather works with minutes.
Light works with seconds.
Feather works with seconds. (HIGGINS)

But the essence of musical-form, and time-flow, and that is - the proportion of reminiscence and expectation - is common among all these units

Why is it music ?
because it is not "not music".
How can I define
"What is "not music",
when no one in the world can define,
"What is music?"
please, read the german series
on the definition of music,
on aesthetics speculating
such as:
Ambros, Haussegger, Hanslick,
Kant, Hegel, Mersmann,
Prigoner, F. Gatz etc. Moser
a study of german idiotology ?

The longest record of music (4 days in Wagner's "Ring"?) is not broken for 50 years, although every record is renewed every years. I will renew this record and compose a music continuing for more than 99 years, because I think physical music is the next station because physical world is the most logical world, absurd world, after absurd music, -cause the FLUXUS is interesting as the -music is as the why Glenn Miller -ky, but and the ice is XY makes a boy why XX makes a girl, why MM's bosom was large, why Everest is high, the sun is warm, Peter Tschaikowsky explain perhaps

because it is the most very interesting but not "baseball world series", because I can explain is better than cold, why the and XX makes cannot explain

실험TV 전시회의 후주곡[333]
—1963년 3월, 파르나스 갤러리

(1)

나의 실험 TV가

    항상 재미있지는 않다.

      그렇다고

    항상 재미없는 것도 아니다.

자연이 아름다운 것은

    아름답게 변하기 때문이 아니라,

    단지 변하기 때문이듯이,

자연의 아름다움의 핵심은 자연의 무한한 **양**QUANTITY이 **질**QUALITY의 범주를 무력하게 만드는 것이다. 질의 범주는 다음의 두 가지 의미가 섞여서 혼란스러워진 채, 무의식적으로 사용된다.

---

333 Afterlude to the Exposition of Experimental Television: 백남준은 1963년 부퍼탈 파르나스 갤러리에서 열린 변형된 TV 수상기들의 첫 전시를 요약하면서 그 철학적 영향을 설명했다. 4 b)의 둘째 부분만 이후의 일본 체류를 암시한다. «플럭서스, cc five three» 잡지에 수록, 1964년 6월. 『백남준: 비디아 앤 비디올로지 1959~1973』 도록에 재수록, 에버슨 미술관, 시러큐스, 뉴욕, 1974. [이 글은 «플럭서스, cc five three»에 수록된 영문 원본을 번역한 것이며, 주석은 프랑스어판의 것을 따왔다. 역주.]

1) 특성
2) 가치

나의 실험TV에서 '**질**'이라는 용어는 **가치**가 아니라 단지 **특성**을 의미할 뿐이다.

A는 B와 다르다.

그러나 그것이

A가 B보다 우월하다는 의미는 아니다.

가끔 나는 **빨간** 사과가 필요하다.

가끔 나는 **빨간** 입술도 필요하다.

(2)))

나의 실험TV는 '완전범죄'를 가능하게 한 최초의 **예술(?)**형식이다.................... 나는 단지 다이오드를 반대방향으로 바꿔 끼워넣어서 '파동 치는' 네거티브 이미지의 TV를 얻었다. 나의 아류들epigons이 똑같은 트릭을 쓴다면, 결과는 완벽하게 똑같을 것이다(베베른과 그의 아류들과는 달리)............이것은 의미한다............

나의 TV가 내 개성의 표현이 **아니라** 단지

"**물리적 음악**"일 뿐이라는 것을.

마치 가장 오래-오줌누기-최고기록자에게 그의 출신국 국가國歌를 연주하여 경의를 표했던 나의 '**플럭서스** 챔피언대회'처럼.(첫 번째 챔피

언은 F. 트로우브리지였다. 미국, 59.7초.)

나의 TV는 예술 이상(?)이거나
　　　또는
　예술 이하(?)이다.
나는 내 개성보다
　　　더 뛰어나게(?)
　　또는
　　　더 못하게(?) 거짓말을 하는
　어떠한 것도 작곡할 수 있다.

★★★★★★★★★★★★★★★★3★★★★★★★★★★★★★★★★

그러므로(?), 어쩌면 그래서, 작업과정과 작업의 최종결과물은 별 관련이 없다.,,,, 그러므로,...... 이전의 어떤 작업에서도 이 TV 실험 작업만큼 내가 너무도 행복하게 일한 적은 없었다.

보통 진행되는 작곡 과정에서 우리는 먼저 완성된 작품에 대한 대략적인 얼개를 머릿속에서 그려본다.(미리 그려보는 이상理想. 또는 플라톤적 의미로서의 "이데아IDEA".) 그다음의 작업과정은 이 이상적인 **'이데아'**에 가까워지기 위해서 흡사 고문당하는 고통을 수반하면서 노력하는 것이다. 그러나 실험TV에서는 상황이 완전히 변했다.. 나는 대체로 작업하기 전에 완성된 작품을 머릿속에서 미리 **그려보지도** 않고, 또 그렇게 할 **능력도 없다.** 우선, 나는 어디로 인도할지 예측할 수 없는 **'방법'**을 찾는다. 그 **'방법'**이란,,,,,, 곧 회로를 연구하고, 다양한 **'피드백'**을 시도하고, 몇 군데는 잘라내고, 거기에 다른 파장들을 집어넣고, 파장들의 양상을 바꾸는 일이다......이런 방법의 기술적인 세부사항은 다음에 에세이를 써서 출간할 것이다…… 어쨌든 나에게는 대략 미국의 광고 회사들이 상용수단으로 써먹는 것과 같은 식의 '**아이디어**IDEA'가 필요하다,.,.,., 단지 그것은 **새로운** 무엇인가를 가능하게 하는 방법이나 열쇠이다. "**아이디어/이데아**"의 이러한 "현대적"(?) 활용은 플라톤–헤겔이 **이데아**라는 고전적인 어휘에 부여했던 '**진리**' '**영원**' '**완성**' '**이상적인 이데아**'의 의미와는 별 관련이 없다. **(이데아)=**

예를 들어,

"예술은 이데아가 겉으로 드러난 모습이다."

(헤겔–실러)

이 차이는 밑줄을 그어서 강조해야 한다. 왜냐하면 그리스예술에서 "고귀함과 단순함"(빙켈만)이, 르네상스와 바로크예술에서는 뵐플린의 그 유명한 다섯 쌍의 범주가 그렇듯이, 동시대 예술에서는 "아이디어에 대한 물신주의"가 결정적인 척도인 것 같기 때문이다.

”””””””4”””””””

불확정성과 **변동성**이 지난 10년 동안 음악에서는 중점과제였지만, 시각예술에서는 매우 **저개발된** 매개변수이다.(문학과 시각예술과는 반대로 음악에서 **섹스**라는 매개변수가 매우 저개발된 것처럼.)

a) 나는 1960년대에 정규 프로그램의 실시간 중계를 강도 높게 이용했는데, 이것은 1960년대 가장 가변적인 시각적 이벤트이자 의미론적 이벤트였다. 왜곡되어버린 케네디 영상 이미지의 아름다움은, 축구스타의 아름다움이나 늘 예쁘진 않아도 항상 바보 같은 여성 아나운서의 아름다움과는 다르다.

b) 변동성의 두 번째 차원.

13대의 TV 수상기는 **수직적–수평적 영상** 단위에서 각기 다른 13가지 유형의 변주를 보여주었다. 나는 그 13대 TV 수상기의 내부 회로들을 실제로 변형했다고 말할 수 있는 것이 자랑스럽다. 어느 하나도 똑같은 기술적 조작을 거친 것은 없었다. 집에서 TV 화면의 수직 수평 조절버튼을 조작할 때처럼 단순히 화면이 흐려지는 현상도 나타나지 않았다. 나는 1961년부터 시작한 전자공학 공부를 매우 즐겼고, 1만5000볼트의 전기로 작업을 하면서 생명의 위험도 얼마간 즐겼다. 내가 미국인들보다 2년 앞서 트랜지스터의 원리를 발견한 천재적인 아방가르드 전자공학자 **우치다 히데오**(우치다 라디오 리서치 연구소 소장)와, 과학이 논리학보다 더 아름답다는 사실을 아는 전능한 기술자 **아베 슈야** 같은 훌륭한 동료를 만난 것은 큰 행운이었다. 현재 **우치다**는 전자기적으로 텔레파시와 예언의 가능성을 증명하기 위해 노력하고 있다.

c) 변동성의 세 번째 차원으로서, 다양한 음향발생기, 녹음기, 라디오가 생성하는 전파는 여러 지점으로 보내져 각기 다른 리듬을 만들어낸다. 본래 고주파 기술과 관련 있는 것은 아니지만, 이런 오래된 유형의 아름다움은 약간의 인간적인 측면이 감돌기 때문인지 보통 관객들이 더 쉽게 이해했다.

d) TV 회로 종류는 프랑스 치즈 종류만큼이나 많다. 예를 들어, 1952년의 일부 구모델은 주파수 자동조절 장치를 갖춘 신모델이 만들 수 없는 특별한 유형의 변주를 만들어냈다.

e) 많은 신비주의자들은 영원을 **포착하고자 획일적인 시간, 일방향적인 시간**으로부터 단숨에 벗어나기를 원한다.

aa) 정점이나 무균의 영점零點에서 정지하는 것은 영원을 포착하는 고전적 방법이다.

bb) 독립적인 다수의 평행적인 움직임들을 **동시에** 감지하는 것도 영원을 포착하기 위한 또 다른 고전적 방법이다.

그러나 불쌍한 조이스는 책이라는 매체의 특성상 한 방향으로만 흘러가는 책 속에다 평행적으로 진행되는 여러 이야기들을 부득이 써야만 했다. 여전히 문제는 미해결로 남을 수도 있고, 신비주의적 훈련을 거의 받지 않은 보통의 신체(우리는 단 하나의 심장, 단 하나의 숨결, 단 하나 시선의 초점을 가지고 있을 뿐이다)로 가능할지 어떨지 모르지만, 아마도 13대의 독립적인 TV에서 평행적인 흐름들을 동시에 감지하는 것이 신비주의자들의 오랜 꿈을 실현할 수 있을 것이다. **그리고 이런 훈련을 잘 받은 사람은,,,,,,,,** TV 13대도 필요 없고, TV 자체도, 전자공학도, 음악도, 예술도 필요 없다,…… 그것은 예술의 가장 행복한 자살이며…. 이전에 존재한 적이 없었던 가장 어려운 반反예술이다.……. 누가 이러한 플라톤적이며 불모의 예술의 정점을 이룰 수 있었는지 나는 모른다.

왜냐하면 누군가 **정말** 그것을 해냈다면

나는 그의 이름을 알아서는 안 된다.
나는 그의 이름을 알 필요도 없다.

~~~5~~~

이런 생각은 **"황홀경ECSTASY"**이라는 단어의 두 가지 용법을 떠올리게 한다. 이는 원래 그리스어로 다음과 같은 의미이다.

eksisteanai(ek=넘어서는, 바깥의−histanai=세우다, 서 있다)

xx) 이 단어는 보통 시적인 영감의 광란, 또는 신성한 것에 대한 명상으로 인한 정신적 변화나 희열을 의미했다.
다시 말해서,,,

완전한 충일充溢의 순간** 영원한 현재의 현존

***일종의 의식의 비정상적인 상황

무의식 또는 초의식 극도의 집중

****어떤 신비주의자들은 자아를 망각한다.

나는 나 자신으로 일체화된다 <u>세상</u>이 3분 동안 <u>멈춘다</u>!!! 영원한 3분이다!!!(간질 발작이 일어나기 직전의 도스토옙스키) 기타 등등, 기타 등등....

***독일인들이 매우 좋아하는 **"숭고**HIGH**" 혹은 "깊이**DEEP**"**의 차원이 있다.......

zz) 위에 언급된 활용들은 어떤 점에서는 의식의 비정상적인 상태와 관련되어 있다. 하지만 **장폴 사르트르**는 **보통 상태**의 의식을 분석하면서 이 단어(**황홀경**)를 적용했다.

(『존재와 무』)

사르트르에 의하면, 인간의 의식(코기토)은 항상 "대자적 자아Sein für sich"이며, 자기 자신과의 일체화가 불가능한 존재이다. 인간은 생각하도록 운명지워졌고, 질문하도록 운명지워졌다. 사르트르의 말을 빌리면,

나는 항상 내가 아닌 것으로 존재하고,
나는 항상 나인 것으로 존재하지 않는다.

이 끊임없는 **황홀경**(자기 자신을 벗어난)은 보통 상태에 놓인 의식의 **"통상적인"** 특성이다. 여기서 "황홀"은 거의 첫 번째 경우 xx)의 반대말로서 사용된다. xx)의 경우, 우리 의식은 그 자체와 **일체화된다.** 그것은 우리 의식의 이중성을 종합한다. 하지만 zz)의 경우, 이 이중성 또는 정신의 변증법적 진화가 우리 자유의 증거로서 소중하게 보존된다,...

aa)(영원을 포착하고자 정점 또는 무균의 영점에서 정지하는 것....)와 xx)(신성한 것에 대한 명상으로 인한 정신적 변화나 희열의 의미에서 황홀)는 같은 것이다.

하지만 bb)(독립적인 다수의 평행적인 흐름들을 동시에 감지하는 것)와 zz)(보통 상태에서 우리 의식이 끊임없이 지속하는 것,,, 사르트르적인 의미에서의 황홀)는 완전히 다른 것처럼 보인다. 하지만 이 두 개념 사이에는 중요한 공통점이 있다.

bb)와 zz)는 종착역, 결론, 부동성의 절대적 순간, 완성, 상승을 모른다. 다시 말해서 그것들은 상대적이고, 붕 떠 있으며, 평이하고, 흔하며, 유동적이고, 가변적이며, 허공에 걸려 있다.

아주 만족스러운 것이 아니지만,

그렇다고 아주 불만족스럽지도 않은 것이다...

마치 항상 재미있지는 않지만,

그렇다고 항상 재미없지도 않은

나의 실험 TV처럼…

---7---

내가 스즈키 다이세쓰처럼 '우리' 문화의 세일즈맨이 되지 않으려고 평소에는 피하는 주제지만, 이제 선禪에 대해 이야기하겠다. 내가 이 주제를 회피하는 이유는 문화적 애국심이 정치적 애국심보다 더 많은 폐해를 낳으며, 전자는 위장된 형태를 취하기 때문이다. 특히 선의 자기선전(자신을 버리라는)은 선의 어리석은 자살행위임이 분명하다.

어쨌든, 선은 두 가지 부정으로 구성되어 있다.

첫 번째 부정:

절대적인 것이 상대적인 것**이다.**

두 번째 부정:

상대적인 것은 절대적인 것**이다.**

첫 번째 부정은 단순한 사실인데, 모든 유한한 존재들이 매일 체험한다;
모든 것은 소멸한다,,, 어머니, 연인, 영웅, 젊음, 명성,,, 기타 등등.
두 번째 부정이 바로 선의 **핵심**이다. 그것은 다음과 같은 것을 의미한
다,,,,,,,,,,

현재가 유토피아다. 그것이 어떤 것이든.

10분의 **현재** 역시 유토피아다, 그것이 어떤 것이든.

20시간의 **현재** 역시 유토피아다, 그것이 어떤 것이든.

30개월의 **현재** 역시 유토피아다, 그것이 어떤 것이든.

4천만 년의 **현재** 역시 유토피아다, 그것이 어떤 것이든.

· · · · · · · · ·

그러므로　　　　　　· · · · · ·

우리는 배워야 한다.

어떻게 75퍼센트로 만족할 수 있는지를

어떻게 50퍼센트로 만족할 수 있는지를

어떻게 38퍼센트로 만족할 수 있는지를

어떻게 9퍼센트로 만족할 수 있는지를

어떻게 0퍼센트로 만족할 수 있는지를

어떻게 -1000퍼센트로 만족할 수 있는지를........

선은 반反아방가르드적이며, 반개척자[334]정신이며, 반케네디적이다,.

선은 아시아의 빈곤에 책임이 있다.

어떻게 내가 아시아의 빈곤을 정당화하지 않고 **선**을 정당화할 수 있단 말인가??

이것도 내가 다음에 쓸 에세이에서 언급할 또 하나의 문제이다.

어쨌든 당신이 나의 TV를 보게 된다면 제발 30분 이상 지켜보기 바란다.

"영속적인 진화는 영속적인 **불만족**이다.

이것이 헤겔 변증법의 유일한 장점이다."

(R. 아쿠타가와[335])

"영속적인 불만족은 영속적인 진화이다.

이것이 나의 실험TV의 주요한 장점이다."

(백남준)

좌절은 좌절로서 남는다.

카타르시스는 **없다.**

---

334 the frontier: 북미에서 개척지와 미개척지 사이의 변경지역. 서부 정복이 끝날 때까지 늘 떼밀렸으며 그러한 과정은 자유와 진보, 다이나미즘, 정복정신과 동의어로 사용되었다.

335 芥川龍之介(1892~1927): 일본 근대문학의 대표적 소설가. 합리주의와 예술지상주의 작풍으로 일세를 풍미하였으나, 만년에는 프롤레타리아 문학의 대두 등 시대의 동향에 적응하지 못하고 심한 신경쇠약에 시달리다 자살했다. 대표작으로는 『라쇼몽(羅生門)』 『갓파(河童)』 『톱니바퀴(齒車)』 등이 있다. 역주.

나의 TV에서 기대하지 마라: 충격., 표현주의., 낭만주의., 클라이맥스., 놀라움., 기타 등등...... 나는 이전 작곡에서 이런 것들을 보여주고 많은 찬사를 받았다. 파르나스 갤러리에서, 황소머리가 13대의 TV보다 더 큰 센세이션을 낳았다. 사람들이 그 13대 TV 모니터의 각기 다른 "왜곡 현상"(?)의 미세한 차이를 감지하게 되려면 10년이 필요할지 모른다. 전자음악에서 많은 종류의 "소음"(?)의 미세한 차이를 감지하게 되기까지 그랬던 것처럼.

> (1963년 3월 부퍼탈 파르나스 갤러리에서 열린 전시회 때의 장피에르 빌헬름의 서문과 나의 서문을 참조하기 바란다. —«데콜라주» 제4호에 실렸으니 재인쇄가 가능함.)[336]

---

336 「실험TV 전시회의 후주곡」은 1963년 백남준의 첫 번째 전시 «음악의 전시-전자 텔레비전»이 끝난 1년 후에 발표한 글로서 그 전시의 배후에 담긴 사상을 설명하고 있다. 백남준의 초기 예술을 스스로 해명하는 일종의 '시학(詩學)'으로서 중요한 글이지만, 압축된 논리의 전개로 인해 텍스트의 해독이 매우 난해하다. 더구나 중의법적인 언어가 갖는 미묘한 뉘앙스와 타이포그래픽적인 시도 때문에 단순히 우리말로 옮긴 것만으로는 그 의미의 광대한 스펙트럼을 가늠하기 어렵다. 이에 이 글이 처음 실렸던 «플럭서스, cc five three»의 지면 이미지를 뒤 페이지에 그대로 싣는다. 이 이미지는 『백남준: 비디아 앤 비디올로지 1959~1973』 도록(에버슨 미술관, 시러큐스, 뉴욕, 1974)에서 빌려온 것이며, 이 책의 저본인 에디트 데커와 이르멜린 리비어의 편집판에는 없던 것이다. 편집자주.

"All the News
That's Fit to Print"

LATE CITY EDITION

Fluxus cc fiVe ThReE

FINANCIAL
OFFERINGS TO BUYERS
PAGE 4

CARTENS 24-26 MUSIC   11:12
HOME   25 RADIO-TV   17:20
ROBERT WATTS: PAGE 2
NEWSPAPER EVENT

JUNE, 1964. EDITED BY FLUXUS EDITORIAL COUNCIL, ©COPYRIGHT 1964 BY. FLUXUS. ALL RIGHTS RESERVED. 25¢ SINGLE COPY

afterlude to the   EXPOSITION   of   EXPERIMENTAL TELEVISION   1963, March. Galerie Parnass.   nam june PAIK.

(1)

My experimental TV is

not always interesting

but

not always uninteresting

like nature, which is beautiful,

not because it changes beautifully,

but simply because it changes.

The core of the beauty of nature is, that, the limitless QUANTITY of nature disarmed the category of QUALITY, which is used unconsciously mixed and confused with double meanings.

1) character
2) value.

In my experimental TV, the words "QUALITY" means only the CHARACTER, but not the VALUE.

A is different from B,
but not that
A is better than B.

Sometimes I need red red apple
Sometimes I need red red lips.

(2))

2   My experimental TV is the first ART (?), in which the "perfect crime" is possible................... I had put just a diode into opposite direction, and got a "waving" negative Television. If my epigons do the same trick, the result will be completely the same (unlike Webern and Webern-epigons)............... that is.......

My TV is NOT the expression of my personality,
but merely

optical and semantical event, in Nineteen-sixties. The beauty of distorted Kennedy is different from the beau..y of football hero, or not always pretty but always stupid female announcer.
Second dimension of variability.
13 sets suffered 13 sorts of variation in their VIDEO-HORIZONTAL-VERTICAL units. I am proud to be able to say that all 13 sets actually changed their inner circuits. No Two sets had the same kind of technical operation. Not one is the simple blur, which occurs, when you turn the vertical and horizontal control-button at home. I enjoyed very much the study of electronics, which I began in 1961, and some life-danger, I met while working with 15 Kilo-Volts. I had the luck to meet nice collaborators: HIDEO UCHIDA (president of UCHIDA Radio Research institute), a genial avantgarde electronican, who discovered the principle of Transistor 2 years earlier than the Americans, and SHUYA ABE, allmighty politechnican, who knows that the science is more a beauty than the logic. UCHIDA is now trying to prove the telepathy and prophesy electromagnetically.

c)   As the third dimension of variability, the waves from various generators, tape-recorders and radios are fed to various points to give different rhythms to each other. This rather old-typed beauty, which is not essentially combined with High Frequency Technique, was easier to understand to the normal audience, maybe because it had some humanistic aspects.

d)   There are as many sorts of TV circuits, as French cheese-sorts. F.I. some old models of 1952 do certain kind of variation, which new models with automatic frequency control cannot do.

e)   Many mystics are interested to spring out from ONE-ROW-TIME, ONE-WAY-TIME, in order to

GRASP the Eternity.

aa)   To stop at the consummated or steril Zero-point is a classical method to grasp the eternity.

I AM ALWAYS, WHAT I AM NOT   and
I AM ALWAYS NOT, WHAT I AM.

This uncessant EX-TASIS (to go out of oneself) is the "NORMAL" character in the normal situation of our consciousness. The word "Ecstasy" (ex-tasis) is used here, almost as an antonym to the first case (xx). In xx) our consciousness is UNIFIED with it-self. It has synthesized the dualism of our consciousness. But in zz), this dualism, or the dialectic evolution of our esprit is kept precious as the proof of our freedom,....

))) 6 (((

The aa) (to stop at the consummated or steril zero-point to grasp the eternity ....) and the xx), (the ecstasy, in the sense o!" mental transport or rapture from the contemplation of divine things"') is the same thing.
But the bb) (the perception of parallel flows of many independent movements simultaneously) and the zz) (the ecstasy in the sense of Sartre,.. , that is, the perpetual proceeding of our consciousness in the normal state,..) seems to be completely different.   But there are important common things between these two (bb) and zz)).
Both bb) and zz) don't know the terminal station, conclusion, stopped absolute moment, consummation, ascension. In other words, they are relative, relative, suspending, plain and common, movable, variable, hanging in mid-air,,

NOT VERY SATISFIED,
BUT NOT VERY UNSATISFIED.........

NOT ALWAYS INTERESTING,
BUT NOT ALWAYS UNINTERESTING.............

like my experimental TV, which is

--- 7 ---

Now let me talk about Zen, although I avoid it usually, not to become the salesman of "OUR" culture like Daisetsu Suzuki, because the cultural patriotism is more harmful than the political patriotism, because the former is the disguised one, and especially the self-propaganda of Zen (the doctrine of the self-abandonment) must be the stupid suicide of Zen.

in which the longest-pissing-time-recordholder is honoured with his national hym. (the first champion): F.Trowbridge. U.S.A. 59.7 seconds)

My TV is more (?) than the art,
or
less (?) than the art.
I can compose something, which lies
higher (?) than my personality,
or
lower (?) that my personality.

*********** 3 ***********

Therefore (?), perhaps therefore , the working process and the final result has little to do,,,, and therefore,..... by no previous work was I so happy working as in these TV experiments.

In usual compositions, we have first the approximate vision of the completed work, (the pre-imaged ideal, or "IDEA" in the sense of Plato). Then, the working process means the torturing endeavour to approach to this ideal "IDEA". But in the experimental TV, the thing is completely revised. Usually I don't, or cannot, have any pre-imaged VISION before working. First I seek the "WAY" of which I cannot foresee where it leads to. The "WAY",,,,, that means, to study the circuit, to try various "FEED BACKS", to cut some places and feed the different waves there, to change the phase of waves etc..... whose technical details, I will publish in the next essay..... Anyway, what I need is approximately the same kind of "IDEA" which american Ad Agency used to use,,,,,, just a way or a key to something NEW. This "modern" (?) usage of "IDEA" has not much to do with "TRUTH", "ETERNITY", "CONSUMMATION" "ideal Pictor", which Plato--Hegel ascribed to this celebrated classical terminology. (IDEA)=
f.i.

"KUNST IST DIE ERSCHEINUNG DER IDEE".
"Art is the appearance of the idea".
(Hegel----Schiller.)

This difference should be underlined, because the "Feticism of Idea" seems to me the main critical criteria in the contemporary art. (Winkelman), or famous five pairs of categories of Woelfflin in Renaissance and Baroque art.

*********** 4 ***********

INDETERMINISM and VARIABILITY is the very UNDERDEVELOPED parameter in the optical art, although this has been the central problem in music for the last 10 years. (just as parameter SEX is very underdeveloped in music, as opposed to literature and optical art.

a) I utilized intensely the live-transmission of normal program, which is the most variable

000●●0

flows of many independent movements is another classical way for it.

But poor Joyce was compelled to write the parallely advancing stories in one book with one-way direction, because of the othology of the book. The simultaneous perception of the parallel flows of 13 independent TV movements can perhaps realize this old dream of mystics, although the problem is left unresolved, whether this is possible with our normal physiognommy (we have only one heart, one breath, one focus of eye.) without some mystical training. and IF WELL TRAINED,,,,,,he needs neither 13 TVs, nor TV, nor electronics, nor music, nor art,.....the happiest suicide of art.... the most difficult anti-art, that ever existed,...... I don't know, who could have achieved this platonic and steril consummation of art,

because if he REALLY did,

I should not know his name.

I must not know his name.

~ 5 ~

This reflection reminds me of two usages of the word "ECSTASY", which originally means in Greek

eksisteanal (ek=ex= out of - histanai to set, stand.

xx)   Normal use of this word is the frenzy of poetic inspiration, or mental transport or rapture from the contemplation of divine things. (A.C.D.)"
In other words,,,
** completely filled time** the presence of eternal present
*** a kind of abnormal situation of the consciousness
*** unconscious- or superconsciousness ***
extreme concentration
*** some mystics forget themselves
*** I unify with myself *** The world stops for 3 minutes !!! the eternal 3 minutes !!!
(Dostoyevsky) etc. etc....
*** There Is Dimension of "HIGH" OR "DEEP", which germans are very fond of ......

zz)   Above uses are somehow related with the abnormal state of consciousness, but J.P.SARTRE applied this word (EXTASIS) in analising our consciousness in NORMAL STATE.
(S. L'Etre et Le Neant)
According to Sartre,,, our consciousness (cogito) is always "etre pour soi" (Sein fuer sich), a kind of being, which cannot unify with itself. We are condemmed to think and that means we are condemmed to ask.
That means in his word

The absolute IS the relative.
the second negation:
The relative IS the absolute.
....

The first negation is a simple fact, which every mortal meets every day; everything passes away,,, mother, lover, hero, youth, fame,,, etc.
The second negation is the KEY-point of Zen.
That means,,,,,,,
The NOW is utopia, what it may be.
The NOW in 10 minutes is also utopia, what it may be.
The NOW in 20 hours is also utopia, what it may be.
The NOW in 30 months is also utopia, what it may be.
The NOW in 40 million years is also utopia, what it may be.
Therefore ....

We should learn,
how to be satisfied with 75%
how to be satisfied with 50%
how to be satisfied with 38%
how to be satisfied with 9%
how to be satisfied with 0%
how to be satisfied with -1000%........

Zen is anti-avant-garde, anti-frontier spirit, anti-Kennedy..
Zen is responsible of asian poverty..
How can I justify ZEN, without justifying asian poverty ??
It is another problem, to which I will refer again in the next essay.

Anyway, if you see my TV, please, see it more than 30 minutes.

"the perpetual evolution is the perpetual UNsatisfaction.
it is the only merit of Hegelian dialectic."
(R.AKUTAGAWA)

"the perpetual Unsatisfaction is the perpetual evolution.
it is the main merit of my experimental TV"
(N.J.P.)
The frustration remains as the frustration.
There is NO catharsis.

(8)

Don't expect from my TV: Shock,,Expressionism,,Romanticism,, Climax,, Surprise,, etc ...... for which my previous compositions had the honour to be praised. In Galerie Parnass, one bull's head made more sensation than 13 TV sets. Maybe one needs 10 years to be able to perceive delicate difference of 13 different "distortions"(?), as it was so in perceiving the delicate difference of many kinds of "noises"(?) in the field of electronic music.

(please, refer to introduction of J.P.Wilhelm and my own to the Exposition of 1963 March in Galerie Parnass, Wuppertal. (reprints available, also published in Decollage no.4)

미국 바가텔[337]
(악보)

플라톤 연습곡 1번

마음을 다해
  칠판에 써라.
아주 성실하게
  베토벤의 크로이처Kreutzer 소나타를 연주하라.
  현이 없는 바이올린과
  해머 없는 피아노로.

트랜지스터를 위한 모음곡

알르망드allemande

---

337 Bagatelles Americaines: 1962년경. 이 기간에 ⟨미국 바가텔(Bagatelles Americaines)⟩이란 제목으로 여러 곡이 작곡됨. 이것은 퍼포먼스에 관한 지시처럼 보이지만, 공개적인 연주를 목적으로 쓰인 것이 아니라 완전히 개념적인 글이다. 슈투트가르트 좀 문서보관소 소장.

베토벤 제5번 교향곡 첫 장이 막 끝났다.

오케스트라 지휘자가 이마에 흐른 땀을 닦는다

호른 연주자가 침을 털어내려고 악기를 흔든다

매우 감동한 관객들은 속삭이고, 소소한 소리를 내며 흥분한다.

그래서

　지금은

그래서 오케스트라 지휘자가 지휘봉을 들자 단원들이 아주 진지하게 다음 악장을 연주할 준비를 갖춘다.

바로 그 순간,

　자리를 잡고 앉아서—너무 큰 소리가 나지 않게—트랜지스터를 켜라, 그리고 잠시 후에 트랜지스터를 꺼라.

만일 당신이 그럴 배짱이 없다면

멀리서 리모컨으로 라디오를 켜라.

쿠랑트courante

　만월이 뜬 맑은 가을밤, 턴테이블을 들고 산책하면서 J. S. 바흐의 음악을 들어라.

사라반드sarabande

　나는 어느 젊은이가 가진 싸구려 트랜지스터에서 나오는 왜곡되고 소란스러운 트위스트음악도 아주 좋아하고, 그 소리가 호숫가에서 홀로 명상하고 있는 나를 방해하는 것도 좋아한다.

그녀가 논문을 썼다.
　　(예술과 음모)

암스테르담의 운하 혹은 작은 강 한가운데서,
　바이올린을 태우고 물에 던져버려라.

켜 있는 트랜지스터를 줄에 매달아라.
그것을 천천히 물속에 가라앉게 해라.

트랜지스터를 플라스틱 대야에 넣고,
　전원을 켜라,
그리고 운하 한가운데서
　며칠 밤과 며칠 낮 동안 떠다니게 하라.

톱으로 피아노를	세 조각으로	잘라라.
첫 번째 조각을	무솔리니처럼	매달아라.
두 번째 조각을	히틀러처럼	태워버려라.
변호사 없이	검사만 있는	인민재판으로
세 번째 조각의	운명을	결정하라.

지하철을 위한 음악

파리 지하철 프랭클린 D. 루스벨트 역과 스탈린그라드 역 사이의 터널을
바르샤바의 하수구를 생각하며 달려라.

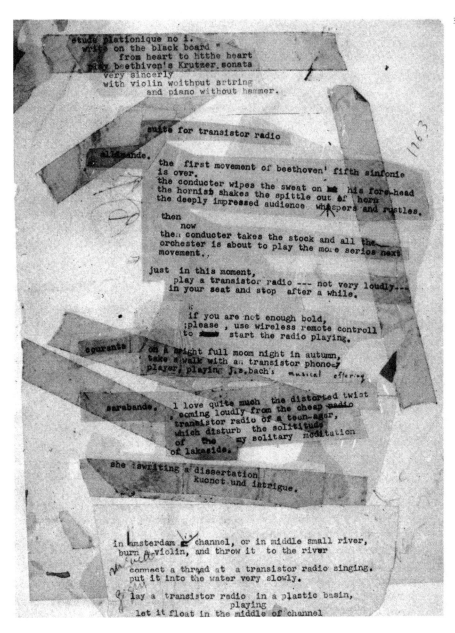

etude platonique no 1.
write on the black board "
    from heart to htthe heart
play beethiven's Krutzer sonata
    very sincerly
with violin woithput srtring
        and piano without hammer.

suite for transistor radio

allemande.
    the first movement of beethoven' fifth sinfonie
is over.
    the conductor wipes the sweat on his fore-head
    the hornish shakes the spittle out of horn
    the deeply impressed audience whspers and rustles.
    then
        now
    then conducter takes the stock and all the
    orchester is about to play the more serios next
    movement.,

just in this moment,
    play a transistor radio --- not very loudly...
    in your seat and stop after a while.

        if you are not enough bold,
        please , use wireless remote controll
        to   start the radio playing.

courante   on a bright full moom night in autumn,
    take a walk with an transistor phono-y
    player, playing j.s.bach's musical offering

sarabande.   i love quite much the distorted twist
    coming loudly from the cheap radio
    transistor radio of a teen-ager,
    which disturb the solititude
    of the   my solitary meditation
    of lakeside.

    she iswriting a dissertation
        kuenct und intrigue.

in amsterdam   channel, or in middle small river,
burn a violin, and throw it to the river

connect a thread at a transistor radio singing.
put it into the water very slowly.

lay a transistor radio in a plastic basin,
        playing
let it float in the middle of channel

338 1963년. <미국 바가텔> 시리즈 중 종이 위에 붙인 텍스트-콜라주, 슈투트가르트 좀 문서보관
    소에 소장된 원고.

라디오를 위한 소나타[339]
(악보)

처음 세 악장을 하나로 모을 수 있다.

이 프로그램을 실행하는 연주자는 다섯 악장의 순서를 바꿀 수도 있고 일부 악장을 생략할 수도 있다.

제1악장

시작 시간이 울리면, 먼저 뉴스를 방송하는 라디오 10대에서 30대 정도를 (동시에) 켠다. 이는 하나 또는 여러 개의 언어로 같은 날 같은 사건을 여러 가지 방법으로 보여줄 수 있다는 것을 보여주기 위함이다. 이것은 여러 가지 **사상**과 언어가 뒤섞이는 중부 유럽에서 실행에 옮기는 것이 좋을 듯싶다.

그리고/혹은 테이프에 여러 기업의 홍보 메시지를 녹음하여 작곡할 수도 있을 것이다.

---

339 Une sonate pour la radio: 1961~63년. 슈투트가르트 좀 문서보관소에 소장된 원고. 그 밖에 라디오 방송을 위해 작곡한 작품으로 약간 다른 버전도 있다.

제2악장

청중에게 다음과 같이 지시할 것.

  1) 당신 방의 불을 끄시오.

  2) 당신 아내의 뺨을 때리시오.

  3) 라디오의 볼륨을 최대한 올리시오(이 지시는 두 번 반복할 것).

  4) 라디오의 볼륨을 최대한 내리시오(이 지시는 다섯 번 반복할 것).

  Ⓐ 이 순간부터 전화번호부를 배부하시오**(시간).**

   (Ⓑ~~~~~~처럼

  5) 방의 불을 켜고 아이들을 깨우시오.

  6) 그 시간에 방송하는 상품광고를 찾으시오(라디오나 TV에서). 그리고 절대로 그 상품을 사지 마시오.

   (긴 휴식)

  7) 라디오를 다섯 번 켰다 끄시오.

   (이 동작을 세 번 반복하고, 두 번째와 세 번째 동작에서 그 효과를 파악하려고 노력하시오.)

  8) '모스크바 라디오'를 1분간 듣고 다시 이 프로그램으로 돌아오시오.

  9) 라디오를 끄시오.

   (1분간 휴식)

  10) 당신의 라디오를 부수고 다른 라디오로 방송을 들으시오.

제3악장

아나운서가 있는 스튜디오로 여러 대의 라디오를 옮겨왔다. 모든 라디오가 당신이 송신하는 방송국에 맞춰져 있다. 당신이 무엇인가를 말하면 우리는 당신의 스튜디오에 있는 모든 라디오에서 그 말을 들을 수 있다. 그리고 이 소리가 즉시 방송되고, 그것을 다시 들을 수 있을 것이다. 그리고…

모든 청중은 이 복잡한 '피드백'을 알고 있어야 한다. 왜냐하면 무한한 '피드백'의 형이상학적인 연장이 이렇게 해서 발생된 구체적인 효과보다 더 흥미로울 수 있기 때문이다.

아나운서(혹은 연주자)가 라디오를 조정하는 방법에 관해서, 다시 말해 시퀀스나 역동성뿐만 아니라 마이크의 거리와 각 기구의 음질을 선택하는 데에 관해서 아나운서(연주자)는 완벽하게 자유로워야 한다. 심지어 여러 개의 워키토키를 가지고 한 방에서 연습할 수도 있다. 왜냐하면 이론적으로 소리의 날카로운 진동이 작품을 방해하지 않을 것이기에 결국 실험은 마찬가지가 될 것이다.

제4악장

17분이 넘도록 1000헤르츠(주파수 단위)의 정현파를 만들어내라.

제5악장

내 초음파 교향곡을 방송하라. (물론, 그 소리는 들리지 않을 것이다. 이 문제에 관한 설명은 곧 «플럭서스 gggg»에 게재될 것이다.)

롤프 예를링에게 보내는 편지, 부퍼탈[340]

친애하는 예를링 씨에게!

(506) 벤스베르크/레프라트, 1962년 12월 22일

방금 당신의 편지를 받았습니다. 당신이 이미 부퍼탈을 떠났다고 생각했기에 편지를 받고 무척 기분이 좋았습니다. 내가 늦게 편지를 보낸 게(병이 났거든요) 오히려 당신의 인도 여행과 일치했으니 나로서는 큰 행운이지요. 인도, 네팔은 내가 언제나 꿈꾸는 나라랍니다. 불행하게도 한국인은 복잡한 정치적 문제 때문에 인도 입국 비자를 받는 게 거의 불가능해서 저는 캘커타에서 겨우 사흘밖에 머물지 못했답니다. 하지만 제 삶에서 가장 풍요로운 사흘이었습니다—. 인도 여행이 달나라 여행보다 더 흥미롭지요—. 물론입니다—.

캘커타 박물관에 가면 네팔-부탄-티베트 컬렉션을 꼭 구경하세요.—정말 '훌륭'합니다—그런데 너무 구석진 곳에 있으니 잘 찾아봐야 할 겁니다—이 박물관에는 바르하트시대(**고대**, 기원전 5세기)와 굽타시대(**고전**, 기원후 5세기)의 멋진 컬렉션도 소장되어 있습니다.

---

340 Lettre à Rolf Jährling, Wuppertal: 부퍼탈의 파르나스 갤러리 디렉터 롤프 예를링은 독일에서 백남준의 첫 전시회를 개최했다(1963년 3월). 「실험TV 전시회의 후주곡」 참조. 길버트와 릴라 실버맨 컬렉션, 뉴욕. 줄리안 레글레르가 독일어를 프랑스어로 번역했다.

제 전시의 **제목**은 아래와 같이 붙일까 합니다.

«음악 전시회»

- 전자TV

   (비인과非因果 관계의 원칙으로서의 동시성)

- 선禪 수행을 위한 도구들

- 음향 기기들

- **시간**… 등…

어쨌거나 내 작품은 그림도 아니고 조각도 아니라는 점을 명심해야 합니다. 그것은 단지 '시간-예술'입니다. 아니 나는 카테고리들을 좋아하지 않습니다.

나는 10년 전부터 지독한 병을 앓고 있어요.(독감에 목감기까지 겹쳤습니다.) 하지만 오늘부터 서서히 다시 일을 시작할 수 있을 것 같습니다. 할 일이 너무 **많습니다.** 1월 내내 건강했으면 해요. 건강문제로 전시회를 '대략' 2월 중순에나 열 계획입니다. 어쨌든 2월 말에는 끝내야겠죠. 3월에는 뉴욕에 있어야 하거든요. 4월에서 10월까지 **도쿄**에서 지내다가, 11월에 다시 뉴욕을 거쳐 (12월에야) 쾰른에 돌아올 수 있을 겁니다.

프로그램 등 모든 것은 당신이 돌아오신 다음에 진행하려고 합니다. 문제는 내가 작업을 빨리하지 못한다는 거죠.

즐거운 크리스마스 보내시기를 바라며, 꿈같은 여행이 되기를 기원합니다.

사모님과 어머님께도 안부 전해주세요.

백남준

음악 전시회[341]

불확정적인 음악에서는 작곡가가 청중이 아니라, 오로지 연주자에게만 불확정성에 호소할 자유를 보장한다. 관객에게는 음악을 듣거나 듣지 않을 자유밖에 없다. 이 자유는 관객이 아주 오래전부터 누려온 것으로써 브람스의 교향곡이나 <트리스탄과 멜리장드Tristan et Mélisande>와 같은 지루한 고전음악을 들으며 그 자유를 누리도록 강요받아 왔다고도 할 수 있다. 일반적으로 청중은 불확정적인 음악에서도—즐겁거나 즐겁지 않거나, 형편없거나, 아주 훌륭하거나—정상적인 선형 시간의 흐름만 느낄 뿐이다. 전통음악에서처럼 우리 인생에서도 시간은 한 방향으로 흘러간다. 이런 삶에서 시간은 빠르건 늦건 어떤 종착점을 향해 한 방향으로 흘러간다.(자유는 두 가지 이상의 의미, 방향, 매체와 가능성을 가지고 흘러가는 시간성에 연결되어야 한다.)

청중은 연주자의 불확정적인 시간이나 소리와 연주자가 지켜야 하는 확정적인 시간을 구분하지 못한다. 청중은 온전히 연주가의 기대와 놀라움, 절망, 주저, 어물거림, 희망, 건너뜀, 일탈, 왜곡, 용솟음, 내기, 선택, 공격, 반격, 결정하는 사실들, 꽉 찬 공간, 완전히 자유롭거나 혹은 자유롭게 꽉 들어찬 공간에 참여[342]할 수 없다. 일반적으로 이런 것들이 우리

---

341 De l'exposition de la musique: 볼프 포스텔, 《데콜라주》 제3호에 게재, 쾰른, 1962년 12월. 슈투트가르트 좀 문서보관소에 소장된 원고.

342 영어로는 co-fill

가 자유라고 부르는 것의 원칙적인 실체(혹은 무실체)와 개념(혹은 무개념)을 구성한다.

그런데 만일 연주자가 리허설을 하거나, 그가 자주 연주하는 '작품'이어서 그 곡을 외우고 있다면, 문제는 더 복잡해진다. 이럴 때는 튜더, 웰린[343], 카스켈[344]의 연주처럼 제아무리 위대한 예술도 스스로 자유를 포기하고 만다. 좀 더 정확히 말해서, 만일 연주자가 곡을 단 한 번이라도 연주했다면, 그 곡의 불확정성의 정도와 특징은 고전음악이든, 바로크음악이든, 르네상스음악이든 혹은 중세음악이든 간에 그런 음악들이 내포한 불확정성의 정도와 특징을 구별할 수 없게 된다는 것이다. 그래서 나는 비록 케이지와 그의 친구들을 무척 존경하지만, 어떤 불확정적인 음악도, 악보가 있는 어떤 음악도 작곡하지 않았다.

소리로 해석되지 않는 그래픽음악은 새로운 예술 형태로서 무한한 가능성을 제시한다. 체스나 탐정소설 혹은 퍼즐처럼 지식과 상상 그리고 순수한 논리를 담은 새로운 예술의 문을 여는 것이다.

관객이 마음대로 공연장을(<커플Paare>, 1960) 출입할 수 있게 한 슈톡하우젠의 발상은 바로 맹목적인 예술 형태를 벗어나는 첫 걸음이다.(오늘날 예술가들의 너무도 많은 맹목적인 여러 형태 가운데—자기기만을 포함하여[345]—맹목적이지 않은 어떤 '주의主義'란 없다.)

1961년에 나는 <20개의 방을 위한 교향곡>의 초안을 완성했다. 여기에서 관객은 마음대로 방을 옮겨 다니며 적어도 20개의 다른 소리를 선택할 수 있었다. 자유로운 시간은 필연적으로 음악-공간(음악-홀)으로 귀착되는데, 그 이유는 자유로운 시간에는 두 개 이상의 매체(방향)가 필요하고, 두 매체는 필연적으로 하나의 공간(홀)을 구성하기 때문이다. 이 경우 홀(공간)은 단지 소리의 풍요로움만을 의미하는 것이 아니라 소리에

---

343 Karl-Erik Welin(1934~1992): 스웨덴 태생 작곡가, 피아노 연주자. 바로크와 바흐 연주에 정통했으며 리게티, 부소티 등 현대 작곡가들의 곡도 연주했다. 역주.

344 Christoph Caskel(1932~): 독일의 음악가. 타악기 연주자로 국제적인 콘서트에서 연주했다. 쾰른대학에서 교수로 재직했다. 역주.

345 de mauvais foi: 원문에 프랑스어로 되어 있음.

필수불가결한 '더 나은 절반'이 된다.(이것은 예를 들어 귀가 할 수 없는 것을 하라고 하는 식의 현학적인 얘기가 아니다.)

그리고 좀 더 강한 불확정성으로 향하는 다음 단계로서 나는 관객이 (혹은 이 경우에는 대중이) 자유롭게 행동하고 즐기기를 바란다. 그래서 나는 곡의 연주를 포기했다. 나는 음악을 전시한다. 나는 방에 각종 악기와 소리를 낼 수 있는 사물을 전시해서 관객이 마음껏 가지고 놀 수 있게 한다. 나는 이제 요리사(작곡가)가 아니라 '진미珍味를 파는 상인'일 뿐이다. 다른 모든 자기 격하格下처럼 이 역시 기대하지 못했던 보상의 즐거움을 준다. 예를 들면 다음과 같다.

1) 이 악기들을 가지고 나는 다양한 소리를 낼 수 있다. 만지고, 불고, 쓰다듬고, 바라보고, 한 발 앞으로 내딛고, 걷고, 달리고, 듣고, 두드리고….
2) 이 악기들은 기존의 어떤 악기보다도 더 청명한 소리를 낸다. 그리고 기존의 어떤 연주 홀보다도 더 유동성 있는 공간을 만든다. 음악과 건축 사이에 새로운 범주가 개발될 수 있을 것이다.
3) 이것들을 팔 수도 있을 것이다. "이 세상에서 당신은 팔 수 있는 것만을 진정으로 소유한다." A. 밀러가 그랬던가?!?!?!?!
4) 지혜로는 자는 지혜로운 곡을 연주하고 어리석은 자는 어리석은 곡을 연주한다. 이런 묘한 동지애는 어쩌면 민주주의를 위한 필요악인지도 모른다. 아무리 가장 지혜로운 자라도 백치에게 행복을 강요할 권리는 없다. 자유는 재산이다. 그러나 강요된 재산은 더 이상 자유가 아니다. 속박은 더 이상 재산이 아니다(베르댜예프).

국민을 위한

국민에 의한

국민의 음악

젊은 페니스를 위한 교향곡[346]
(악보)

. . . . . . .막이 오른다. . . . . . .

관객에게는 무대 앞에 설치된 거대한 흰 종이만 보인다. 종이가 천장에서
바닥까지 그리고 왼쪽 끝에서 오른쪽 끝까지 펼쳐져서 무대를 완전히 가
리고 있다.
이 종이 뒤의 무대 위에 10명의 젊은이가 서 있다 . . . 준비

. . . . . . .잠시 후. . . . . . .

첫 번째 사람이 페니스로 종이를 뚫어서 관객에게 내보인다…
두 번째 사람이 페니스로 종이를 뚫어서 관객에게 내보인다…
세 번째 사람이 페니스로 종이를 뚫어서 관객에게 내보인다…
네 번째 사람이 페니스로 종이를 뚫어서 관객에게 내보인다…
다섯 번째 사람이 페니스로 종이를 뚫어서 관객에게 내보인다…
여섯 번째 사람이 페니스로 종이를 뚫어서 관객에게 내보인다…
일곱 번째 사람이 페니스로 종이를 뚫어서 관객에게 내보인다…

---

346 Young Penis Symphony: 백남준의 다섯 가지 교향곡 중 제1번 교향곡. 볼프 포스텔, 《데콜라
주》 제1호에 게재, 쾰른, 1962년 6월.

여덟 번째 사람이 페니스로 종이를 뚫어서 관객에게 내보인다…

아홉 번째 사람이 페니스로 종이를 뚫어서 관객에게 내보인다…

열 번째 사람이 페니스로 종이를 뚫어서 관객에게 내보인다…

기원후 1984년 무렵으로 예정된 세계 최초의 교향곡

참고:『태양의 계절太陽の季節』: 이시하라[347]

---

347 石原慎太郎(1932~): 일본의 대표적 보수 논객이며 소설가이자 정치가. 과거 도쿄 도지사를 역
임했다. 1955년 히토쓰바시(一橋)대학 재학 중에 『태양의 계절』로 아쿠타가와상을 받으면서
소설가로 데뷔했다. 1968년 자민당으로 참의원 전국구에 입후보하면서 정치계에 입문, 1999
년 도쿄 도지사에 당선되면서 2003년 재선, 2007년 3선까지 당선됐다. 역주.

앨리슨을 위한 세레나데[348]
(악보)

노란 팬티를 벗어 벽에 고정한다.

하얀 레이스 팬티를 벗어들고 그 너머로 관객을 바라본다.

빨간 팬티를 벗어 신사의 조끼 주머니에 슬쩍 넣는다.

하늘색 팬티를 벗어 신사의 이마에 맺힌 땀을 닦는다.

보라색 팬티를 벗어 속물의 머리에 뒤집어씌운다.

나일론 팬티를 벗어 음악비평가의 입에 쑤셔 넣는다.

검은 망사 팬티를 벗어 또 다른 음악비평가의 입에 쑤셔 넣는다.

붉은 피가 묻은 팬티를 벗어 엉터리 음악비평가의 입에 쑤셔 넣는다.

초록색 팬티를 벗어 깜짝 오믈렛을 만든다.

.   .

.   .

.   .

.   .

.   (계속하라)   .

.   .

.   .

348 Serenade pour Alison: 볼프 포스텔, 《데콜라주》 제1호에 게재, 쾰른, 1962년 6월.

．　　　　　　　　　　　　．

．　　　　　　　　　　　　．

가능하다면 그들에게 당신이 이제 팬티를 입고 있지 않다는 걸 보여준다.

팬티: 독일어='Unterhose'
　　　영어='panties'

아름다운 여성 화가의 연대기[349]
—앨리슨 놀즈에게 바침(악보)

1월에는 미국 국기를 당신의 생리혈로 물들여라.

2월에는 미얀마 국기를 당신의 생리혈로 물들여라.

3월에는 중국 국기를 당신의 생리혈로 물들여라.

4월에는 에티오피아 국기를 당신의 생리혈로 물들여라.

5월에는 프랑스 국기를 당신의 생리혈로 물들여라.

6월에는 독일 국기를 당신의 생리혈로 물들여라.

7월에는 헝가리 국기를 당신의 생리혈로 물들여라.

8월에는 아일랜드 국기를 당신의 생리혈로 물들여라.

9월에는 자메이카 국기를 당신의 생리혈로 물들여라.

10월에는 콩고 국기를 당신의 생리혈로 물들여라.

11월에는 몽골 국기를 당신의 생리혈로 물들여라.

12월에는 러시아 국기를 당신의 생리혈로 물들여라.

생리가 불규칙한 달에는 우간다, 혹은 카탕가, 혹은 유고슬라비아, 혹은
아랍에미리트 국기를 당신의 생리혈로 물들여라.

.   .

.   .

349 Chronique d'une belle artiste peintre: 볼프 포스텔, 《데콜라주》 제3호에 게재, 쾰른, 1962년
    12월.

.   .

.   .

.   (계속하라)   .

.   .

.   .

.   .

.   .

그리고 그 국기들을 아름다운 갤러리에 직접 전시하라.

공연 전개를 위한 도움말³⁵⁰

첫 번째 줄

가운데 자리에 앉으십시오

(7번 좌석이라고 명시되어 있는 곳에)

성악 듀엣

(소프라노와 테너)이

서로 포옹을 한 채

피아니시모의 리듬 속도로

달콤한 사랑의 듀엣을 엮어낼 때

그리고/아니면,

큰 덩치의 건장한 영웅의 모습을 한 테너가

화려하게 빛나는 높은 도(C)음을 길게 낼 때

그리고/아니면,

늘씬한 프리마돈나가

가슴 저리는 아리아를 목 놓아 부른 후 쓰러져 죽을 때, ___

___관중석에서 브라보가 터지며 박수갈채가 쏟아지면,

---

350 Entwicklungshilfe: 《데콜라주》 제1호에 게재, 1962년 6월 1일. 슈투트가르트 좀 문서보관소
의 일련번호를 붙이지 않은 원본. 줄리안 레글레르가 여기 소개된 지시들을 독일어에서 프랑
스어로 번역했다.

프리마돈나는 다시 일어서서___매력이 넘치는
웃음과 함께___깊숙한 절을 한 뒤

다시 죽은 듯 쓰러지면,

그러면 여러분은 자리에서 일어서십시오
아주 조용히 아무 코멘트도 없이
직진해 걸어 나가십시오
오페라 홀의 의자 위를 걸어
출구를 향해 걸으십시오(왼쪽 그림에서 보듯)

당신의 행위는 공연을 방해하는 것이
아니라
서양 오페라 예술에서
가장 아름다운 순간에 대한
관대한 추가행동인 겁니다!

프랑크푸르트 오페라 극장

딕 히긴스를 위한 위험한 음악[351]
(악보)

살아 있는

한 마리

암컷

고래의

질

속으로

기어서

들어가라.

351 Musique dangereuse pour Dick Higgins: 볼프 포스텔, «데콜라주» 제1호에 게재, 쾰른, 1962년 6월.

샌프란시스코에서 연주하라[352]
(악보)

샌프란시스코에서
<평균율 1>(J. S. 바흐)의 푸가 1번(다장조)을
왼손으로 연주하라.

상하이에서
<평균율 1>(J. S. 바흐)의 푸가 1번(다장조)을
오른손으로 연주하라.
정확하게 3월 3일, 12시(정오) 정각(그리니치 표준시로)에
♩=80의 속도로 (메트로놈에 맞춰)
시작하라.

― 이것은 소위 '평화의' 대양이라는 태평양
양쪽에서 동시에
전파될 수 있다.

---

352 Jouez à San Francisco: 1961~1962년 악보. 『음악을 읽어라―너 스스로 해라: 라 몬테 영과의
문답(Read Music-Do it yourself: Antworten an La Monte Young)』에서 발췌. 한스 요아킴
디트리히(Hans Joachim Dietrich), 『캘린더 63(Kalender 63)』, 뒤셀도르프, 1963, 슈투트가르
트 좀 문서보관소 소장 원고.

<20개의 방을 위한 교향곡>에 대해[353]

1960년 어느 여름날 저녁, 나는 카를하인츠 슈톡하우젠을 방문했다. 정형화된 형식은 섹스의 형식에 바탕을 두고 이루어지기에 보존되어야 한다는 것을 설명하기 위해서였다. 한 방향 크레셴도(다방향 크레셴도를 상상할 수 있나? 우리는 하나의 심장만을 가지고 있다), 클라이맥스, 카타르시스-인간의 특성-음양-자연의 특성-양자와 전자.

그는 마치 내 말을 기다리고 있었다는 듯이 (그전에 그런 말을 한 적이 없는데) 섹스에서처럼 정형화된 음악 형식을 버려야 한다고 설명하기 시작했다. 정형화된 음악 형식은 아리스토텔레스의 비극 이론만큼이나 오래된 것이다. 파우스트 등도 마찬가지다. 이어 그는 맑고 자유로운 사랑이 가능하다고 말했다.

<커플Paare>이라는 제목의 아직 끝나지 않은 그의 작품은 시작도 끝도 강요되지 않는다. 관객은 자유롭게 방을 드나들 수 있다. 언제든 다시 올 수도 있다. 그러는 동안에도 음악은 마지막 관객이 떠날 때까지 5~6시간 동안 계속 연주된다.

그의 생각에 완전히 동의할 수는 없었지만, 어쨌든 무척 인상적이었

---

353 A propos de la <Symphony for 20 rooms>: 백남준이 1961년 초에 쓴 글. 라 몬테 영·잭슨 맥로, 『선집』에 수록, 뉴욕, 1963년, 1970(2쇄).

던 것은 사실이다. 왜냐면 그 당시 나는 '완벽한 최후의 1초'를 찾고 있었기 때문이다. 녹화 테이프에 최종 30초를 '고정'하겠다는 목표를 세우고 6개월간 일했지만, 소용이 없었다.

다음 해 봄, 나는 요양 차 티티제로 가면서 달리는 기차에서 창밖을 바라보다 처음으로 케이지가 참선하면서 찾았다는 오래된 생각 하나가 떠올랐다.

"아름답게 변하기 때문이 아니라, 단지 변하기 때문에 아름답다."

자연이 예술보다 더 아름다운 것은 그 복합성과 강렬함 때문이 아니라, 가변성, 풍요로움, 무한한 질량 때문이다.

'질quality'이란 어휘에는 매우 다른 두 가지 의미가 있다. 일상에서 우리는 이 둘을 자주 혼동한다.
1. '좋은, 아주 좋은, 매우 좋은' : 이것은 비교가 가능하다.
2. 특성, 개인성, '속성(Eigenschaft)' : 이것은 비교가 불가능하다.
우리는 질(첫 번째 의미의)을 극도의 양, 무한한 가변성, 저열함의 과잉으로 지워버릴 수 있다. 그러면 두 번째 의미만이 남는다. 다시 말해, 특성, 개인성 등…. 우리는 종교적 체험이나 그 외의 극도의 상황에서 질(두 번째 의미의)을 의식할 수 있다. 따라서 매 순간은 독립적이다. 우리는 아이들보다 더 빨리 잊어버린다. 슈톡하우젠의 새로운 주제인 '순간'은 여기서 매우 중요한 의미를 지닌다.

하지만 어떻게 강렬함을 잃지 않고 가변성에 도달할 수 있을까? 다양성과 강렬함을 하나로 묶는 것이 바로 가장 중요한 문제 중 하나이다. 강렬함(긴장, 강렬한 긴장감)은 삶에 필수불가결한 것일까? 어쩌면 이 물리적 차원을 정신적·이념적 차원으로 대체해야 하는 것은 아닐까? 예를 들어, 모호함이나 심오함 같은 것으로…, 만일 이런 차원이 존재한다면 말이다.

누구나 사랑할 때 일시적으로 이러한 의식 상태를 경험할 수 있다. 참선을 하는 수도승 역시 어떤 평온함이나 평온한 황홀경에 도달하고자 하지만, 그는 그것이 환상이나 실수, 혹은 맹목적일 수 있는 크레셴도나 클라이맥스 혹은 카타르시스 없이 영원히 지속되기를 꿈꾼다. 그래서 그들은 사랑이 증오만큼이나 나쁘다고 말한다.

그들은 자신의 사랑과 증오와 삶의 주파수와 강도를 줄이고 잘 분배해서 균형을 찾고자 수련한다. ―참선은 매우 치열한 훈련이 필요하다. 많은 사람이 이 점을 간과하며, '자연스러운 본성'이니 '좋은 취향'이니 하는 것 뒤에 숨으려고 든다. 잘 훈련된 사람은 심지어 권태를 견딜 수 있을 정도로 훌륭하다. 나는 무엇보다도 '변화의 음악'에 경탄한다. 왜냐하면 그것은 케이지의 가장 지루한 작품[354]이기 때문이다.

나의 최근 작품들에서―<존 케이지에게 보내는 경의> <피아노 포르테를 위한 연습곡> <심플> <조지 브레히트와 라 몬테 영의 주제에 대한 변주곡들> <플라토닉 연습곡 제1번>, 나는 '절대는 **존재한다**, 그리고 그것(절대)이 절대**이다**'라는 사실을 증명하려고 하였다.

그다음 시리즈의 작곡에서―<20개의 방을 위한 교향곡> <방 열 개와 한 아름다운 소녀를 위한 플라토닉 연습곡 제2번(가능한 한 지루하게)> <음악을 읽어라-너 스스로 해라: 라 몬테 영과의 문답> <미국 바가텔> <하프타임>―나는 상대적인 것이 바로 절대적이라는 사실을 증명

---

354 tedious: <플라토닉 연습곡 제2번>처럼 '지루하게'(가능한 한 지루하게). (N.d.T.)

하려고 노력했다. 그렇다면 절대적인 것이 상대적이라는 사실도 증명해야 할 것인가? 매일매일의 당신의 삶과 사랑에서—이오시프 스탈린으로부터 안톤 베베른에 이르기까지…, 이 마지막 논지를 당신 스스로 체험할 수 있을 것이다.

위에서 언급한 것처럼 관객을 자유롭게 출입하게 한 것은 슈톡하우젠의 아이디어였다. 존 케이지는 뒤셀도르프 갤러리22의 두 개의 방을 관객들이 마음대로 드나들 수 있도록 하기 위해 자신의 작품 <음악 산책>을 작곡하려고 했다. 이 곡이 처음 연주되었을 때 그 일은 불가능했다. 예술은 흔히 그 부모를 알 수 없는 사생아이긴 하지만, 이러한 장르에서 케이지와 슈톡하우젠의 선구자적인 역할을 존경과 감사의 마음으로 이 자리를 빌려 언급하고자 한다.

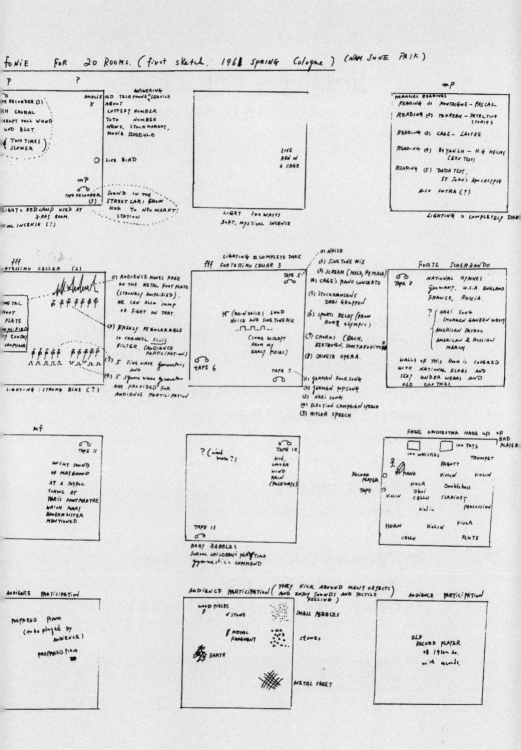

20개의 방을 위한 교향곡³⁵⁵
—초벌, 1961년 봄, 쾰른(악보)

□

매우 여리게(PP)

물이 흐른다. / 물이 흐른다.

낡은 괘종시계가 시끄럽게 울린다.

테이프 녹화기 (1)

   메조 피아노, 3분마다 3초가량 다음과 같은 소리가 난다.

   (1) 종소리, 벨 소리 (불교? 기독교?)

   (2) 2000hz 1/10sec. 정현파

   (3) 프랑스 라디오 TV(프랑스 여성 아나운서)

   (4) 쾰른 역의 안내방송

   (5) 2000hz 1/10sec. 정현파

   (6) 새소리

   (7) 이탈리아 여성 아나운서(알레그로 모데라토…)

   (8) '짧은' TV 광고 (감기 시럽 광고)

   (9) FFF(‹케이지에게 보내는 경의›의 포르티시모 부분)

---

355 Symphony for 20 rooms: «소스 매거진» 제11호에 수록된 악보, 쾰른, 1961년 봄 / 로스앤젤
  레스, 1972(여기에 일부분만 수록). 방 스무 개에 관련된 음악적 지시들은 수평적인 순서를 따
  라 프랑스어로 번역되었다.

(10) 독일 TV 뉴스의 남성 아나운서 목소리

(11) 종소리, 벨 소리 (불교?)

(12) 이탈리아 소녀의 기도소리

(13) <해피 선데이 투 유>

(14) 2000hz 1/10sec. 정현파

(15) TV 퀴즈쇼의 웃음소리

위의 열다섯 가지 소리는 모두 중간에 길게 쉬는 부분이 있다.

조명=정상: 100W

□

여리게(P)   여리게(P)

테이프 녹화기 (2)

바흐의 합창: **<오, 피와 상처로 얼룩진 머리>** (두 배 더 느리게)

여리게(P)

전화 응답기를 크게 틀어놓는다: 로또, 토토 복권 번호에 대한 뉴스, 일반 뉴스, 주식, 영화 상영시간.

살아 있는 새소리

조금 여리게(mp)

테이프 녹화기(3)

호프Hof에서 노이마르크트Neumarkt까지 가는 전차 안의 소음

조명=X선 촬영실에서 사용하는 것 같은 붉은 전등.

신비스러운 향(?)

□

우리에 들어 있는 살아 있는 닭

조명＝100w

부드럽고 신비스러운 향

□

조금 여리게(mp)

동시에 낭독
    낭독 (1) 몽테뉴–파스칼
    낭독 (2) 헨리 데이비드 소로–탐정소설
    낭독 (3) 존 케이지–노자
    낭독 (4) 보얀루Bo Yan Lu(참선 텍스트)–H. G. 헬름스
    낭독 (5) 다다 텍스트–요한계시록
        수트라(?)
조명＝완전한 암흑

□
테이프 녹화기(4)

매우 강하게 지하실 fff(Fortissimo CELLAR) (1)

(1) 최대한 환하게 함

(2) 최대한 크고 날카로운 정현파로 고문함

(3) 반사되는 흰 벽

(4) 냄새 나는 공(식초 냄새)

(5) 작은 방

(6) 강한 바람

(7) 아주 뜨겁게 달군 난로

1, 2, 3, 4, 5, 3, 4, 2, 0, 7,

2, 4, 6, 8, ~ (정지), 1, 2, 3, 4, 5, 4, 3, 2, 5.

조명 = 최대한 밝게 함(3000w)

□

매우 강하게 지하실 fff(Fortissimo CELLAR) (2)

금속 플랫폼에 발이 닿을 때마다 확성기로 사운드가 확대되어 들림

(1) 관객은 자유롭게 플랫폼을 돌아다닌다.(소리가 크게 들린다.)
   그 위에서 뛸 수도 있고, 서로 싸울 수도 있다.
(2) 10개의 채널은 알비스Albis 필터를 자유롭게 조절할 수 있다(관객 참
   여).
(3) 5대의 정현파 발전기 그리고
(4) 5개의 직사각형파 발전기는 관객의 참여를 위한 것임

조명: 강한 푸른 빛(?)

□

매우 강하게 지하실 fff(Fortissimo CELLAR) (3)

(주요 목소리) 심한 소음과 정현파의 합성기
(나의 가장 오래된 작품들에서 발췌)

테이프 (5)
    (1) 소음
    (2) 정현파 혼합기
    (3) 비명 (남자, 여자의)
    (4) 케이지의 피아노를 위한 콘서트
    (5) 슈톡하우젠의 <세 그룹>
    (6) 스포츠 보도(로마올림픽 경기)
    (7) 합창(바흐, 베토벤, 쇼스타코비치)
    (8) 중국 오페라

테이프 (6)
테이프 (7)
    (1) 독일 민요
    (2) 독일 대중가요
    (3) 나치 노래
    (4) 선거운동 연설
    (5) 히틀러 연설

조명 = 완전한 암흑

□

경쾌하면서 세게(Forte scherzando)

테이프 (8)

국가: 독일, 미국, 영국, 프랑스. 러시아

{
  나치 행진곡 <온 세상의 아침>
  미국 순찰대
  미국과 러시아 행진곡
}

이 방의 모든 벽을 여러 국기와 야한 속옷 그리고 낡은 옷들로 덮는다.

□

감정을 넣어 음을 끌며 천천히(Andante sostenuto espressivo)(<꿈 Träumerei>)

PP 라디오 / PP 라디오 / PP 라디오(섬세하게 라디오 조정)(소음)

테이프 (9)

(1) 감미로운 프랑스 샹송

(2) 부드러운 미국 노래

(3) 한국 가야금[356]

(4) 이국적이고 섹시한 일본 노래

(5) 인도–아랍 노래

(6) 차이콥스키의 <안단테 칸타빌레>와 교향곡 제6번, 1악장, 제2주제.

(7) 가톨릭, 불교, 힌두의 미사음악

(8) 스페인 기타

356 하프와 비슷한 한국의 고전 악기.

(9) 라틴 아메리카 탱고

모두 (1에서 9까지) 노래나 혹은 감성적인 팝뮤직이어야 한다

테이프 (10)

    (1) 한적한 역의 소음(소음과 안내 방송)

    (2) 한적한 기차 소음

    (3) 파리의 한적한 지하철

    (4) 한적한 레스토랑

    (5) TV 뉴스

    (6) 무선 호출 신호

    (7) 하와이음악

    (8) 프랑스 시 낭독(슬프게)

    (9) 섹시한 소녀의 속삭임

    (10) 부드럽고 엉뚱한 내 목소리

    (11) 한국 오페라 ‹춘향전›

    (12) 프랑스, 영국의 고전 연극(예를 들어 햄릿의 오르페우스 등)

    (13) 쇼팽의 왈츠, 슈베르트의 ‹이정표›

    (14) 멘델스존의 ‹피아노 삼중주›

    (15) 매우 여린 바이올린 음악

    (16) 내가 오래전에 작곡한 한국 민요풍의 노래.

    (17) 슈만의 ‹꿈›

    (18) 물, 바람, 비

    (19) 멀리서 약하게 들리는 자동차 경적 소리

    (20) 단파 라디오 소리

    (21) 수신이 불량한 라디오의 소음

    (22) 절이나 성당의 종소리

    (23) 심장 박동 소리

(24) 시계의 똑딱 소리

(25) 공항에서 영어로 안내 방송하는 소리

□

조금 세게(mf)

테이프 (11)
마리 바우어마이스터가 언급한 적이 있는 몽마르트르의 어느 학교 운동
장에서 아이들이 즐겁게 뛰노는 소리

□

? (더 필요할까?)

테이프 (12)
새, 물, 바람, 비 (풍속Folkways)

테이프 (13)
재잘거리는 아기 소리, 학생들의 쉬는 시간. 체육수업

□

형편없는 연주자들로 구성된 자유 오케스트라
전축–테이프

100개의 호루라기 100개의 장난감
바순 트럼펫
피아노 바이올린 바이올린
비올라 더블베이스

오보에
바이올린–첼로–클라리넷
바이올린–타악기
호른–바이올린–비올라
첼로–플루트

□
관객 참여

장치된 피아노들(관객들이 직접 연주함)

□
관객 참여
(여러 물건에 발길질하고 소리와 촉감을 음미한다)

나무 조각들–돌–조그만 자갈들–금속 조각–돌들–흙–얇은 금속판

□
관객 참여

1910~20년대의 오래된 축음기와 음반들

볼프강 슈타이네케에게 보내는 편지, 다름슈타트[357]

1959년 5월 2일, 쾰른

친애하는 슈타이네케 박사님께!

1959년 다름슈타트 공연 계획서를 보내주셔서 정말 고맙습니다. 저의 반反음악 <존 케이지에게 보내는 경의>는 별 탈 없이 진행 중이며(열악한 기술적 조건에도 불구하고), 1959년 다름슈타트에서 마지막 공연을 할 생각입니다.

제1악장은

<마르셀 뒤샹+도스토옙스키＝K. 슈비터스[358]>

다양성 ≠ 변주곡

이것이 바로 숭고함이 근본적으로 추악함과 코미디와 분리될 수 없다는 증거입니다. 그래서 모든 관객은 막 <마태수난곡>을 끝까지 듣고 온 사람의 자세로 공연을 관람해야 합니다. 물론 슈투켄슈미트 씨처럼 그다지 섭

---

357 Lettre à Wolfgang Steinecke, Darmstadt: 이 편지는 백남준이 1959년 5월 2일 신음악 하계강좌를 주최한 다름슈타트 국제현대음악연구소 소장에게 보낸 것이다. 하지만 다름슈타트에서 그의 계획은 끝내 실행되지 못했다. 이 편지는 다름슈타트의 국제음악위원회에 보관되어 있다.

358 Kurt Hermann Eduard Karl Julius Schwitters(1887~1948): 독일의 화가. 다다, 초현실주의, 구성주의 등 여러 경향의 작품을 시도했고, 시, 회화, 조각, 그래픽 디자인 등 다양한 장르를 섭렵하였다. 설치미술가, 콜라주 작가로 알려졌다. 역주.

세하지 못한 기자는 이런 정신적 요구를 수용하지 못할 것입니다. 소재는 콜라주-라디오와 언어입니다. 언어는 음성과 억양이 충분히 구별되지만, 의미가 아직 구성되지 않은 그런 원시적인 상태여야 합니다. 리듬은 호흡과 행동, 그리고 활력과 일치하도록 만들어졌습니다. 이는 리듬과 활력을 다르게 다루는 젊은 유럽 작곡가들의 방법과 대치됩니다. 저는 50일 전에 이 작곡을 중단했습니다. 왜냐하면 이 모든 것을 동시에 진행할 방법이 없기 때문입니다. 세 번째 녹음기가 도착하는 대로(1959년 5월 10일경) 곡을 쓰도록 하겠습니다.

제2악장은
　　'될 수 있으면 지루하게
　　프루스트, 팔레스트리나, 참선,
　　그레고리오 합창, 미사곡,
　　파리의 카페, 삶, 섹스처럼.
　　그리고 먼 곳을 바라보는 개처럼'
저는 끊임없이 이어지는 놀라움과 실망(제1악장) 그리고 극도의 지루함(제2악장)을 만들어내면서 일상의 법칙에서 벗어났습니다. 다시 말해, 음악가의 음악의 세계에서 벗어난 것입니다. 제2악장은 열정과 어리석음이 동시에 작용하여 이룬 독일의 경제 기적에 대한 경고입니다. 여기에 다름슈타트에서 제가 직접 비용을 들여 운송해올 '장치된 피아노'와 또 다른 '장치된 피아노' 한 대가 등장할 것입니다. 두 번째 '장치된 피아노'는 많이 훼손하지 않을 것입니다. 건반 열 개의 현만 느슨하게 할 생각입니다. 피아노 준비는 존 케이지의 방법과는 다릅니다. 피아노 외에 나는 다른 장난감들도 사용할 것입니다(자동차, 피치파이프, 탱크 등).

제3악장은 철학적인 음악이라기보다 음악적 철학이 될 것입니다. 확성기로 아르토와 랭보의 시구를 외칠 것입니다. 제가 그 시들을 행위와 함께 외칠 것입니다. 무대 위에서 자기 기능을 벗어난 기능적 행동을 통해 무위의 행동이 가시화할 것입니다. 이는 오늘날 질식 상태에 있는 뮤지컬에 하나의 탈출구를 제시할 것입니다.

이 지점에서 피아노(50 마르크)를 뒤집고, 유리잔을 깨고, 달걀을 던지고, 종이를 찢고, 살아 있는 닭을 풀어주고, 오토바이가 등장할 것입니다.

하지만 이것은 유머가 아닙니다. 다다이스트 가운데 유머를 목표로 접근하지 않고 결과로 낳은 이들만이 살아남았습니다. 예를 들어, 뒤샹, 에른스트, 아르프Arp, 슈비터스(이제 그의 작은 콜라주 한 점의 가격이 5만 마르크나 됩니다) 같은 사람들입니다. 저는 다다이즘을 음악으로 더욱 완성하고 싶습니다. 비록 다다이즘이 속물들에게는 금기시되고 있지만 말입니다. 오늘날 헨체[359]와 뷔페[360]는 옛날 헨델, 루벤스, 리스트, 힌데미트, 스트라빈스키, 피카소처럼 숭상되고 있죠. 저는 새로운 스타일을 찾았다고 확신합니다. 이것은 지금까지 남아 있는 아리아에 바탕을 둔 새로운 음악이 절대로 아닙니다. 제 최근 작품인 <신라 향가>(1958)를 빼고 그 대신에 새로운 작곡을 보냅니다. 이 곡의 수준에 대해서는 신뢰해도 좋습니다. 왜냐하면 저는 작년에 제가 작곡한 곡 공연을 스스로 취소했었습니다. 제가 여러 번 말씀드렸지만, 단지 '데뷔'하기 위해서 스튜디오에서 공연하기에 중간 정도의 수준밖에 되지 않는 '작업물'을 내놓고 싶진 않습니다.

퍼포먼스는 아주 간단합니다. 발터Walther(프라이부르크 아카데미에서 가

---

[359] Hans Werner Henze(1926~2012): 독일의 좌익 성향 작곡가. 자신의 정치 성향과 동성애 성향에 대한 차별을 피해서 이탈리아에 정착했다. 마르크스주의자이며 이탈리아 공산당원인 그는 호치민과 체게바라에 경의를 표하는 작품을 작곡했다. 스트라빈스키와 이탈리아음악, 재즈에 영향을 받은 그의 음악은 매우 다양한 스타일을 보인다. 역주.

[360] Bernard Buffet(1928~1999): 프랑스의 화가. 매년 주제가 있는 연작을 발표하여 구상계(具象系)의 샛별로 명성을 얻었다. 현대와 도시의 고독과 불안함을 가혹할 정도로 날카롭게 표현하였다. 파킨슨병을 앓다가 1999년에 자살하였다. 역주.

장 실력 있는 피아니스트) 씨와 카겔Kagel 부인이 무료로 연주하기로 했고, 선생님 학교의 도서관에서 근무하는 기술자가 오토바이를 타고 잠깐 등장하면 됩니다. 1958년 3월, 저는 그 사람의 오토바이 뒤에 타고 한 바퀴 돌았던 적이 있었습니다. 약 10분 정도면 충분합니다. 공연일은 되도록 늦게 잡고(충분히 연습을 할 수 있도록), 공연장도 넓지 않은 곳으로 정하려고 합니다.(왜냐하면 '장치된 피아노'의 소리가 그리 크지 않기 때문입니다.) 그리고 관객들이 제작부의 프로그램이나 무대 준비를 보아서는 안 되기 때문에 이 곡은 공연이 시작되면 바로 연주할 예정입니다. 선생님께서 '12음 기법의 매너리즘'에 대한 이 중요한 (그리고 비복귀적인) 안티테제에 기회를 주실 것을 희망하고 또 (허락하신다면) 그러시리라고 저는 믿습니다.(하지만 저는 쇤베르크나 슈톡하우젠을 여전히 좋아하고 있습니다.) 저는 쾰른의 스튜디오에서 제 작곡의 공간적 개념을 현실에 옮길 작정입니다. 올해도 2~4개 채널에서 재방송할 가능성이 있는지, 선생님께서 알려주시면 정말 고맙겠습니다.

사람들의 관심을 끌고자 프로그램 소개 안에 짧은 서문을 작성해서 삽입하려고 합니다. 언제까지 보내드려야 하나요?

선생님께서 좋은 소식 보내주시길 고대하면서,
　　　　이만 줄입니다.

　　　　백남준

추신: 제 형편없는 문법을 용서해주시기 바랍니다.

볼프강 슈타이네케에게 보내는 편지, 다름슈타트[361]

백남준
쾰른, 라인   1958년 12월 8일, 쾰른
아헨가, 687

친애하는 슈타이네케 박사님께!

오늘에야 제 기사 번역문을 보내드리게 되어 대단히 죄송스러울 따름입니다.

지난번에 말씀드렸듯이 기사를 완전히 새로 쓰는 것보다 번역하는 일이 더 어려웠습니다. 처음에 기사를 한국어로 썼기 때문에 독일어로 번역하면 이해하기 어려운 부분이 생길 수 있습니다. 한국어 기사는 독일어 기사보다 이해하기 쉽습니다. 얼마 전 한 일본 비평가가 제 기사를 꽤 호평한 적이 있습니다.

---

361 Lettre à Wolfgang Steinecke, Darmstadt: 1958년 12월 8일의 편지. 1958년 다름슈타트의 국제 신음악 하계강좌에서 백남준은 존 케이지를 만났다. 이 만남은 중요한 전환점이 되어 그의 작곡에도 그 영향이 드러났다. 1958년 가을, 백남준은 신음악의 중심지인 쾰른으로 거주지를 옮겼다. 그러나 기대와는 달리 그는 WDR의 전자 스튜디오에서 작업할 수 없었다. 그는 자신의 작업실에서만 작업했다. 다름슈타트의 국제현대음악연구소에 보관된 문서. 줄리안 레글레르가 독일어를 프랑스어로 번역했다.

다름슈타트 1958년에 관한 새 보고서는 아직 준비되지 않았습니다. 12월 말까지는 한국과 일본에 보낼 수 있을 것입니다.

그리고 <존 케이지에게 보내는 경의>[362]의 새로운 부분을 썼습니다. 바로 "순수 연극"[363]입니다.

쇤베르크는 <무조성>을 썼습니다. 존 케이지는 <무작곡>을 썼습니다.

저는 <무음악>을 썼지요.

이를 위해서 보통 피아노나 그랜드 피아노 그리고 아주 형편없는 '장치된' 피아노와 스쿠터 한 대가 필요합니다.

피아노는 건반 악기로만 사용되는 것이 아니라 현악기, 피치카토, 타악기로도 사용될 것입니다. 음악가들이 신문을 읽고, '관객들과 얘기하고', 그랜드 피아노를 밀고, 피아노를 뒤집을 것입니다. 피아노가 무대에서 관객들이 있는 바닥으로 떨어질 것입니다. 관객들은 무대를 향해 폭죽을 던지고, 권총을 쏘고, 유리잔을 깰 것입니다. 그리고 스쿠터가 무대 뒤에서 도착합니다.

게다가, 여러 가지 장난감, 일기예보, 뉴스, 스포츠 중계(라디오), 부기우기, 물, 녹음기 소리 등등, 다시 말해 기능적으로 자유로워진 소리들이죠.

자연히—이것은 아주 슬픈 <무음악>(음악적인 예술), 일종의 소리로 표현된 슈비터스라고 할 수 있습니다. 존 케이지도 이 아이디어에 상당한 관심을 보였습니다.

5월까지는 모두 끝내려고 합니다. 만족스럽다고 생각될 때 보내드리도록 하겠습니다. 저 스스로 '연습' 혹은 '습작'이라고 생각되는 작품을 받아보시지는 않을 겁니다. 만일 박사님께서 받아들이신다면 충분히 연습하기 위해 제가 친구와 이 공연을 하고 싶습니다.

362 원문 프랑스어 (N.d.T.)
363 상동.

428

박사님과 사모님 두 분 모두 즐거운 크리스마스 보내시고, 희망찬 새해를 맞이하시기를 기원합니다.

백남준

추신: 보다시피 타이프 작업을 회사에 맡겼는데 오타가 너무 많습니다. 죄송스러울 따름입니다.

추신: <존 케이지에게 보내는 경의>의 주요 부분은 녹음테이프로 음악을 녹음했습니다.(전자음악도 아니고 '구체 음악'도 아닙니다.) 행위가 중요하지만, 이 작품에서는 그리 큰 부분을 차지하지 않습니다.

장송곡[364]
(악보)

364 Funeral March: 미발표작, 1948년의 악보 원본과 1960~1970년에 수정된 악보. 백남준 개인
    소장 자료.

많고 많은 날이 지난 후[365]
(악보)

---

365 After many many days: 미발표작, 1947년의 악보 원본과 1960~1970년에 수정된 악보. 백남 준 개인 소장 자료.

서론³⁶⁶

자신을 이론가로 간주하지 않으면서도 꾸준히 성찰하며 작품활동을 하는 예술가들이 있다. 그들은 다양한 텍스트들을 통해서 이 성찰을 심화해 가는데, 백남준 또한 이 같은 예술가 가운데 하나이다.

그의 편지, 작곡, 다양한 이론적 텍스트들은 백남준의 예술적 전개과정에서 찾아볼 수 있는 개인적이고 역사적인 조건들을 명료하게 반영한다. 이 자료들은 그의 작품세계를 이해하는 데 필수적인 단서들이다.

청년 시절 백남준은 서양 아방가르드 예술에만 관심을 보인 것 같다. 그러나 시간이 지나면서 점차 그의 아시아적인 뿌리가 선명하게 드러난다. 이 같은 서양과 동양의 상호작용은 특정한 생애에 각인되는데, 우리는 지금부터 그 커다란 줄기를 살펴보고자 한다.

백남준은 1932년 한국의 수도 서울에서 태어났다. 그는 대대로 비단무역에 종사한 유복한 집안 출신이다. 20세기 초반 무렵, 그의 조부 백윤수白潤洙는 한국의 대단히 영향력 있는 상인 가운데 하나였다. 그의 사업은 1905년 '을사조약'이라는 정치적 위기를 넘겼으며, 1910년 일본이 한국을 병합했을 때에도 계속 번창했다. 백남준은 부친 백낙승白樂承과 마찬가지로 현대적인 교육을 받았다. 막내였던 그는 부친의 사업에는 흥미를 느끼지 못했다. 그는 아주 어릴 적부터 피아노 레슨을 받았으며, 몸이

---

366 Introduction: 『백남준–Niederschriften eines Kulturnomaden』에 수록, 뒤몽, 쾰른, 1992, pp.9~14. 본 출판을 위해 작가가 수정하고 줄리안 레글러가 번역했다.

병약했기에 많은 시간을 집안에서 보냈다. 한국에는 1927년 이후 라디오 방송이 개설되었는데, 백남준은 이것에 큰 흥미를 느꼈다. 그의 누이에게는 전축이 하나 있었다. 백남준은 글을 읽기도 전에 곡의 제목과 가수들을 알고 있었다. 음반에 흠집이 난 모양을 보고 그런 것들을 식별했던 것이다. 셜리 템플이 아이의 머릿속에 새겨진 최초의 이름이었다.

서구문화와 과학기술은 당시 한국에서의 일상생활에도 큰 영향을 미치고 있었다. 그에 따라 이해하기 쉽고 부드러운 서구음악의 화성이 동양 고전음악의 자리를 잠식해갔다. 이렇게 하여 후일 탁월한 미디어 예술가가 될 백남준의 삶의 과정이 점점 그 윤곽을 드러내기 시작한다. 그는 급진적이거나 혹은 아방가르드적인 모든 것에 흥미를 보였으며, 이미 아르놀트 쇤베르크의 디스크들을 수집하기 시작했다. 정치적인 측면에서 그는 마르크시즘에 가까웠는데, 일제강점기를 거쳤으므로 어느 정도 이해할 수 있긴 해도 그것은 매우 위험한 일이었다. 가증스러운 식민통치자들인 일본인들이 파시즘의 화신이었음을 생각한다면 한국의 해방운동이 공산주의와 결합한 것은 당연한 일이었다. 1945년 일본이 항복할 때까지, 그리고 독일과 마찬가지로 러시아와 미국의 영향하에 한국이 북쪽의 공산주의와 남쪽의 자본주의로 양분될 때까지 이러한 상황은 조금도 변하지 않았다. 1949년 그의 가족은 한국전쟁을 피해 홍콩을 거쳐 일본으로 건너갔다. 가문의 전통에 항상 반발했던 백남준은 작곡가가 되기를 희망했다. 도쿄대학에서 음악학, 철학 그리고 미학을 공부했다. 그는 학생들의 좌파적 분위기에서 지적으로 성장했으며, 아르놀트 쇤베르크에 관한 졸업논문을 썼다.

그가 보기에 서구문화와 과학의 진보는 동의어였다. 따라서 그가 독일에서 공부를 계속하려고 했던 것은 당연한 일이었다. 1966년 그는 뮌헨에서 음악학, 예술사, 그리고 예술철학을 연구하기 시작했다. 그러나 뮌헨은 지나치게 보수적이라는 사실을 확인하게 된다. 게다가 프라이부르크에서 하던 작곡 공부를 계속하지 못했다. 이 무렵 볼프강 포르트너가 퀼른에 있는 서부독일방송WDR의 전자음악 스튜디오에 그를 추천해주었다. 이렇게 하여 백남준은 작곡가가 되었지만, 그것은 전통적인 의미에서의 작곡 공부는 아니었다. 게다가 전자음악에 대해 흥미를 보인 것은 퀼른에서 보낸 몇 년 동안뿐이었다. 1958년 그는 다름슈타트에서 존 케이지를 만났는데, 이것은 그가 방향전환을 하는 결정적인 사건이었다. 이 만남은 그에게 새로운 창조적인 활동의 시작을 의미했다. 그는 녹음테이프의 콜라주 기법을 실험하면서 그것을 행위예술과 접목시켰고, 이렇게 하여 음향적 요소가 그에 대응하는 시각적 요소와 풍부하게 결합하게 되었다. 또한, 존 케이지는 백남준이 자신의 아시아적 전통을 되찾게 해주었다. 이에 따라 백남준은 처음으로 진지하게 선불교에 관심을 보이게 되었다.

일본과는 달리 한국의 불교는 현실사회와 생활방식에 깊게 침투하지 못했다. 이것은 불교가 국교로 인정되었던 신라(668~918년)[367], 그리고 고려시대(918~1392년)와는 판이한 양상이다. 한국은 항상 거대한 중국문화권의 영향하에 있었다. 따라서 한국에서 강력한 영향을 발휘한 것은 불교가 아니라 유교였다. 조선왕조(1392~1910년)[368]의 통치 기간에 불교는 강력한 탄압을 받았다. 유교는 하나의 종교라기보다는 일종의 윤리적 규범으로써, 사소한 일에까지 사회와 가정에서 규율의 기능을 하면서 국가를 안정시키는 구조적인 역할을 했다. 한편, 오늘날에도 민중 신앙에서 샤머니즘은 무시할 수 없는 자리를 차지한다. 만주와 시베리아 지역에 광범위하게 분포한 통구스족의 일원인 한국인에게 샤머니즘은 아득한 전통을 지닌 정신문화의 흔적이다.

그러나 1930년대와 40년대를 거치면서 개화된 한국인들, 특히 상류계층 사람들은 대부분 이러한 전통과 단절하기에 이른다. 그 이후 서구사회와 마찬가지로 한국에서의 종교는 결혼식, 장례식 등 의례적인 역할을

---

367 신라(668~918)는 삼국시대의 신라가 아닌 통일신라(676~935)로 추정된다. 편집자주.

368 조선 왕조의 존속기간은 1392부터 1897년까지이며, 1897년 10월 12일 이후 1910년 일제에 병합되기까지의 공식 명칭은 대한제국이다. 편집자주.

하는 데 그쳤다. 여기서 주의할 것은 장례식이 불교 승려들을 불러 식을 치르는 방식으로 진행되는 반면, 결혼식은 서구의 예식을 한국적 상황에 맞도록 적절히 변형시켜 거행된다는 것이다.

현대교육을 받은 백남준은 불교 승려들과 비구니들의 삭발한 머리에 조금도 친밀감을 느끼지 못했다. 그의 가족이 가끔 절에 갔던 것은 사실이지만, 그것은 채식 위주 식단의 절밥을 먹으러 가는 정도였다고 한다. 거의 배타적으로 서구문화에만 흥미를 느꼈던 백남준이 존 케이지를 통해 선불교에 관심을 보이게 된 것은 매우 아이러니한 일이라고 하지 않을 수 없다. 사실, 백남준을 매료했던 것은 선불교 그 자체라기보다는 선불교가 케이지에게 끼친 영향력이었다. 존 케이지가 높이 평가했던 선불교의 대가, 스즈키 다이세쓰(1870~1966)는 서양세계에서 선불교를 대표하는 상징적 인물이었다. 백남준은 다이세쓰의 저서와 인도, 중국의 경전을 읽기 시작했다. 전통적인 옛 경전과는 달리 다이세쓰의 책들은 널리 알려져 있었다. 게다가 케이지는 여러 차례에 걸쳐 스즈키를 직접 만나기도 했다.

<존 케이지에게 보내는 경의>는 1959년부터 1962년까지 계속되는 백남준의 '행위음악'의 시작을 알리는 작품이다. 이 시기에 백남준은 '문화 테러리스트'라는 별명을 얻었다. 그는 엄청나게 파괴적인 힘으로 전통적인 서양악기들을 공격했다. 이러한 행위예술을 통해서 그는 부르주아 사회의 신성불가침적인 가치를 파괴하려고 했을 뿐만 아니라, 서구문화의 내면적인 가치 기준 또한 청산하려고 했다. 일생 동안 그는 서구문화 속에서 자아실현을 모색했지만, 결국 오랫동안 그 문화의 가장 중요한 자산이었던 가치를 상징적으로나마 전복했던 것이다. 자신의 자아를 개입시키지 않으면서 무엇보다 우연성을 중요시했던 케이지조차도 백남준의 격렬한 표현성에 놀라움을 금치 못했다. 그러나 그것은 백남준에게 분명 자기정화의 기간이었다. 마치 화산이 폭발하듯 그는 오랜 기간에 걸쳐 축적되었던 문화적 억압을 해소할 기회를 잡았던 것으로 보인다. 이어서 계

속된 행위음악에서 보여주는 그의 모습은 해방된 낭만주의자라기보다는 칼을 휘두르는 사무라이 같았다. <바이올린 독주>(1962) 퍼포먼스에서 그는 바이올린을 두 손에 들고 아주 천천히 머리 위로 들어 올린 다음, 번개처럼 앞에 있는 테이블을 내리쳤다. 그것은 마치 칼로 찌르는 동작 같았다.

몇 년 동안 계속된 선불교에 대한 이론적 성찰 끝에 백남준은 1967년 어느 일본 사원에서 선 수행을 시도했다. 하지만 아주 불편한 자세로 꼼짝하지 않고 앉아 있어야 하는 것은 백남준으로서는 받아들일 수 없는 수행방식이었다. 그는 3일간의 시도 끝에 수행을 포기하고 말았다. 그는 선불교에 대한 양면적인 태도에도 불구하고 선불교적인 사유를 보여주는 작품을 여러 차례 제작했다. <머리를 위한 선>(1962)이나 <TV를 위한 선>(1963) 같은 작품에서는 우연과 미완이 중심 주제가 되었다. <머리를 위한 선>과 같은 퍼포먼스에서 백남준은 길게 펼쳐놓은 종이 앞에 쭈그리고 앉았다가 뒷걸음질하면서 먹물에 적신 넥타이로 긴 선을 그려나갔다. 이렇게 넥타이가 그려내는 불규칙한 흔적과 자국은 서예와 같은 효과를 냈다. <TV를 위한 선>에서는 옆으로 뉘어놓은 TV 모니터가 영상이 아니라 중심부를 지나는 선명한 선 하나를 보여줄 따름이다. 이 수상기는 부퍼탈 파르나스 갤러리에서 있었던 그의 최초 전시 작품 가운데 하나였다. 이 모니터는 단지 운반하는 도중에 망가진 것인데, 백남준은 직감적으로 이 고장 난 수상기의 잠재적인 기능을 알아차렸던 것이다. 나중에 붙여진 이 제목을 통해서 그는 수상기에 나타나는 수직적인 빛을 좌선坐禪의 '수직적' 섬광과 비교했다. 백남준의 가장 유명한 작품인 <TV부처>(1974) 역시 이와 같은 맥락에서 이해할 수 있다. 텔레비전 모니터 앞에 부처상이 놓여 있다. 부처의 뒤에 놓인 비디오카메라가 앞모습을 촬영해서 그 영상을 모니터로 전송한다. 이렇게 하여 부처는 자신의 영상 앞에 앉게 되는데, 그것은 거울에 비친 모습처럼 보인다. 이 경우 영상은 좌우가 반대로 나타나는 것이 아니기에 엄밀한 의미에서 거울에 비친 상은 아니다. 순간적인 아이러니로 표현된 이 단순성에도 불구하고 이 같은 방식은 극도의 복합성을 지닌다. 거울이라는 주제에 국한해서 생각해보더라도, 이 거울의 의미는 유럽예술사의 맥락에서 해석해서는 안 된다. 서구문명의 영향권에서 거울이 무엇보다도 인간의 무가치한 허영을 고발하는 나르시시즘의 상징이라면, 백남준의 경우처럼 아시아적인 사고에서는 진리를 판별하는 도구이기 때문이다. 불교사원의 제단에 걸린 거울은 순수한 원초적인 정신을 상징한다.

특이한 것은 백남준의 가장 뛰어난 작품들이 〈TV시계〉(1977)나 〈TV달걀〉(1982)에서 보듯이 선禪적인 사유와 결부되었다는 점이다. 비록 백남준 자신은 이 교리에 대해 비판적 거리를 유지하고 있지만 말이다. 그는 특히 동양인의 빈곤과 저개발에 선불교가 어느 정도 책임이 있다고 평가한다.

끊임없이 이동하는 세계시민으로서 백남준은 세계의 수도인 뉴욕을 거처로 삼았다. 그러나 범세계적 편력과 그의 미국 국적에도 불구하고 그는 한국의 뿌리를 단절하지 못했다. 유교적 사유에서 비롯된 그의 실용주의는 매 순간에 드러나지만, 특히 모든 상황에 적응하는 그의 능력에서 잘 드러난다. 그렇다고 해도 그는 자신의 목표를 잊어버린 적이 없다.

여기에 선별한 텍스트들은 백남준의 60회 생일을 기념하기 위한 것으로 그것은 한 예술가의 이론적 저작을 더 많은 대중에게 소개하기에 적합한 기회이다. 물론, 이것으로 그에 대한 최종적인 평가를 할 수 있는 것은 아니지만, 적어도 시대를 앞서나갔던 한 사상가를 더욱 깊이 있게 성찰하는 기회가 될 것이다.

에디트 데커

찾아보기

백남준:

말똥에서 크리스토까지

글	백남준
엮은이	에디트 데커, 이르멜린 리비어
옮긴이	임왕준, 정미애, 김문영, 이유진, 마정연

발행처	(재)경기문화재단 백남준아트센터
발행인	설원기
편집인	서진석
책임편집	구정화

진행책임	김수기(현실문화연구)
담당편집	김주원(현실문화연구)
디자인	김형재, 장혜림

1판 1쇄	2010년 1월 5일
1판 2쇄	2010년 12월 20일
2판 1쇄	2018년 9월 30일
등록	2008년 10월 13일(제171호)

주소	(17068) 경기도 용인시 기흥구
	백남준로 10 (상갈동)
전화	031-201-8500
팩스	031-201-8530
전자우편	info@njpartcenter.kr

www.njpartcenter.kr

| ?-? = ∞ |
NAM JUNE PAIK ART CENTER 경기문화재단 GyeongGi Cultural Foundation

ISBN 978-89-97128-41-9 93680

이 도서의 국립중앙도서관 출판예정도서목록(CIP)은
서지정보유통지원시스템 홈페이지(http://seoji.nl.go.kr)와
국가자료공동목록시스템(http://www.nl.go.kr/kolisnet)에서
이용하실 수 있습니다.
(CIP제어번호: CIP2018028999)